Barbara Miller Lane

ARCHITEKTUR UND POLITIK
IN DEUTSCHLAND
1918–1945

SCHRIFTEN
DES DEUTSCHEN
ARCHITEKTURMUSEUMS
ZUR ARCHITEKTURGESCHICHTE
UND ARCHITEKTURTHEORIE

Deutsches Architekturmuseum
Frankfurt am Main

Barbara Miller Lane

Architektur und Politik
in Deutschland
1918–1945

Friedr. Vieweg & Sohn   Braunschweig/Wiesbaden

Aus dem Amerikanischen von Monika und Klaus-Dieter Weiß

Titel der amerikanischen Originalausgabe:
Architecture and Politics in Germany, 1918–1945,
erschienen bei Harvard University Press,
Cambridge, Massachusetts, 1968

Herausgegeben von Heinrich Klotz
im Auftrag des Dezernats Kultur und Freizeit der Stadt Frankfurt am Main

Einbandgestaltung: Peter Neitzke, Köln
Lithographie: Schütte & Behling, Berlin
Satz: R.-E. Schulz, Dreieich
Druck: Lengericher Handelsdruckerei, Lengerich
Buchbinderische Verarbeitung: Hunke & Schröder, Iserlohn

Printed in Germany

ISBN 3-528-08707-2

Inhalt

Vorwort zur deutschen Ausgabe   *7*

Vorwort   *13*

Einführung   *14*

1 Revolution in der Architektur   *23*

2 Das Neue Bauen und seine Vision einer neuen Gesellschaft   *51*

3 Der Streit um das Bauhaus   *77*

4 Das Neue Bauen im Dienste der Gesellschaft   *94*

5 Die Auseinandersetzung um das Neue Bauen   *123*

6 Nationalsozialismus und Neues Bauen   *142*

7 Das Nazi-Regime und seine Maßnahmen zur Kontrolle der Architektur   *161*

8 Nazi-Architektur   *177*

Abkürzungen   *206*

Anmerkungen   *207*

Auswahl-Bibliographie   *241*

Für Jon, Ellie und Steve

Vorwort zur deutschen Ausgabe

In den siebzehn Jahren seit Erscheinen dieses Buches sind zu allen darin angesprochenen Aspekten intensive Forschungen betrieben worden.[1] Die Geschichte des Bauhauses weist heute weniger Lücken auf; allmählich beschäftigen sich Biographien mit den Hauptexponenten der modernen Bewegung.[2] Das Neue Bauen wird mittlerweile im Zusammenhang mit den entsprechenden Entwicklungen in Europa und den Vereinigten Staaten gesehen.[3] Die stilistischen Entwicklungen der sechziger und siebziger Jahre, von denen sich viele gegen das damalige Verständnis der Moderne richteten, haben gezeigt, daß der Internationale Stil nicht der Beginn eines weltweiten, neuen Baustils war, sondern, abhängig von Zeit und Ort, lediglich Teil einer breiteren modernen Bewegung.[4]

Seit 1968 ist die nationalsozialistische Architektur ebenfalls intensiv, wenn auch nicht erschöpfend, untersucht worden. Ebenso wie Leben und Werk Adolf Hitlers und anderer, die die Architektur des ‚Dritten Reiches‘ förderten, sind auch Propaganda und Ideologie der Nazis, in denen architektonische Fragen eine so große Rolle spielten, einer genauen Analyse unterzogen worden.[5] Anders als der Internationale Stil der zwanziger Jahre, ist der der dreißiger Jahre, wie er 1950 von Bruno Zevi definiert wurde[6], in vielen Einzeldarstellungen beleuchtet worden. Dennoch fehlt bis heute eine umfassende Untersuchung zu den öffentlichen Bauten jener Zeit, die über die Betrachtung nationaler Entwicklungen hinausgeht.[7] Ein Anstoß für weitere Arbeiten zur nationalsozialistischen Architektur und zur Architektur der dreißiger Jahre im allgemeinen kam unter anderen auch von Albert Speer. Schon bald nach seiner Entlassung aus dem Spandauer Gefängnis im Jahre 1966 wurde Speer zur selbsternannten Kapazität für alle Aspekte des ‚Dritten Reiches‘. Durch seine Memoiren ebenso wie durch zahlreiche öffentliche Auftritte gewann er ein internationales Publikum. Speers Einfluß auf unser Verständnis der Architektur in den dreißiger Jahren war jedoch zwiespältig. Sein Bekanntheitsgrad als Kommentator des Hitler-Regimes hat viele dazu verleitet, ihn hinsichtlich der allgemeinen Entwicklung der nationalsozialistischen Architektur für bedeutender zu halten, als er es tatsächlich war. Andererseits trieb die oft erfolgte Gleichsetzung seines Baustils mit den Vorstellungen der Nazis besonders in Europa die Politisierung der Architekturdiskussion voran.[8]

Im Gegensatz zu der Zeit, in der dieses Buch entstand, ließ sich zwischen 1968 und 1985 beobachten, wie sich der Architekt zum Historiker entwickelte. Obwohl Walter Gropius und Ernst May sehr daran gelegen war, von ihren Erinnerungen zu berichten, waren sie doch froh, diese Aufgabe Historikern überlassen zu können. Mit Speers Rechtfertigungsversuchen und den zahlreichen Bemühungen postmoderner Architekten, den Klassizismus der dreißiger Jahre wiederaufleben zu lassen, wurden die zahlreichen Veröffentlichungen zur Architektur des 20. Jahrhunderts um viele Varianten spezieller Einschätzungen ergänzt. Unser Wissen ist durch diese Situation bereichert worden, aber eine objektive Analyse wird heute durch ästhetische und politische Fallstricke weit mehr erschwert als zuvor.

Meine eigene Interpretation deutscher Architektur und Politik hat sich seit 1968 kaum verändert. Meine Kenntnis der ideologischen Beziehungen zwischen den Nazi-Größen hat sich infolge meiner Beschäftigung mit nationalsozialistischen Texten erweitert. Der historische Unterbau des Internationalen Stils der zwanziger Jahre ist mir trotz seiner ausdrücklich anti-historischen Einstellung bewußter geworden.[9]

Ich habe andere historische Einflüsse auf einige Bereiche der nationalsozialistischen Architektur untersucht, die weniger klassizistisch als undifferenziert „historisch" sind.[10] Und ich bin der Meinung, daß die Verbindungen zwischen den volkstümlichen Seiten der nationalsozialistischen Architektur und den Traditionen der europäischen Nationalromantik weitere Untersuchungen erfordern.[11] Die Ähnlichkeiten zwischen der deutschen Architektur der dreißiger Jahre und dem Bauen der übrigen westlichen Welt im gleichen Zeitraum erscheinen mir jetzt noch auffälliger.[12] Die Geschichte der Politisierung deutscher Architektur, der Bauten und der darauf bezogenen Kommentare und Reaktionen hat sich jedoch nicht wesentlich verändert.

Für die Erarbeitung der deutschen Ausgabe war es erforderlich, alle zitierten, ursprünglich deutschsprachigen Texte an den Quellen zu prüfen. In einigen wenigen Fällen ließen sich Zitierungen nicht eindeutig belegen; sie wurden durch vergleichbare Zitierungen ersetzt. Einige irrtümliche Datenangaben wurden korrigiert, einige der Bildunterschriften erweitert. Gegenüber der amerikanischen Ausgabe aus dem Jahre 1968 sind jedoch keine wesentlichen Änderungen vorgenommen worden. – Sarah E. Bassett danke ich für ihre Hilfe bei der Zusammenstellung der Originaltexte, Monika und Klaus Dieter Weiß für ihre einfühlsame Übersetzung.

Wayne, Pennsylvania, im März 1985   Barbara Miller Lane

Anmerkungen

1 Ein großer Teil der privaten Aufzeichnungen und dokumentarischen Sammlungen, die ich für meine Forschungen verwendet habe, hat seit 1968 entweder bereits den Besitzer gewechselt oder wird gerade zurückgegeben. Sowohl die May- als auch die Eckstein-Papiere sind verstreut, ich besitze aber Mikrofilm-Kopien der Materialien, die ich aus diesen Sammlungen benutzt habe. Die meisten der Mies van der Rohe-Papiere, die ich im Busch-Reisinger Museum eingesehen habe, befinden sich jetzt im Bauhaus-Archiv in Berlin. 1968 wurde ein bedeutendes Mies van der Rohe-Archiv im Museum of Modern Art eingerichtet. Es umfaßt hauptsächlich Zeichnungen, Modelle und Photographien von Gebäuden und Projekten Mies van der Rohes, enthält aber auch Geschäftskorrespondenz, die für die hier behandelten Aspekte von beträchtlicher Bedeutung ist. Die Troost-Sammlung, die – wie die meisten anderen deutschen Dokumente – beschlagnahmt war, wird ins Bundesarchiv in Koblenz zurückgebracht. Sie wurde neu katalogisiert und wird nach der Aufnahme auf Mikrofilm an Deutschland zurückgegeben. Genau wie andere Dokumente dieser Art werden die Mikrofilme in den Vereinigten Staaten zurückbehalten, in diesem Fall wahrscheinlich in der Manuskript-Abteilung der Library of Congress. Die Originale der Fritz-Sauckel-Papiere, die ich im 3. Kapitel in Anmerkung 44 zitiere (Teil der „Records of the National Socialist German Labor Party, captured German documents filmed at Alexandria, Va., series T – 81"), sind ebenfalls zurückgegeben worden. Mikrofilm-Kopien werden im Nationalarchiv aufbewahrt. Demgegenüber hat sich der Status des Berliner Dokumentationszentrums und der Bibliothek des Instituts für Zeitgeschichte in München nicht verändert. Zu den Gropius-Papieren siehe Anmerkung 2 unten.

2 Das Bauhaus-Archiv, das bei Erscheinen der ersten Ausgabe dieses Buches gerade erst von Hans-Maria Wingler in Darmstadt errichtet worden war, wurde später nach Berlin transferiert, wo es Forschern Zugang zu allen Dokumenten ermöglicht. Die Materialien, die ich in Walter Gropius' eigener Sammlung benutzte und später für die Widener Library auf Mikrofilm festhalten ließ, können jetzt in Berlin ohne Schwierigkeiten eingesehen werden. Zu dem Archiv siehe die englische Übersetzung von Winglers erster Dokumentensammlung, *The Bauhaus: Weimar, Dessau, Berlin and Chicago*, Cambridge, Mass. 1969; ders., *Bauhaus-Archiv Berlin, Museum für Gestaltung*, Braunschweig 1979, sowie *Bauhaus-Archiv, Museum für Gestaltung*, Berlin 1981. Wichtige wissenschaftliche Arbeiten sind Marcel Franciscono, *Walter Gropius and the Creation of the Bauhaus in Weimar*, Urbana, Illinois 1971; Karl-Heinz Hüter, *Das Bauhaus in Weimar*, Berlin 1976, sowie Frank Whitford, *Bauhaus*, New York 1984.

Zu einigen Hauptrepräsentanten der zwanziger und dreißiger Jahre sind inzwischen neue Informationen verfügbar.

Zu *Behrens:* Tillman Buddensieg, *Industriekultur. Peter Behrens und die AEG 1907–1914*, Berlin 1979; Hans-Joachim Kadatz, *Peter Behrens. Architekt, Maler, Grafiker und Formgestalter 1868–1940*, Leipzig 1977, sowie Alan Windsor, *Peter Behrens: Architect and Designer*, New York 1981. Zu *Gropius;* Reginald R. Isaacs, *Walter Gropius: ein Mensch und sein Werk*, Berlin, 1983–1985, 2 Bde.; *Walter Gropius: Buildings, Plans, Projects 1906–1969*, Cambridge, Mass., 1972; sowie Walter Scheiffde, *Das neue Bauen unter dem Faschismus aus dem Briefwechsel von Walter Gropius 1933–1936*, in: *Kunst, Hochschule, Faschismus*, Berlin 1984, S. 226–244. Zu *Ernst May,* siehe Nicholas Bullock, *Housing in Frankfurt – 1925 to 1931 – and the new Wohnkultur*, in: *Architectural Review*, Juni 1978, S. 333–342, sowie Dieter Rebentisch, *Ludwig Landmann, Frankfurter Oberbürgermeister der Weimarer Republik*, Wiesbaden 1975. Zu *Hannes Meyer* siehe H.M. Wingler, *Hannes Meyer*, in: *Kleine Bauhaus-Fibel; Geschichte und Wirken des Bauhauses 1919–1933*, Berlin 1974, sowie Francesco Dal Co (Hrsg.), *Hannes Meyer, Scritti 1921–1942*, Padua 1973. Zu *Mies van der Rohe* siehe Werner Blaser, *Mies van der Rohe: Principles and School*, Basel 1977; Peter Carter, *Mies van der Rohe at Work*, New York 1974; Ludwig Glaeser, *Ludwig Mies van der Rohe*, New York 1977, sowie Philip C. Johnson, *Mies Van Der Rohe*, New York 1978[3]. Eine neue Biographie von Franz Schulze erscheint in Kürze. Richard Pommer arbeitet an einer Studie über Mies' Politik in den Anfangsjahren des ‚Dritten Reichs'. Zu *Bruno Taut* siehe Kurt Junghanns, *Bruno Taut: 1880–1938*, Berlin 1970; Iain Boyd Whyte, *Bruno Taut and the Architecture of Activism*, New York 1982; Helge Pitz und Winfried Brenne, *Siedlung Onkel Tom,*

9

Zehlendorf, Berlin 1980; Ronald Wiedenhoeft, *Workers' Housing as Social Politics*, in: *VIA IV: Culture and the Social Vision*, Cambridge, Mass. 1980, S. 112–125, sowie den ausgezeichneten Ausstellungskatalog *Bruno Taut 1880–1938*, Akademie der Künste, Berlin 1980, der einige bedeutende Interpretationen enthält.

Viele dieser Arbeiten zeigen, daß Taut in den Gründungsphasen solcher Organisationen wie des Arbeitsrates für Kunst und des Rings von größerer Bedeutung war, als ich damals annahm. Anders als in meinem Text dargestellt, spielte Gropius daher weniger die Rolle eines Initiators als vielmehr die eines Führers und Organisators. Das Studium der Lebensläufe aller Architekten jener Zeit ist durch das Erscheinen der *Macmillan Encyclopedia of Architects*, New York, 1982, 4 Bde., erheblich einfacher geworden.

Verschiedene Aspekte des intellektuellen, politischen und ästhetischen Umfeldes des Neuen Bauens sind seit 1968 erforscht worden. Siehe zum Beispiel Rosemarie Bletter, *The Interpretation of the Glass Dream. Expressionist Architecture and the History of the Crystal Metaphor*, in: *Journal of the Society of Architectural Historians*, Jg. 40, H. 1, März 1981, S. 20–43; Joan Campbell, *The German Werkbund: The Politics of Reform in the Applied Arts*, Princeton, N.J. 1978; Peter Gay, *Weimar Culture: the Outsider as Insider*, New York 1968, sowie *Art and Act*, New York 1980; Kristina Hartmann, *Die deutsche Gartenstadtbewegung*, München 1976; Wolfgang Pehnt, *Die Architektur des Expressionismus*, Stuttgart 1973, sowie John Willett, *Explosion der Mitte. Kunst + Politik 1917–1933*, München 1981. Eine intensive Analyse der Weißenhof-Siedlung von Christian Otto und Richard Pommer erscheint in Kürze; siehe auch Richard Pommer, *The Flat Roof: A Modernist Controversy in Germany*, in: *Art Journal*, H. 43, 1983, S. 158–169; sowie Christian Otto, *Modern Environment and Historical Continuity: The Heimatschutz Discourse in Germany*, in: *Art Journal*, H. 43, 1983, S. 148–157.

3 Allgemeine Untersuchungen zur Architektur in anderen europäischen Ländern: *Italien:* Gianni Accasto, Vanna Fraticelli, Renato Nicolini, *L'Architettura di Roma Capitale 1870–1970*, Rom 1971; Luciano Patetta, *L'Architettura in Italia 1919–1943: Le Polemiche*, Mailand 1972; Cesare De Seta, *La cultura architettonica in Italia tra le due guerre*, Bari, 1972; Silvio Danesi und Luciano Patetta, *Il razionalismo e l'architettura in Italia durante il fascismo*, Biennale, Venedig

1976, sowie Dennis Sharp (Hrsg.), *The Rationalists: Theory and Design in the Modern Movement*, New York 1979. *Frankreich:* Marc Emery, *Un siècle de l'architecture moderne en France 1850–1950*, Paris 1971. *Holland:* Helen Searings, *With Red Flags Flying: Housing in Amsterdam, 1915–1923*, in: Henry A. Millon und Linda Nochlin (Hrsg.), *Art and Architecture in the Service of Politics*, Cambridge, Mass. 1978, S. 230–269, zeigt die Verbindungen zwischen Wohnungsbaupolitik und Politik in den Niederlanden auf. *England:* Anthony Jacksons *The Politics of Architecture: a History of Modern Architecture in Britain*, London 1970, untersucht über einen längeren Zeitraum die Beziehungen zwischen Architektur und Politik in Großbritannien. Eine bedeutende Analyse zum gleichen Thema ist Donald Drew Egbert, *Social Radicalism and the Arts*, New York 1970.

4 Seit den späten sechziger Jahren, mit dem Aufschwung der kubischen Stahl- und Glaswolkenkratzer, der Entwicklung des ‚Neuen Brutalismus' und noch aufgrund einer neuen Ära, die man heute ‚Postmoderne' nennt, behaupteten viele Kritiker, die moderne Bewegung sei tot. Siehe zum Beispiel Peter Blake, *Form Follows Fiasco: Why Modern Architecture hasn't worked*, New York 1977; Bent C. Brolin, *The Failure of Modern Architecture*, New York 1976; G.R. Blomeyer and B. Tietze (Hrsg.), *In Opposition zur Moderne*, Wiesbaden 1980; David Watkin, *The Rise of Architectural History*, London 1980; eine Zusammenfassung der neuen Einstellungen bietet Cesare De Seta, *Origini ed eclisse del movimento moderno*, Rom 1980. (Tom Wolfes amüsante und starrsinnige Verschwörer-Theorie über die Ausbreitung des Internationalen Stils ist eine weitere Version dieses Argumentationsschemas; siehe: *Mit dem Bauhaus leben. Die Diktatur des Rechtecks*, Königstein 1982.) Viel nützlicher sind jene Arbeiten gewesen, die die Veränderungen des Modernismus unter den Nachkriegsbedingungen betont haben: siehe hierzu besonders Arthur Drexler, *Transformations in Modern Architecture*, New York 1979; sowie Adolf Max Vogt u.a., *Architektur 1940–1980*, Frankfurt am Main 1980. In jüngster Zeit hat man in etlichen Architekturgeschichten den Versuch gemacht, das 20. Jahrhundert als Ganzes darzustellen; die besten von ihnen vermitteln eine neue Sichtweise der zwanziger Jahre, indem sie einen Bezug zu den folgenden Jahren herstellen. Siehe besonders Kenneth Frampton, *Die Architektur der Moderne. Eine kri-*

tische Baugeschichte, Stuttgart 1983, sowie William R. Curtis, *Modern Architecture since 1900*, New York 1982.

5 Zu den allgemeinen Werken über Architektur und Planung der Nazis gehören Joost Dülfer, Jochen Thies, Josef Henke, *Hitlers Städte. Baupolitik im Dritten Reich*, Köln 1978; Lars Olof Larsson, *Die Neugestaltung der Reichshauptstadt. Albert Speers Generalbebauungsplan für Berlin*, Stockholm 1978; *Ordet i Sten: Byggnade och Planering i Nazismens Tyskland*, Stockholm 1975; Joachim Petsch, *Baukunst und Stadtplanung im Dritten Reich*, München 1976; Robert R. Taylor, *The Word in Stone: the Role of Architecture in National Socialist Ideology*, Berkeley 1974; Mechtild Schumpp, *Stadtbau-Utopien und Gesellschaft*, Gütersloh 1972; Roswitha Mattausch, *Siedlungsbau und Stadtneugründungen im deutschen Faschismus*, Frankfurt am Main 1981; und zu Hitlers Rolle im besonderen: Jochen Thies, *Architekt der Weltherrschaft: Die ‚Endziele‘ Hitlers*, Düsseldorf 1976. Hans Peter Rasps *Eine Stadt für tausend Jahre. München, Bauten und Projekte für die Hauptstadt der Bewegung*, München 1981, ist das erste Buch, das die bedeutende Rolle Hermann Gieslers für die Architektur der Nazis betont. Zu bestimmten Gebäuden siehe *Formale und Inhaltliche Aspekte der Antikenrezeption in der Architektur des Nürnberger Reichsparteitagsgeländes: Thesen und Problemstellungen*, in: *Hephaistos*, I 1979, S. 109–125, sowie Angela Schönberger, *Die neue Reichskanzlei von Albert Speer. Zum Zusammenhang von nationalsozialistischer Ideologie und Architektur*, Berlin 1981.

Frühe Interpretationen, die immer noch hilfreich sind: Anna Teut (Hrsg.), *Architektur im Dritten Reich 1933–1945*, Berlin 1967, sowie Hildegard Brenner, *Die Kunst im politischen Machtkampf der Jahre 1933/1934*, in: *Vierteljahreshefte für Zeitgeschichte 1/1962*. Einige Aspekte der nationalsozialistischen Pläne für Berlin werden zusammen mit ihren Auswirkungen im Nachkriegsdeutschland in meinem Buch *The Berlin Congress Hall 1955–1957, Perspectives in American History*, Charles Warren Center for Studies in American History and Cambridge University Press, New Series, I 1984, S. 130–185 behandelt. Der Stand der Forschungen bis 1978 zu Ideologie und Propaganda der Nazis und zu den Biographien führender Nazi-Größen wird in meiner Einleitung zu Barbara Miller Lane and Leila J. Rupp, *Nazi Ideology before 1933: A Documentation*, Austin, Texas, 1978 zusammengefaßt. Die folgenden, seit 1978 erschienenen Bücher verdienen besondere Aufmerksamkeit: Gerhard Grimm, *Der Nationalsozialismus. Programm und Verwirklichung*, München 1981; Henry Grosshans, *Hitler and the Artists*, New York 1983; Richard F. Hamilton, *Who voted for Hitler?*, Princeton, N.J., 1982; *Adolf Hitler als Maler und Zeichner. Ein Werkkatalog der Ölgemälde, Aquarelle, Zeichnungen und Architekturskizzen*, Zug 1983; Eberhard Jäckel, *Hitlers Weltanschauung. Entwurf einer Herrschaft*, Stuttgart 1981², sowie Wolfgang R. Thorwirth, *Wie links war der Nationalsozialismus?*, Frankfurt am Main 1980. Eine weitere Bibliographie erscheint in: *The Third Reich, 1933–1939: A historical bibliography*, Santa Barbara, ABC-Clio Research Guides, 1984. Eine ausgezeichnete zusammenfassende Behandlung des ‚Dritten Reichs‘ im Zusammenhang mit der modernen deutschen Geschichte findet sich in Gordon A. Craig, *Deutsche Geschichte 1866–1945*, München 1981³.

6 Siehe Kapitel 8, Anmerkung 61

7 Viele der in Anmerkung 3 genannten Arbeiten über den italienischen Rationalismus widmen sich besonders intensiv den dreißiger Jahren. Für Italien siehe auch Antonio Cederna, *Mussolini Urbanista. Lo sventramento di Roma negli anni del consenso*, Rom 1979; Spiro Kostof, *The Third Rome*, Berkeley, Calif., 1977; Diane Yvonne Ghirardo, *Italian Architects and Fascist Politics*, in: *Journal of the Society of Architectural Historians*, Jg. 39, H. 2 (Mai), 1980, S. 109–126; Henry A. Millon, *Some New Towns in Italy in the 1930's*, in: Millon and Nochlin (Hrsg.), *Art and Architecture in the Service of Politics*, S. 326–341; sowie William L. MacDonald, *Excavation, Restoration, and Italian Architecture of the 1930's* in: Helen Searing (Hrsg.), *In Search of Modern Architecture: A Tribute to Henry-Russell Hitchcock*, New York 1982, S. 298–320. Hinsichtlich paralleler Entwicklungen in der Sowjetunion vgl. Anatole Kopp, *Town and Revolution: Soviet Architecture and City Planning 1917–1935*, New York 1970; ders., *L'architecture de la période stalinienne*, Grenoble 1978; sowie Alberto Samonà u.a., *Il Palazzo dei Soviet 1931–1933*, Rom 1976. Über Frankreich und die Vereinigten Staaten gibt es kaum vergleichbare Literatur; über Großbritannien hat die Zeitschrift *Architectural Design* aus postmoderner Sicht eine Reihe von Veröffentlichungen begonnen. Die in wissenschaftlicher Hinsicht wichtigste ist Gavin Stamp (Hrsg.), *Britain in the Thirties*, London 1981.

8 Speers eigene Schriften enthalten seine *Erinnerungen*, Berlin 1969 (amerik. Ausgabe: *Inside the Third Reich*, New York 1970); *Spandauer Tagebücher*, Berlin 1975 (amerik. Ausgabe: *Spandau: the Secret Diaries*, New York 1976); *Technik und Macht*, Esslingen am Neckar 1979; sowie *Der Sklavenstaat. Meine Auseinandersetzung mit der SS*, Stuttgart 1981 (amerik. Ausgabe: *Infiltration: How Heinrich Himmler schemed to build an SS Industrial Empire*, New York 1981). Veröffentlichungen von Speers Arbeiten siehe Karl Arnst u.a., *Albert Speer: Arbeiten, 1933–1942*, Frankfurt am Main 1978; sowie Jürgen Frauenfeld u.a., *Albert Speer, Beiträge für das Planen und Bauen in Entwicklungsländern*, Stuttgart 1982. Aufgrund seiner Veröffentlichungen und zahlreichen öffentlichen Auftritte sind Speers Architektur und politische Karriere einerseits auf tiefe Bewunderung, andererseits auf scharfe Kritik gestoßen; das ganze Spektrum der Meinungen wird zusammengefaßt in Adelbert Reif (Hrsg.), *Albert Speer, Kontroversen um ein deutsches Phänomen*, München 1978. Bisher gibt es noch keine wissenschaftliche Biographie, obwohl Matthias Schmidt in einer zusammenfassenden Betrachtung von Speers Karriere dessen Memoiren untersucht und deren Glaubwürdigkeit einer kritischen Untersuchung unterzieht: *Albert Speer: Das Ende eines Mythos*, Berlin 1982 (amerik. Ausgabe: *Albert Speer: the End of a Myth*, New York 1984). Zu weiteren Informationen und Interpretationen siehe meine Arbeit *Albert Speer, 1905–1981*, in: *Skyline: The Architecture and Design Review*, New York (Dezember) 1981, S. 8–9; sowie mein Beitrag zu Speer in *Macmillan Encyclopedia of Architects*, New York 1982, Bd. IV, S. 115–116.

9 Vgl. zum Beispiel Barbara Miller Lane, *Changing Attitudes to Monumentality: An Interpretation of European Architecture and Urban Form*, in: *Growth and Transformation of the Modern City*, Stockholm 1979, S. 101–114, sowie dies., *Government Buildings in European Capitals, 1870–1914*, in: *Urbanisierung im 19. und 20. Jahrhundert. Historische und geographische Aspekte*, Köln 1983, S. 517–560. Zu den politischen Schriften der Nazis siehe vor allem die Bewertungen der ideologischen Beiträge von Darré, Rosenberg und den Strassers in: Lane und Rupp, *Nazi Ideology before 1933*, passim.

10 Siehe meine Rezension von *Inside the Third Reich*, in: *Journal of the Society of Architectural Historians*, Jg. 32, H. 4 (Dezember) 1973, S. 341–346, die den Einfluß assyrischer, babylonischer und ägyptischer Archäologie auf Speer analysiert.

11 Vgl. oben Anm. 9, Lane, *Government Buildings*, sowie mehrere Beiträge zu Bonatz Dülfer, Körner, Kreis and Thiersch, in: *Macmillan Encyclopedia of Architects*, New York 1982

12 Diesen Aspekt untersuchte ich ausführlich in meinem Artikel *Architects in Power*, in: *Journal of Interdisciplinary History*, sowie in einem Buch über historische Entlehnungen in der Architektur des 19. und 20. Jahrhunderts, das für die Yale University Press vorbereitet wird.

Vorwort

Die Idee zum Thema dieses Buches verdanke ich Professor Fritz Stern. Seine Anteilnahme und seine Hilfe brachten das Buch zum Abschluß. Professor Franklin L. Ford las das Manuskript und gab wertvolle kritische Hinweise. Beiden bin ich zu großem Dank verpflichtet.

Ebenso danke ich Walter Gropius. Ohne seine großzügige Unterstützung hätte das Buch vielleicht nie geschrieben werden können. Er stellte mir sein umfangreiches Archiv zur freien Verfügung und ließ mich bei vielen Gelegenheiten an seinen Erinnerungen teilhaben. In der Zusammenarbeit mit Geisteswissenschaftlern war Gropius stets um historische Genauigkeit bemüht. Mit den persönlichen Aufzeichnungen eines solchen Mannes zu arbeiten, ist für jeden Historiker ein besonderes Privileg.

Ernst May und Hans Eckstein gingen mit ihrer Zeit und ihren Dokumenten ebenso freigiebig um. Hans-Maria Wingler gab nützliche methodische Hinweise und überließ mir viel Material von seinen Vorarbeiten zur Bauhaus-Dokumentation. Vielen anderen deutschen Architekten und Geisteswissenschaftlern habe ich für ihre Anregungen zu danken. Leider erlaubt die große Zahl dieser Kontakte keine namentliche Erwähnung an dieser Stelle.

Das Radcliffe College, die Samuel S. Fels Foundation und die American Association of University Women stellten Forschungsmittel zur Verfügung. Außerdem wurde die Untersuchung ermöglicht durch die Hilfe des Instituts für Zeitgeschichte, der Bayrischen Staatsbibliothek, des amerikanischen Dokumentationszentrums Berlin, der Avery Library, des Busch-Reisinger Museums und nicht zuletzt der Widener Library. Mein Mann gab viele technische Ratschläge. Er beriet mich in der Auswahl und Anordnung der Abbildungen und half mir durch Interesse, Kritik und Geduld.

Einführung

Nur drei Wochen nach Verabschiedung des Ermächtigungsgesetzes, am 12. April 1933, schloß das Nazi-Regime das Bauhaus in Berlin. Die Auflösung des inzwischen international bekannten Zentrums avantgardistischer Kunst und Architektur war einer der ersten Schritte einer Kampagne, viele ‚moderne' Tendenzen in der deutschen Kunst auszuschalten und traditionellere künstlerische Maßstäbe im Namen des deutschen Nationalbewußtseins und der deutschen Geschichte durchzusetzen. Das Nazi-Regime zwang Walter Gropius, Erich Mendelsohn, Paul Klee, Wassily Kandinsky und andere führende moderne Architekten und Maler, das Land zu verlassen, entfernte die Bilder und Skulpturen dieser Männer wie ihrer Schüler aus der Öffentlichkeit und drängte viele der modernen Künstler und Architekten, die in Deutschland geblieben waren, in den Hintergrund. Zum gleichen Zeitpunkt versuchte das neue Regime, die vollständige Kontrolle über alle Kunstgattungen durch die Reichskulturkammer zu gewinnen, eine von der Regierung gebildete Berufsorganisation, der anzugehören für alle Künstler und Architekten verpflichtend wurde. Durch die Ausweisung einiger moderner Künstler und durch die Kontrolle der Arbeit derer, die in Deutschland geblieben waren, war es den Nazis möglich, das künstlerische Schaffen während der Zeit ihrer Machtausübung tiefgreifend zu beeinflussen.

Der heftige Vorstoß des Regimes gegen führende moderne Künstler und der Versuch, den politischen Einfluß auf die bildenden Künste auszudehnen, erweckte sehr schnell die Aufmerksamkeit von Historikern und Politikwissenschaftlern. Die beste Analyse der Nazi-Kulturpolitik wurde schon 1936 geschrieben: Emil Wernert veröffentlichte sein Buch „L'art dans le IIIe Reich", eine zusammenfassende Analyse der damaligen Kontrollmechanismen im Bereich der Kunst. In den ersten Jahren nach dem Krieg führten Paul Ortwin Rave und Hellmut Lehmann-Haupt Wernerts Arbeit fort, Rave in einer Betrachtung der ablehnenden Einstellung der Nazis gegenüber der modernen Malerei, Lehmann-Haupt in einer Gegenüberstellung der Überwachung künstlerischer Tätigkeit unter Stalin, Hitler und Mussolini.[1] Die große Zahl der seitdem über das Nazi-Regime geschriebenen Bücher hat sich, was die künstlerische Seite der Kulturpolitik betrifft, sehr stark an diese Werke angelehnt. Aber keines dieser Bücher, die sich mit den Methoden der Zensur beschäftigen, hat gezeigt, warum die Nazis bestimmte Kunstgattungen ablehnten und andere förderten. Ebensowenig tragen diese Arbeiten dazu bei, die Ursachen für die große Bedeutung der bildenden Künste im Kulturprogramm der neuen Regierung aufzudecken.

Lehmann-Haupt argumentiert wie die meisten dieser Autoren. Er behauptet, daß der Einfluß der Nazis auf die Kunst hinreichend mit dem Zwang ‚totalitärer' Regierungen erklärt werden kann, jeden Ausdruck individueller Selbstentfaltung zu beeinflussen, sogar in der Kunst, die normalerweise mit Politik wenig zu tun hat. Die Rolle der Kunst in der Kulturpropaganda der Nazis wird von ihm auf ähnliche Weise erläutert: ‚Totalitäre' Mächte versuchen zwangsläufig, ihre Ideologie durch jedes Kommunikationsmittel auszudrücken. Aber diese Ansichten lassen offensichtlich viele Fragen unbeantwortet, obwohl sie vielleicht die Gründung der Reichskulturkammer erklären können. Selbst wenn die Überwachung der Kunst eine notwendige bzw. unvermeidliche Begleiterscheinung moderner Diktaturen ist, warum suchten sich die Nazis für ihre heftige Ablehnung gerade die moderne Kunst und Architektur aus, während sie andere Kunstrichtungen sehr stark unterstützten? Selbst wenn das Nazi-Regime seine Ideologie über alle Kommunikationsmittel verbreiten wollte, warum spielte die Kunst und besonders die bildende Kunst in der Nazi-Propaganda eine so wichtige und herausragende Rolle?

Das vorliegende Buch ist der Versuch, diese Fragen im Hinblick auf die Architektur zu beantworten. Frühere Arbeiten über die bildende Kunst unter den Nazis haben ihr Schwergewicht auf Malerei und Bildhauerei gelegt.[2] Die Architektur war den Nazis jedoch vor allen anderen Kunstgattungen die wichtigste. Der Angriff auf die moderne Kunst begann mit dem Angriff auf die Architektenausbildung des Bauhauses. Ebenso steckte das Regime nach 1933 enorme Summen in Bauprogramme und architektonische Propaganda. Diese zentrale Position der Architektur war nicht nur eine Frage der persönlichen Vorliebe Hitlers, der sogar die Planung mehrerer öffentlicher Gebäude überwachte. Der größte Teil des Bauvolumens wurde von anderen führenden Nazis in Auftrag gegeben. Diese Gebäude wurden von Goebbels' Propaganda-Maschinerie immer wieder abgebildet und kommentiert. Der Öffentlichkeit wurden sie als Produkt der Nazi-Ideologie und als Kurzformel ihres Kulturprogrammes vorgestellt. Die traditionell am wenigsten politische Kunstgattung Architektur auf ihrem Weg in die Nazi-Politik zu verfolgen, könnte auch dazu beitragen, das Verhältnis dieses Regimes zu anderen Bereichen der Kunst aufzuklären.

Die folgenden Kapitel sollen die Behauptung belegen, daß die Nazis die Architekturentwicklung nicht nur beeinflußten, um gewohnheitsmäßig die öffentliche Meinung zu steuern. Sie betrachteten die Architektur im Vergleich zu anderen Ausdrucksformen der Kunst vielmehr verstärkt als Symbol einer politischen Zielsetzung. Diese Überzeugung wurzelte jedoch nicht in der ‚totalitären' Struktur des Nazi-Staates. Ihre politische Einstellung zur Architektur bezogen die Nazis aus der Weimarer Republik. Die Betrachtung ihrer Architektur muß daher die vorangegangenen Entwicklungen miteinbeziehen.

Die politische Symbolkraft der Architektur in der Nazi-Propaganda hat ihren Ursprung im Entstehungsprozeß der ‚modernen' Architektur in der Weimarer Republik. In den zwanziger Jahren war die moderne Architektur in Deutschland ungewöhnlich erfolgreich. In keinem anderen Land wurden so viele Gebäude mit neuen Stilelementen in Auftrag gegeben. Dieser großartige Erfolg führte allerdings schnell zu scharfen öffentlichen Auseinandersetzungen über die politische Bedeutung des Mediums Architektur, bereits ein Jahrzehnt bevor sich die Nazis an dieser Kontroverse beteiligten. Nach 1930 griffen die Nazis das Thema auf und verfolgten in dieser Frage eine Politik, die sich der Argumente bediente, die die Gegner der modernen Architektur vorgebracht hatten. Schon die vorangegangenen Auseinandersetzungen hatten also der deutschen Architektur ein politisches Gewicht gegeben. Um das Nazi-Regime in dieser Frage zu verstehen, ist nicht nur die Entwicklung der modernen Architektur Deutschlands zu untersuchen, sondern auch die Gegenbewegung, die sie von 1918 bis 1930 hervorrief.

Ursprünglich entstand die Verflechtung von Architektur und Politik zum einen aus dem besonderen Charakter einer Variante der modernen Architektur, zum anderen aus den besonderen Bedingungen, die die neue Architektur in Deutschland begleiteten. Zu Beginn der Weimarer Republik schufen einige wenige Architekten einen revolutionären neuen Stil, scheinbar vollkommen frei von historischen Vorläufern. Dieser Stil, in Deutschland unter den Begriffen ‚Bauhaus-Stil‘ und ‚Neues Bauen‘ bekannt, entstand parallel zu ähnlichen Entwicklungen in Frankreich, in der Schweiz und in Holland. Die radikale Ablehnung architektonischer Traditionen war in diesen Ländern ebenso wie in Deutschland eine Antwort auf das Kriegserlebnis. In ganz Europa waren sich ‚radikale‘ Architekten und andere Intellektuelle darin einig, daß der Weltkrieg das Ende veralteter Wertvorstellungen markierte. Der Stil, den sie begründeten, war der bewußte Ausdruck ihrer heftigen Ablehnung der Vergangenheit. Wo im neuen Stil gebaut wurde, wurde das überraschende Bild der Gebäude in der Öffentlichkeit oft mit Bestürzung aufgenommen. Über die Grenzen Deutschlands hinaus erhielten die Verfechter des Neuen Bauens nur wenige Aufträge. Ihre Arbeit erreichte bis in die dreißiger Jahre keine breite Öffentlichkeit. In Deutschland jedoch führten in den zwanziger Jahren Architekten wie Walter Gropius und Erich Mendelsohn eine große Zahl bedeutender Aufträge aus. Ihre Arbeiten und die ihrer Kollegen wurden ausführlich veröffentlicht und kritisch gewürdigt. Aber der Erfolg des Neuen Bauens entfachte auch eine starke Opposition, die sehr schnell politische Ausmaße annahm.

Diese politische Gegenbewegung fand ihre Beweggründe zum Teil im Selbstverständnis der revolutionären Architekten. Gegen Ende des Jahres 1918, drei Jahre vor formalen Aussagen des Neuen Bauens, stellte eine Gruppe radikaler Architekten unter Walter Gropius den Anspruch, die neue, sozial verantwortliche Architektur müsse in der gerade stattfindenden politischen Revolution eine Rolle spielen. Der neue Stil sollte Ausdruck der neuen nachrevolutionären Kultur und Gesellschaft sein. Sie forderten darum die Unterstützung der eben gegründeten Republik. Gleich zu Beginn der neuen Ära wurden diese Ansprüche über entsprechende Texte und Ausstellungen einer breiten Öffentlichkeit bekannt.

Dieser theoretische Hintergrund trug dazu bei, den neuen Stil revolutionär erscheinen zu lassen, eine Assoziation, die ihm in anderen Ländern fehlte. Die Entwicklung des Neuen Bauens verstärkte diesen Anschein einer politischen Zielsetzung noch.

Denn die neue Architektur errang ihren Erfolg in Deutschland vor allem mit Hilfe der Regierung. Das Bauhaus, die Architekturschule, die Gropius 1919 in Weimar gründete, war das erste Ergebnis dieser Förderung. Wenige Jahre später erhielten die radikalen Architekten ihre größten Aufträge. In vielen Großstädten entstanden große Anlagen des Massenwohnungsbaus. Aus diesem Grunde wurde die neue Architektur mit den liberalen und linken Stadtverwaltungen identifiziert, die diese Wohnanlagen bauen ließen. Über staatliche Zuschüsse im Rahmen des Wohnungsbauprogramms war auch die Regierung an diesen Bauvorhaben beteiligt. Die Siedlungen wurden sowohl in der Tagespresse als auch in den Blättern ausführlich behandelt, die die neue Architektur als Teil der ‚neuen Ära' Deutschlands verstanden. Die Gleichsetzung des Neuen Bauens mit einer neuen Gesellschaft und einer bestimmten Form politischer Förderung wurde daher in den zwanziger Jahren immer populärer, auf gegnerischer Seite ebenso wie unter den Befürwortern dieser Entwicklung.

Die öffentliche Auseinandersetzung über die neue Architektur begann in Weimar fast gleichzeitig mit der Gründung des Bauhauses und setzte sich bis zum Ende der Weimarer Republik fort. Von 1919 bis 1924 waren die politischen und sozialen Auswirkungen der Gedanken von Gropius und des Lehrplans seiner Schule Gesprächsthema in Weimar und Thüringen. Rechtsorientierte Zeitungen und Politiker begannen das Bauhaus mit der Behauptung zu verleumden, dort würden ‚bolschewistische Architektur' und ‚Kunst-Bolschewismus' gefördert. Diese Phase der modernen Architektur endete 1924, als die lokale Opposition Gropius zwang, seine Schule in die gastfreundlichere Stadt Dessau zu verlagern. Von 1924 (das Ende der Inflation erlaubte die Wiederaufnahme der Bautätigkeit im größeren Rahmen) bis 1930 wurde die Kontroverse auf nationaler Ebene fortgeführt und konzentrierte sich besonders auf die neuen Wohnanlagen. In dieser Zeit verurteilten die Gegner des ‚Bauhaus-Stils', meist Architekten und Regierungsbeamte, diese Art moderner Architektur als Ergebnis einer Verstädterung in großem Rahmen und einer Massengesellschaft unter der Herrschaft von Maschine und Technik. Im Gegenzug zum ‚bolschewistischen' Stil riefen sie nach einer ‚deutschen' Architektur, die die Werte einer älteren, ländlich geprägten Gesellschaft aufrechterhalten sollte. Vor 1929 hatten große rechtsorientierte Zeitungen diese Argumente aufgegriffen und ihnen eine breite Öffentlichkeit verschafft. Als die Nazis nach 1928 versuchten, ihre nationale Bewegung auszudehnen, verlangte das große öffentliche Interesse an der Verbindung von Architektur und Politik den Nazi-Führern einen Standpunkt in der Auseinandersetzung über das Neue Bauen ab.

Die Verflechtung von Architektur und Politik in Deutschland hatte also ihren Ursprung in den besonderen Ereignissen der Nachkriegszeit. Das Hervorbringen einer neuen Architektur durch Architekten, die bewußt versuchten, eine völlig neue Epoche der deutschen Gesellschaft auszudrücken, der schnelle Aufstieg dieser Männer in einflußreiche Positionen unter der Schirmherrschaft einer ‚revolutionären' neuen Regierung, all dies folgte in Deutschland aus dem Erlebnis von Krieg und Revolution. Wenn diese Ereignisse auch die Voraussetzungen für die politische Auseinandersetzung über Architektur schufen, so hatte die Verknüpfung von Architektur und Politik nach 1918 jedoch ihren wichtigsten Grund nicht in einer einzelnen Abfolge von Begleitumständen, sondern in der besonderen Atmosphäre Weimar-Deutschlands. Dieses Klima, das sich jedem, der sich mit dieser Zeit beschäftigt, unausweichlich und fast greifbar aufdrängt, setzte sich zusammen aus außergewöhnlicher künstlerischer Kreativität und extremer politischer Instabilität. Von den 14 Jahren der Weimarer Republik waren nur sechs, von 1924 bis 1930, Zeiten relativer politischer Stabilität. Fünf Jahre gewalttätiger politischer Agitation sowohl von links als auch von rechts gingen dieser kurzen Periode voraus, drei weitere folgten ihr. Beide Zeiträume des politischen Chaos wurden begleitet von wirtschaftlichen Katastrophen. Politisch war die Republik gekennzeichnet von revolutionären Experimenten und utopischen Hoffnungen. Sie war stabil genug, diese Hoffnungen über 14 Jahre hinweg aufrechtzuerhalten, jedoch nicht stark genug, sie durch ein lebensfähiges neues System zu ersetzen.

Trotz dieses unsicheren politischen Regimes wurde Deutschland für einen kurzen Zeitraum zum kulturellen Mittelpunkt Europas. Klee, Feininger, Kandinsky, die russischen Konstruktivisten und viele andere kamen nach Deutschland; Kafka veröffentlichte hier seine Werke; die Dadaisten stellten hier aus; und Josephine Baker und Paul Robeson traten hier auf. Im Deutschland Weimars blühte jede Art von künstlerischem Experiment, jeder neue ‚ismus‘ fand sein Publikum. Der Geist der Neuerung erstreckte sich auf jeden Aspekt des Kulturlebens: auf die Bühne in den Musikdramen von Brecht und Weill und den Produktionen von Reinhardt und Piscator, auf den Film in der Produktion von ‚Caligari‘ und seinen Nachfolgern und unter der Führung des Bauhauses auch auf die angewandten Künste. Wie das politische System, das ihnen seinen Schutz gewährte, war die Kunst gekennzeichnet durch fieberhafte Experimente und utopische Hoffnungen auf einen ‚neuen Stil‘. In ihrer Kurzlebigkeit, Brillanz und Unordnung schien sie die Eigenarten des politischen Lebens dieser Zeit zu teilen. Für die Bürger der Weimarer Republik schien der Wechsel auf künstlerischem, politischem, sozialem und ökonomischem Gebiet total. Daher waren sie schnell geneigt zu glauben, daß die neue Architektur eine vollkommen neue Epoche ausdrückte.

Die Art und Weise, wie die politische Auseinandersetzung über Architektur ausgetragen wurde, war also primär das Ergebnis der Erfahrung Weimars und der besonderen Faktoren, die dazu führten. Aber die Entwicklung der deutschen Geistesgeschichte vor 1918 trug ebenfalls zur Politisierung der Architektur bei. Sie erzeugte eine politische Sicht der Kunst.

Vor 1870 mußte der deutsche Nationalismus für ein Jahrhundert im Kern eher kulturell als politisch bleiben. Während jener Zeit war die Suche nach ‚Deutschtum‘ in der Kunst, von Herder und der Sturm-und-Drang-Bewegung begonnen, aufs engste mit der Hoffnung auf politische Einheit verbunden. Nach der Einigung Deutschlands fanden viele Nationalisten ein politisches Ventil für ihre Gefühle, aber die deutschen Intellektuellen blieben bei ihrer Gewohnheit, nach Verbindungen zwischen Kultur und

18

Politik zu suchen. In den achtziger und neunziger Jahren des 19. Jahrhunderts, als die Opposition gegen Bismarcks Reich zu wachsen begann und Politik, Sozialstruktur und Wirtschaftspolitik des neuen Staates zunehmend auf Kritik stießen, faßte eine Reihe deutscher Intellektueller ihre Kritik in kulturelle Begriffe. Männer wie Lagarde, Langbehn und Moeller van den Bruck, die Fritz Stern als die Autoren einer ‚Politik kultureller Hoffnungslosigkeit‘[3] beschrieb, erkannten in der Politik des zweiten Reichs auf allen Ebenen Verfallserscheinungen nationaler Kultur. Sie träumten von einem mystisch-nationalen Wiedererwachen. Aber während die deutschen Nationalisten der Zeit vor der Einigung sich auf Lyrik und Dramen Goethes, Schillers und der Klassik bezogen, um Symbole nationaler Einheit zu gewinnen, wandten sich die späteren Propheten den bildenden Künsten zu. In seinem weithin bekannten Buch ‚Rembrandt als Erzieher‘ schrieb Julius Langbehn der Malerei des Holländers die ‚germanischen‘ Qualitäten Irrationalität, Individualität und Spontaneität zu, die allein den Verfall der zeitgenössischen Gesellschaft in ihr Gegenteil verkehren könnten. Arthur Moeller van den Bruck führte diese Gedanken in einer Vielzahl von Publikationen von 1902 an aus. Später, direkt nach Beginn des Ersten Weltkriegs, wandte er sich dem architektonischen Symbolismus zu, um seine Verurteilung der Wilhelminischen Gesellschaft auszudrücken. In ‚Der preußische Stil‘ beschrieb er die Architektur von Gilly und Schinkel als Ausdruck einer Verbindung von Heldentum und Gehorsam, ohne die ein Krieg nicht zu gewinnen sei. Moeller glaubte, daß das Kriegsgeschehen diese Qualitäten mit dem romantischen und schöpferischen Geist eines größeren Deutschlands verschmelzen und in einer mystischen Wiedererneuerung der kreativen Kräfte der Nation gipfeln würde. Unter dem großen Einfluß dieser beiden Männer flossen diese Gedanken zur politischen Bedeutung von Malerei und Architektur in den Strom neokonservativen Gedankenguts in Deutschland ein. Außerdem trugen sie dazu bei, die Selbsteinschätzung deutscher Künstler zu beeinflussen.

Aber selbst vor dem Krieg hatte diese intellektuelle Tradition viele deutsche Künstler zu der Überzeugung gebracht, daß ihre Arbeit weitreichende Auswirkungen auf das Leben der Nation insgesamt habe. Unter diesen Künstlern hatten Richard Wagner und die deutschen Expressionisten den größten Einfluß auf die Entwicklung der Kontroversen um die Architektur der zwanziger Jahre. Wagners ‚Musikdrama‘ sollte ein ‚Gesamtkunstwerk‘ sein, in welchem die ‚abstrakteste‘ aller Künste, die Musik, in Verbindung mit Drama und Lyrik das Leben in seiner Gesamtheit erfassen sollte. Wagners umfangreiche Schriften sagten oft voraus, daß das ‚Kunstwerk der Zukunft‘ in zeitlich unbestimmter Ferne eine ‚geistige Revolution‘ verursachen würde. Im Zusammenhang mit seinem Rassismus und Nationalismus kamen Wagners Theorien denen von Langbehn und Lagarde sehr nahe. Abgesehen von seinem romantisierenden Deutschtum ähnelt Wagners Auffassung zur Rolle der Musik in der Gesellschaft jedoch auch der Definition des Neuen Bauens durch radikale Architekten und kann diese sehr wohl beeinflußt haben.

In den letzten Jahren vor dem Krieg vermittelten Tendenzen im künstlerischen Bereich dieser Denkweise zusätzliche Impulse. Die vielseitige literarische und künstlerische Bewegung, die gewöhnlich als Deutscher Expressionismus bezeichnet wird, brachte nicht nur einen außergewöhnlichen Formenreichtum hervor, sondern auch eine neue Kunstphilosophie. Expressionistische Dramatiker und Dichter sahen in der Kunst den alleinigen Schlüssel zum Wissen. Weder die Naturwissenschaften noch die konventionelle Religion konnten die Wirklichkeit erklären. Allein die symbolische Sprache des kreativen Künstlers bildete eine Brücke zwischen Geist und Stoff. Diese Sicht der Kunst war schon seit einem Jahrhundert zu einem großen Teil in der deutschen Philosophie der Ästhetik enthalten. Die Texte der deutschen Expressionisten gaben ihr jedoch neue politische Untertöne. Viele deutsche Expressionisten waren durch ein soziales Bewußtsein motiviert und erhofften eine ‚neue Gesellschaft‘, in der die Kunst dem ‚Volk wiedergegeben‘ werden konnte. Sie teilten den Kulturpessimismus von Lagarde und Moeller und erhofften, wie sie, eine Art mystischer Regeneration des Staates. Da ihre Prophezeiungen in eine konventionelle politische Richtung zielten, neigten sie jedoch eher der Linken als der Rechten zu. Sie waren daher die unmittelbarsten geistigen Vorläufer der radikalen Architekten der zwanziger Jahre. Zusammen mit den Propheten eines kulturellen Niedergangs und den Anhängern des Wagner-Kults beschleunigten ihre Schriften in Deutschland eine langanhaltende Tendenz, die Kunst als Zentrum politischen Interesses zu betrachten. Sie lieferten den Hintergrund, vor dem sich die Auseinandersetzung um die Architektur der zwanziger und dreißiger Jahre abspielte.

Die geistige Atmosphäre der Weimarer Republik gab diesen älteren Anschauungen eine neue Dringlichkeit und ein breiteres Publikum, während die Entwicklung der Architektur und ihrer Kritik diese Einstellung auf die Architektur konzentrierte. Um 1930 wurde das Neue Bauen daher für große Teile der Öffentlichkeit zum Symbol der politischen, sozialen und kulturellen Veränderungen der Weimarer Republik. Ihre Verfechter wie ihre Gegner sahen in der modernen Architektur den Ausdruck einer schnellen Industrialisierung und das Symbol einer riesigen modernen Metropolis. Sie identifizierten sie darüber hinaus aufgrund ihres Ursprungs und ihres Mäzens mit der Weimarer Republik und der Revolution, die diese Republik ermöglicht hatte. Als die Nazis schließlich in die Kontroverse über die neue Architektur eingriffen, fanden sie daher unter den Ansätzen dieser Diskussion Propagandamaterial von unschätzbarem Wert. Indem die Nazis gegen das Neue Bauen opponierten und die Gegenseite unterstützten, konnten sie ihre Kritik an den politischen und wirtschaftlichen Mißerfolgen der Republik vortragen, ohne sich selbst auf ein konkretes politisches und wirtschaftliches Programm festlegen zu müssen. Dies war die Rolle, die die Partei der Architektur-Propaganda ab 1930 zuwies. Die Propagandaspezialisten beuteten diese Themen mit großem Geschick aus.

Die Kritik am Neuen Bauen als dem Symbol der Schwäche Weimars zwang die Nazis andererseits, das Medium Architektur als hochbedeutsam für das nationale Leben zu akzeptieren. Freilich spiegelten schon 1920 Hitlers Reden diese Einsicht wider. Die

Partei als Ganzes verpflichtete sich ihr erst, als die Propaganda-Kampagne gegen den ‚Architektur-Bolschewismus' begann. Nach 1930 zwang die von der Parteipropaganda eingenommene Position die Nazis zu dem Versprechen, ein Bauprogramm einzuleiten, das ihre eigene Ideologie zum Ausdruck bringen sollte.

Mit der Übernahme der Macht ging die Partei daran, dieses Versprechen einzulösen. Eine Analyse dieses Bauprogramms gewährt daher einen bedeutenden Einblick in die Besonderheiten der Nazi-Ideologie. Die Kulturpolitik des neuen Regimes, ablesbar an seinen baulichen Aktivitäten, war – wie die Nazi-Ideologie überhaupt – konfus und widersprüchlich. Unter den Schöpfern der offiziellen Architektur-Politik entwickelten sich mindestens vier verschiedene Grundpositionen. Einige der neuen Führer von Regierung und Partei versuchten, die Tradition des Mittelalters in einer Neo-Romanik neu zu beleben, während andere eine Neo-Klassik favorisierten, um darin die ‚ewigen' Werte des Nationalsozialismus zu verkörpern. Einige waren hauptsächlich daran interessiert, den ländlichen Charakter der Nazi-Gesellschaft zu unterstreichen, und förderten daher eine einfache, von ländlichen Bauformen abgeleitete, ‚volkstümliche' Architektur. Andere schließlich unterstützten freimütig einen revolutionären ‚modernen' Stil, der das Neue des neuen Regimes zum Ausdruck bringen sollte.

Trotz des Anspruchs der Partei, das Neue Bauen durch einen einheitlichen neuen ‚nationalsozialistischen' Stil zu ersetzen, erlaubten die Rivalitäten dieser Strömungen beinahe jeden Architekturstil, einschließlich der Gebäude, die denen der unterdrückten radikalen Architekten sehr ähnlich waren. Selbstverständlich etablierte das Regime gesetzliche Instrumente für eine zentrale Kontrolle der Architektur. Diese Kontrolle war jedoch weit weniger effektiv, als man im allgemeinen annimmt. Hinter der Fassade intensiver staatlicher Architekturpropaganda und unter der Schirmherrschaft hoher Partei- und Regierungsfunktionäre konnte sich die deutsche Architektur relativ frei entwickeln. Die Architekturpolitik der Nazis war nicht das Ergebnis eines monolithischen totalitären Systems, sondern durch Auseinandersetzungen und Machtkämpfe gekennzeichnet. Das Bauprogramm der Nazis hatte seinen Ursprung nicht in einer neuen totalitären Ideologie, sondern in einer Vielzahl sich widersprechender Ideen, die ihrerseits aus der Weimarer Zeit und ihrer Auseinandersetzung über Architektur stammten.

Die Geschichte der Politisierung deutscher Architektur über drei Jahrzehnte hinweg berührt viele Probleme, die in einem Buch von so breiter Thematik nicht behandelt werden können. Vor der Wohnungsfrage der zwanziger Jahre wird das Bauprogramm der Weimarer Republik zu ihrer überzeugendsten Leistung, die von den Politikern heftig diskutiert wurde. Die politische Geschichte dieses Programms, hier weitgehend vernachlässigt, sagt viel über die sozialen Ziele der großen Parteien dieser Zeit. Die Förderung der Architektur durch einige Stadtverwaltungen wird im 4. Kapitel beschrieben; die umfassendere Frage nach der Renaissance städtischer Schirmherrschaft über alle Kunstgattungen während der Weimarer Republik wird jedoch notwendigerweise vernachlässigt, obwohl dieses Thema für das Verständnis der Weimarer Kultur-geschichte von zentraler Bedeutung wäre. Die Behandlung der Gegenbewegung kon-servativer Architekten gegen das Neue Bauen im 5. Kapitel zeigt, daß man sich trotz aller Unterschiede in einem leidenschaftlichen Haß auf die Großstadt einig war. Es wäre nützlich zu wissen, inwieweit andere Konservative diese Sicht teilten; denn zu dieser Zeit war das städtische Wachstum besonders brisant. Das 6. Kapitel analysiert die Architekturpropaganda der Nazis in ihrer Entwicklung zwischen 1928 und 1933. Hier wird eine große Abhängigkeit von den Ideen konservativer Architekten deut-lich. Von großer Bedeutung ist die Frage, ob diese Verbindung zum Weimarer Kon-servativismus die gesamte Kulturpropaganda der Nazis umfaßt. Sollte dies zutreffen, hätten die Anknüpfungspunkte der Parteipropaganda vor 1933 die Nazi-Ideologie in bisher unbekannter Weise mitbeeinflußt. Die Rolle Rosenbergs eröffnet in dieser Be-ziehung neue Dimensionen. Sein Einfluß vor 1933 war größer und danach geringer, als man im allgemeinen annimmt, was eine Neubestimmung seiner Position in der NSDAP erforderlich macht. Das 7. Kapitel schließlich zeigt, daß die architektonische Zensur der Reichskulturkammer in der Praxis nur geringe Ausmaße annahm, wäh-rend das Regime durch die persönliche Schirmherrschaft hoher Nazi-Funktionäre mehr Einfluß auf den Stil der Architektur nahm. Träfe dies auf die Kulturpolitik ins-gesamt zu, wäre ein großer Schritt zum Verständnis der Wirkungsweise dieser Regie-rung getan. Um die Grundlagen dieser Thematik zu behandeln, war es nötig, viele ihrer Auswirkungen zu vernachlässigen. Da die politische Seite deutscher Architektur ein derartig komplexes, von den verschiedensten politischen, wirtschaftlichen und in-tellektuellen Faktoren bestimmtes Phänomen war, wird der Text manchmal zu einem Gesprächspartner, der mehr Fragen stellt, als er beantwortet.

1 Revolution in der Architektur

Als die Nazis gegen Ende der Weimarer Zeit den ‚Bauhaus-Stil' in der Architektur angriffen, galt dieser Vorstoß nicht der modernen Architektur insgesamt. Obwohl das Neue Bauen Teil einer umfassenderen modernen Bewegung war, zogen die Nazis eine scharfe Trennungslinie zwischen ihr und der übrigen Moderne. Die Bauhaus-Bauten von Walter Gropius und alle Entwürfe, die ihm glichen, lehnte die Partei als ‚architektonischen Bolschewismus' ab. Sie tolerierte aber und bewunderte zuweilen sogar andere Erscheinungsformen der Moderne. Die Nazis trafen diese Unterscheidung, weil das Neue Bauen innerhalb der modernen Bewegung eine eigene Identität zu haben schien. Sie allein war von einem ideologischen Programm begleitet, sie allein, so schien es, wurde in der Weimarer Republik politisch begünstigt. Während sich die andere Seite der modernen Architektur in der Tradition der Vorkriegszeit entwickelt zu haben schien und somit in der Vergangenheit fest verwurzelt war, sah die neue Architektur im Gegensatz dazu vollkommen anders aus. 1922 der Öffentlichkeit zum ersten Mal vorgestellt, erschien sie den Zeitgenossen als absolut neu, nicht das Ergebnis einer traditionellen Fortentwicklung deutscher Kultur, sondern geformt von Krieg, Revolution und wirtschaftlichem Zusammenbruch.

Trotz ihrer unterschiedlichen Formensprache hatten beide Richtungen der modernen Nachkriegsarchitektur ihren Ursprung in einer starken und experimentierfreudigen fortschrittlichen Bewegung, die schon vor dem Krieg existierte. Beide Tendenzen moderner Architektur bezogen sich in ihren Stilmerkmalen auf diese Entwicklung der Vorkriegszeit. Das Neue Bauen entwickelte diese Tradition jedoch weiter in einer Richtung, die sich von anderen formalen Aussagen dieser Zeit unterschied, so daß ihr gemeinsamer Ansatz zunächst im dunkeln blieb. Tatsächlich gab es zwei ‚Revolutionen' in der deutschen Architektur; die umfassendere um 1900 initiierte die moderne Bewegung an sich, während nach 1918 eine besondere Variante von Gropius und seinen Anhängern geprägt wurde. Die Definition beider Entwicklungen ist für das Verständnis der zeitgenössischen Opposition gegen den ‚Baushaus-Stil' unabdingbar. Denn nur in dem Maße, in dem das Neue Bauen nach 1918 wirklich ‚neu' war, konnte es als ein Produkt der politischen Revolution verurteilt werden; und nur insofern, als seine Formensprache von der übrigen Nachkriegsarchitektur differierte, konnte es überhaupt als Angriffsziel dienen.[1]

Während der zweiten Hälfte des 19. Jahrhunderts entwickelte die Architektur in Deutschland wie im übrigen Europa und in den USA einen willkürlichen und überladenen Eklektizismus, der in England und Amerika als ‚Victorian' bekannt ist. Das pseudogotische Rathaus in München (Bild 1) aus der Zeit von 1867 bis 1909 mit sei-

1 Georg Joseph von Hauberrisser, Neues Rathaus, München, 1867–1874, 1899–1909

nem ornamentalen Schnitzwerk in der Fassade entsprach ganz dem Geschmack jener Zeit. Ebenso erfolgreich waren damals herrschaftliche Wohnhäuser in freien Formen, verziert mit einer Überfülle von Türmen, Giebeln und ‚Pfefferkuchen'-Motiven. Aber um 1900 begann eine Reihe von Architekten, darunter vor allem Alfred Messel, Peter Behrens und Paul Bonatz, dieses Formen-Chaos zu verwerfen und nach einer neuen, schlichteren Ausdrucksweise zu suchen. Sie fanden die verschiedensten und widersprüchlichsten Lösungen. Einige nahmen ihren Gebäuden jegliches Ornament, andere erfanden neue Dekorationen. Einige benutzten neue Baumaterialien, wie Stahl und Stahlbeton, um neue Effekte zu erreichen – dünne Wände, große Spannweiten, großflächige Verglasungen –, während andere schwerstes Mauerwerk bevorzugten. Nur wenige lehnten gegen das Übergewicht einer Mehrheit jede Nachahmung und Neubelebung hergebrachter Stilmerkmale ab. Die erste Revolution der Architektur brachte keinen einheitlichen, leicht zu identifizierenden Stil, sondern etablierte bis 1914 ein ganzes Spektrum neuer Entwicklungen, auf denen die Nachkriegsarchitektur aufbauen konnte.

All diese neuen Traditionen stellten auf die eine oder andere Art eine einschneidende Überarbeitung des Historismus dar, ohne ihn jedoch ganz zu verwerfen. Indem sie das Vokabular der überkommenen Baustile, vor allem von Gotik und Barock, in neuen, geordneteren und prägnanteren Variationen anwandten, leiteten fortschrittliche Architekten daraus schrittweise eine neue Formensprache ab, die in ihrer Aussage neu, aber gleichzeitig formal der Vergangenheit verbunden war. Eines der schönsten Beispiele dieser ersten Überarbeitungsversuche war das Warenhaus Wertheim von Alfred

2 Alfred Messel, Warenhaus Wertheim, Berlin, 1896–1904

Messel aus dem Jahr 1904 (Bild 2); es gehört zu den ersten großen Kaufhäusern Berlins. Messel schwächte die gotischen Einzelheiten seiner Architektur ab. Sein regelmäßiges Muster fortlaufender Vertikalstreben in der Fassade geriet zu einer kraftvollen und geordneten Komposition, wie sie den Bauten der siebziger und achtziger Jahre ganz und gar fremd war. In seinem Bau war das gotische Detail, eingepaßt in die Struktur des Gebäudes, lediglich ein Mittel auf dem Weg zu einer formalen Gliederung. Dieses respektlose Verhältnis zur historisch präzisen Vorlage erlaubte es Messel, die gotischen Fensterpfosten in einem dominierenden Mansarddach enden zu lassen und dem Eingang mit römischen Bogenstellungen Gewicht und Bedeutung zu verleihen.

Während der folgenden zehn Jahre setzte sich diese Abstraktion des Historismus weiter fort. Typisch für einen großen Teil der Verwaltungs- und Industriegebäude dieser Zeit ist die Mannsesmann-Verwaltung von Peter Behrens in Düsseldorf (Bild 3). Obwohl ein rustikaler Steinsockel und rudimentäre klassische Pilaster ihr ein der Tradition verhaftetes Aussehen verliehen, erreichte Behrens eine neue Ausdruckskraft durch einen kraftvollen und kompromißlosen Kubus. Und obwohl er konventionelle vertikale Fensterelemente verwendete, verengte er sie zu Schlitzen, die in der Schrägansicht als fortlaufende Horizontalbänder erschienen und die Fassade auf eine Art und Weise aufbrachen, die das Langfenster späterer Zeit erahnen läßt.

Der Übergang des Historismus zur modernen Architektur erreichte seinen Höhepunkt in dem bekannten und bedeutenden Stuttgarter Bahnhof von Paul Bonatz, des-

3 Peter Behrens, Verwaltungsgebäude der Mannesmann-Werke, Düsseldorf, 1911/1912

sen Bau 1913 begonnen wurde (Bilder 4, 5). Bonatz verwendete das barocke Motiv vertikaler Fensterstreifen mit ornamentalen Unterbrechungen, und er zog eine freistehende klassische Kolonnade um den zentralen Teil des Gebäudes. Aber diese Anklänge an die Tradition setzten innerhalb des vollkommen neuartigen Entwurfs lediglich untergeordnete Akzente. Ohne Sockel und nur mit einem rudimentären

4   Paul Bonatz, Hauptbahnhof, Stuttgart,
     1911 – 1927

5   Hauptbahnhof Stuttgart

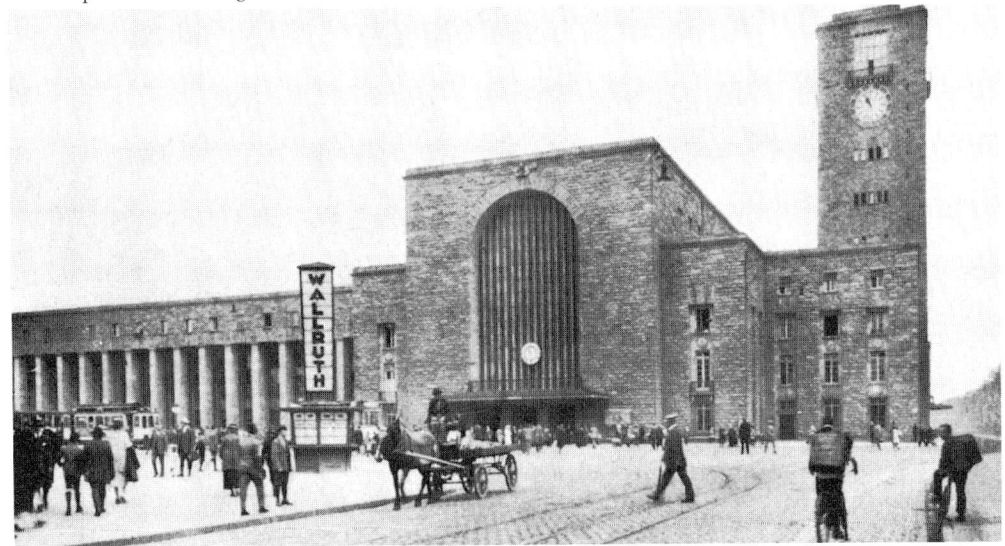

Dachgesims versehen, reduzierte sich das Gebäude auf eine Reihe von schlichten Kuben, deren Gewicht und Volumen Bonatz durch ein übertrieben rustikales Mauerwerk steigerte. Das erstaunlichste Merkmal dieses Gebäudes war die asymmetrische Abfolge seiner einzelnen Teile, vom vertikalen Verwaltungsturm über den massiven Eingangsteil zur horizontal orientierten Wartehalle auf der linken Seite. Diese asymmetrische Anordnung von kantigen, beinahe unbearbeiteten Formen ist in den traditionellen Baustilen ohne Beispiel.

Obwohl die Entwicklung, Gebäude auf würfelförmige Volumen und historisierende Ornamente auf stilisierte Gliederungsmuster zu reduzieren, ihre deutlichste Ausprägung in den großen öffentlichen Gebäuden und Verwaltungsbauten erfuhr, fand zur gleichen Zeit ein ähnlicher Prozeß im Wohnungsbau statt. Die Revolte gegen die gotischen und barocken Pfefferkuchen des viktorianischen Hauses wurde von Paul Schultze-Naumburg angeführt, der schon zwei Jahrzehnte später zu den empörtesten Gegnern des Neuen Bauens gehörte. Schultze-Naumburg verwendete zwei Methoden, um den Baustil im Wohnungsbau zu reformieren. Die meisten seiner Häuser griffen irgendeinen historischen Stil auf, der in seinem Erscheinungsbild recht schlicht war. Sie ahmten z.B. die Fachwerk-Mischkonstruktionen des späten Mittelalters nach oder, häufiger, eine Art Neoklassizismus, wie ihn Bild 6 zeigt. Der größte Teil seiner Arbeiten war daher nicht in dem Sinne fortschrittlich, daß er historische Stilmerkmale durch Abstraktion überarbeitete, sondern indem er jede Form von Eklektizismus ablehnte und statt dessen stilgetreu reproduzierte, ein im Ansatz brauchbares Vor-

6 Paul Schultze-Naumburg, Wohnhaus, Köln, ca. 1910

gehen. In einigen seiner Häuser legte Schultze-Naumburg jedoch beinahe alle historischen Anlehnungen beiseite, zugunsten von nackten, weißen Putzbauten. Die Gartenfassade seines Steinhorster Hauses (Bild 7) war zum Beispiel völlig frei von Ornamenten. Das Gebäude reduzierte sich so auf einen Kubus von schmuckloser Oberfläche, der Tradition lediglich durch den Gebrauch von Flügelfenstern und Walmdach verpflichtet.

Vereinfachte Formen, wie sie Schultze-Naumburg bei seinem Steinhorster Bau anwandte, wurden darüber hinaus auch von Heinrich Tessenow und Bruno Taut verwendet. Sie finden sich im sozialen Wohnungsbau der neuen ‚Siedlungen‘, welche etwa zur gleichen Zeit ein wichtiges Element deutscher Stadtentwicklung wurden.[2] Bei den Reihenhäusern, die Tessenow 1910 für Arbeiter der ‚Gartenstadt‘ Dresden-Hellerau plante (Bild 8), waren die geputzten Oberflächen vollkommen frei von Ornamenten, an Türen und Fenstern wurden nur die einfachsten Rahmen verwendet.[3] Tauts Reihenhäuser im Berliner Vorort Falkenberg (Bild 9) waren in ihrem Erscheinungsbild zwar formbewußter und traditioneller, verkörperten aber Tessenows Vorliebe für glatte Oberflächen und einfache Umrisse. Sie weisen weder größere historische Bezüge auf noch kämpfen sie um modische Neuerung.

Obwohl die Reduktion des Historismus in Richtung auf eine neue Einfachheit die Hauptströmung deutscher Architektur zwischen 1900 und 1915 war, gab es doch einige wenige Abweichler, die den Historismus ablegten, um bizarren Formexperimenten zu frönen. Peter Behrens und Josef Maria Olbrich, zum Beispiel, versuchten an ihren

7 Paul Schultze-Naumburg, Gut Steinhorst bei Ratzeburg, ca. 1910, Gartenseite

8 Heinrich Tessenow, Reihenhäuser, Dresden-Hellerau, 1910–1912

9 Bruno Taut, Reihenhausgruppe Akazienhof, Siedlung Falkenberg, Berlin, 1912–1914

Häusern für die Darmstädter Künstlerkolonie (Bilder 10, 11) neue ornamentale Formen anzubringen. Im Jahr 1901 gründete Großherzog Ernst Ludwig von Hessen diese Kolonie, um neue Tendenzen im Kunsthandwerk zu fördern. Obwohl die Gebäude oft als ,Jugendstil' interpretiert worden sind, hatten die gekrümmten Giebel sowie das kontrastierende Mauerwerk von Behrens und die Überarbeitung Tiroler Ornamentik durch Olbrich außer einem selbstbewußten Drang nach neuen Formen wenig gemeinsam. Olbrich brachte sein geometrisches Ornament jedoch auf schlichten kubischen Baumassen an, eine Verbindung, die für die weitere Entwicklung inspirierender war als die meisten anderen formalen Experimente dieser Zeit. Ein ähnliches Streben nach neuen Ausdrucksformen veranlaßte Hans Poelzig 1912, die Fenster seiner Chemischen Werke in Luban in ein ungewöhnliches Muster zu zwingen (Bild 12), ein mißlungener Versuch einer neuen Ästhetik im Industriebau. Gebäude wie die von Poelzig und Behrens blieben reine Fassadenexperimente und hatten nur insofern Bedeutung, als sie dem Wunsch nach Neuerung Ausdruck gaben. Kurz vor dem Krieg führte dieser Wunsch nach Neuerung allerdings zu einigen bedeutenden Experimenten substantieller Art. Die überzeugendsten Beispiele entstanden 1914 anläßlich der Kölner Ausstellung des Deutschen Werkbundes, einer Organisation von Architekten, Handwerkern und Geschäftsleuten zur Verbesserung des Industrie-Designs. Die ge-

10   Peter Behrens, Haus Behrens, Künstlerkolonie Darmstadt, 1900/1901

11   Josef Maria Olbrich, Haus Olbrich, Künstlerkolonie Darmstadt, 1900/1901

schwungenen Formen des Theaters, das der Belgier Henry van de Velde für diese Ausstellung entworfen hatte (Bild 13), brachten eine neue Dynamik in die Formensprache der deutschen Architektur. Sie fand sich in den Arbeiten der ‚radikalen' Architekten nach dem Krieg wieder. Von den anderen Gebäuden der Ausstellung hatten die von Gropius (Bild 17) und Taut (Bild 18) den größten Einfluß auf die weitere Entwicklung des Neuen Bauens.

Ihre Bauten entwickelten sich nicht nur aus formalen Reformen, sondern auch aus den neuen Bauweisen und Werkstoffen des Ingenieurbaus. Viele Beispiele dieser Indu-

12 Hans Poelzig, Chemische Fabrik, Luban, 1911/1912

13 Henry van de Velde, Theater auf der Werkbund-Ausstellung, Köln, 1914

strie- und Gebrauchsarchitektur – Brücken, Fabrikanlagen und Ausstellungsgebäude – wurden in ihren Formen durch neue Materialien wie Eisen, Stahl und Stahlbeton bestimmt. Nach dem Kristallpalast entstanden derartige Konstruktionen in ganz Europa und Amerika. Auch Deutschland besaß viele dieser weitgespannten Tragwerke mit großen Glasflächen (Bild 14). Diese neuen Bautechniken, die vor dem Krieg in Deutschland so häufig verwendet wurden, dienten jedoch lediglich der Lösung praktischer Probleme, etwa ausreichender Lichtzufuhr oder großen Spannweiten. Selten wurden weitgespannte Konstruktionen und große Glasflächen um ihrer selbst willen errichtet. Erst zu einem sehr späten Zeitpunkt begann man mit den ästhetischen Möglichkeiten dieser modernen Technik zu experimentieren.

Das berühmteste Beispiel dieser Art war das Fagus-Werk von Walter Gropius aus den Jahren 1911 bis 1914 (Bilder 15, 16). Glas- und Metallausfachungen wie die zwischen den Ziegelpfeilern des Werkstattflügels (Bild 15) waren gelegentlich schon von anderen progressiven Architekten benutzt worden, um die Fassade in der Vertikalen zu betonen. Im Gegensatz dazu verwendete Gropius diese Elemente in seinem Entwurf feingliedrig und ausgewogen, um die Schönheit von Glas und Metall als Baumaterial kompromißlos darzustellen. Als Gropius seine Fassadenelemente entwickelte und die Gebäudeecken verglaste, dachte er bereits an die Helligkeit und Transparenz einer kontinuierlichen, vollkommen verglasten Vorhangfassade. Der restliche Komplex, so wie er schließlich ausgeführt wurde, war eine Ansammlung von Gebäudetrakten, die nur lose miteinander in Verbindung standen.[4] Indem Gropius jedoch die Lagerhäuser

14 Friedrich von Thiersch, Festhalle, Frankfurt am Main, 1906–1921

15 Walter Gropius, Fagus-Werk (Schuhleistenfabrik Karl Benscheidt), Alfeld a.d. Leine, 1911–1914, Fabrikationsgebäude

16 Fagus-Werk, Lagerhaus

auf schmucklose, kubische Baumassen reduzierte (Bild 16), gelang ihm ein starker Kontrast zwischen ihrer Massivität und der Transparenz der Werkstätten. Sein Entwurf ging so über die praktischen Erfordernisse der Fabrik hinaus und gab ihrer ‚Funktion‘ eine formale und hochkünstlerische Fassung.

1914 experimentierte Gropius noch einmal mit diesem Kontrast, bei dem Bürogebäude seiner Musterfabrik auf der Werkbundausstellung (Bild 17). Hier war die Gegenüberstellung der Glastürme mit solidem Mauerwerk eindeutig nicht ‚funktional‘, sondern diente einzig und allein einer ästhetischen Wirkung. Dieser Formalismus wurde von Bruno Taut in seinem ‚Glashaus‘ für die gleiche Ausstellung noch weiter getrieben (Bild 18). Mit seiner facettierten Kuppel aus getönten Glasscheiben war Tauts Gebäude zwar fast ein Gewaltakt, zusammen mit dem Entwurf von Gropius markierte es aber den Beginn einer Tendenz, industrielle Werkstoffe zu romantisieren.

Trotz aller Unterschiede zwischen Gropius und Bonatz einerseits und Bonatz und Behrens andererseits lief durch den größten Teil der progressiven Vorkriegsarchitektur ein roter Faden. Gropius, Bonatz, Olbrich, Behrens und sogar Schultze-Naumburg teilten die gleiche Vorliebe für einfache kubische Formen. Von den meisten dieser Architekten ließ sich außerdem sagen, daß sie ihre Bauten nicht nur als Fortentwicklungen eines bestimmten historischen Stils sahen oder als zweckorientierte Organisationseinheiten, sondern als neuartige Formen im Raum, fast als abstrakte Skulpturen. Trotz ihres gemeinsamen Anliegens bevorzugten progressive Architekten verschiedene Formen und Materialien. Ebenso bewerteten sie das traditionelle Moment der Architektur unterschiedlich. So zeigten auch ihre stilistischen Mittel eine große Vielfalt. Das Bewußtsein für ihre gemeinsamen Ziele führte zu gegenseitiger Toleranz. Jeder hielt die Gebäude seiner Konkurrenten für fortschrittlich. Daß sie ihre voneinander abweichenden Methoden nicht für unvereinbar hielten, beweist auch die aktive Mitarbeit fast aller dieser Architekten im Deutschen Werkbund.

Der Werkbund wurde 1907 gegründet, um modernes Design zu fördern, scheinbar nur bei Industrieprodukten, tatsächlich aber auch in allen anderen Bereichen von Kunst und Handwerk.[5] Friedrich Naumann, Politiker und Politik-Wissenschaftler, Ferdinand Avenarius, Herausgeber der einflußreichen Zeitschrift ‚Der Kunstwart‘, Eugen Diederichs, ein konservativer Verleger, und Hermann Muthesius, Architekt und Verfechter zeitgenössischer englischer Architektur, gründeten diese Organisation mit dem Ziel, den Stellenwert deutscher Produkte auf dem Weltmarkt durch hochwertiges Design zu verbessern. Vor dem Krieg war der Werkbund eine breite Bewegung, die nicht nur Designer und Ingenieure von Industrieprodukten aufnahm, sondern auch die Führer einer deutschen, wenn man so will, ‚arts and crafts‘-Bewegung. Dieser Gruppe gehörten Kunsthandwerker und Innenarchitekten an, die historische und volkstümliche Motive verwendeten.[6] Die Architekten im Werkbund verstanden sich als eine Arbeitsgruppe zur Verbesserung deutscher Industriekultur. Dieses Selbstverständnis überdeckte ihre Unterschiede. Die Organisation förderte dieses Gemeinschaftsgefühl durch ständige Ausstellungen, wie z.B. in Köln, und eine Rei-

17 Walter Gropius, Bürogebäude der Deutzer Gasmotorenfabrik, Werkbund-Ausstellung, Köln, 1914

18 Bruno Taut, ‚Glashaus' (Ausstellungspavillon der Glasindustrie), Werkbund-Ausstellung, Köln, 1914

he von Veröffentlichungen. Auf diesem Wege wurden die vielfältigen Arbeiten aller Mitglieder weithin bekannt.[7]

Nach dem Krieg nahmen die Übereinstimmungen unter den fortschrittlichen Architekten ab, und die gemeinsamen Stilmerkmale ihrer Arbeiten verwischten. Eine Stilrichtung löste sich in auffälliger Weise sowohl von der Vorkriegsentwicklung als auch von der darauf aufbauenden fortschrittlichen Nachkriegsarchitektur. Von 1922 an sahen Walter Gropius und seine Anhänger, weit mehr als andere Architekten in Deutschland, die Architektur in zunehmendem Maße als Skulptur an. Sie entwarfen extrem vereinfachte Blöcke, asymmetrisch angeordnet und vollkommen schmucklos. Dieses ‚Neue Bauen‘ war natürlich kein rein deutsches Phänomen. Seine ersten Ursprünge finden sich in den Niederlanden, wo die Gruppe ‚De Stijl‘ schon während des Krieges mit der Entwicklung einer kubischen Architektur begann, einerseits beeinflußt von den Bilder Mondrians, andererseits durch die Arbeiten Frank Lloyd Wrights. Neben den holländischen und deutschen Initiativen bildete Paris einen dritten Ausgangspunkt für den neuen Stil. Denn dort arbeitete Le Corbusier zwischen den beiden Weltkriegen in ähnlicher Richtung.

Das Neue Bauen war jedoch in Deutschland sehr viel einflußreicher als in allen anderen Ländern. Zwar beherrschte sie in den zwanziger Jahren zu keiner Zeit das Bauen in Deutschland vollständig oder auch nur zum großen Teil, sie wurde jedoch schon früh gefördert, auf Regierungsebene, von Stadtverwaltungen und gemeinnützigen Wohnungsbaugesellschaften. Insgesamt ergab sich daraus ein beachtliches Auftragsvolumen. Die Architekturzeitschriften verwendeten viele ihrer Ausgaben darauf, die neuesten Errungenschaften der neuen Stilrichtung zu veröffentlichen. In seinen Ausstellungen und Publikationen widmete der Werkbund dem Neuen Bauen ebenfalls seine ganze Aufmerksamkeit. Fachwelt wie breites Publikum sahen daraufhin in der neuen Stilrichtung mehr und mehr den ‚modernsten‘ Vertreter der ‚modernen Architektur‘.

Die außerordentlich schnelle Entwicklung des Neuen Bauens innerhalb eines kurzen Zeitraumes wird an den Gebäuden des Bauhauses selbst am deutlichsten. Gropius baute diesen Gebäudekomplex 1926 für seine Kunst- und Architekturschule in Dessau (Bilder 19–21). Von allen Gebäuden, die während der zwanziger Jahre in Deutschland gebaut wurden, ist das Bauhaus das am weitesten entwickelte Beispiel einer Architektur, die sich als plastische Komposition von Körpern und Flächen im Raum versteht. Die drei Hauptflügel des Gebäudes (in Bild 19 von links im Uhrzeigersinn: Gewerbeschule, Ateliers und Werkstätten) sind durch einen niedrigen eingeschossigen Flügel und eine hohe zweigeschossige Brücke miteinander verbunden. Dadurch entsteht der Eindruck einer Anordnung von abstrakten Formen, die strahlenförmig in den Raum ragen und nach dem Prinzip einer ausgewogenen Asymmetrie miteinander verbunden sind. Das komplexe Verhältnis zwischen vertikalem Ateliergebäude und horizontalen Brücken (Bild 20) bildet das zentrale Thema dieser Komposition. Die Baukörper, die sich in ihrer strahlenförmigen Anordnung eher auf ihr Gegenüber

19 Walter Gropius, Bauhaus-Gebäude, Dessau, 1925/1926, Luftaufnahme

20 Bauhaus

21 Bauhaus

beziehen als auf ein statisches Zentrum, scheinen sich in ständiger Bewegung zu befinden. Dieses Thema wiederholt sich in der Gestaltung der Fassaden. Denn die horizontalen Fensterbänder entwickeln sich vor einem Hintergrund aus orthogonalen, leeren, weißen Flächen. Als Bestandteil einer Komposition aus verschiedenen Oberflächen provoziert ihre Anordnung eine Bewegung, die das Auge des Betrachters ständig um die Ecken der Gebäude lenkt. Als Öffnungen in der Wand betrachtet, vermitteln sie den Eindruck frei schwebender Flächen im Raum (Bild 21). Der formale Kontrast zwischen Öffnung und Wand, mit dem Gropius schon vor dem Krieg experimentiert hatte, setzt sich fort im Kontrast zwischen dem Werkstattgebäude mit seiner berühmten, vollkommen verglasten Vorhangfassade und dem relativ geschlossenen Atelierbereich. Während aber das Fagus-Werk und das Gebäude der Werkbundausstellung noch aus Mauerwerk waren und daher in ihrem Erscheinungsbild reltiv schwerfällig, verwandelten die glatten weißen Fassaden und die großen Glasflächen des Bauhauses seine einzelnen Blöcke in leichtgewichtige Volumen, die über dem Untergrund zu schweben schienen, ohne auf seine Tragkraft angewiesen zu sein. Obwohl Gropius seine Vorliebe für asymmetrische Anordnungen von Bonatz übernommen haben kann und obwohl das Reduzieren von Gebäuden auf geometrische Körper schon vor dem Krieg begonnen hatte, findet sich für dieses bemerkenswerte Werk, im ganzen betrachtet, in der westlichen Architekturentwicklung kaum eine Parallele. Der neue Stil wurde in Deutschland an Gebäuden jeglicher Art eingesetzt: an Schulen, Fabriken, Filmtheatern, Kaufhäusern, Bürogebäuden und vor allem im Siedlungsbau. Aber nicht alle Bauaufgaben gestatteten derartig weitgehende formale Eingriffe, wie sie Gropius am Bauhaus so vollendet gezeigt hatte. Einige der gelungensten Anwendungen dieser Formensprache finden sich im Wohnungsbau. Das Haus Römer in Hamburg von Karl Schneider (Bilder 22, 23) zeigt in seinem Aufbau eine Bewegung und Spannung, die der bei Gropius vergleichbar ist. In vielen Fällen bezogen sich die neuen Formen jedoch nur auf die Fassaden. Erich Mendelsohn, zum Beispiel, verwendete bei seinen Kaufhäusern an einer glatten, gebogenen Fassadenfläche horizontale Glas- und Marmorbänder in stetigem Wechsel, um der massiven Großform eine dem Bauhaus vergleichbare horizontale Bewegung zu verleihen (Bild 24). Ein ganz anderer Fassadentyp kennzeichnete die neuen Gebäude in Frankfurt. Wie das Beispiel des Frankfurter Städtischen Fuhrparks (Bild 25) zeigt, vermittelten dort kleine Fensteröffnungen, asymmetrisch auf leeren weißen Flächen angeordnet, einen steifen und gezwungenen Ausdruck.

Die langen, fortlaufenden Fassadenflächen der großen Wohnanlagen waren in ihrer Gestaltung besonders problematisch. Um hier Monotonie zu vermeiden, behalfen sich fortschrittliche Architekten mit hervorspringenden Balkonen oder Treppenhäusern, asymmetrischen Fensteranordnungen und einem lebhaften Farbgefüge in leuchtenden Grundtönen (Bild 26). Trotzdem entstanden auch viele große Wohnblöcke, bei denen sich der neue Stil hauptsächlich negativ auswirkte. Auf Ornamente, Gesimse und alle charakteristischen Merkmale traditionellen Bauens (einschließlich natür-

22 Karl Schneider, Haus Römer, Hamburg-Othmarschen, 1927/1928, Straßenseite

23 Haus Römer, Gartenseite

24   Erich Mendelsohn, Kaufhaus Schocken, Chemnitz, 1928/1929

25   Städtischer Fuhrpark, Frankfurt am Main, 1926

26 Bruno Taut, Wohnblock Schönlanker Straße, Berlin-Prenzlauer Berg, 1926/1927, Eingang an der
Paul-Heyse-Straße

lich des geneigten Dachs) verzichtete man in diesen Fällen, ohne sie durch vielgestaltige Oberflächen oder Baukörper zu ersetzen. Die riesige Wohnanlage in Berlin-Britz von Bruno Taut und Martin Wagner (Bild 27) besitzt kein sichtbares Dach, keinen Sockel und nur Andeutungen von Fensterrahmen. Ihre Fassade erscheint beinahe als eine weiße, gebogene Fläche, lediglich unterbrochen von regelmäßig angeordneten Öffnungen. Die revolutionäre Erscheinung solcher Gebäude bestand eher im völligen Fehlen traditioneller Bezüge als in der Anwendung überraschender neuer Formen. Während zwischen 1924 und den frühen dreißiger Jahren diese neue Formensprache* in zunehmendem Maße an vielen Gebäudetypen Verwendung fand, beherrschte das Neue Bauen an sich nicht einmal auf dem Höhepunkt seiner Populariät um 1930 die Bautätigkeit in großem Rahmen. Der größte Anteil wurde während der Weimarer Zeit in anderen modernen Stilrichtungen ausgeführt, die sich sehr deutlich an die fortschrittliche Vorkriegsarchitektur anschlossen, obwohl sie sie weit hinter sich ließen. Der verbreitetste dieser Stile verwendete in Anlehnung an Messel vertikale Mauerstreben, entwickelte sie jedoch zu einem völlig abstrakten und alles beherrschenden Element der Fassade weiter. Diese Anordnung fand sich häufig an hohen Bürogebäuden, bei denen ein vertikaler Ausdruck besonders passend schien, wie z.B.

* Im Original: 'the new vernacular', A. d. Ü.

27 Bruno Taut und Martin Wagner, Hufeisensiedlung, Berlin-Britz, 1925–1931

an den Gebäuden von Bonatz und Fritz Höger (Bilder 28, 29) oder auch vielen anderen Gebäudetypen (Bild 30). Aus der Vorliebe der Vorkriegszeit für einfache kubische Formen entstanden andererseits zahlreiche Mauerwerksbauten mit kompromißlosen glatten Fassaden und regelmäßigen Fensteranordnungen, wie Emil Fahrenkamps Berliner Bürogebäude (Bild 31). Gebäude dieser Art machten keine direkten Zugeständnisse an historische Stile. Ihre vertikal orientierten Fenster und symmetrisch angelegten Eingänge gaben ihnen, verglichen mit Beispielen des Neuen Bauens, trotzdem ein eher traditionelles Erscheinungsbild.

Viele andere Architekten, ebenso eindeutig ‚fortschrittlicher‘ oder ‚moderner‘ Überzeugung, zogen es vor, das traditionelle Moment noch stärker zu bewahren. Jedes einzelne Gebäude des Sporthallenkomplexes von Werner March (Bild 32) besaß an zentraler Stelle eine Reihe von Pilastern und Pfeilern, die den Gebäuden einen eindeutig neoklassizistischen Ausdruck verliehen. Aber die Anordnung dieser traditionellen Elemente als unabhängige Formen innerhalb einer großen kahlen Ziegelwand zeigt dennoch moderne Einflüsse. Derartige Kompromisse waren sehr zahlreich. Jede Art des modernen Bauens im Deutschland der Weimarer Zeit hatte so gewisse Berührungspunkte mit dem Neuen Bauen. Daher ist es möglich, die gesamte Entwicklung

28 Paul Bonatz,
Verwaltungsgebäude des
Stummkonzerns,
Düsseldorf, 1922–1925

29 Fritz Höger, Chilehaus, Hamburg, 1922–1924

30 rechte Seite oben: Adolf Abel, Ausstellungshalle, Kongreßhaus und Turm der ‚Pressa‘, Köln, 1926–1928

31 rechte Seite unten: Emil Fahrenkamp, Verwaltungsgebäude des Deutschen Versicherungskonzerns, Berlin, 1930 (Fertigstellung)

der modernen Architektur der zwanziger Jahre als eine einheitliche, wenn auch vielschichtige Entwicklung zu betrachten. Diese Einschätzung setzt allerdings die Kenntnis der späteren Entwicklung voraus. Denn für die Zeitgenossen zeigten sich Unterschiede deutlicher als Gemeinsamkeiten. Nur das Neue Bauen lehnte jeden sichtbaren Bezug zur Vorkriegsarchitektur, die sich stark an gotischen und barocken Quellen orientiert hatte, ab. Nur das Neue Bauen schien daher völlig ohne Bezug zu den großen Traditionen deutscher Vergangenheit zu sein.

Im Verwaltungs- und Kaufhausbau wie auf vielen anderen Ebenen des Bauens wurde die Kluft durch die Vielfalt moderner Stilrichtungen überbrückt und der Kontrast zwischen der neuen Architektur und dem Bauen der Vorkriegszeit überspielt. Im Wohnungsbau, der größten Bauaufgabe, fehlte diese Abstufung. Von den Wohnanlagen, die nach dem Krieg in großer Zahl gebaut wurden, waren viele von Ornamenten überladen und schwerfällig in ihrer Erscheinung (Bild 33). Viele Wohnhäuser wurden in der einfacheren, aber traditionellen Arbeitsweise von Taut und Tessenow errichtet (Bild 34). Über diesen Punkt hinaus wagten sich in den Nachkriegsjahren nur die radikalen Architekten. Ihre Bauten mit flachen Dächern, weißen Fassaden, großen Glasflächen und asymmetrisch angeordneten Fenstern bildeten einen auffallenden Kontrast zu ihrem konservativen Gegenüber.

Der Unterschied zwischen dem ‚Neuen Bauen' und anderen modernen Richtungen

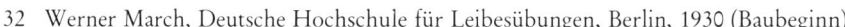

32 Werner March, Deutsche Hochschule für Leibesübungen, Berlin, 1930 (Baubeginn)

33 Reihenhäuser, Nürnberg, 1925

34 Paul Mebes und Paul Emmerich, Siedlung Heidehof, Berlin-Zehlendorf, 1924

trat so im Wohnungsbau am deutlichsten zutage. Obwohl viele der bekanntesten Beispiele des Neuen Bauens wie das Bauhaus oder die Kaufhäuser von Mendelsohn besonderen Einrichtungen oder dem Handel dienten, erhielten die radikalen Architekten die meisten Aufträge im öffentlichen Wohnungsbau. Die öffentliche Kontroverse über den revolutionären Charakter des Neuen Bauens, die in den folgenden Kapiteln beschrieben wird, konzentrierte sich daher auf diese Wohnanlagen. Gegen Ende der zwanziger Jahre, als die Nazis die Gegenbewegung gegen das Neue Bauen in ihr politisches Programm aufnahmen, spielte die Unterscheidung zwischen ,konservativem' und ,revolutionärem' Wohnungsbau eine wichtige Rolle in ihrer Propaganda.

2 Das Neue Bauen
und seine Vision einer neuen Gesellschaft

Während der ersten Jahre nach dem Krieg verbot die wirtschaftliche Situation jede umfangreiche Baumaßnahme. Die Männer, die später zu führenden Vertretern der Moderne wurden, waren gezwungen, sich hauptsächlich auf schriftliche Äußerungen zu beschränken. Das Neue Bauen mit seinen schmucklosen kubischen Formen begann erst 1922 mit den ersten experimentellen Entwürfen des Bauhauses Gestalt anzunehmen. Erst nach 1924, im Zuge des dramatischen Wirtschaftsaufschwungs im Anschluß an die Inflation, erhielten radikale Architekten ihre ersten wichtigen Aufträge, auf die sich später ihr Ruhm innerhalb und außerhalb Deutschlands gründete. Bereits 1918 traten sie jedoch mit ihrer Idee an die Öffentlichkeit, daß die neue, durch Krieg und Revolution geprägte Gesellschaft eine vollkommen neuartige Architektur erfordere, frei von jeglicher Anlehnung an die Vergangenheit. Sie riefen nach einer ,neuen Gemeinschaft', auf geistiger wie sozialer Ebene. Der Architektur fiel dabei, gestützt von der revolutionären Regierung, die Rolle zu, als wirkungsvolle erzieherische Kraft auf die Bürger des neuen Staates einzuwirken. Mehrere Jahre bevor das Neue Bauen tatsächlich realisiert wurde, hatten es seine Propheten auf diese Weise nicht nur mit der Entwicklung eines neuen ,Stils' gleichgesetzt, sondern auch mit einem umfassenden sozialen und kulturellen Programm, das sich eng an die linksorientierte Regierung der Republik anschloß.

Diese Gedanken wuchsen auf einem Nährboden, den die letzten Kriegsjahre auf künstlerischem Gebiet gebildet hatten. In beinahe jedem europäischen Land gründeten zu jener Zeit moderne Künstler revolutionäre Vereinigungen und gaben revolutionäre ,Manifeste' heraus. In Paris und Zürich proklamierten die Dadaisten die Notwendigkeit, mit allen überkommenen Kunstformen zu brechen. Diesen Bruch beschrieben sie als Teil einer totalen Umwälzung auf kulturellem, gesellschaftlichem und politischem Gebiet. In Rußland, wo die politische Revolution schon stattgefunden hatte, verschrieben sich moderne Künstler wie Kandinsky, Tatlin und Gabo dem Dienst an der neuen Regierung, in der Hoffnung, Arbeitern und Bauern ein neues Kunstverständnis vermitteln zu können.[1] Bis 1921 sah es für die meisten Zeitgenossen so aus, als ob die Bolschewiki die Ziele der neuen Kunst und der modernen Künstler voll und ganz mittrugen.[2]

Der revolutionäre Geist in der Kunst war jedoch in Rußland oder Frankreich nicht so ausgeprägt wie in Deutschland, wo der Einfluß des Expressionismus zusätzliche Impulse lieferte. Schon vor dem Krieg hatten Schriftsteller wie Heinrich Mann, Franz Werfel und Reinhard Sorge die Autoritätsgläubigkeit im Kaiserreich satirisch dargestellt. Sie hatten zu einer neuen Gemeinschaft innerhalb der Gesellschaft aufgerufen, die von den Künstlern mit initiiert werden könnte.[3] Unter dem Einfluß von Kandinskys Schriften verstanden sich die Maler des Expressionismus als Führer einer ‚geistigen Revolution‘ und damit als wichtige Elemente von Kultur und Gesellschaft.[4] Beginnend mit dem Jahr 1913 unterstützten die beiden wichtigsten expressionistischen Zeitschriften, ‚Der Sturm‘ und ‚Aktion‘, diese Ansätze. Bedingt durch die Desillusionierung vieler Intellektueller durch den Krieg, gewannen diese Ideen im Zeitraum von 1914 bis 1918 unter Schriftstellern und Künstlern eine weite Verbreitung. Die durch den Krieg ausgelöste Enttäuschung brachte auch die Dramatiker Hasenclever und Kaiser dazu, sich in ihren Schriften gegen den Krieg zu wenden; sogar ehemalige Nationalisten wie Unruh und Toller sahen sich veranlaßt, zur Revolution gegen das Kaiserreich und seinen Militarismus aufzurufen.[5] Das gleiche Gedankengut inspirierte die pazifistischen Malereien von Kollwitz, Grosz und Dix. Historiker sprechen deshalb von einer politisch engagierten Phase des deutschen Expressionismus, die während der letzten Kriegsjahre einsetzte.[6]

Vor diesem Hintergrund weckte die Revolution von 1918, besonders bei den Vertretern der bildenden Künste, übertriebene Hoffnungen auf eine sofortige ‚geistige Revolution‘. In beinahe jeder deutschen Stadt gründeten Maler, Architekten und Bildhauer ‚revolutionäre‘ Vereinigungen, die für eine breite Unterstützung radikaler Tendenzen innerhalb der Kunst werben und ihr eine bedeutende Rolle im sozialen und kulturellen Leben des neuen Staates verschaffen sollten. In Berlin gründete beispielsweise eine Gruppe von Künstlern, die mit der Galerie des ‚Sturm‘ eng verbunden war, die Novembergruppe. Walter Gropius und seine Anhänger bildeten den Arbeitsrat für Kunst. München hatte seinen Arbeitsausschuß der bildenden Künstler, Frankfurt den Freien Bund zur Einbürgerung der bildenden Künste, in Bielefeld entstand Der Wurf, in Düsseldorf Das junge Rheinland. Diese Bezeichnungen mit ihrem ‚jugendlichen‘ Anstrich und ihrer beabsichtigten Ähnlichkeit mit den revolutionären ‚Arbeiterräten‘ waren mit dem Ziel entstanden, einen radikalen Anspruch zu dokumentieren.[7] Kurz nach dem Krieg etablierte sich eine Vielzahl von Kunst- und Architekturzeitschriften mit kulturellen und sozialen Zielsetzungen. Einige davon waren neu und kurzlebig, wie *Frühlicht, Das neue Rheinland* und *Feuer*. Andere waren schon vor dem Krieg gegründet worden und wurden jetzt zunehmend radikaler, wie *Der Cicerone, Aktion* oder *Der Sturm*. Einheitlich boten sie den Schriftstellern ein Forum, die die Rolle der Kunst in der Revolution diskutieren wollten.[8] Die Programme dieser Organisationen und Zeitschriften waren unterschiedlich und oft vage. Die Mehrheit hatte jedoch das Ziel, die Kunst dem ‚Volke‘ nahezubringen, sie glaubte, daß allein die moderne Kunst diese Rolle übernehmen konnte und forderte, daß der neue Staat diese Ziele unterstützte. Diese Hoffnungen erhielten in den Anfangsjahren der Republik starken Auftrieb. In ihren neuen Programmen wiesen die meisten großen Parteien auf die Bedeutung der Kunst für den neuen Staat hin[9] und besonders in den Jahren 1918 und 1919 zeigten die linksorientierten Parteien eine Bereitschaft zur Unterstützung ‚revolutionärer‘ künstlerischer Bewegungen. Während seiner kurzen Ministertätigkeit in Bayern zu Ende des Jahres 1918 verpflichtete Kurt Eisner, zum Beispiel, seine Unabhängigen Sozialisten dazu, das allgemeine Geschmacksempfinden anzuheben und kämpferische Künstler zu unterstützen.[10] Konrad Haenisch, der neue preußische Kultusminister der Mehrheitssozialisten, sicherte den neuen Tendenzen der Kunst Förderungsmaßnahmen der Regierung zu. Sowohl die preußische als auch die bayrische Regierung billigten außerdem verschiedene Initiativen zur Verbesserung der Kunsterziehung.[11] Die meisten dieser Versprechungen wurden in den Jahren der Inflation nicht eingelöst. Die neue Regierung setzte jedoch einen ‚Reichskunstwart‘ ein, der von der Regierung geförderte Museen und Ausstellungen betreute. Dieses neue Amt bekleidete Edwin Redslob, ein Befürworter der Moderne.

Die radikalen Architekten vertraten daher nur eine von vielen künstlerischen Disziplinen, die sich in den ersten Nachkriegsjahren mit sozialen und politischen Fragen beschäftigten, aber sie waren besonders einflußreich. Unmittelbar vor dem Krieg war die Arbeit der führenden fortschrittlichen Architekten durch Veröffentlichungen und Ausstellungen des Deutschen Werkbundes, besonders durch die Kölner Ausstellung von 1914, einer breiten Öffentlichkeit bekannt geworden. Nach 1918 wurden diese Männer zu Wortführern in der Debatte über die Stellung der Kunst in der neuen Gesellschaft. Darüber hinaus gelang es ihnen, die öffentliche Meinung über die Rolle der Kunst im neuen Staat zu prägen. Ihr Einfluß in der Öffentlichkeit ist teilweise auf ein allgemeines Verständnis der Bedeutung von Architektur für den Wiederaufbau zurückzuführen. Das praktische Problem, den kriegsbedingten Wohnungsmangel zu beheben, erschien äußerst dringend und erweckte großes Interesse an neuen ökonomischen Bauweisen. 1919 und 1920 waren daher Probleme wie die Suche nach billigen Baumaterialien oder die Verwendung vorgefertigter Teile im Wohnungsbau von großem öffentlichen Interesse; Experimente in dieser Richtung wurden von der Regierung stark gefördert.[12]

In der Zeit des Wiederaufbaus hatte die Architektur auch eine große symbolische Bedeutung. Bezeichnend für diese Tatsache war die kurze, aber beeindruckende Popularität eines Plans von Hans Kampffmeyer für eine ‚Friedens-Stadt‘.[13] Der in Baden tätige Wohnungsbaubeamte Kampffmeyer schlug 1918 vor, anstelle von Kriegsdenkmälern eine neue Stadt als Monument der konstruktiven Kräfte in der deutschen Gesellschaft zu errichten. Obwohl nie ausgeführt, fand der Plan eine breite Unterstützung durch führende Industrielle, Geschäftsleute, Architekten und sozialdemokratische Politiker. Vor diesem Hintergrund großen öffentlichen Interesses an der gesellschaftlichen Rolle der Architektur konnten die Architekten in der Kulturarbeit der Revolution eine Vorrangstellung für ihre Kunst beanspruchen. Sie entwickelten eine Architekturtheorie, die alle anderen bildenden Künste mit einschloß und deren Bedeutung für eine neue Gesellschaft über ihr Verhältnis zur Architektur erläuterte. Diese Einschätzung der Architektur, die unter Künstlern, Architekten und Kunstkritikern in den ersten Jahren der Republik weit verbreitet war, entstand hauptsächlich unter dem Einfluß von Walter Gropius und Bruno Taut. In der Zeit zwischen Waffenstillstand und Ende der Inflation publizierten diese beiden Architekten in der Absicht, einen völlig neuen Stil zu propagieren, außergewöhnlich viel. Ihre Schriften hatten einen weit größeren Einfluß auf Architekten und Künstler als die Publikationen anderer. Sie spielten daher die führende Rolle bei der Bildung einer Architekturtheorie, die die politische Relevanz des neuen Stils begründete.

Obwohl Gropius und Taut noch verhältnismäßig jung waren, nahmen sie unter den progressiven Architekten schon vor Kriegsausbruch führende Positionen ein. Taut, 1880 in Königsberg geboren, war schon vor dem Krieg mit seinem einem Ameisenhügel ähnlichen ‚Glashaus‘ für die Kölner Werkbundausstellung bekannt geworden (Bild 18). Direkt nach dem Krieg war sein einziges realisiertes Projekt eine kleine Erweiterung der Falkenberg-Siedlung. 1921 wurde er jedoch Stadtbaurat von Magdeburg. Diese Position gab ihm Gelegenheit, in größerem Rahmen zu planen. 1923 verließ er Magdeburg und wurde kurz darauf Chefplaner der GEHAG, Berlins großer Wohnungsbaugesellschaft. In den späten zwanziger Jahren baute die GEHAG unter seiner Leitung riesige Wohnanlagen.

Tauts Neuerungen auf planerischer und gestalterischer Ebene und seine Kleinwohnungsbauentwürfe machten diese Projekte zu den wichtigsten, die während der Weimarer Republik in Deutschland realisiert wurden. Es waren jedoch vor allem Tauts Veröffentlichungen, die ihn zum Initiator der neuen Bewegung machten. Der Grund für den außergewöhnlichen Einfluß und die Bedeutung seiner Veröffentlichungen lag nicht so sehr in der Originalität seiner Ideen, sondern in der Radikalität seiner Forderungen, in der Häufigkeit, mit der er Themen ansprach, die für andere radikale Architekten von Bedeutung waren sowie in der Quantität seiner Schriften.

Die Karriere von Walter Gropius verlief ganz anders als die von Taut. Während Taut einer der führenden deutschen Architekten wurde, entwickelte sich Gropius in den zwanziger Jahren zu einem Architekten von internationalem Rang. 1883 als Sohn eines preußischen Architekten geboren, trat er mit 25 Jahren in das Büro von Peter Behrens ein, dem Hausarchitekten der AEG (Emil Rathenaus Allgemeiner Elektrizitätsgesellschaft), bei dem auch Mies van der Rohe und Le Corbusier Erfahrungen gesammelt hatten. Aufgrund seiner Arbeit für die AEG richtete sich das Interesse von Gropius zunächst auf den Industriebau. Erste Lorbeeren erntete er mit der Planung von Fabrikgebäuden, mit dem Fagus-Werk (Bilder 15, 16) und mit dem Bürogebäude der Fabrik, die er 1914 für die Werkbundausstellung baute (Bild 17). Nach dem Krieg begründeten die Bauhaus-Gebäude in Dessau (Bilder 19–21) und die Siedlung für die Siemens-Werke in Berlin (Bilder 70, 71) seine Zugehörigkeit zu den Größen der modernen Bewegung. Vielleicht das Bemerkenswerteste in seiner langen Schaffenszeit waren jedoch seine außergewöhnlichen Fähigkeiten als Organisator und Lehrer. Während Taut überzeugter Individualist war, arbeitete Gropius lieber in der Gruppe, entweder in Partnerschaft mit anderen Architekten oder, wie am Bauhaus, mit anderen Lehrern und in enger Zusammenarbeit mit seinen Studenten. Diese Arbeitsweise vervielfachte seinen außerordentlich fruchtbaren Einfluß, verwischte jedoch zuweilen die Grenzen zwischen seinen eigenen Beiträgen und denen der übrigen Mitarbeiter. Diese Fähigkeiten waren in dem aufkommenden Streit um das Neue Bauen in Deutschland besonders bedeutsam. Gropius war weder streitsüchtig noch jemals in parteipolitische Auseinandersetzungen verwickelt und dennoch wurde er in seiner Funktion als Organisator und Repräsentant der neuen Bewegung das Hauptangriffsziel für die Gegner des Neuen Bauens.

Obgleich Gropius und Taut schon vor dem Krieg ungewöhnlich kreativ gewesen waren, wiesen ihre Vorkriegsgebäude noch traditionelle Elemente vergangener Jahrzehnte auf. Keiner von beiden legte zu dieser Zeit Wert darauf, eine revolutionäre Architektur zu propagieren. Erst die Abscheu vor dem Krieg führte beide Männer zu einem radikalen Sinneswandel. Bis 1918 hatten Gropius und Taut gelernt, dem Militarismus zu mißtrauen. Darüber hinaus waren beide davon überzeugt, daß der Ausgang des Krieges nicht nur eine militärische Niederlage für Deutschland bedeutete, sondern auch den Verfall überkommener Wertvorstellungen, sogar einer ganzen kulturellen Epoche auslöste.[14] Taut beschrieb später seine Gefühle: Niemandem sei es möglich gewesen, an Vorkriegstraditionen anzuknüpfen, denn diese Periode sei notwendigerweise für das vergangene Unglück verantwortlich gemacht; jede Errungenschaft dieser Zeit schiene mehr oder weniger mit den Ursachen des Kriegs in Zusammenhang zu stehen.[15]

Beiden schienen Krieg und Revolution nicht bloße politische Angelegenheiten zu sein, sondern Ereignisse, die jeden Aspekt menschlicher Existenz veränderten und dem künstlerischen Schaffen alle Möglichkeiten eröffneten. Gropius schrieb 1919: „Heute lebt der Künstler in einer dogmalosen Zeit der Auflösung. Er steht geistig allein da. Die alten Formen sind zerbrochen, die erstarrte Welt ist aufgelockert, der alte Menschengeist ist umgestoßen und mitten im Umguß zu neuer Gestalt. Wir schweben im Raum und kennen noch nicht die neue Ordnung."[16] Sie glaubten daher, daß die ‚neue Ordnung‘ von vollkommen neuen Kunstformen begleitet würde, frei von allen Bezügen zur Vergangenheit. Sie sahen eine enge Verbindung zwischen der Revolution der Architektur und einer breiteren kulturellen Erneuerung. In Gropius’ eigenen Worten: Baukunst ist „der kristallene Ausdruck der edelsten Gedanken der Menschen, ihrer Inbrunst, ihrer Menschlichkeit, ihres Glaubens, ihrer Religion!"[17] Sie sahen sich nicht nur als Führer der architektonischen Revolution, sondern auch einer umfassenderen, die Architektur einschließenden, kulturellen Umwälzung. Taut charakterisierte die Arbeit des Architekten innerhalb der Gesellschaft als die eines Priesters, der, versunken in das Wesen der Gemeinschaft, die geistigen Bedürfnisse der Menschen schon kennt, bevor sie sie selbst kennen.[18] Bei dem Versuch, die Rolle der Architektur in der neuen Gesellschaft zu bestimmen, verwendeten beide eine bildliche Ausdrucksweise. Taut drückte sich besonders übertrieben und visionär aus. Seine Sprache spiegelte die Erregung und die Begeisterung der frühen Nachkriegsjahre wider. Die folgenden Auszüge aus der ersten Ausgabe seiner kurzlebigen Zeitschrift ‚Frühlicht‘ verdeutlichen den Ton seiner Schriften und die Verbindungen, die er zwischen einer neuen Architektur und der geistigen und politischen Veränderung sah. „Oh! unsere Begriffe: Raum, Heimat, Stil –! Pfui Deuwel, wie stinken die Begriffe! Zersetzt sie, löst sie auf! Nichts soll übrigbleiben! Jagt ihre Schulen auseinander, die Professorenperücken sollen fliegen, wir wollen mit ihnen Fangball spielen. Blast, Blast! Die verstaubte, verfilzte, verkleisterte Welt der Begriffe, der Ideologien, der Systeme soll unsern kalten Nordwind spüren! Tod den Begriffsläusen! Tod allem Muffigen! Tod allem, was Titel, Würde, Autorität heißt! Nieder mit allem Seriösen! (. . .) In der Ferne glänzt unser Morgen. Hoch, dreimal hoch unser Reich der Gewaltlosigkeit! Hoch das Durchsichtige, Klare! Hoch die Reinheit! Hoch das Kristall! und hoch und immer höher das Fließende, Grazile, Kantige, Funkelnde, Blitzende, Leichte – hoch das ewige Bauen!"[19]

In allen Texten Tauts fanden sich zahlreiche Hinweise auf Licht und Kristall, die sich offensichtlich auf sein ‚Glashaus‘ aus der Vorkriegszeit bezogen. In seinen ersten Schriften nach dem Krieg bereicherte Taut diese Bilder mit weiteren Phantasien und einem neuartigen kulturellen Symbolismus. Er entwickelte das Bild einer kristallinen Architektur zu einer Reihe von Architekturphantasien, die als Symbole der Hoffnung auf ein aus Krieg und Revolution erstehendes Europa gedacht waren. In einem großen Folianten mit farbigen Zeichnungen, die 1918 entstanden und im folgenden Jahr unter dem Titel *Alpine Architektur* veröffentlicht wurden, stellte er die höchsten Alpengipfel als facettierte Skulpturen dar und verband sie untereinander mit Brücken, Gebäuden und abstrakten Dekorationen aus farbigem Glas (Bild 35). Das Ganze sollte nachts durch farbige Punktstrahler angestrahlt werden.[20] Gebäude wie Skulpturen sollten die Menschen von den Kriegserinnerungen abbringen und auf das Schöne lenken. Dieses Ziel sollte für alle konstruktiven Kräfte Europas zur Herausforderung werden.[21]

Im folgenden Jahr veröffentlichte Taut eine weitere Sammlung von Farbzeichnungen, die er *Die Auflösung der Städte: Der Weg zur Alpinen Architektur* nannte.[22] Dieses Traumbild, das mit der Darstellung einer Stadt aus Wolkenkratzern, die zu Boden stürzen, begann, zeichnete ein neues Europa aus kleinen und mittleren Gemeinden in Sternform mit kristallförmigen Häusern. Die größeren Gemeinden sollten über große gläserne ‚Volkshäuser‘ und Tempel verfügen, die über die Ebene ausgebreiteten Städte sollten durch facettierte Formen und Tempel gekrönt werden, die entsprechend der ‚Alpinen Architektur‘ in eine Bergkette eingemeißelt würden. Taut schlug vor, diese Reorganisation des europäischen Gemeinschaftslebens auf ein neues technisches Zeitalter zu gründen, in dem, unter anderen Neuerungen, Luftverkehr und Sonnenenergie die Menschen aus ihrer Abhängigkeit von den alten Städten befreien sollten. Er glaubte darüber hinaus, daß die neue Ära mit neuen sozialen Beziehungen einhergehen würde, da es dann keine Staatsgrenzen und kein privates Eigentum mehr geben würde. Wie gewohnt faßte Taut diese Ideen vorsätzlich in schockierende Formulierungen: „Uralte Weisheit ist wieder lebendig. Völlige Unverhülltheit in Geschlechtsdingen . . . Begriff des Besitzes ist überwunden – also auch die Ehe."[23] Der Hauptge-

SCHNEE
GLETSCHER
GLAS

Firnern
im ewigen Eise
und Schnee
überbaut und ge-
schmückt mit
Umbauungen, Flä-
chen und Blöcken
von farbigem Glase
— Bergblüten —

Die Ausführung ist gewiss ungeheuer schwer und opfervoll, aber nicht unmöglich. „Man verlangt so selten
von den Menschen das Unmögliche" (Goethe)

35 Bruno Taut, *Alpine Architektur*, 1919

danke des Buches bestand jedoch darin, daß die Gesellschaft wieder zu einem Objekt von ‚Vertrauen und Zuneigung‘ werden könnte, wenn ihr eine ansprechende Architektur gegeben würde.[24]

Ein weiteres Hauptwerk Tauts aus dieser Zeit war *Die Stadtkrone,* Gedanken zur Planung der ‚neuen Städte‘. Dieses Buch brachte am deutlichsten zum Ausdruck, was Taut über die soziale und kulturelle Bedeutung des Neuen Bauens dachte.[25] Nach seiner Meinung besaßen die schönen Städte der Vergangenheit, z.B. die Ägyptens, Griechenlands und des mittelalterlichen Europa, in ihrem Zentrum ein Monument, das die religiösen Ideale der jeweiligen Gesellschaft ausdrückte. Wenn die ‚geistige Revolution‘ eine Bedeutung haben sollte, mußte auch die neue Stadt über ein derartiges Monument verfügen. Zu diesem Zwecke schlug Taut eine Gruppe von Gemeinschaftsgebäuden mit einem ‚Kristallhaus‘ in der Mitte vor. Diese Gebäude konnten natürlich nicht den Glauben des alten Europa verkörpern, denn „die religiöse Konfession hat anscheinend nicht mehr die alte Kraft". Aber: „Es ist nicht denkbar, daß Millionen von Menschen ganz dem Materialismus verfallen, dahinleben, ohne zu wissen, wofür sie da sind. Es muß etwas in jedes Menschen Brust leben, das ihn über das Zeitliche hinaushebt und das ihn die Gemeinschaft mit seiner Mitwelt, seiner Nation, allen Menschen und der ganzen Welt fühlen läßt."[26]

Taut nannte diesen neuen Glauben, auf den sich seine Stadtplanung gründete, den ‚sozialen Gedanken‘: das soziale Ideal oder den Glauben an die menschliche Gesellschaft. Er beeilte sich, hinzuzufügen, daß es sich nicht um politischen Sozialismus handele, sondern um den „Sozialismus im unpolitischen, überpolitischen Sinne (. . .), die einfache schlichte Beziehung der Menschen zueinander, schreitet über die Kluft der sich befehdenden Stände und Nationen hinweg und verbindet den Menschen mit dem Menschen"[26].

Taut sah als Ziel der Revolution, zu der auch das Neue Bauen beitragen sollte, eine Verbrüderung der Menschen, die nicht auf materiellen Interessen beruhe, sondern auf natürlichen Gemeinschaftsbanden. Die Bauten für diese neue Gesellschaft sollten seiner Meinung nach von dem Ziel getragen sein, den Menschen bewußt zu machen, daß sie „nur ein Teil der großen Baukunst, [Glieder] des hohen Gestaltungsdranges" seien. Die öffentlichen Gebäude sollten dabei „einen ähnlichen Klang, den vollen harmonischen Ton der Menschengemeinschaft [haben]".[27] Unter diesen Gebäuden sollte der Kristallpalast den geistigen Aspekt der Gemeinschaft symbolisieren. Bezeichnenderweise sah er das Bauen als gemeinsame Aufgabe von Malern, Bildhauern, Metallarbeitern und anderen, unter der Leitung des Architekten. Darin zeigt sich seine Meinung über die Beziehungen der Künste untereinander. Und gleichzeitig wies er damit auf ihre wichtige soziale Funktion als geistigen Ausdruck der neuen Gesellschaft hin. In der *Stadtkrone* gab er der Architektur eine doppelte Funktion: In der Stadtplanung und bei öffentlichen Bauten sollten die Beziehungen innerhalb der neuen Gemeinschaft ausgedrückt werden, außerdem sollten sich auch die anderen Kunstgattungen den geistigen Bedürfnissen der neuen Gesellschaft unterordnen. Darin bestand die Botschaft seines Buches; es beschäftigte sich kaum mit praktischen Planungsproblemen der zukünftigen Stadt und war – wie die anderen Schriften Tauts aus jener Zeit auch – als Parabel zu verstehen.

Gropius' Texte aus dieser Zeit waren weniger weit ausgearbeitet, aber sie waren wohl auf Grund seiner führenden Rolle unter den modernen Künstlern und Architekten von großem Einfluß. Bezeichnenderweise waren die meisten seiner Abhandlungen Beiträge zu Textsammlungen wie z.B. den Streitschriften des Arbeitsrats für Kunst. Dies gilt auch für den Katalog der ‚Ausstellung für unbekannte Architekten‘, die im April 1919 vom Arbeitsrat gefördert wurde, und für die vom Bauhaus herausgegebenen Programme. Wie Taut äußerte sich Gropius in diesen Aufsätzen zur Rolle der Architektur und der Künste in einer ‚geistigen Revolution‘, die seiner Meinung nach einer politischen Erneuerung folgen mußte. Gropius ersetzte Tauts ‚kristalline‘ Architektur durch die Metapher der mittelalterlichen Kathedrale und der Handwerkszunft, die sie erbaute. „Noch nicht die politische, erst die vollendete geistige Revolution kann uns ‚frei‘ machen“, schrieb Gropius 1919, und er beschrieb dieses Ereignis als die „Wiedergeburt jener Geisteseinheit, die sich [früher einmal] zur Wundertat der gotischen Kathedrale aufschwang“.[28] Mit ‚Geisteseinheit‘ meinte er den ‚kreativen Geist des Wiederaufbaus‘ in weiten Teilen der Bevölkerung. Indem er diese Metapher auf die Gesellschaft als Ganzes ausweitete, sagte er voraus, nur nach einer geistigen Erneuerung werde „das Volk wieder mitbauen an den großen Kunstwerken seiner Zeit (...) und (...) den Freiheitsdom der Zukunft vorbereiten“.[29]

Mit diesen Formulierungen deutete Gropius etwas von Tauts Wiedergeburt der menschlichen Verbrüderung an. Er suchte in den mittelalterlichen Handwerkszünften ein Modell für die neue Gesellschaft, die von der geistigen Revolution hervorgebracht werden sollte. Seine Schriften aus dem Jahr 1919 riefen die zeitgenössischen Künstler dazu auf, sich an der ‚gemeinsamen Aufgabe‘ der neuen Handwerkszünfte zu beteiligen, ohne Rücksicht auf Klassenunterschiede, die zwischen Künstlern und Handwerkern eine Barriere aufrichteten. Diese neuen Zünfte sollten „den Weg vorbereiten“ für die „Kathedrale der Zukunft“. „Unsere Zeit wird die Achtung vor der toten Maske der Organisation abwerfen, die uns verblendete und in die Irre lockte. Die Wirkung von Mensch zu Mensch, der Geist der kleinen Gemeinschaften muß den Sieg wieder erringen – der kleinen fruchtbaren Gemeinschaften, Verschwörungen, Bruderschaften (...). Bauhütten wie im goldenen Zeitalter der Kathedralen!“[30]

Diese Art der Zusammenarbeit zwischen Künstlern und Architekten, zwischen Kunst und ‚Handwerk‘ symbolisierte, nach ihrer gemeinsamen Überzeugung, Zusammenhalt und Einheit der Gesellschaft. Mit diesen Begriffen hoben beide zwei verschiedene Zielsetzungen der ‚geistigen Revolution‘ hervor: Unter den Gliedern der neuen Gesellschaft sollte ein Gemeinschaftsgefühl geweckt werden, und diese Gemeinschaft sollte durch die Kunst eine geistige Dimension erhalten. Gropius dehnte die Bilder von ‚Einheit‘ und ‚Zusammenarbeit‘ auf die Ausbildung des modernen Künstlers und seine Rolle in der neuen Gesellschaft aus.

„Architekten, Bildhauer, Maler, wir alle müssen zum Handwerk zurück!", war der wohlbekannte Kernsatz von Gropius in seinen Veröffentlichungen für den Arbeitsrat für Kunst und in seinem Programm für das Bauhaus.[31] Nach seinem Verständnis erlaubte dieser Slogan viele Auslegungen; er war jedoch nicht – wie viele Zeitgenossen meinten – die Wiederauflage der bereits von Ruskin und Morris bekannten Ablehnung industrieller Fertigung. Gropius meinte vielmehr, daß die Künstler zu den Fundamenten ihrer Ausbildung zurückkehren sollten, um einen vollkommen neuartigen künstlerischen Ausdruck zu erzielen, denn „Architekten, Maler, Bildhauer sind Handwerker im Ursinn des Wortes".[32] Gropius stand daher den ‚professionellen Künstlern‘ mit Hochschulabschluß kritisch gegenüber. Sie schienen ihm für die Gesellschaft nutzlos zu sein und bildeten das, was man während der Revolution häufig als ‚Kunstproletariat‘ bezeichnete. Er glaubte, daß die Hochschulen ein Talent kultivierten, das notwendigerweise nur einigen wenigen zu eigen sein konnte, die Fähigkeit nämlich, als Maler, Bildhauer oder Architekt autonom zu arbeiten. So würde eine große Zahl von halbausgebildeten Künstlern hervorgebracht, die man durch eine handwerkliche Ausbildung im Dienste der Architektur zu nützlichen Gliedern der Gesellschaft hätte machen können.

Gropius' Appell enthielt darüber hinaus proletarische Anklänge. Denn das deutsche Wort ‚Handwerk‘ bedeutet wörtlich ‚Handarbeit‘. Gropius sprach von den verschiedenen Künstlern, einschließlich der unabhängigen Maler und Bildhauer, daher als ‚Werkkünstlern‘ oder einfach als ‚Werkleuten‘.[33] Schließlich war der Slogan gedacht als allgemeingültige Aussage über die schöpferische Persönlichkeit und ihre Bedeutung für die Gesellschaft. Genauso wie der neue Künstler seine kreativen Fähigkeiten aus der Ausbildung seiner handwerklichen Fertigkeiten entwickeln sollte, konnte auch ein kreatives Mitglied der Gesellschaft von einer ‚Reintegration‘ des Denkens und Schaffens profitieren. Gropius' Programm für den Arbeitsrat für Kunst forderte, daß jede Grundschule in handwerklichen Fertigkeiten ausbilden sollte.[34]

In ihren Schriften der Jahre 1918 bis 1921 verschmolzen Gropius und Taut die damals populären Gedanken zu einer poetischen Einheit, so daß es heute so gut wie unmöglich ist, die Quellen eindeutig zu bestimmen. Tauts Auseinandersetzung mit der symbolischen Bedeutung von Gemeinschaftsgebäuden in der neuen Stadt könnte sich auf die Arbeit der ‚Gesellschaft für Versammlungsstätten des Volkes‘ beziehen, die auf einem weiteren Plan Hans Kampffmeyers zum Gedenken an den Frieden beruhten.[35] Taut erkannte selbst, wie sehr sich seine *Stadtkrone* an Kampffmeyers *Friedenstadt* anlehnte.[36] Daneben konzipierte allerdings der Maler Karl Schmidt-Rottluff, der keinen Kontakt zu Kampffmeyer hatte, 1919 das Projekt für eine neue Stadt, die, auf einem Berg errichtet, als Symbol einer neuen Kunst und Gesellschaft fungieren sollte. Dieser Gedanke tauchte auch in den Texten anderer Architekten auf, die nicht in einer engen Beziehung zu Taut standen.[37] Die Notwendigkeit, eine architektonische Entsprechung für die neue ‚organische‘ Gesellschaftsstruktur zu finden, wurde zu Beginn des Jahres 1919 auch von dem bekannten Kunsthistoriker Fritz Hoeber unterstrichen.[38]

Paul Klopfer, Lehrer an der Weimarer Baugewerbeschule, verlieh 1920 diesem Gedanken neuen Ausdruck.[39] Gropius' Glaube an die Bedeutung einer handwerklichen Ausbildung für die Kunsterziehung und damit für die Revolution auf dem Gebiet der Kunst wurde zu jener Zeit von prominenten Architekten und Lehrern wie Peter Behrens, Otto Bartning, Bruno Paul und Fritz Wichert geteilt. Dieser Gedanke tauchte sogar in den Programmen von Kunst- und Architekturstudenten in Berlin und München auf.[40] Selbst die Idee der ‚Bauhütte' fand sich, unabhängig von Gropius, in den Versuchen Martin Wagners wieder, das Baugewerbe in gemeinnützige Kooperativen umzuwandeln.[41] Wagner, der nach 1925 zu den Chefplanern der großen Berliner Wohnanlagen gehörte, für die diese kooperativen Handwerks-Vereinigungen oft arbeiteten, bezeichnete sie als ‚soziale Bauhütten'. Er und viele Gewerkschaftsfunktionäre hielten sie für Modelle einer neuen sozialen Ordnung.[42]

Das Ausmaß, in welchem sich fortschrittliche Architekten und ihre Anhänger diesen Ideen verschrieben, zeigt sich in der Mitgliederzahl des Arbeitsrates für Kunst, der von Gropius veranlaßt und geleitet wurde. Unter den 114 Unterzeichnern des ersten Programms dieser Organisation, das Anfang 1919 erschien, waren Maler wie Heckel, Hoetger, Meidner, Nolde, Pechstein, Rohlfs, Schmitt-Rottluff und Feininger; die Bildhauer Marcks und Kolbe; der Eigentümer einer bedeutenden Kunstgalerie und eines Kunstverlages, Paul Cassirer; Karl Ernst Osthaus, Direktor des einflußreichsten deutschen Museums für moderne Kunst in Hagen; der Architekturkritiker Adolf Behne und viele von den Architekten, die in den späteren zwanziger Jahren die neue Bewegung anführten, wie z.B. Gropius, Taut, Bartning, Hilberseimer, Hans und Wassili Luckhardt sowie Mendelsohn.[43] Das von ihnen unterzeichnete Programm ähnelte sehr den oben angeführten Schriften von Gropius und Taut und wurde möglicherweise sogar von ihnen geschrieben.

Der Arbeitsrat für Kunst wurde gegen Ende des Jahres 1918 von Gropius und Taut, möglicherweise zusammen mit César Klein und Adolf Behne gegründet. Ihre Absicht war dabei folgende: „An der Spitze steht der Leitsatz: Kunst und Volk müssen eine Einheit bilden. Die Kunst soll nicht mehr Genuß Weniger, sondern Glück und Leben der Masse sein. Zusammenschluß der Künste unter den Flügeln einer großen Baukunst ist das Ziel."[44] In der kurzen Zeit seines Bestehens veröffentlichte der Arbeitsrat mindestens zwei Streitschriften zur Architektur und eine Aufsatzsammlung über die Rolle der Kunst in der Revolution unter dem Titel *Ja! Stimmen des Arbeitsrates für Kunst*. Er organisierte in den Jahren 1919 und 1920 einige Ausstellungen, die weithin Aufmerksamkeit erregten.[45] Diese Aktivitäten dienten zumindest teilweise dazu, die Aufmerksamkeit der politischen Machthaber auf diese Ideen zu lenken und ihre Unterstützung für dieses Programm zu erlangen. In seiner Aprilausgabe forderte der Arbeitsrat u.a. die Bereitstellung von Mitteln und Flächen für neue ‚utopische' Bauprojekte (wie z.B. Wohnanlagen und Versammlungsstätten des Volkes), die in gemeinsamer Arbeit von Künstlern, Bildhauern und Architekten erbaut werden sollten; die Auflösung der alten staatlich geförderten Kunst- und Architekturschulen sowie eine neue künstlerische Ausbildung, die auf handwerklicher Schulung basiert; die Beseitigung künstlerisch wertloser Denkmäler und Gebäude und den Bau von Kriegsdenkmälern nur nach sorgfältiger Prüfung.[46] Der erste dieser Punkte zeigt den Einfluß von Taut, der zweite den von Gropius, während die Ablehnung von Kriegsdenkmälern ein eindeutiges Zeichen der antimilitaristischen Einstellung ist, die die Mitglieder der Organisation mit ihren Gründern teilten.

Obgleich es den modernen Künstlern und Architekten unter der Führung von Gropius und Taut gelang, in den ersten vier Jahren nach der Revolution eine weitreichende Diskussion über das ‚Neue Bauen' anzuregen, war die Zahl der von ihnen tatsächlich realisierten Bauten sehr gering. Natürlich gab es keine öffentlichen Gelder zur Förderung ‚utopischer' Bauvorhaben. Die wichtigsten modernen Gebäude jener Zeit – einige Kirchen, Häuser, Fabriken und vereinzelte größere Bauvorhaben – wurden privat finanziert. Trotz oder vielleicht wegen der fieberhaften Prophezeiungen und übertriebenen Hoffnungen, von denen sie sich leiten ließen, erzielten die radikalen Architekten untereinander keine Einigung über die eigentliche Form des Neuen Bauens. Sie übertrafen sich vielmehr gegenseitig in bizarren Experimenten, die einen vergleichsweise geringen Einfluß auf die Entwicklung der deutschen Architektur hatten. Etwa ab 1922 leistete das drei Jahre zuvor gegründete Bauhaus erste bedeutende Beiträge zur Entwicklung des Neuen Bauens. Mit dem Abklingen der visionären Phase und dem allmählichen Anwachsen der Aufträge nahm die neue Architektur in Deutschland Gestalt an. Aber vor 1922 erschien der deutschen Öffentlichkeit das ‚Neue Bauen' lediglich als neue Interpretation von Kunst und Architektur auf dem Boden der Revolution. Die Tatsache, daß dieses Verständnis von Architektur in ihrem Wesen unpolitisch war, wurde verdeckt durch den Enthusiasmus, mit dem die radikalen Architekten die Revolution begrüßt hatten, sowie durch die offensichtliche Sympathie des Staates gegenüber ihren Forderungen.

Zu den ersten ungewöhnlichen Versuchen mit einem neuen Stil zählen das ‚Einsteinturm'-Observatorium in Potsdam von Erich Mendelsohn und Hans Poelzigs Großes Schauspielhaus in Berlin (Bilder 36, 37), beide aus dem Jahr 1919. Die Form des Einsteinturms, die aus einer Serie phantastischer Zeichnungen Mendelsohns während des Kriegs entstanden war, weckte großes öffentliches Interesse. Ein Grund dafür war seine außergewöhnliche Erscheinung, ein weiterer bestand darin, daß das Observatorium gebaut worden war, um die Relativitätstheorie Einsteins zu beweisen.[47] Die Art, in welcher Mendelsohn die Fenster um die Ecken des Gebäudes führte, nahm seine späteren Arbeiten bereits vorweg. Als ernsthafte Beiträge zur Architektur blieben sowohl der Einsteinturm als auch das Schauspielhaus für die weitere Stilentwicklung weitgehend bedeutungslos. Ähnlich bizarr, doch für spätere Entwürfe folgenreicher, waren das Haus Sommerfeld von Gropius aus dem Jahr 1921, das den Einfluß Frank Lloyd Wrights widerspiegelt, und die ‚Dombauhütte', die Behrens für die Münchner ‚Deutsche Gewerbeschau' 1922 entwarf.[48] Mendelsohns Hutfabrik in Luckenwalde (Bild 38), 1921 begonnen, aber erst 1923 fertiggestellt, deutete bereits jene Kombina-

36 Hans Poelzig, Großes Schauspielhaus, Berlin, 1919/1920, Umbau

37 Erich Mendelsohn, Observatorium ‚Einsteinturm', bei Potsdam, 1917 – 1921

tion von horizontalen Oberflächenstrukturen und asymmetrisch angeordneten geometrischen Formen an, die den neuen Stil in Deutschland später beherrschen sollten. Die zerklüfteten Umrisse des Daches hatten jedoch mehr mit dem Einsteinturm gemeinsam als mit Mendelsohns endgültigem Spätwerk. Diese frühen Bauten, die oft zu Unrecht unter dem Begriff ‚expressionistische‘ Architektur* zusammengefaßt werden, hatten nur zwei gemeinsame Merkmale.

Jedes dieser Gebäude zeigte einen radikalen Bruch mit der Vergangenheit und verkörperte in seinem Äußeren eine gewisse Bewegung. Diese Bewegung tauchte, wenn man so will, im ‚dynamischen Gleichgewicht‘ der Dessauer Bauhaus-Gebäude oder in der ‚beständigen‘ wenn auch horizontalen Bewegung von Mendelsohns Kaufhäusern wieder auf. In jeder anderen Hinsicht jedoch brachte das Ende des Jahres 1921 einen scharfen Bruch in der deutschen Architekturentwicklung.

1922 beginnen einige Architekten, additive geometrische Strukturen und schmucklose, glatte Fassaden zu entwickeln, die nach 1924 mit dem Wiederaufleben der Bautätigkeit für das Neue Bauen in Deutschland charakteristisch werden sollten. Zu den ersten Beispielen gehörte Mendelsohns Kaufhaus Weichmann und eine Studie zum Massenwohnungsbau, die im Bauhaus ausgestellt wurde. Obwohl Mendelsohns Arbeiten zu den ersten Projekten gehörten, die in der neuen Formensprache gebaut wurden, wurde das Bauhaus zum einflußreichsten Zentrum des Neuen Bauens. Sein Einfluß ist nicht nur auf die Bauten, die dort ausgestellt und realisiert wurden, zurückzuführen, sondern auch auf die Aufmerksamkeit, die es auf sich zog als neuer Typus einer staatlich geförderten Ausbildungsstätte, basierend auf den Architekturtheorien von 1919.

Im April 1919 erhielt Gropius von der neuen sozialdemokratischen Regierung von Sachsen-Weimar die Erlaubnis, Weimars alte Kunstakademie und die Kunstgewerbeschule zu einer neuen Institution, dem ‚Bauhaus‘, zusammenzulegen.[49] Der Lehrplan der neuen Schule verwirklichte Gropius’ Ideen einer Rückkehr zum Handwerk in der modernen Fassung einer mittelalterlichen Bauhütte. Die ‚schönen‘ Künste genossen innerhalb der neuen Schule keine besonderen Vorrechte; Malerei und Bildhauerei wurden überhaupt nicht gelehrt, statt dessen gab es Unterricht im Weben, Schreinern und in anderen Fertigkeiten, die mit dem Bauen, Ausstatten und Einrichten von Gebäuden zu tun haben. Diese Ausbildung wurde durch ‚gestalterischen‘ Unterricht ergänzt. Zu Anfang erfolgte die Ausbildung größtenteils nach traditionellem Muster

---

* Siehe z.B. Banham, “Expressionism: Amsterdam and Berlin”, *Theory and Design*, 163 – 184; Nikolaus Pevsner, “Finsterlin and Some Others”, *Architectural Review*, CXXXII (1962), 353 – 356, und “Taut Reprinted”, CXXXVI (1964), 319. Es ist sicher nützlich, einen Begriff für die bizarren Gebäude und Projekte zwischen 1919 und 1921 zu haben. Betrachtet man jedoch ihre Unterschiede, sollte man sie besser als ‚utopische‘ oder ‚phantastische‘ Architektur denn als ‚expressionistische‘ bezeichnen. Der zuletzt genannte Begriff sollte auf seinen ursprünglichen und aussagekräftigsten Gebrauch beschränkt bleiben: die Beschreibung einer besonderen Tendenz in der Literatur und Malerei zwischen 1905 und der Mitte der zwanziger Jahre. Denn dort bestand eine gewisse stilistische Einheit.

und wurde von praktizierenden Handwerkern geleitet, aber für die ‚Formlehre' zog Gropius Männer wie Klee, Kandinsky, Schlemmer und Gerhardt Marcks heran, die als ‚Meister' ihre Lehrlinge ausbildeten. Ebenso führte Gropius eine Unterweisung in die elementaren Prinzipien der Gestaltung ein, das seiner Meinung nach sowohl der Kunst als auch dem Handwerk zugrunde lag. Dies war der berühmte ‚Vorkurs', in dem die Studenten unter der Leitung von Johannes Itten und später von Albers und Moholy-Nagy angehalten wurden, alle Traditionen europäischer Kunst zu verlernen und im Experimentieren mit natürlichen Materialien und abstrakten Formen einen neuen Anfang zu suchen. Im Anschluß an Vorkurs und handwerkliche Ausbildung erwartete man von den Studenten, daß sie als professionelle Handwerker auf eigenen Füßen stehen konnten; man bot ihnen jedoch an, an einer dritten Ausbildungsphase teilzunehmen, in der sie die erlernten Fertigkeiten auf die Baukunst übertragen konnten.

Diese Kurse waren die wesentlichen Elemente im Lehrplan der Schule, Gropius erweiterte jeodch ständig das Anbegot. Neben den Themen der frühen Werkkurse, zu denen Töpfern, Weben, Metallarbeiten, Schreinern und Entwerfen gehörten, wurden 1921 die Wahlfächer Typographie, 1922 Schlemmers Bühnenbild- und Choreographie-Kurs und 1923 der Fotokurs unter Laszlo Moholy-Nagy eingeführt. Gastdozenten stellten die Verbindung zu Künstlern anderer Länder und zu Vertretern weiterer Kunstgattungen her: J.J.P. Oud und Theo van Doesburg machten die Ideen des De Stijl im Bauhaus bekannt; Strawinsky und Bartok hielten Vorlesungen über Musik.

38   Erich Mendelsohn, Hutfabrik, Luckenwalde, 1921–1923

Weitere zusätzliche Aktivitäten waren unter anderem Vorführungen moderner Musik und experimenteller Filme sowie Vorträge über moderne Physik und Biologie. Viele dieser Zusatzveranstaltungen hatten mit Architektur, dem angeblichen Ziel der Schule, wenig zu tun. Die Tatsache jedoch, daß sie innerhalb einer Institution zusammengefaßt waren, deren Ziel das ‚Bauen‘ war, unterstützte Gropius’ These, das Neue Bauen führe zu einer umfassenden Kulturrevolution, und verhalf seinen Ideen zu weiterer Verbreitung.

Zunächst gelang es Gropius nur selten, die zur praktischen Ausbildung seiner Architekturstudenten notwendigen Bauaufträge zu bekommen. Die Landesregierung stellte der Schule zwar ein Gelände in Aussicht, auf dem experimentelle Gebäude errichtet werden konnten, die Verhandlungen über diese Schenkung zogen sich jedoch bis ins Jahr 1923.[50] In der Zwischenzeit bauten Gropius und seine Studenten eine Reihe von Modellen für eine Siedlung auf diesem Gelände. Diese Arbeiten wurden 1922 auf Ausstellungen in Weimar und Berlin gezeigt. 1923 wurde das erste und einzige Haus dieser Siedlung realisiert und den Sommer über ausgestellt. Der Entwurf des Malers Georg Muche, ausgestattet und möbliert von den Studenten, wurde der Öffentlichkeit als gemeinsame Leistung der im Bauhaus vertretenen Richtungen von Kunst und Handwerk vorgestellt. Gropius selbst wurde 1922 von der Stadt Jena beauftragt, das städtische Theater wieder aufzubauen (Bild 39); er entwickelte einen aussagekräftigen Bau, der jedoch nicht so bekannt wurde wie andere Projekte, die als Gemeinschaftsarbeit des Bauhauses publiziert wurden.

Obwohl die Entwürfe des Jahres 1922 nie über das Planungsstadium hinauskamen, waren sie bedeutend und einflußreich (Bild 40). Die Ausstellungsmodelle bestanden aus einer Anzahl von Kuben, die, in verschiedenen Anordnungen kombiniert, unterschiedliche Haustypen ergaben. Gerade weil es Modelle waren, frei von architektonischen Details, zeigten sie die neue, schmucklose, kubische Architektur in besonders

39 Walter Gropius, Stadttheater, Jena, 1922, Umbau

eindringlicher Form. Das Siedlungsthema war prophetisch gewählt, denn nach 1924 verdankten die radikalen Architekten dem Massenwohnungsbau ihre wichtigsten Aufträge. Die Modelle sprachen sowohl die Architekten an, die die Architektur von allen traditionellen Anklängen befreit wissen wollten, als auch jene, die sich für gestalterische Fragen nur wenig interessierten, jedoch der Meinung waren, die Elementbauweise eigne sich besonders für die Vorfertigung und biete daher eine preiswerte Lösung der Wohnungsfrage an.

Das Musterhaus von 1923 war in seinem Äußeren nicht gerade elegant. Es war jedoch als Vorläufer einer neuen Innenausstattung bedeutsam. Die kahlen Wände, die großen Fensterflächen, die Geometrie von Innenausbau und Einrichtung zusammen mit Stoffen in leuchtenden Farben und abstrakten Mustern auf Polstern und Teppichen wurden charakteristisch für die Innenausstattung der im neuen Stil errichteten Häuser (Bilder 41, 42). Das Musterhaus hatte wahrscheinlich einen höheren Bekanntheitsgrad als jedes andere Gebäude in Deutschland vor 1927, denn die Ausstellung von 1923 lockte Journalisten fast aller deutscher Zeitungen an, die meist lange Artikel über das verfaßten, was im Ausstellungskatalog als ,Wohnmaschine'* bezeichnet wurde.

* Diese Bezeichnung ist auf den offenen Grundriß zurückzuführen, der hinsichtlich seiner kurzen Verbindungen besonders effektiv ist.

40 Walter Gropius und Studenten des Bauhauses. Modelle zu Serienhäusern, 1922

Über die Ursprünge der neuen Hausformen, die in den Jahren 1922 und 1923 im Bauhaus ausgestellt wurden, ist viel diskutiert worden. Einige Architekturtheoretiker weisen in diesem Zusammenhang darauf hin, daß Moholy-Nagy, ein Vertreter des russischen Konstruktivismus, Itten als Leiter des Vorkurses ablöste.[51] Freilich war die Entwicklung des Neuen Bauens am Bauhaus Teil einer veränderten Zielsetzung, die den Lehrplan der gesamten Schule betraf. Da Moholy erst 1923 kam, könnte man seine Berufung eher als Ergebnis denn als Ursache der Tendenz zu kubischen, konstruktivistischen Formen sehen. Überzeugender klingt das Argument, daß Theo van Doesburgs 1921 am Bauhaus gehaltene Vorlesungen unter deutschen Architekten eine Welle der Begeisterung für die Ideen des holländischen De Stijl weckten.[52] Bezüge zwischen bestimmten deutschen Bauten und den Gebäuden und Gemälden der Holländer lassen sich jedoch kaum nachweisen. Wenn irgendein ausländischer Einfluß gegeben sein sollte, war es wahrscheinlich Le Corbusiers ‚Maison Citrohan‘, die Skizze für ein standardisiertes Einfachst-Wohnhaus, das bereits viel weiter ging als die Bauhaus-Projekte. Das Maison Citrohan wurde 1920 fertiggestellt und in Deutschland etwa ein Jahr später bekannt.[53] Gropius' Faguswerk kann man jedoch ebenfalls als einen Vorläufer für die Wohnprojekte des Jahres 1922 und für das Theater in Jena ansehen. Seit der zwischen Van de Velde und Muthesius im Jahre 1914 geführten Werkbunddebatte über Standardisierung gab es eine beträchtliche Anzahl deutscher Architekten, allen voran Gropius, die die Idee des standardisierten Bauens, das der neue Stil so leicht er-

41 Georg Muche, Musterhaus der Bauhausaus-
    stellung, Weimar, 1923, Wohnraum

42 Musterhaus der Bauhausausstellung,
    Wohnraum

möglichte, begeistert aufnahmen. Wenn das Bauhaus im besonderen und die deutschen Architekten im allgemeinen die Gedanken Le Corbusiers, des Stijl oder des Konstruktivismus mit Enthusiasmus aufnahmen, dann nur, weil sie darauf vorbereitet waren.

Was auch immer die unmittelbaren Ursachen für die neuen Formen gewesen sein mögen, der Übergang zum Neuen Bauen vollzog sich in der Arbeit mehrerer Architekten ungefähr zur gleichen Zeit. 1922 verwendete Mendelsohn glatte Oberflächen und streng geometrische Formen bei seinem Kaufhaus Weichmann im schlesischen Gleiwitz (Bild 43), während er diese Formen und Flächen 1923 bei der Villa Sternefeld (Bild 44) in ‚konstruktivistischer‘ Manier in Einklang brachte. Dieses Motiv fand sich gegen Ende der zwanziger Jahre bei größeren modernen Gebäuden immer häufiger. Otto Haesler baute 1923 für die Stadt Celle eine kleine Wohnanlage, bei der sich die Hauseinheiten aus kubischen Formen zusammensetzten, die sich nach Art der Bauhausmodelle additiv zusammenfügten (Bild 45). Bei diesem Entwurf Haeslers wurde der neue Stil in all seiner Schlichtheit zum ersten Mal im deutschen Massenwohnungsbau eingesetzt. Im gleichen Jahr zeigte Mies van der Rohe seine persönliche Interpretation des Neuen Bauens in dem Entwurf seiner Backsteinvilla (Bild 46). Die wenigen Arbeiten, die Taut in diesen Jahren ausführte, waren weniger originell. Im Jahr 1924 setzte er sich jedoch für eine neue Art der Innenausstattung ein, die der im Bauhaus ausgestellten ähnelte (Bild 47). Aufgrund seiner Position in Magdeburg hatte er einen größeren Einfluß als Haesler, Mendelsohn und Mies.

43 Erich Mendelsohn, Seidenhaus Weichmann, Gleiwitz, 1922

44 Erich Mendelsohn, Villa Dr. Sternefeld, Berlin-Charlottenburg, 1923/1924

Als der sozialdemokratische Stadtrat von Magdeburg Taut 1921 zum Stadtbaurat ernannte, erhoffte er sich großartige Gebäude, die das ‚Frühlicht‘ eines neuen Zeitalters in Magdeburg ausdrücken sollten. In den ersten beiden Jahren seiner Amtszeit schuf Taut zur Kontrolle des städtischen Wachstums eine neue Behörde. Er entwarf einen Plan für die Erweiterung der Stadt, der Grüngürtel, Gärten und eine Reihe von Sportplätzen vorsah. Zusätzlich plante er eine große Anzahl von Arbeitersiedlungen, öffentlichen Gebäuden, darunter ein Forum für Ausstellungen, Festlichkeiten und Messen, und eine Stadthalle. Von all diesen Projekten wurde jedoch nur die ‚Halle Stadt-

46 Ludwig Mies van der Rohe, Entwurf eines Landhauses in Backstein, 1923

45 Otto Haesler, Siedlung Italienischer Garten, Celle, 1924–1926

47 Bruno Taut, Entwürfe für ein Eßzimmer und ein Schlafzimmer, aus: *Die neue Wohnung,* 1924

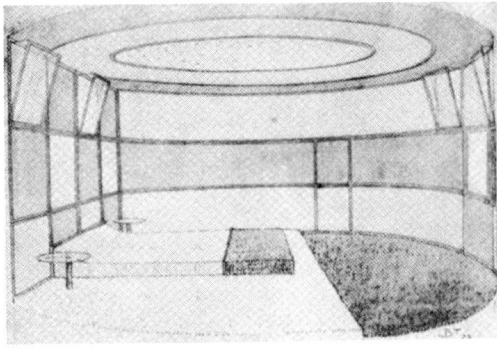

und-Land' während seiner Amtszeit begonnen, ein kühner Entwurf in Stahlbeton.[54] Als Taut bemerkte, daß die Stadtverwaltung noch nicht in der Lage war, seine durchgreifenden Pläne zu finanzieren, wandte er sich einer kostengünstigeren Alternative zu, der Bemalung vorhandener Gebäude in leuchtenden Farben. Er sah darin den besten Ersatz für seine ‚Gläserne Architektur'.[55] Dieser Plan wurde teilweise realisiert: Taut gestaltete in einer Reihe von Straßen die Fassaden städtischer Wohnhäuser farbig, polierte die alte Stadthalle wieder auf und überredete einige Geschäftsleute, die Fassaden ihrer Läden von modernen Künstlern mit abstrakten Mustern verzieren zu lassen (Bild 48). Diese Projekte fanden in der Öffentlichkeit großen Anklang. Die Technik, einzelne Bauten bzw. ganze Gebäudekomplexe mit Hilfe von kontrastierenden Farben und abstrakten Mustern zu gestalten, wurde 1923 von Otto Haesler aufgegriffen und danach sehr häufig bei modernen Wohnanlagen eingesetzt.[56] Taut erhielt auch einige größere Aufträge von privaten Bauherren, unter anderem für die große Markthalle des Schlachthofes von Magdeburg. Gegen Ende des Jahres 1923 nahm er – enttäuscht von den eingeschränkten Möglichkeiten, seine größeren Pläne zu verwirklichen – seine Architektentätigkeit in Berlin wieder auf. Nach dem Ende der Finanzkrise wurde Magdeburg unter Tauts Assistenten und Nachfolger Johannes Göderitz zu einem der wichtigsten Zentren der modernen Architektur. Von 1924 bis 1930 bildeten Tauts Pläne dort die Grundlage für Wohnungsbau und Stadtentwicklung.

Obwohl Gropius und Taut sich von 1922 an mehr und mehr der praktischen Arbeit zuwandten, widmeten sie sich auch weiterhin intensiv der Propagierung des Neuen Bauens. 1922 und 1923 hielt Gropius eine Reihe von Vorträgen, zumindest teilweise mit dem Ziel, die beiden Bauhaus-Ausstellungen jener Jahre bekannt zu machen. Darüber hinaus veröffentlichte er 1923 zur Erläuterung der Ausstellung im gleichen Jahr den bekannten und weit verbreiteten Aufsatz *Idee und Aufbau des Staatlichen Bauhauses in Weimar.* Taut schrieb von 1922 bis 1925 ein verhältnismäßig bekanntes Buch, eine populärwissenschaftliche Abhandlung über den neuen Stil im Wohnungsbau.[57] Die Texte und Vorträge aus dieser Zeit unterschieden sich stark von jenen der Jahre 1918 bis 1921 und spiegelten die Veränderung wider, die sich in der Architektur vollzogen hatte. Taut und Gropius bezogen sich nicht mehr auf die politische Revolution, die bereits eine vollendete Tatsache war, und ebensowenig behielten sie den prophetischen Ton ihrer früheren Schriften bei. Sie sahen das ‚neue Zeitalter' jetzt als Maschinenzeitalter und untersuchten die Beziehungen zwischen Maschine und Neuem Bauen. Gleichzeitig verwendeten sie viele Elemente ihrer früheren Bildersprache und versuchten nachzuweisen, daß der sich entwickelnde neue Stil eine soziale und kulturelle Revolution ‚ausdrückte', die sie dann im weiteren näher zu definieren versuchten.

In seinem Buch *Die neue Wohnung: die Frau als Schöpferin* aus dem Jahr 1924 analysierte Taut in allen Einzelheiten die sozialen und kulturellen Implikationen des neuen Wohnungsbaus, den er und andere radikale Architekten zu realisieren gedachten.

48 Oskar Fischer, Fassadenbemalung am Geschäftshaus Barasch, Magdeburg, 1921, während der Amtszeit Bruno Tauts als Stadtbaurat

Das Buch war von Anfang an sehr einflußreich und wurde in den späten zwanziger Jahren noch bedeutsamer, als der neue Stil eine zunehmend größere Rolle im öffentlichen Wohnungsbau spielte. Taut meinte, daß die sozialen und kulturellen Auswirkungen des Neuen Bauens sowohl auf die neuen kompakten, ‚funktionalen' Planungen als auch auf die neue Entwurfsästhetik zurückzuführen seien. Beide zusammen schufen seiner Meinung nach eine symbolische Sprache als Ausdruck des neuen Zeitalters.*

Die neue Planungsmethode nach dem Prinzip kurzer Wege und arbeitssparender Ausstattung, im Weimarer Musterhaus demonstriert, sollte die Hausfrau von eintöniger Hausarbeit befreien und es ihr gestatten, in Haushaltsangelegenheiten ‚kreativ' zu sein, um an der Schaffung einer neuen Ästhetik teilzuhaben. Diese Ästhetik bestand nach Taut in der Rückkehr zu den Grundprinzipien der Architektur: Licht, Farbe und Kubus. Taut meinte, daß die neuen architektonischen Ausdrucksformen nicht nur die Entwicklung des kreativen Prozesses innerhalb des Hauses fördern würden, sondern, darüber hinaus, den geeigneten Rahmen für eine ‚geistige Revolution' abgäben, dem Umbruch vergleichbar, über den Gropius und er in den frühen zwanziger Jahren geschrieben hatten. Die Einzelheiten dieser Revolution blieben, wie früher, pauschal und vage, sie sollte jedoch die Persönlichkeitsentfaltung fördern, „denn in der Freiheit vom Wust entwickelt sich die Persönlichkeit erst völlig", sowie eine neue „geistige Haltung beweglicher, einfacher und freudiger".[57a] Taut behauptete schließlich, daß diese neuen Verhaltensweisen Teile einer neuen rationaleren Lebensweise seien, die durch Maschinen und industrielle Fertigung erst ermöglicht wurde. Er glaubte also immer noch, daß das Neue Bauen ein revolutionäres ‚neues Zeitalter' ausdrückte, aber jetzt schien ihm das neue Zeitalter von Maschine und industrieller Produktion beherrscht zu sein. *Die neue Wohnung* wich stark vom visionären Ton und den politischen Implikationen seiner früheren Veröffentlichungen ab, sie vertiefte jedoch den Gedanken, daß das Neue Bauen in soziale und kulturelle Veränderungen eingebunden sei.

Zur gleichen Zeit stellte Gropius die Bedeutung der Maschine für das Neue Bauen noch stärker heraus. Dieser Gedanke war Gropius natürlich nicht erst 1922 gekommen. Vor dem Krieg hatte er schon Emil Rathenau ein Projekt für Wohnhäuser aus vorgefertigten Teilen vorgelegt. Da er schon damals Mitglied des Werkbunds war, ver-

---

* Kunst und ‚Funktion' waren für Taut untrennbar. Er sagte: Es ist „selbstverständlich, daß es ein bloß Praktisches oder ein bloß Schönes eigentlich nicht gibt; man spricht nur getrennt von jedem, um sich eines sprachtechnischen Hilfsmittels zu bedienen. Im Grunde genommen gibt es nur eine Sache, die nicht verschiedene Seiten hat, sondern deren jede Seite wie bei einer Kugel gleichzeitig alles enthält." (*Die neue Wohnung,* S. 32) Diese Anschauung, die praktischen Dingen mit künstlerischen Mitteln eine geistige Bedeutung zuweist, wurde von Gropius geteilt. Das erklärt, warum es beiden Männern gelang, die Begeisterung, mit der sie sich utopischen Bauprojekten widmeten, die die Gesellschaft in ihrer Gesamtheit verändern sollten, auf den Mikrokosmos der Wohnung und ihrer technischen Probleme zu übertragen.

schrieb er sich natürlich auch dem Programm zur qualitativen Verbesserung industriell gefertigter Teile. Während der ersten drei Nachkriegsjahre hatte er jedoch in Veröffentlichungen sein Hauptaugenmerk der Rückbesinnung auf das ‚Handwerk‘ beim ‚Bau der Kathedrale der Zukunft‘ gewidmet. Diese Ansichten spiegelten in gewisser Weise scheinbar die Romantik Ruskins wider. Obwohl er das Bauhaus weiterhin als moderne Version der alten Bauhütten ansah, betonte er nach 1921 immer wieder, daß das Ziel der handwerklichen Ausbildung von Künstlern darin bestände, eine neue Beziehung zwischen Künstler und Maschine herzustellen, denn er sah in einer Maschinenästhetik die Verkörperung der ‚Kathedrale der Zukunft‘. „Zwischen Handwerk und Industrie gibt es keinen Unterschied“, behauptete er im Mai 1922 gegenüber Studenten der Technischen Hochschule Jena. „Der Unterschied besteht nur in der Arbeitsauffassung, im Handwerk lebt das Ganze; die Industrie wie sie heute ist, hat keinen Begriff vom Ganzen mehr.“[58] Die handwerkliche Ausbildung am Bauhaus und besonders der Vorkurs sollten, so erklärte er, die Künstler zu einfachen Formen führen, die sich zur Standardisierung eigneten. Auf diesem Wege sollten Elemente für die maschinelle Fertigung entstehen.[59] So würde der Künstler zur industriellen Produktion zurückgeführt, durch die er mit Hilfe der Maschine als Werkzeug ‚die Kunst dem Volk zurückgeben‘ könnte. Dies sollte über die Massenproduktion schöner Gegenstände möglich werden.

Ziel dieser Ausbildung war eine neue architektonische Ästhetik, die Gropius anläßlich der Ausstellungseröffnung 1923 folgendermaßen beschrieb: „Wir wollen den klaren organischen Bauleib schaffen, nackt und strahlend aus innerem Gesetz heraus, ohne Lügen und Verspieltheiten, der unsere Welt der Maschinen, Drähte und Schnellfahrzeuge bejaht, der seinen Sinn und Zweck aus sich selbst heraus durch die Spannung seiner Baumassen zueinander funktionell verdeutlicht und alles Entbehrliche abstößt, das die absolute Gestalt des Baues verschleiert.“[60] In seiner Rede über die ‚Mitarbeit des Künstlers in Wirtschaft und Technik‘ heißt es einige Monate vorher: „Wie der gotische Dom der Ausdruck seiner, so muß ein moderner Fabrikbau oder ein modernes Landhaus Ausdruck unserer Zeit sein: präzis, sachlich, knapp in der Formensprache, nur durch die kubische Gruppierung der Massen wirkend.“[61]

In Anlehnung an frühere Aussagen aus dem Jahre 1919 unterstrich Gropius, daß das Erziehungsprogramm des Bauhauses, das die Kunst und die Architektur wieder in den Dienst der Gesellschaft stellte, ‚eine völlige geistige Umstellung des einzelnen‘ und einen neuen Lebensstil hervorbringen würde.[62] Diese ‚geistige Umstellung‘ hatte ebenso wie in seinen früheren Publikationen soziale Dimensionen, obwohl diese nicht eindeutig definiert waren. In seinem Jenaer Vortrag führte er aus, daß die ‚neue Einheit‘ für die Erziehung am Bauhaus Modell sein sollte, soziale Mißstände wie die „Zergliederung des Daseins“ überwinden würde. „Das Wirtschaftssystem ist zum Selbstzweck geworden, wir wissen nicht mehr, daß es nur dazu da ist, dem Menschen zu dienen. Die Konkurrenz beherrscht unser materielles Dasein statt der gegenseitigen Hilfe. Im politischen Leben suchen wir die persönliche Verantwortung auszuschalten und durch Kontrolle, Kommissionen, Parlamente usw. abzuwälzen."[63] Derartige Aussagen klangen weit weniger revolutionär als die Prophezeiungen des Jahres 1919. Sie verbanden den Direktor des Bauhauses und den Architekten des Jenaer Theaters jedoch mit jenen, die weiterhin, noch nach dem Ende der Revolution von 1918, nach radikalen sozialen Veränderungen riefen.

Obwohl sich die Texte von Gropius und Taut zwischen 1918 und 1924 in Ton und Thematik veränderten, blieb ihre Zielrichtung jedoch konstant. Während dieser Zeit versuchten beide Männer zunächst ein neues Struktur- und Ordnungsprinzip in der deutschen Gesellschaft zu erkennen, das sie dem Chaos von Krieg und Revolution entgegenstellen konnten. Sie erhofften für alle Lebensbereiche einen Prozeß der Reintegration: in den Gedanken, in der Gesellschaft, in der Erziehung des ‚ausgewogenen‘ Menschen, zwischen täglichem Leben und geistigen Dingen, zwischen Kultur und Industrie, zwischen Künstlern und Gesellschaft und innerhalb der Künste. Sie bezeichneten diese Reintegration als ‚eine neue Einheit‘ oder, wie Gropius sie einmal nannte, als ‚einen neuen Totalismus‘. Sie fanden ein Symbol und einen Katalysator für diesen Prozeß in einer neuen, sozialen Architektur. Diese Ideen waren im großen und ganzen unpolitisch. Der allumfassende Anspruch an die Architektur verlieh dem Neuen Bauen nichtsdestoweniger eine breite Palette von Assoziationen. Als die aseptischen Formen des Neuen Bauens der deutschen Öffentlichkeit in großem Umfang vor Augen geführt wurden, waren sie gleichzeitig symbolhaft überfrachtet. Dieser Umstand gab all jenen Kritikern und Befürwortern Nahrung, die diese Formen kulturell, sozial oder politisch deuten wollten.

3 Der Streit um das Bauhaus

Die Ablehnung des Neuen Bauens hatte ihren Ursprung in den ersten Nachkriegsjahren in Thüringen und besonders in Weimar. Die Gründung des Bauhauses in Weimar im Jahre 1919 entfachte dort angesichts der kulturellen und politischen Bedeutung der neuen Schule und der von ihr verkörperten Ideen einen Sturm der Entrüstung. In den Jahren 1922 bis 1925 wurde der Streit zunächst in Thüringen zu einem Politikum, später zu einem bedeutenden Thema der nationalen Presse. Diese Ereignisse erklären sich aus der vielschichtigen lokalen Kulturtradition, den beteiligten Personen und politischen Spannungen, in einem für Weimar bzw. Thüringen typischen Zusammenspiel. Im Verlaufe der Debatte fanden sich Argumente für und gegen das Bauhaus, die die Meinungsbildung einer breiteren Öffentlichkeit beeinflußten und späteren Gegnern des Neuen Bauens Munition lieferten. Der sogenannte ‚Streit um das Bauhaus‘ stellte bereits die Weichen für spätere Auseinandersetzungen.

Während der sechs Jahre seines Bestehens in Thüringen traf das Bauhaus auf zwei aufeinanderfolgende Wellen öffentlicher Ablehnung. Die erste, zunächst auf Weimar begrenzte, richtete sich gegen Gropius' Versuch, die alte Kunstakademie in das Bauhaus einzubeziehen. Sie ebbte 1920 ab, sobald die Wiedereröffnung der Akademie erstritten war. Im Verlaufe dieser ersten Angriffswelle wurde zum ersten Mal die Anschuldigung erhoben, die Schule fördere links-orientierte politische Aktivitäten. Im Jahr 1922 im Gefolge der Bauhaus-Ausstellung lebte die Opposition wieder auf. Von diesem Zeitpunkt an wurden sowohl die Architektur des Bauhauses als auch das Gedankengut seiner Dozenten und Studenten als links-orientiert angegriffen. Diese Beschuldigungen wurden von den rechten Parteien in Thüringen als Waffe gegen die Linke, die das Bauhaus unterstützte, übernommen. Bis zum Jahre 1925, als es einer rechts-orientierten Landesregierung gelang, das Bauhaus aus Thüringen zu vertreiben, hatte sich in künstlerischen Fragen sowohl in Thüringen als auch in der gesamten nationalen Presse, die über den Streit berichtete, ein klar umrissenes politisches Meinungsbild herausgebildet.

Die Angriffe gegen das Bauhaus kamen in beiden Phasen der öffentlichen Auseinandersetzung aus den verschiedensten Richtungen und befaßten sich mit einer Vielzahl von Themen. In fast allen Fällen bezeichneten sich die Gegner des Bauhauses angesichts seiner Neuerungen jedoch als Verfechter der ‚deutschen‘ Kultur. Aus diesem Blickwinkel griff die gegnerische Seite die Arbeit des Bauhauses mehr und mehr als ein Symbol kultureller und sozialer Dekadenz an; sie forderte eine Rückkehr zu älteren kulturellen Traditionen der deutschen Nation bzw. der deutschen ‚Rasse‘. Dieses Argument wurde von den konservativen Architekten aufgegriffen, die in den späten zwanziger Jahren das Neue Bauen kritisierten, und spielte später eine wichtige Rolle in der Architekturpropaganda der Nazis. Neben der Politisierung ästhetischer Fragen, zu der es im Verlauf des Streites um das Bauhaus kam, war das wichtigste Ergebnis der Debatte um die Schule von Gropius daher die Entwicklung einer Kulturkritik auf architektonischer Ebene.

Vor dem Krieg war Weimar eine ruhige Provinzhauptstadt, lediglich bemerkenswert als Deutschlands bedeutendstes literarisches Heiligtum. Im April 1919 jedoch, als das Bauhaus seine Arbeit aufnahm, wurde Weimar zum zentralen Unruheherd der politischen Revolution. Die Nationalversammlung wollte nicht in Berlin zusammentreten, sondern machte Weimar, die berühmte Heimatstadt Goethes und Schillers, zum Ort ihrer Beratungen, die sich von Februar bis Juli hinzogen. Die Versammlung trat unter dem Schutz der provisorischen sozialdemokratischen Regierung von Sachsen-Weimar zusammen, die die herzogliche Regierung abgelöst hatte, deren Hauptstadt ebenfalls Weimar gewesen war. Verhandlungen, Sachsen-Weimar in dem neu zu bildenden Land Thüringen aufgehen zu lassen und die Hauptstadt zu verlegen, waren bereits im Gange. In dieser Atmosphäre großer politischer Unsicherheit blieb die Bevölkerung von Weimar politisch konservativ. Die Situation des Bauhauses war also von Anfang an durch die bereits vorhandenen politischen Spannungen in der Stadt belastet. Von der fortschrittlichen Landesregierung gegründet und finanziert, war das Bauhaus notwendigerweise den starken konservativen Kräften in Weimar politisch suspekt.[1]

Darüber hinaus wäre es auch unter anderen Umständen unwahrscheinlich gewesen, daß man in Weimar völlig neue Kunstformen bzw. antiakademische Strömungen in der Kunsterziehung begrüßt hätte. In den weltoffenen Industriestädten des Nordens und Westens, wo man das Neue Bauen schnell akzeptierte, gab es wenig Konkurrenz durch etablierte architektonische Traditionen. Weimar wurde jedoch von seinem großherzoglichen Erbe geradezu erdrückt; seine Parkanlagen, Gärten und Paläste machten es zu einer der schönsten historischen Städte Deutschlands. Weimars Bindung an traditionelle Kunstformen, die auf diese Weise ständig neue Nahrung erhielt, wurde durch die Existenz der großherzoglichen Kunstakademie weiter verstärkt. Die 1860 gegründete Akademie hatte sich bis zur Jahrhundertwende auf nationaler Ebene einen sehr guten Ruf erworben und war besonders bekannt für ihre Kurse im Fach Landschaftsmalerei. Neben der Kunstakademie hatte der letzte Großherzog kurz vor dem Krieg unter der Leitung von Henry van de Velde eine äußerst progressive Schule für angewandte Kunst gegründet. Vor dem Krieg war das Kunstgewerbe jedoch nicht in so hohem Maße kulturell anerkannt wie später unter der Schirmherrschaft des Bauhauses. Weimar war demnach in Deutschland bekannt für seine hübsche neoklassizistische Architektur, seine bedeutende Schule für traditionelle Malerei und seine Verbindungen zu einer geheiligten literarischen Tradition. Der Stolz seiner Bürger gründete sich hauptsächlich auf diese vergangene Größe.

Da das Bauhaus sich der Erneuerung der Kunst verschrieben hatte und seine Gründung nicht auf städtische Initiative, sondern auf die der Landesregierung zurückging, war es für die Stadt von Anfang an eine Quelle des Ärgernisses. Das Verhalten von Dozenten und Studenten erschwerte die Beziehungen zwischen der Stadt und dem Bauhaus noch zusätzlich. Die Ankunft der neuen Kunststudenten, für die es nicht genügend Unterkünfte gab, brachte weitere Schwierigkeiten mit sich. Die Tatsache schließlich, daß sie aus ganz Deutschland und dem Ausland kamen, sich leger kleideten und sich ab und an politisch radikal äußerten, mißfiel dem Stadtrat und veranlaßte ihn, die dringenden Bitten des Bauhauses um Hilfe bei der Unterbringung und Verpflegung der Studenten abzulehnen.[2] Die antiakademischen Passagen in Gropius' Schriften und seine ausdrückliche Befürwortung der modernsten künstlerischen Strömungen am Bauhaus ließen die Stadtväter ebenfalls argwöhnisch werden.[3] Die Hauptursache für die Schwierigkeiten mit der Stadt war jedoch die Art und Weise, in der Gropius die alte Kunstschule abschaffte; er schloß sie nämlich mit der Kunstgewerbeschule zusammen und gab den so gebildeten Fakultäten einen neuen Lehrplan. Die Dozenten der Akademie wurden nicht entlassen; sofern sie es wünschten, wurde ihnen vielmehr erlaubt, ihre Kurse weiterzuführen. Diese Kurse wurden freilich nach wie vor von Studenten der ehemaligen Akademie besucht. Die Ausbildung nach dem neuen Lehrplan erfolgte daneben durch ortsansässige Handwerker und Künstler bzw. Bildhauer, die Gropius während der ersten sechs Monate hinzuzog. Im Herbst 1919 war den Akademieprofessoren wie den Bürgern der Stadt klar, daß die Akademie in Gropius' langfristigem Konzept keine Rolle mehr spielen würde.

Eine genaue Analyse der aus diesen Meinungsverschiedenheiten entstandenen Kontroverse wird dadurch erschwert, daß Weimar – und damit auch sein Stadtarchiv – in der DDR liegen. Der Verlauf der Debatte läßt sich jedoch anhand der vielen Zeitungsausschnitte und anderer Veröffentlichungen, die Gropius 1934 aus Deutschland mitbrachte, in groben Zügen rekonstruieren.[4] Soweit aus diesen Aufzeichnungen zu ersehen, begann die Diskussion über das Bauhaus in einem größeren Rahmen Mitte Dezember 1919, anläßlich der Nachwahlen für den Stadtrat. Zu jener Zeit bildete eine Gruppe von unzufriedenen Bürgern, Künstlern und Akademieprofessoren eine ‚Freie Vereinigung für städtische Interessen' und beriet in einer öffentlichen Versammlung über Vorwürfe gegen das Bauhaus.[5] Während der folgenden Monate führte diese Gruppe in Verbindung mit ortsansässigen Journalisten einen offenen Kampf gegen das Bauhaus, das, obwohl es die Angriffe überlebte, für die Dauer seines Bestehens in Weimar in eine defensive Rolle gedrängt wurde.

Neben einer großen Anzahl von Bürgern nahmen an der Versammlung vom 12. Dezember Vertreter des Stadtrates sowie Studenten und Dozenten sowohl des Bauhauses als auch der Akademie teil. Die Versammlung begann mit einer zunächst gemäßigt verlaufenden Debatte zwischen Gropius und Emil Herfurth, Lehrer eines Weimarer Gymnasiums und Leiter der ‚Freien Vereinigung'. Herfurth nahm für sich in Anspruch, jene zu vertreten, die ‚die neue Kunst' mit Vorsicht betrachteten, und erklärte, daß die Gegner des Bauhauses zufriedengestellt sein würden, wenn die Kunstakademie unversehrt erhalten bliebe und die neuen Dozenten und Studenten mehr Respekt vor den ‚Taditionen und Bräuchen' Weimars zeigten. Gropius antwortete in versöhnlichen Worten und plädierte für eine ‚geduldige und vertrauensvolle Haltung gegenüber der neuen Bewegung'. Er war der Meinung, daß die öffentliche Versammlung nicht kompetent sei, künstlerische Fragen zu beurteilen, und sich daher auf praktische Gesichtspunkte beschränken solle. Nach diesem Gedankenaustausch kam es allerdings zu gegenseitigen Beschimpfungen, die keine Diskussion der anstehenden Probleme mehr zuließ. Die Art der Auseinandersetzung wurde vom Vorsitzenden, einem gewissen Dr. Kreubel, bestimmt, der moderne Malerei mit den künstlerischen Versuchen eines Geisteskranken verglich. Er berief sich dabei auf den Psychologen Prinzhorn.[6] Kreubel bezeichnete das Bauhaus als ‚spartakistisch-bolschewistische Institution', ohne zu erläutern, was er damit meinte, und gestattete Zwischenrufe wie ‚jüdische Kunst' und ‚Ausländer'.[7]

Die übrige Zeit der Versammlung verstrich fast vollständig mit der verwirrten und aufgeregten Rede eines Akademiestudenten namens Hans Gross zum Thema ‚Deutsche Kunst!' Gross bezeichnete ‚Persönlichkeit, Energie und Willen' als die einzig wahren Quellen der Kunst und behauptete, daß diese in einem von internationaler Vorherrschaft bedrohten Deutschland vom Aussterben bedroht seien: „Du deutsches Volk, die Wölfe dürsten nach deinem Blut!"[8] Es war überhaupt nicht klar, was Gross meinte, und später behauptete er, daß sein Vortrag nichts mit dem Bauhaus zu tun gehabt hätte, sondern lediglich ein Auszug aus einer Vorlesung über Heimatkunst gewesen wäre, die er einige Monate zuvor in Hamburg gehalten hatte. Die Stimmung unter den Versammelten war jedoch so emotionsgeladen, daß die meisten von ihnen annahmen, Gross erhebe schwere Vorwürfe gegen Gropius' Bauhaus, und nur aus diesem Grunde applaudierten sie ihm.[9]

Während der nächsten zwei Monate wurde der Streit mit ähnlichen Mitteln fortgesetzt, denn die Bauhaus-Gegner kleideten ihre Kritik weiterhin in eine politische und chauvinistische Terminologie. Unmittelbar nach der Versammlung vom 12. Dezember reihte sich die *Thüringer Landeszeitung ‚Deutschland'*, eine nationalistische Weimarer Zeitung mit großer Verbreitung in ganz Thüringen, in die Gruppe der Bauhaus-Gegner ein. Zwei ihrer Journalisten begannen eine lange Fortsetzungsreihe zum Thema ‚ausländische' und ‚un-deutsche' Einflüsse am Bauhaus. Die Autoren waren Leonhard Schrickel, Verfasser von Sonderberichten für viele Thüringer Zeitungen, und Mathilde Freiin von Freytag-Loringhoven, Kunstkritikerin des *Deutschland,* die in ihrer Funktion als Mitglied des Weimarer Stadtrates dort ebenfalls dafür sorgte, daß diese Themen nicht in Vergessenheit gerieten.[10] Bezeichnend für diese Artikelserie war Schrickels Darstellung der Affäre Gross am 18. Dezember. Er behauptete (fälschlicherweise), daß Gross wegen seiner Rede von Gropius und der Studentenvertretung des Bauhauses offiziell gemaßregelt worden wäre. Zum Verhalten der Studenten schrieb er folgendes: „Ist es denn glaublich, daß in dem Schülerrat die Meinung von Ausländern maßgebend ist? Daß Ausländer über deutsche Kunstschüler zu Gericht sitzen? Leute, denen man ihre undeutsche Abstammung (Galizien? Slowakei?) auf

Meilenweite ansieht? Die sich mit ihrer ,internationalen' (Richtig: anationalen-vaterlandslosen) Gesinnung geradezu brüsten? Die ein antideutsches Heerlager bilden, um die deutschgesinnten und deutschgeborenen Schüler hinauszubeißen?"[11] Schrickel schlachtete auch den Umstand weidlich aus, daß der Maler Sachs, ein Mitglied des Spartakusbundes in München, das Bauhaus besucht hatte und daß die Fakultät ein seiner Meinung nach ,spartakistisches' Flugblatt über die Kunst verteilt hatte, das von der republikanischen Regierung in Berlin veröffentlicht worden war.[12] Er führte diese Vorwürfe in drei weiteren Artikeln im Januar 1920 weiter aus. Die Redaktion des *Deutschland*, zusammen mit Freytag-Loringhoven, berief sich in ihren Kommentaren auf seine Argumente.[13] Die wiederholten Versuche auf seiten des Bauhauses, zu beweisen, daß fast alle Studenten Deutsche oder von deutscher Abstammung waren, zeigten bei Schrickel keinerlei Wirkung. Er sah Weimar und seine Kunsthochschule als ,deutsch' an, alles andere als ,ausländisch'.[14]

Etwa Ende Dezember unterschrieb eine Gruppe von ungefähr fünfzig Bürgern und ortsansässigen Künstlern eine Petition an die Landesregierung, in der sie die Beibehaltung der Kunsthochschule als eigenständige Institution forderten und etliche Beschwerden gegen das Bauhaus erhoben.[15] Unter den Unterzeichnern waren Herfurth, Schrickel, Freytag-Loringhoven, Professor Fleischer (der erst kurz zuvor aus dem Lehrkörper der Akademie ausgeschieden war) und eine Reihe von Weimarer Künstlern, von denen die meisten Absolventen der Akademie waren. Die Hauptkritikpunkte waren die angebliche Behandlung von Gross, die Bevorzugung ,ausländischer' Studenten und die von Schrickel erwähnten ,spartakistischen' Aktivitäten.

Als Reaktion auf die Petition veranlaßte das staatliche Kultusministerium eine offizielle Untersuchung, die einige Monate später das Bauhaus von jeglichem Vorwurf politischer Aktivität sowie der unterstellten Bevorzugung von ,Ausländern' freisprach.[16] Inzwischen waren die Ereignisse vom Dezember jedoch von der lokalen Presse[17] ausführlich abgehandelt und im *Deutschland* weiter ausgeschmückt worden, so daß ein ausreichendes Interesse an einer zweiten öffentlichen Versammlung entstanden war, an der über tausend Menschen teilnahmen.[18] Das Treffen am 22. Januar wurde in der Nachfolge der ,Freien Vereinigung' von zwei ,Bürgerausschüssen', mit Herfurth und (sehr wahrscheinlich) Professor Fleischer an der Spitze, einberufen. Es war kein Forum für eine öffentliche Auseinandersetzung, sondern eine formelle Zusammenkunft, auf der die Komitees ihre Resolutionen gegen das Bauhaus der Öffentlichkeit vortrugen.[19] Die Resolutionen griffen die Vorwürfe bezüglich eines ausländischen und links-orientierten Einflusses am Bauhaus mit der folgenden neuen Formulierung wieder auf: „Ein Zusammenhang zwischen expressionistischen und kommunistischen Ideen lasse sich herstellen." Darüber hinaus enthielten die Resolutionen die Forderung nach Auflösung des Bauhauses. Man könne nicht zwei Institutionen gleichzeitig unterstützen, und Weimars Schicksal hänge von der Kunsthochschule ab. Die zukünftige Entwicklung könne nicht das Gegenteil von dem darstellen, was Weimar in der Vergangenheit groß gemacht habe.[20]

Einige Tage später veröffentlichten die Künstler unter Herfurths Anhängern unabhängig davon eine Erklärung der Motive ihrer Beteiligung an der Kampagne gegen das Bauhaus. Dieses Dokument unterschied sich deutlich von den Resolutionen, denn es enthielt keinerlei Vorwürfe hinsichtlich politisch links gerichteter Aktivitäten, sondern konzentrierte sich statt dessen auf die kulturellen Risiken der modernen Kunst: „Wenn unsere kleine Schar mutig den Kampf aufgenommen hat gegen die Auswüchse jenes extremsten Expressionismus und gegen den neuen Geist der Pietätlosigkeit, Unduldsamkeit und Zerstörung, der sich gerade in unserer lieben Stadt festsetzen möchte, so wissen wir uns einig, nicht nur mit allen wahren Freunden Weimars. (. . .) [sondern] auch mit allen denen, welche die zersetzende Wirkung erkannt haben, die diese krankhafte und unduldsame Kunstrichtung besonders auf unsere Jugend ausübt (. . .)."[21] Diese Betonung der ‚geistigen' Gefahren der modernen Kunst wurde typisch für die Künstler, Architekten und Kunstkritiker, die das Bauhaus in Weimar ablehnten, während die nicht-professionellen Gegner der Schule hauptsächlich politische Angriffe vortrugen. Zum ersten Male fanden sich viele der eher gemäßigten Akademie-Professoren unter den Unterzeichnern der Erklärung der Künstler.[22]

Aber trotz dieses Angriffs gegen den ‚zersetzenden' kulturellen Einfluß des Bauhauses und trotz des weiterbestehenden Verdachts, das Bauhaus beherberge politische Agitatoren, war der Hauptstreitpunkt im ersten ‚Streit um das Bauhaus' in den Jahren 1919 und 1920 das Schicksal der alten Kunsthochschule. Als die Landesregierung Ende Januar zusagte, eventuell eine Unterstützung der Akademie als separate Institution in Erwägung zu ziehen, ebbte der Streit sofort ab.[23] *Deutschland* brach seine Angriffe auf das Bauhaus abrupt ab[24], desgleichen die ‚Bürgerausschüsse'; die Professoren der Kunsthochschule warteten die Entscheidung des Landtags ab.

Das Schicksal der Kunsthochschule wurde sechs Monate später endgültig besiegelt, nachdem die Verwaltung dem Landtag eine getrennte Finanzierung empfohlen hatte, die beiden Schulen eine unabhängige Existenz sichern sollte.[25] In der sich anschließenden Parlamentsdebatte schienen fast alle Teilnehmer* von Gropius' Appell, Politiker sollten keine künstlerischen Fragen beurteilen, beeinflußt zu sein.[26]

Die beiden wichtigsten konservativen Parteien, die DVP und die DNVP, bekämpften gemeinsam die Subventionierung des Bauhauses; ihre Sprecher behaupteten jedoch, daß dies aus rein finanziellen Erwägungen geschehe und bekundeten ihre Übereinstimmung mit den theoretischen Zielen der Schule.[27] Der Sprecher der SPD bestritt ebenfalls, daß politische Motive für die Unterstützung des Bauhauses ausschlaggebend seien, und lobte die getrennte Finanzierung mit der Begründung, daß der Staat nicht zwischen alten und neuen künstlerischen Strömungen unterscheiden dürfe.[28] Ledig-

---

* Zu dieser Zeit waren folgende Parteien im Landtag von Bedeutung: die Unabhängige Sozialistische Partei Deutschlands (USPD), die Sozialistische Partei (SPD), die Deutsche Volkspartei (DVP) und die Deutschnationale Volkspartei (DNVP). Die Parteien der radikalen Rechten und Linken, die Nazis (NSDAP), die Nationalsozialistische Freiheitspartei (NSFP) und die Kommunistische Partei (KPD) werden später behandelt.

lich der Sprecher der Unabhängigen Sozialisten gefiel sich in Beschuldigungen derjenigen, die die Finanzierung des Bauhauses ablehnten: „Beim Staatlichen Bauhaus handelt es sich um einen Kampf zwischen Spießbürgertum und moderner Weltanschauung."[29] Die Debatte endete im Ergebnis damit, daß man sich mit einer abschließenden Beurteilung des Bauhauses bis zu seiner endgültigen Ausformung und konkreten Ergebnissen zurückhalten müsse. Die getrennte Finanzierung wurde von einer großen Mehrheit beschlossen. Im März 1921 nahm die Kunsthochschule ihren Betrieb als unabhängige Ausbildungsstätte wieder auf.[30]

Erst zwei Jahre nach Abklingen dieses Streites lebte die Opposition gegen das Bauhaus erneut auf. Anlaß war die erste große Bauhausausstellung im Frühjahr 1922.[31] Diese neue Gegenbewegung, die sich nach der zweiten großen Ausstellung im Sommer 1923 noch verstärkte, richtete ihr Hauptaugenmerk jetzt nicht mehr auf die alte Kunsthochschule, sondern auf die Arbeit des Bauhauses selbst. Im Gegensatz zu dem positiven Echo auf nationaler Ebene wurden die Ausstellungen von dem größten Teil der Presse in Thüringen aufgrund ästhetischer und philosophischer Bedenken immer wieder angegriffen. Im Verlaufe des Jahres 1923 wurden diese Argumente von rechts stehenden Politikern aufgegriffen, und zwischen Rechten und Linken im Landtag kam es zu einer Reihe von hitzigen Debatten über die politische und kulturelle Bedeutung der Ästhetik des Bauhauses. Die künstlerischen Leistungen des Bauhauses führten so zu einem neuen und weit heftigeren Streit in Thüringen, der erst 1925 mit der Vertreibung des Bauhauses endete.

Die Ausstellungen zeigten zum ersten Mal ausgereifte Arbeiten des Bauhauses und führten der Öffentlichkeit mit den Wohnmodellen von 1922 und dem Ausstellungshaus von 1923 erstmals das vielfach angekündigte ,Neue Bauen' vor Augen. Für beide Ausstellungen wurde in ganz Deutschland geworben, so daß die Ausstellung des Jahres 1923 von Vertretern der meisten großen deutschen Tageszeitungen und Zeitschriften besucht wurde. Besonders die Handwerks- und Architekturausstellungen fanden in der nationalen Presse eine ausführliche kritische Würdigung.[32] Selbst in Thüringen fanden die Ausstellungen einigen Beifall: von Paul Klopfer, der die „große Idee des Einheitlichen, die (. . .) das Wesen des Raumes beherrscht", lobte und von Bruno Adler, dem Kritiker der sozialistischen Zeitung *Das Volk*.[33] Trotzdem waren die Reaktionen der thüringischen Beobachter mehrheitlich negativ. In ihrem Hauptargument gegen die Ausstellungen versuchten sie nachzuweisen, daß das Bauhaus auf künstlerischem Gebiet unproduktiv sei und schlossen damit an das Argument aus dem Jahre 1920 an, Kritik solange zurückzuhalten, bis man sich ein Bild von den künstlerischen Leistungen des Bauhauses würde machen können. In ihren Artikeln machte sich Mathilde von Freytag-Loringhoven über alle Ausstellungen, mit Ausnahme der des Handwerks, lustig; und diese war ihrer Meinung nach nicht von Gropius inspiriert, sondern von van de Veldes Kunstgewerbeschule.[34] Ein mehrfach erschienener Artikel mit dem Titel ,Viel Lärm um Nichts', zuerst 1923 in der *Jenaischen Zeitung* veröffentlicht, behauptete, daß die Leitung des Bauhauses gezwungen war, die Arbeiten von Außenseitern auszustellen, um seine eigenen Schwächen in der Ausbildung der Studenten zu vertuschen.[35] Das Haus auf der Ausstellung von 1923 wurde als bloßer Schuppen beschrieben, nur für diesen Anlaß zusammengezimmert und ohne jeden ästhetischen Wert.[36] Diese Artikel waren typisch für die Reaktionen der Presse, die die ausgestellten Arbeiten größtenteils als bedeutungslosen Unsinn abstempelte. Andererseits nahmen einige der Thüringer Bauhaus-Kritiker die ausgestellten Arbeiten in ihren ästhetischen Qualitäten durchaus ernst, betrachteten sie jedoch gleichzeitig als Symbole kultureller Werte, die sie ablehnten. Deutlicher als in den knappen Hinweisen auf ,kulturellen Verfall' und ,ausländische Kunst' der Jahre 1919 bis 1921, zeigt sich hier der Ursprung des häufig geäußerten Vorwurfs späterer Gegner der neuen Architektur; sie waren der Meinung, daß die moderne Bewegung den Verfall der deutschen Kultur begünstige. Einer der interessantesten und prophetischsten dieser Kritiker war der Weimarer Architekt Arthur Buschmann, der wahrscheinlich als erster versucht hat, den neuen Architekturstil über rassische Begriffe zu deuten. Für Buschmann stellten die kargen Kuben der Hausmodelle von 1922 „ein Zurückgehen der Kunst auf die primitiven Zustände untergeordneter Rassen" dar.[37] Er meinte, daß primitive Kunst als ursprünglicher Ausdruck einer Rasse schön sein könne, sobald sich aber zivilisierte Menschen daran versuchten, spiegele sie nur die schädlichen Auswirkungen rassischer Vermischung wider. Buschmanns ideale Architektur war neoklassizistisch; ihre ,Vollkommenheit' erschien ihm als vollendetster Ausdruck der Zivilisation der weißen Rasse. Ihre Abweichung von der klassischen Tradition machte die Bauhausbauten seiner Meinung nach an kultureller ,Dekadenz' und rassischem ,Zerfall' mitschuldig. So hielt Buschmann die Arbeit des Bauhauses für das Symptom eines umfassenden kulturellen Niedergangs, denn „diese Kunstrichtung könnte auch niemals aufkommen, wenn wir nicht in einer Zeitepoche der Entartung leben würden".

Ein weiteres, wichtiges Argument, das auf die kulturellen Gefahren des Neuen Bauens verwies, war die Behauptung, es stelle den Versuch dar, das Wohnen soweit zu mechanisieren, daß schließlich der Mensch von der Maschine unterjocht werden würde. In den zahlreichen Kritiken zur Ausstellung von 1923 wird diese Einschätzung zum ersten Mal geäußert. Sie erschienen in dem kleinen Weimarer Verlag von Franz Kaibel, der sich selbst für verschiedene thüringische Zeitungen als Kunstkritiker betätigte. In bezug auf die technische Ausstattung des Musterhauses und dessen Spitznamen ,Wohnmaschine', schrieb Kaibel: „Aber wenn [die] Maschine ins Individuelle eingreift, (. . .) zermalmt [sie] das letzte Persönlichkeitsgefühl: den eigenen Winkel, wo ich ,ich' sein kann."[38] Er warnte davor, daß das ,technisierte' Wohnen mit dem Niedergang der deutschen Kultur und dem Beginn eines ,kulturlosen Maschinenzeitalters' enden würde.

Vor dem Krieg gab es viele einflußreiche Kritiker, von denen Buschmann seine rassistische Interpretation der Kunst und Kaibel seine Warnungen vor den kulturellen Auswirkungen der Mechanisierung möglicherweise übernommen haben. Richard

Wagner, sein Schwiegersohn Houston Stewart Chamberlain und Arthur Moeller van den Bruck hatten die Idee popularisiert, gesunde Kunst könne nur aus einer gesunden ‚Rasse‘ entstehen. Moeller und Julius Langbehn hatten damit argumentiert, daß die Vorherrschaft der Maschine wahrhaft kreative ‚Kultur‘ zerstören würde, an ihrer Stelle entstände eine dekadente und materialistische ‚Zivilisation‘. Buschmanns und Kaibels Ausdrucksweise und im Falle Kaibel der deutliche Bezug auf Spengler lassen vermuten, daß beide ihre Terminologie aus ‚Der Untergang des Abendlandes‘ ableiteten. Spengler veröffentlichte 1922 den zweiten Band seiner düsteren kulturellen Voraussagen. Seine Argumentation sorgte gerade zu dem Zeitpunkt für Aufregung in der deutschen Presse, als die Kritik in Thüringen das Bauhaus als Urheber eines kulturellen Verfalls anzugreifen begann. Obwohl frühere Schriften wie die von Moeller und Langbehn ihren Einfluß bewahren konnten, war es doch Spenglers Arbeit, die vor allen anderen die Theorie der Gegner des Neuen Bauens mit ‚kulturellen‘ Argumenten anreicherte.[39]

Die konservativen Parteien im Thüringer Landtag übernahmen zu Beginn des Jahres 1923 die negativen Reaktionen der Presse auf die Bauhausausstellungen. Als die Landesregierung im März den Landtag ersuchte, zusätzliche Mittel zur Finanzierung der Sommer-Ausstellung des Bauhauses bereitzustellen, lehnten die rechts-orientierten Parteien – DVP, DNVP und die als ‚Landbund‘ bekannte Bauernpartei – diese Bitte mit der Begründung ab, das Bauhaus habe sich bereits als ‚unproduktiv‘ herausgestellt.[40] Herfurth, jetzt DNVP-Abgeordneter, brachte im Namen seiner Partei eine Resolution ein, in der das Bauhaus aufgefordert wurde, „sich dem Geist der großen Tradition und den Lebensformen Weimars" unterzuordnen sowie „Anschluß an die thüringische Wirtschaft und Kultur" zu suchen. Dies bedeutete, daß das Bauhaus so lange ein künstlerischer Mißerfolg bleiben würde, wie es sich der Weimarer Kunsthochschule nicht unterordnete.[41] Die anschließende Debatte, in deren Verlauf sowohl Sozialisten als auch Kommunisten der Rechten Vorwürfe wie ‚Spießbürgertum‘ entgegenschrien[42], endete mit eindeutigen politischen Stellungnahmen zu künstlerischen Fragen. Von der SPD wurde das Bauhaus vehement verteidigt. Ihr Sprecher beschrieb die Arbeit dieser Schule als zumindest potentiellen Ausdruck sozialistischer Ideen. „Das Bauhaus ist nichts spezifisch Sozialistisches. Von sozialistischer Kultur und Kunst kann erst gesprochen werden, wenn eine sozialistische Wirtschaft vorhanden ist. In der Übergangzeit hat das Bauhaus die große Aufgabe, den Prozeß der Normalisierung oder Typisierung in der Produktion künstlerisch zu befruchten. Mit Interesse sieht man sozialistischerseits seinen Leistungen im Wohnungs- oder metaphysischen Bau, der nur Bau für Gemeinschaftszwecke sein kann, entgegen."[43] Die DNVP-Resolution wurde von einer Koalition aus Sozialisten, Demokraten und Kommunisten niedergestimmt, die gleichzeitig auch die weitere Förderung der nächsten Ausstellung beschlossen.

Im März zeigte sich die Einstellung der Konservativen im Landtag gegenüber dem Bauhaus nicht in grundsätzlicher öffentlicher Kritik, sondern anläßlich der Bitte um weitere finanzielle Unterstützung. Die rechts-orientierte politische Opposition wurde erst gegen Ende des Jahres 1923 zu einer wirklichen Bedrohung für das Bauhaus. Denn zu diesem Zeitpunkt konnte sie sich auf kritische Stimmen zur zweiten Ausstellung stützen; darüber hinaus begünstigten zunehmende politische Wirren in Thüringen politischen Extremismus jeglicher Couleur. Der Sommer 1923, in dem die inflationsbedingte wirtschaftliche Not in Deutschland ihren Höhepunkt erreichte, hatte den südöstlichen und mittleren Teilen Deutschlands weitere politische Unsicherheit gebracht. In Bayern gewann die Unabhängigkeitsbewegung durch Förderung der rechts-orientierten Landesregierung und ihrer illegalen Freikorps an Boden. Im Spätsommer sammelten sich diese Verbände entlang der nördlichen Grenze zwischen Bayern und Thüringen. In Sachsen begann eine Zusammenarbeit zwischen dem sozialistischen Kabinett und den Kommunisten; das neu gebildete Kabinett aus beiden Parteien förderte die Bildung von paramilitärischen kommunistischen Organisationen. Thüringen, von beiden Ländern eingeschlossen, wurde bald von dieser politischen Polarisierung mitgerissen.[44] Im Oktober traten Kommunisten in das thüringische Kabinett ein, und im folgenden Monat wurde Thüringen – ebenso wie Sachsen – auf Veranlassung der Berliner Regierung von starken Reichswehreinheiten besetzt. Als Befehlshaber dieser Truppen in Thüringen entfernte General Hasse die Kommunisten aus dem Kabinett und herrschte für einige Zeit mit Hilfe des Kriegsrechts. Seine Einheiten standen währenddessen in ständiger Bereitschaft, um eine mögliche Invasion aus dem Süden abzuwehren. Dem Erscheinen der Reichswehr folgte ein politischer Rechtsruck, der seinen Höhepunkt in einem eindeutigen Wahlsieg der Konservativen im Februar 1924 erreichte. Sieger waren mit beeindruckender Mehrheit der sogenannte ‚Ordnungsbund‘ – eine Koalition aus DNVP, DVP und Landbund – und eine kleine Gruppe extremer Nationalisten und Nazi-Vorläufer unter der Bezeichnung ‚völkisch-sozialer Block‘.[45]

Im Herbst 1923 wurde das Bauhaus also abhängig von einer von Kommunisten und Sozialisten gebildeten Landesregierung. Während der folgenden Monate politischer Spannungen wurde das Bauhaus zum ersten Mal seit drei Jahren in der Presse wieder revolutionärer politischer Aktivitäten beschuldigt. Die *Weimarische Zeitung,* ein reißerisches Boulevard-Blatt, beschrieb das Bauhaus im Dezember und Januar als willfähriges Werkzeug der kommunistischen Kulturpolitik. „Eine Pflanzstätte für junge Kommunisten", schrieben die Herausgeber in einem Fall und fügten anläßlich der Einstellung Kandinskys hinzu, die Dozenten seien „zum Teil aus Rußland importiert".[46] Etwa zur gleichen Zeit wurden diese Anschuldigungen durch eine von General Hasse veranlaßte Untersuchung noch bekräftigt. Angeregt durch Aussagen von Weimarer Bauhaus-Gegnern, ordnete Hasse auf der Suche nach revolutionärer Literatur eine offizielle Durchsuchung des Bauhauses an. Bei dieser Gelegenheit wurde Gropius vernommen.[47] Einem Protestschreiben von Gropius zufolge ließ diese Aktion die Schule in den Augen von Bürgern und Studenten verdächtig erscheinen.[48]

Ebenfalls im Herbst gewannen die Gegner des Bauhauses einen neuen und einflußreichen Verbündeten in dem Weimarer Schlosser Arno Müller. Müller hatte wichtige Positionen im Weimarer Gewerbeverein, im örtlichen Bund der Steuerzahler und in einigen thüringischen Handwerkerorganisationen inne. Das Bauhaus hatte zu dieser Zeit erste Erfolge mit dem Verkauf seiner Entwürfe an die Industrie. Daraufhin veranlaßte Müller eine Pressekampagne gegen das Bauhaus und versuchte, aus dessen Konkurrenz für die thüringischen Handwerker politisches Kapital zu schlagen. Er forderte für das Handwerk das Recht auf Selbstbestimmung in der Auswahl seiner Ausbildungsstätten und behauptete, „alle Stimmen im Handwerk und Gewerbekreisen sind für [die] Auflösung des Bauhauses".[49] Müllers Argumente führten eine weitere wichtige Komponente in den Streit um die neue Architektur ein. Denn als die Kontroverse um das Neue Bauen sich nach 1926 auf die gesamte nationale Presse ausweitete, wurde fortschrittlichen Architekten vorgeworfen, durch ihre ‚mechanisierte' Architektur die Existenzgrundlage der Bauberufe zu gefährden.

Als im Februar 1924 der Landtags-Wahlkampf begann, veranlaßten die kritischen Stimmen zu den Ausstellungen, die Angriffe Müllers und der *Weimarischen Zeitung* sowie die während der März-Debatte in der Finanzierungsfrage vertretenen politischen Positionen den Ordnungsbund, die Gegnerschaft zum Bauhaus in sein Wahlprogramm aufzunehmen. Eine politische Werbeaktion am 6. Februar führte das Bauhaus als einen der Hauptvertreter ‚sozialistisch-kommunistischer' Vetternwirtschaft auf, die das Ziel habe, die ortsansässigen Handwerker und kleinen Geschäftsleute zu vernichten.[50] Die Anzeige behauptete darüber hinaus, die Regierung beabsichtige mit Unterstützung des Bauhauses, den Mittelstand durch Beschränkung seiner Eigeninitiative und durch Förderung groß angelegter, verstaatlichter Gewerbe- und Industriebetriebe zu ‚zerstören'. Als der Ordnungsbund die Mehrheit der Parlamentssitze gewann und eine neue DVP-DNVP-Koalition gebildet wurde, erwartete die Öffentlichkeit daher von seiten der neuen Landesregierung sofortige Maßnahmen gegen das Bauhaus.[51]

In seiner neuen Funktion als Staatsrat in der Regierung befürwortete Herfurth offensichtlich diese Bestrebungen. Die politische Zusammensetzung des Landtags veranlaßte den neuen Ministerpräsidenten Richard Leutheusser jedoch, eine zurückhaltende Position dem Bauhaus gegenüber einzunehmen, und die meisten Abgeordneten seiner Partei folgten diesem Beispiel.[52] Die allgemeinpolitischen Ziele der ‚völkischen' Abgeordneten waren noch weit radikaler als die des Ordnungsbundes. Um der Zusammenarbeit mit ihnen aus dem Wege zu gehen, suchte die Regierung die Hilfe der Demokraten und gemäßigten Sozialisten, die das Bauhaus natürlich unterstützten.

Im März 1924 hatten die Weimarer Bauhausgegner das Zögern der neuen Regierung durchschaut, und sie initiierten eine weitere Kampagne gegen beide, Bauhaus und Regierung. Diese Angriffe, die sehr bald die Unterstützung der Extremisten im Landtag fanden, trieben den ‚Streit um das Bauhaus' seinem Höhepunkt zu. Die Wortführer der Gegenseite waren in dieser Endphase ganz andere als 1920. Viele der akademisch gebildeten Gegner der ersten Zeit der Auseinandersetzung arbeiteten, alarmiert durch den wachsenden Extremismus der Angriffe auf das Bauhaus, mit Gropius im ‚Kulturrat' zusammen, der im März mit dem Ziel gegründet worden war, die Künste vor politischer Einmischung zu schützen.[53] Ebenso hielt sich die *Thüringer Landeszeitung ‚Deutschland'* aus der Diskussion heraus. Ausgangspunkte des erbitterten Widerstandes waren jetzt Arno Müller mit seinen Schriften und Aktionen sowie die Redaktion der *Weimarischen Zeitung.* Müller schrieb eine Reihe von Petitionen und Protesten gegen das Bauhaus. Sein wirkungsvollster Angriff gelang ihm mit einem skurrilen Pamphlet, das als ‚gelbe Broschüre' bekannt werden sollte. Der Text, von Müller Ende März veröffentlicht, setzte sich aus einer außergewöhnlichen Vielzahl phantastischer Unwahrheiten zusammen.[54] Er enthielt erfundene Reden, in denen Gropius eine kommunistische Regierung in Thüringen befürwortete, zählte eine Reihe von verwerflichen Beziehungen zwischen Studenten und Lehrern auf, behauptete, daß die Dozenten die Studentenzahlen vorsätzlich niedrig hielten, um staatliche Mittel für private Zwecke zu verwenden, und er erwähnte Fälle von Geisteskrankheit unter den Studenten, verursacht durch die Lehrmethoden am Bauhaus.

Die ‚gelbe Broschüre' versorgte skrupellose Journalisten für den Rest des Jahres mit Munition. Nach ihrer Veröffentlichung bestanden Schrickels Artikel über das Bauhaus fast ausschließlich aus Paraphrasen dieses Textes, und ebenso bezog sich die *Weimarische Zeitung* in ihren Artikeln, die oft mehrmals in der Woche erschienen, in Ton und Inhalt auf dieses Pamphlet.[55] Die Beiträge der *Weimarischen Zeitung,* von denen im folgenden einige typische Passagen zitiert werden, bestanden aus reißerischen Verallgemeinerungen, denen weder durch Gegendarstellung noch durch Strafverfolgung beizukommen war: „Das Bauhaus in Weimar hat sich leider von Anfang an als Gebilde *stark politischer Färbung* dargeboten, und zwar trat ein *starker kommunistischer Einschlag* in verschiedenen Fällen besonders auffällig zu Tage, ja, gewisse Vorkommnisse und ständig beobachtete und kennzeichnende Erscheinungen ließen keinen Zweifel, daß hier so etwas wie eine *kommunistische Zentrale sowjetrussischer Aufmachung* aufgezogen worden war . . . *Und dann der folgerichtige Niederschlag davon im geselligen Leben der Bauhausgemeinde!!!*"[56] Es sei nicht nötig, einzelne Fälle unmoralischen Verhaltens der Studenten in der Öffentlichkeit zu benennen und es müsse verhindert werden, daß jemand seine Söhne und Töchter dorthin schicke. Während die Extremisten in Thüringen sich auf diese Mischung aus politischen und moralischen Anschuldigungen spezialisierten, tauchte der Vorwurf, das Bauhaus fördere ‚kulturelle' Dekadenz, von Buschmann und Kaibel aufgebracht, in den Texten einer Reihe von gemäßigteren Gegnern wieder auf. Bezeichnenderweise gehörten zu dieser Gruppe auch einige Journalisten außerhalb Thüringens, die sich im Frühjahr und Sommer 1924 in diese zunächst lokal begrenzte Auseinandersetzung einschalteten.

Zu den einflußreichsten Vertretern dieser externen Gruppe zählte Konrad Nonn, Herausgeber der Architekturzeitschrift des Preußischen Finanzministeriums, des *Zentralblattes der Bauverwaltung.**

Nonn wurde dadurch in die Debatte verwickelt, daß er einige kritische Äußerungen Paul Klopfers über das Bauhaus im *Zentralblatt* falsch wiedergab. Klopfer protestierte Anfang April im *Deutschland*, woraufhin Nonn an gleicher Stelle mit einem Artikel antwortete, der, wie sich später zeigte, eine ganze Serie von gegen das Bauhaus gerichteten Beiträgen einleitete. Jeder dieser Artikel wurde entweder von einem am Bauhaus Lehrenden oder einem anderen Bauhaus-Befürworter beantwortet. Der Streit wurde in der thüringischen Presse ausführlich wiedergegeben und beeinflußte den Fortgang der Debatte.[57]

Im wesentlichen waren Nonns Argumente ein Konglomerat aus den Forderungen der extremen Bauhaus-Gegner und jener gemäßigteren Kritiker, die die vom Bauhaus propagierte Kunst und Architektur als Zeichen kultureller Zersetzung ansahen. Wie Buschmann und Kaibel bezeichnete Nonn das Bauhaus als kulturell destruktiv: „nach meiner Meinung ist die Bauhausangelegenheit tatsächlich in dem Sinne eine Kulturfrage, daß wahre aufbauende Kultur in dieser Anstalt restlos der Vernichtung anheimfällt." Wie schon Dr. Kreubel im Jahr 1919, verglich er die Arbeiten des Bauhauses mit den Anstrengungen von Prinzhorns geisteskranken Künstlern und warnte: „Das Bauhaus (. . .) steht so außerhalb aller Kunst, daß es nur pathologisch bewertet werden kann. Diese Weltanschauung läßt die Bauhausleute als Künstler allen gesellschaftlichen Zusammenhang im weitesten Sinne mit der übrigen Welt verlieren (. . .). Sie streben ins uferlose und sind steril (. . .). Das Bauhausschaffen trägt die Zeichen tiefster geistiger Entrücktheit und Zersetzung an sich." In seinen Texten unterlegte Nonn Unterstellungen der ‚gelben Broschüre' bezüglich der Lehrmethoden am Bauhaus und ihrer Auswirkungen mit metaphysischen Begriffen. Er schrieb, „die verderbliche subjektive Methode" am Bauhaus setzte nur Instinkte frei, die ins Chaos führten. Sie verkrüppelten die geistige Entwicklung junger Menschen, und ihre Ausbreitung müsse daher verhindert werden. Allerdings wiederholte Nonn, wenigstens 1924, nicht die Behauptung der Extremisten, daß das Bauhaus kommunistisch unterwandert sei. Unter Hinweis auf Gropius' Mitarbeit im Arbeitsrat für Kunst und mit Hilfe von falschen Zitaten aus einer Bauhauspublikation behauptete Nonn jedoch folgendes: „Das Unternehmen war auch außerdem, anstatt auf künstlerischer Basis, von vornherein parteipolitisch gedacht, denn es kündigte sich selbst als Sammelpunkt zukunftsgläubig himmelstürmender Sozialisten an, die die Kathedrale des Sozialismus bauen wollten."[58]

Nonns Angriffe wurden zitiert bzw. paraphrasiert in *Deutschland*, der *Jenaischen Zeitung* und der *Weimarischen Zeitung*; sie beeinflußten das Programm einer neuen gebildeten Organisation zur Bekämpfung des Bauhauses.[59] Es handelte sich dabei um die

---

* Nonn, eher Ingenieur als Architekt, hatte einen Posten in der Preußischen Bauverwaltung inne (er war Oberregierungsrat und Baurat). Als Amateurarchäologe gab er von 1921 bis 1927 auch die Zeitschrift *Denkmalpflege und Heimatschutz* heraus, die vom Preußischen Finanzministerium veröffentlicht wurde. Er trat 1930 oder 1931 in die NSDAP ein und wurde 1934 als Herausgeber des *Zentralblattes* und der *Denkmalpflege* (die er 1927 verlassen hatte) wiedereingesetzt.

Vereinigung zur Pflege deutscher Kultur in Thüringen, die im Mai als Gegengewicht zu Gropius' Kulturrat gegründet worden war, um den Ordnungsbund zur Auflösung des Bauhauses zu bewegen.[60] Diese Vereinigung veröffentlichte Erklärungen, in denen Nonns Verteufelungen der Lehrmethode am Bauhaus erneut angeführt wurden und die immer wieder auf die Thematik des kulturellen Zerfalls zurückkamen. Charakteristisch für die Ansichten dieser Organisation war der formelle Protest vom Juli gegen den Fortbestand des Bauhauses: „Jene (. . .) Verlegenheits-Experimente, wie wir sie in den Ausstellungen des staatlichen Bauhauses zu Weimar finden, sind Niedergangswerte, die (. . .) von Leitung und Meistern des Bauhauses theatralisch zu Kunst geblasen werden (. . .). Es ist eine Anmaßung, wenn behauptet wird, daß der Staat sich an der Erhaltung und Förderung seiner Kultur versündigt, wenn er diesem Institut seine Unterstützung versagt. Solch blutleerer, krankhafter künstlerischer Instinkt, solch leere wissensarme Wissenschaft, wie sie (. . .) bisher unterstützt von der Leitung sowie den für die kulturelle Entwicklung des Staates verantwortlichen Stellen des bisherigen Volksbildungsministeriums, am Bauhaus zutage tritt, trägt nicht zur Erhaltung und Förderung unserer Kultur bei, sondern fördert nur den Verfall.“[61]

Die erneuten Angriffe auf die Schule übten einen wachsenden Einfluß auf Landtag und Landesregierung aus. Im Landtag ergriffen die völkischen Abgeordneten die Initiative gegen das Bauhaus, indem sie die Anschuldigungen Müllers und der *Weimarischen Zeitung* aufgriffen. Am 15. April brachte die NSFP auf der Grundlage der ‚gelben Broschüre‘ eine Interpellation ein und forderte die sofortige und vollständige Auflösung des Bauhauses.[62] Berichten zufolge stimmte Herfurth, zumindest teilweise, mit den Extremisten[63]; die DVP hatte jedoch Bedenken, die ‚gelbe Broschüre‘ als beweiskräftig anzusehen, und Ministerpräsident Leutheusser verteidigte das Bauhaus.[64] Kurz nach Beginn der Sitzungsperiode des Landtags im Sommer wurde die Angelegenheit von Dinter erneut auf die Tagesordnung gesetzt, jenem ‚Nazi‘-Abgeordneten, der jetzt auch die Unterstützung der Landbund-Abgeordneten und der NSFP hatte.[65] Auf wachsenden Druck hin übertrug Leutheusser die Angelegenheit einem Haushaltsausschuß, der im Oktober tagen sollte und machte die Verlängerung der zum 1. April auslaufenden Verträge von Gropius und seinen Mitarbeitern von der Entscheidung dieses Ausschusses abhängig.[66]

Ihr erstes Zusammentreffen fand vor dem Hintergrund einer stetig wachsenden Opposition gegen das Bauhaus in der thüringischen Presse statt. Der Ausschuß beriet in den ersten beiden Novemberwochen Petitionen aus beiden Lagern sowie Vorschläge aus seinen eigenen Reihen.[67] Die konservativen Ausschußmitglieder einigten sich auf eine Reihe von Vorwürfen gegen das Bauhaus. Diese bildeten einen Katalog aus fast allen Anschuldigungen, die seit 1919 erhoben worden waren: Das Bauhaus fördere kommunistische Aktivitäten, es werde von ‚Fremden‘ beherrscht, sein Ziel, das Handwerk zu fördern, habe es verfehlt und es hänge Kunsttendenzen an, die zu extrem seien, um staatlich gefördert werden zu können.[68]

Im konservativen Lager war man sich jedoch noch nicht einig, welche Maßnahmen gegen das Bauhaus ergriffen werden sollten. Marschler, ein Vertreter der NSFP, schlug, zusammen mit dem Landbund-Abgeordneten, vor, der Schule sofort jede finanzielle Unterstützung zu entziehen. Der DVP-Abgeordnete dagegen war bereit, die Vorschläge der Sozialisten und Demokraten zu akzeptieren. Danach sollte das Bauhaus im bestehenden Rahmen aufrechterhalten werden, lediglich mit leichten Veränderungen in Lehrkörper und Lehrplan; Gropius sollte allerdings unbedingt entlassen werden. Schließlich wurde der Kompromißvorschlag der DNVP und der Regierung sowohl vom Ausschuß als auch vom Landtag gebilligt. Nach Herfurths Darstellung sollte die staatliche Förderung für das Bauhaus um etwa 60 Prozent gekürzt werden[69], und um ‚Anschluß an die thüringische Wirtschaft und Kultur‘ zu erlangen, sollte das Bauhaus wieder mit der Kunsthochschule zusammengeschlossen werden, möglicherweise in untergeordneter Funktion. Diese Lösung ließ die Frage einer Weiterbeschäftigung von Gropius und anderen Bauhaus-Lehrern scheinbar offen[70], dennoch sollte das Bauhaus offensichtlich nicht in gewohntem Rahmen fortbestehen. Im Dezember begann Gropius Verhandlungen mit Dessau in Anhalt, und im April des folgenden Jahres zog der größte Teil des Lehrkörpers und der Studenten dorthin um. Den Namen und den Ruf der Schule nahmen sie mit.[71]

Die folgenden Maßnahmen der thüringischen Regierung ließen ein maßvolleres Verhalten erkennen, das die Opposition gegen das Bauhaus in Thüringen in neuem Licht erscheinen läßt. Herfurths Forderung, das Bauhaus solle zu ‚seinen ursprünglichen Zielsetzungen zurückkehren‘, wurde akzeptiert; das in Weimar zurückgebliebene ‚Bauhaus‘ konzentrierte sich auf eine Ausbildung in Handwerk und Architektur und überließ den größten Teil der Kunsterziehung der alten Kunsthochschule, mit der es nun lose verbunden war. Der neue Direktor, den die Regierung zum Leiter beider Schulen ernannt hatte, war jedoch kein ortsansässiger Maler oder Handwerker, sondern der Berliner Architekt Otto Bartning, der, obgleich älter als Gropius, einer der radikalsten Architekten Deutschlands war. Bartning, später ein überzeugter Anhänger des Neuen Bauens, war 1924 aufgrund einiger höchst origineller ‚utopischer‘ Projekte bekannt.[72] Er war allerdings, anders als Gropius, nicht im Arbeitsrat für Kunst tätig; ebensowenig war seine Arbeit jemals von irgendeiner politischen Partei oder Regierung unterstützt worden. In Thüringen war er dafür bekannt, dem ‚Handwerk‘ aufgeschlossener gegenüberzustehen als Gropius. Die gemäßigten Konservativen in Thüringen waren damit zufrieden, von Gropius' radikalen Forderungen nach künstlerischer und kultureller Revolution befreit zu sein und seine Überbetonung industrieller Produktionsweisen gemildert zu sehen; eine gemäßigtere Form architektonischer Erneuerung erschien ihnen akzeptabel. Eine Minderheit von Extremisten war nicht zufriedengestellt, ihre Ansichten kamen jedoch bis 1930, als ein Nazi-Minister die Schule schließlich von Grund auf änderte, nicht zum Durchbruch.

Die Auseinandersetzungen um das Bauhaus hatten der Schule und ihrer Arbeit bis 1924 in Deutschland eine Anerkennung gebracht, wie sie ohne diese Vorgänge kaum denkbar gewesen wäre. Beinahe jede größere deutsche Zeitung und nahezu jede der bekannten Zeitschriften hatten vom ‚Streit um das Bauhaus' berichtet und die Argumente seiner Kritiker oder Befürworter veröffentlicht. Nonns Stellungnahme und die Erwiderungen von seiten des Bauhauses wurden z.B. nicht nur in Fachzeitschriften, wie *Zentralblatt* und *Deutsche Bauhütte,* publiziert, sondern auch in der liberalen *Kölnischen Zeitung* und in der Zeitschrift für Kultur und Politik *Die Hilfe,* die Friedrich Naumann vor dem Krieg gegründet hatte. Das Schicksal des Bauhauses wurde eine Angelegenheit von nationalem Interesse. Die Schule erhielt von überregionalen Zeitungen, Berufsorganisationen und einer Reihe von Deutschlands führenden Intellektuellen weit mehr Unterstützung als 1920. Der Werkbund sandte erneut eine Protestnote an die thüringische Regierung[73], und diesmal folgte ihm darin auch der BDA, ein Zusammenschluß deutscher Architekten.[74] Weitere Petitionen zugunsten des Bauhauses wurden von Gerhart Hauptmann, Albert Einstein, Theodor Heuss und von vielen deutschen Künstlern und Architekten unterzeichnet; viele Gewerkschaften und Baugesellschaften verfaßten ähnliche Schreiben.[75]

Der großen Mehrheit der Befürworter ging es vor allem um die Tatsache, daß Fragen der Kunst zu Themen der Politik gemacht worden waren. Der Reporter der *Königsberger Hartungschen Zeitung* drückte die Meinung der liberalen und gemäßigten Presse aus, als er schrieb, Politik dürfe nie und nimmer Beeinflusserin des Kunstgestaltens werden, sie griffe in ein Gebiet ein, das seine Werte unabhängig von dem jeweiligen politischen Gesicht in sich trägt.[76] Der BDA machte sich in seiner Petition einen ähnlichen Standpunkt zu eigen: Er könne sich selbstverständlich nicht zum Vertreter einer bestimmten künstlerischen Richtung machen und würde deswegen immer dafür eintreten, daß die künstlerische Arbeit nicht durch bürokratische Eingriffe irgendwelcher Verwaltungsstellen behindert oder erstickt wird.[77]

Der Raum, der diesen Meinungsäußerungen in der Presse zur Verfügung gestellt wurde, machte den politischen Stellenwert des Bauhauses nur noch mehr publik. Während viele diese Verwicklung mit der Politik bedauerten, übernahm eine bedeutende Zahl derjenigen, die an der nationalen Debatte teilnahmen, die bereits in Thüringen vorgenommene politische Bewertung des Bauhauses. Das Parteiorgan der SPD, *Vorwärts,* schätzte die Schule folgendermaßen ein: „Das Bauhaus ist das einzige konsequent geleitete Kunstunterrichtsinstitut Deutschlands. Es ist wichtiger als alle anderen bestehenden Unterrichtsanstalten zusammen (. . .). Alles, was die sozialistische Regierung an segensreichen Kulturgütern [in Thüringen] geschaffen hat, soll in Trümmer gehen."[78] Nachdem die Herausgeber des kommunistischen Parteiorgans *Die Rote Fahne* die Führung des Bauhauses als zu wenig politisch kritisiert hatten, befürworteten sie den Versuch des Bauhauses, „neue Kunst zu machen, neue Kultur aufzubauen", der ihrer Meinung nach in den Ausstellungen deutlich geworden war.[79] Wie der sozialistische Landtagsabgeordnete Brill schon 1923, sahen sie die Aufgabe des Bauhauses darin, für die von ihnen angestrebte proletarische Gesellschaft eine adäquate Kunst zu schaffen. Nur wenige überregionale konservative Zeitungen maßen dieser Debatte große Bedeutung bei; wenn sie es jedoch taten, wiederholten sie die politischen Anschuldigungen der Thüringer Extremisten. Der *Berliner Lokal-Anzeiger* beschrieb die Bauhaus-Studenten z.B. als „zum großen Teil aus dem Osten stammend und vielfach kommunistisch eingestellt".[80]

Bis 1924 hatte sich in Thüringen schließlich als Antwort auf die neue Architektur ein Reaktionsmuster herausgebildet, das zukünftige Entwicklungen vorwegnahm. Die Bauhaus-Gegner in Weimar warfen der Schule aufgrund ihrer Abhängigkeit von politischer Unterstützung und ihrer angeblichen Annäherung an eine industrielle Massenproduktion sozialistische bzw. kommunistische Umtriebe vor. Ebenso griffen sie ihre Ästhetik als ein Symptom kultureller Dekadenz an. Einige Kritiker des Bauhauses verbanden sogar beide Beschuldigungen mit Theorien eines rassischen Niedergangs. Diese Behauptungen zum kulturellen und politischen Symbolgehalt, der in der Arbeit des Bauhauses enthalten sein sollte, nahm die Argumentation der Nazis und ihnen nahestehender konservativer Architekten vorweg. Die später geäußerten Argumente entstanden zwar vor einem ganz anderen Hintergrund, der jedoch durchaus Parallelen zu der Situation in Thüringen während der frühen zwanziger Jahre aufwies: die Existenz einer Gruppe von unzufriedenen Künstlern und Handwerkern, die sich ausbreitende Kritik an der politischen Begünstigung moderner Architektur und, gegen Ende der zwanziger Jahre, das Wiedererwachen wirtschaftlicher Unzufriedenheit und politischer Wirren.

Hinter den detaillierten Anschuldigungen gegen das Neue Bauen in Weimar verbarg sich ein vages, aber noch weit beunruhigenderes Gefühl: die Angst, daß Bilderstürmerei in der Kunst sich auf andere Bereiche der kulturellen und gesellschaftlichen Ordnung ausbreiten und auf diese Weise schließlich alle Traditionen zerstören könnte. Ein ähnlicher, doch weit positiverer Glaube an die Interdependenz von Architektur, Gesellschaft und Kultur war die Grundlage von Gropius' Schriften bzw. Vorträgen und äußerte sich daneben im Aufbau des Bauhauses selbst. Der Streit um das Bauhaus brachte diese Aspekte in die nationale Debatte ein, noch bevor die neue Stilrichtung in der deutschen Architektur Einfluß gewonnen hatte.

4 Das Neue Bauen im Dienste der Gesellschaft

Bis 1924 gab die ‚neue Gesellschaft' den fortschrittlichen Architekten kaum Gelegenheit, ihre Visionen in die Praxis umzusetzen. Nach der Stabilisierung der Reichsmark sicherte jedoch ein außergewöhnlicher Bauboom, allenfalls mit den Anfängen des Bismarck-Reichs vergleichbar, den deutschen Architekten eine große Zahl von wichtigen Aufträgen. Mit dem Beginn dieses Aufschwungs wurden die Schöpfer des Neuen Bauens, verglichen mit fortschrittlichen Architekten anderer Länder, mit Aufträgen geradezu überhäuft. Trotz bedeutender Einzelbeiträge von Männern wie Le Corbusier in Frankreich und Oud in Holland wurde Deutschland zum Mittelpunkt des Stils, der in den folgenden Jahrzehnten die Architektur in Europa und in der ganzen Welt revolutionieren sollte.

Zwischen 1924 und 1930 setzte sich das Neue Bauen in fast allen Bereichen durch, vom Wohnhaus bis zu Fabriken und Kirchen. Die wichtigsten Arbeiten fortschrittlicher Architekten waren jedoch fast alle Bestandteil der öffentlichen Bauprogramme in den schnell wachsenden deutschen Städten. In einigen Städten wurden Aufträge für Krankenhäuser, Schulen, Markthallen, Schwimmbäder, Sportstadien und vor allem für Wohnanlagen ausschließlich radikalen Architekten erteilt. Überall wurden diese Bauaufgaben zu ihrem hauptsächlichen Betätigungsfeld. Die einzigartige Entwicklung des neuen Stils in Deutschland beruhte daher auf öffentlicher Schirmherrschaft, sein großer Erfolg war in erheblichem Maße der neuen politischen und sozialen Situation zuzuschreiben, die die umfangreichen Bauprogramme erst ermöglichte. Gropius und Taut hatten zu Recht die Abhängigkeit des neuen Stils von einer neuen politischen und gesellschaftlichen Ordnung vorhergesagt.

Nach 1924 war fast jede größere Stadt bemüht, den gestiegenen Bedarf an Schulen, Krankenhäusern und anderen Gemeinschaftseinrichtungen zu decken. Den größten Anteil öffentlicher Bautätigkeit bildete jedoch in dieser Zeit der Massenwohnungsbau. Dieses Thema wurde für öffentliche Bauvorhaben und für die damit betrauten Architekten zum vordringlichsten. Das Wohnungsbauprogramm der Nachkriegszeit wurde auf allen staatlichen Ebenen finanziell gefördert. Es stellte den Versuch dar, die kriegsbedingte Wohnungsnot zu lindern. Die Abwanderung der Landbevölkerung in die Industriestädte infolge der expandierenden Rüstungsindustrie hatte zu einer erhöhten Nachfrage nach Wohnraum in der Stadt geführt, die während des Krieges nicht befriedigt werden konnte. Gleichzeitig hatte die Tendenz zu früherer Heirat und zur Auflösung der Großfamilie einen erhöhten Bedarf an Kleinwohnungen verursacht, der zu einer Zeit ohne jede Neubautätigkeit nicht gedeckt werden konnte. Ähnliche Probleme ergaben sich in allen am Krieg beteiligten Ländern, sie wurden jedoch in Deutschland durch die Stagnation der Bautätigkeit während der Inflation noch verstärkt. Ebenso nachteilig wirkte eine strenge Mietpreiskontrolle, die, zwischen 1917 und 1922 festgelegt, Neubauten von privater Seite behinderte und einer gleichmäßigen Verteilung des bestehenden Wohnraums im Weg stand. Durch diese Umstände wurde die Regierung schließlich gezwungen, die Hauptverantwortung für den Wohnungsbau zu übernehmen; auf dem Gipfel des Baubooms wurden öffentliche Mittel zur Finanzierung von mehr als 70 Prozent aller Wohnungen eingesetzt.[1]

Die Anfänge dieses Wohnungsbauprogramms lassen sich bis zum März 1918 zurückverfolgen, als der Preußische Landtag angesichts der kriegsbedingten Wohnungsknappheit ein Wohnungsgesetz verabschiedete, das von dem Recht jedes Bürgers auf eine gesunde Wohnung im Rahmen seiner finanziellen Mittel ausging. Das Gesetz sah ein staatliches Förderungsprogramm für die gemeinnützigen Baugesellschaften vor und forderte die Errichtung regionaler und städtischer Wohnungsfürsorgegesellschaften zur Überwachung von Planung und Finanzierung öffentlich geförderter Wohnungen. Das preußische System zur Verwaltung dieser Finanzmittel wurde im Oktober des gleichen Jahres auf bundesstaatlicher Ebene übernommen.[2] Nach der Revolution wurde das Recht auf eine gesunde Wohnung verfassungsmäßig verankert, und für öffentliche Wohnungen wurde durch Verwaltungsvorschriften ein Mindeststandard festgelegt.[3] Das Vorkriegs-System zur Vergabe und Verwaltung von bundesstaatlichen Mitteln wurde wieder eingeführt, diese Mittel konnten jedoch zu Inflationszeiten nicht zugeteilt werden.[4]

Das Wohnungsbauprogramm der neuen Republik wurde also erst im Februar 1924 wirksam, als eine vieldiskutierte neue Steuer von etwa 15 Prozent auf die Mieten bereits bestehender Wohnungen große Mittel für Neubauten freisetzte. Der größte Teil dieser Steuereinnahmen wurde zu sehr günstigen Bedingungen an die Wohnungsbaugesellschaften verliehen, deren Tätigkeit von den Wohnungsfürsorgegesellschaften oder (wenn es diese nicht gab) von städtischen Bauverwaltungen überwacht wurde.[5]

Die Wohnungsbaugesellschaften, die so zu den wichtigsten Instrumenten der neuen Wohnungsbaupolitik wurden, waren in den neunziger Jahren zur Verbesserung der schlechten Wohnbedingungen gegründet worden. Diese waren das Ergebnis einer überstürzten Industrialisierung und der damit verbundenen Ausuferung der Städte im ausgehenden 19. Jahrhundert. Die gemeinnützigen Baugenossenschaften und -gesellschaften waren genossenschaftliche Organisationen, die die private Immobilienspekulation zu verhindern suchten. Zu diesem Zweck kauften sie oft außerhalb der Stadtgrenzen große Grundstücke auf, die sie mit billigen und gut ausgestatteten Wohnungen bebauten, um sie ihren Mitgliedern zum Kauf oder zur Miete anzubieten. Die ersten Gesellschaften waren in ihrem Ursprung oftmals philanthropisch; in der Vorkriegszeit gründete jedoch fast jeder Berufsstand eine Baugesellschaft. Die Bewegung insgesamt war nicht parteipolitisch gebunden, sondern bestand aus kleinen Leuten jeder politischen Couleur, Angestellten genauso wie Arbeitern, kleinen Beamten und in einigen Fällen sogar Landarbeitern.[6] Aus diesen Gründen wurde das staatliche Wohnungsbauprogramm von fast allen größeren Parteien unterstützt, auch wenn die Sozialdemokraten es für sich beanspruchten, da es unter ihrer Verwaltung entstanden war. Nur die rechten Parteien, die die hochbesteuerten Hausbesitzer oder das frustrierte Privatkapital vertraten, wandten sich dagegen. Sie äußerten sich jedoch zuerst nur zurückhaltend, denn die große Wohnungsnot erforderte ganz offensichtlich einschneidende Maßnahmen.[7]

Mit der Förderung von Wohnungsbaugesellschaften begünstigte das staatliche Wohnungsbauprogramm indirekt den Einfluß der Städte auf den öffentlichen Wohnungsbau. Städtische Bauverwaltungen mußten hinsichtlich des Landerwerbs und städtebaulicher Fragen natürlich eng mit den Baugesellschaften zusammenarbeiten; darüber hinaus gewannen verschiedene Städte jedoch fast die vollständige Kontrolle über ihre örtlichen Baugesellschaften, indem sie Anteile an ihnen erwarben oder eigene gründeten.[8] In diesen Fällen übernahmen die Stadtverwaltungen auch die Kontrolle über gestalterische Einzelheiten. Angesichts des Problems, die Wohnungsnot durch ein Programm zum Massenwohnungsbau zu beheben, das die Vorkriegsprobleme der Überbelegung von Wohnungen vermied, wandten sich sowohl die Stadtväter als auch die erstarkten Baugesellschaften häufig jenen Männern zu, die neue Lösungen im Wohnungsbau anboten, und beriefen radikale Architekten in verantwortungsvolle Positionen.

Celle war die erste deutsche Stadt, die einen radikalen Architekten mit der Planung öffentlich geförderter Wohnungen betraute. Otto Haeslers kleine und bizarre Siedlung ‚Italienischer Garten‘ (Bild 45) war ein bedeutender Meilenstein in der Entwicklung des Neuen Bauens. Seine späteren Bauten für die Stadt erlangten ähnliche Bedeutung. Zu diesen gehörte eine Reihe größerer Wohnanlagen, eine neue Schule und einige kleinere städtische Gebäude, die in ihren strengen kubischen Formen etwas völlig Neues darstellten. Darüber hinaus entwickelte Haesler für diese Projekte eine neue städtebauliche Komposition. Anstelle der alten städtischen Wohnbebauung, die um einen Innenhof angeordnet war, setzte sich Haeslers Siedlung ‚Georgsgarten‘ aus dem Jahr 1924 (Bilder 49, 50) aus Gebäudezeilen zusammen, die rechtwinklig zur Straße angeordnet waren.[9] Diese kammartige Anordnung, die alle Räume mit einem Höchstmaß an Licht und Luft versorgte, charakterisierte das Neue Bauen nach 1924[10] und wurde zu ihrem charakteristischen Merkmal.

Die erste Stadt, die ein öffentlich gefördertes Bauprogramm in großem Stil realisierte, war jedoch Frankfurt am Main. Frankfurt blieb die einzige deutsche Stadt, in der alle städtischen Bauvorhaben von radikalen Architekten geplant und ausgeführt wurden. Schon seit langem waren in Frankfurt Stadtplanung und Wohnungsreform als Einheit angesehen worden, so daß die Öffentlichkeit bereits vor dem Krieg auf ein solches Programm vorbereitet war. Einige der ersten und progressivsten Baugesellschaften waren dort ansässig[11], und vor dem Krieg, in der Amtszeit von Bürgermeister Adickes, waren Eingeignungsgesetze erlassen worden, die es der Stadt ermöglichten, große Flächen für Parks und Wohnanlagen zu erwerben.[12] Dieser Ansatz aus der Vorkriegszeit wurde 1924 erneut aufgegriffen, als der Stadtrat Ludwig Landmann* zum neuen Bürgermeister wählte, einen ehemaligen Stadtverordneten, der seit 1917 aktiv für eine groß angelegte Stadtplanung eintrat.[13] Landmann seinerseits berief Ernst May, einen überzeugten Anhänger des Neuen Bauens, zum städtischen Baudirektor; in den nächsten Jahren erfuhr May seine volle Unterstützung, da Landmann jede Opposition gegen May im Keim erstickte. Mit den folgenden Worten, die an die Denkweise von Gropius und Taut erinnerten, beschrieb Landmann die Aufgaben Mays aus seiner Sicht: „Eine neue Zeit muß ihrer inneren und äußeren Welt die Formen und den Inhalt erarbeiten (. . .) und (. . .) dieser neue Stil (. . .) sucht seine Verwirklichung zuerst im Städtebau und Wohnungswesen."[14]

Mays Position als Dezernent für Bauwesen war extra für ihn geschaffen worden und gab ihm einen nie dagewesenen Einfluß. Er hatte die Oberaufsicht über alle städtischen Bauvorhaben. Daneben war er mit der Ausarbeitung eines Stadtentwicklungsplans betraut, der die zukünftige Ausdehnung der Stadt regelte.[15] Er und seine Mitarbeiter sollten alle öffentlichen Wohnanlagen planen. Darüber hinaus wurde May Vorsitzender von Frankfurts größter Baugesellschaft, die zu diesem Zeitpunkt mehrheitlich im Besitz der Stadt war.[16] Seine Befugnisse gestatteten es ihm und seinem Stab sogar, weitere wichtige Nebenfunktionen innerhalb des Wohnungsbauprogramms einzunehmen. Durch Mays Dienststelle liefen z.B. alle Anträge auf städtische und staatliche Bauzuschüsse. Durch Genehmigung bzw. Ablehnung der vorgelegten Pläne konnte Mays Dienststelle sogar die Gestaltung der Wohnbauten beeinflussen, die nur zum Teil aus öffentlichen Mitteln finanziert wurden. Außerdem unterstand ihm die Baupolizei, die in vielen Städten konstruktive und gestalterische Experimente verhinderte.[17] In seine Kompetenz fielen sogar Schilder aller Art – von Ladenschildern bis

* Der Demokrat Landmann wurde im Stadtrat von den Sozialisten, Demokraten und dem Zentrum unterstützt.

49 Otto Haesler, Siedlung Georgsgarten, Celle, 1925–1927   50 Siedlung Georgsgarten

zu Plakatwänden –, und sein Büro entwarf Modelle für diese Werbemaßnahmen, an die die Kaufleute sich halten sollten.[18]

Der Inhaber all dieser Machtfülle war selbst eine starke Persönlichkeit; er vertrat in noch weit stärkerem Maße als Landmann die Ansicht, daß die Aufgaben eines Stadtbaudirektors allumfassend seien. Von 1919 bis 1925 hatte May sich als fortschrittlicher Planer und Vertreter einer Regierungsbehörde hervorgetan, die in Schlesien öffentliche Gebäude errichtete, vor 1919 hatte er mit Raymond Unwin in England zusammengearbeitet und war unter dessen Einfluß zu einem Verfechter der Gartenstadt-Bewegung geworden.[19] Vor 1925 war ihm die Formensprache des Neuen Bauens in seiner Arbeit noch fremd. Als er nach Frankfurt kam, bezog er sich jedoch auf die Arbeiten von Haesler, Gropius und Taut und entwickelte sie weiter, denn er glaubte, dieser neue Stil sei seiner neuen Tätigkeit angemessener.[20] Er wollte dazu beitragen, ‚das neue Frankfurt‘ zu schaffen. So gab er zwischen 1926 und 1930 eine Zeitschrift dieses Namens heraus, die beweisen sollte, daß der neue Stil sowohl in der Architektur als auch im Städtebau der angemessene Ausdruck „einer neuen, geschlossenen Großstadtkultur“ sei.[21] Wie Taut betonte May jedoch, daß ‚die neue Wohnung‘ die neue Kultur verkörpere[22]; daher befaßten sich seine bedeutendsten Frankfurter Arbeiten mit dem Wohnungsbau.

Mays erste Wohnanlagen in Frankfurt waren zwei verhältnismäßig kleine Siedlungen:

51 Ernst May, Siedlung Bruchfeldstraße, Frankfurt-Niederrad, 1926/1927, Straßenseite

die Siedlungen Bruchfeldstraße im Südwesten der Stadt und Höhenblick im Norden. Die Mehrfamilienhäuser in der Bruchfeldstraße (Bilder 51, 52) wurden zuerst in Angriff genommen, ihr Äußeres kündigte bereits Mays entschiedenen Bruch mit traditionellen Formen an. Mit flachen Dächern und schmucklosen Fassaden hoben sich die Gebäude durch eine zickzackförmige Aufreihung entlang der Straße, durch eine ungewöhnliche Fensterverteilung und durch horizontal verlaufende Farbkontraste voneinander ab. Der Gesamteindruck der Siedlung war genauso fremdartig wie der von Haeslers Siedlung Italienischer Garten; dieses Projekt hatte May möglicherweise angeregt, den Putz farbig auszubilden. Die Bauten waren für eine städtische Wohnanlage ungewöhnlich niedrig und bekamen durch großzügige Gärten auf der Rückseite, wie sie für May typisch werden sollten, einen vorstädtischen Charakter. Anders als Haesler ordnete May die Gebäude jedoch entlang der Straße an, um eine große U-förmige Hofanlage, ein Konzept, von dem er nie ganz abwich. Die kleine Siedlung erhielt durch ein Gemeinschaftszentrum am oberen Ende der Hofanlage einen Mittelpunkt, ein weiteres Merkmal von Mays Arbeiten (Bild 53). Die Siedlung Höhenblick, mit deren Bau etwas später begonnen wurde (Bild 54), war in ihrer Erscheinung weniger markant, obwohl sie in der unregelmäßigen Anordnung ihrer kleinen Fensteröffnungen ein willkürliches und unübliches Bild bot. Die Siedlung bestand hauptsächlich aus Reihenhäusern, denen May von nun an den Vorzug gab.

52   Siedlung Bruchfeldstraße, Gartenhof

53 Siedlung Bruchfeldstraße, Zentralgebäude mit elektrischer Wäscherei, zentraler Radioanlage, Kindergarten, Kinderkrippe, Zweigstellen des Wohlfahrts- und Stadtgesundheitsamtes

54 Ernst May, Siedlung Höhenblick, Frankfurt am Main, 1926/1927

55 Ernst May, Siedlung Römerstadt, Frankfurt am Main, 1927/1928, Blick vom Niddatal

56, 57 Siedlung Römerstadt, Reihenhäuser

Der Standort beider Siedlungen in den Außenbezirken der Stadt belegte Mays Absicht, vorstädtische Wohnanlagen zu schaffen. Der Stadtentwicklungsplan, den er 1926 konzipierte, wies eine ringförmige Anordnung dieser neuen Gemeinden rund um die alte Stadt auf, die sowohl von der Stadt als auch untereinander durch breite Grüngürtel und landwirtschaftliche Nutzflächen getrennt waren.[23] Dieses Konzept wurde nie im geplanten Umfang realisiert, denn obwohl die meisten Siedlungen innerhalb oder neben städtischen Grünflächen lagen, waren viele von ihnen verhältnismäßig klein und durch andere bebaute Flächen voneinander abgeschnitten. Ein Teilstück dieses von May geplanten äußeren Rings wurde jedoch vor 1933 vollendet, entlang des Nidda-Tals, ungefähr acht Kilometer nordwestlich des Stadtzentrums. Für dieses Gebiet entwickelte May mit seinen Mitarbeitern drei große aneinander anschließende Wohnanlagen, Praunheim, Römerstadt und Westhausen, die zusammen fast 4000 Wohneinheiten enthielten. Insgesamt bildeten die drei Siedlungen eine selbständige neue Gemeinde. Vieles an ihnen zählt zu Mays besten Arbeiten.

Die drei Wohnanlagen erstreckten sich in einer langgezogenen Kurve entlang der nordwestlichen Biegung des kleinen Flusses; von der Siedlung Römerstadt, am nördlichen Ende dieses Bogens, konnte man über viel freies Land bis zur Stadt sehen (Bild 55). In ihrem Charakter waren die Siedlungen vorstädtisch, mit einer Bebauung von geringer Dichte. Jede Siedlung bestand aus einer Anzahl von Mehrfamilienhäusern entlang der verbindenden Hauptstraße, die meisten Wohneinheiten waren jedoch weiträumig angeordnete Reihenhäuser, die abseits der Straße lagen und auf der Rückseite private Gärten hatten (Bilder 56, 57). Alle drei Stadtteile verfügten über eigene Geschäfte; darüber hinaus gehörten zu den Siedlungen Römerstadt und Praunheim noch Schulen und Restaurants (Bild 58).

In der äußeren Gestaltung dieser Projekte setzte May die verschiedensten und radikalsten Ausdrucksmittel des Neuen Bauens ein. Die horizontal verlaufenden, schwungvollen Formen einer Wohnzeile entlang der Hauptstraße waren ein markantes Kennzeichen der Siedlung Römerstadt (Bild 59), während auf der gegenüberliegenden Straßenseite den ansonsten fast kahlen Fassaden viergeschossiger Häuser hervorspringende Treppenhäuser eine vertikale Bewegung verliehen (Bild 60). Die Wohnhäuser in Praunheim besaßen andererseits lange horizontale Bänder von Balkonen, die zu den vertikalen Treppenhäusern asymmetrisch angeordnet waren. In Praunheim besaß das obere Drittel vieler Reihenhäuser keine Fenster, ein Umstand, der den Gebäuden ein unverwechselbares, kopflastiges Äußeres gab und sie in der Horizontalen miteinander verband. Die verschiedenen Reihen oder Blöcke waren entweder weiß oder in leuchtenden Farben gehalten: rostrot, hellblau, schwarz, gelb und grün. Selbstverständlich hatten alle Häuser flache Dächer und glatte Oberflächen. Der Gesamteindruck war fröhlich und bizarr, ein Bild, das sich von Frankfurts älterer Bebauung

58   Ernst May, Siedlung Praunheim, Frankfurt am Main, 1926–1929, Gaststätte

59 Siedlung Römerstadt, Kopfbau mit Läden und Wohnungen an der Hadrianstraße

60 Siedlung Römerstadt, Stockwerkshäuser an der Hadrianstraße

61 Ernst May, Siedlung Westhausen, Frankfurt am Main, 1929–1931, Grundriß Erdgeschoß

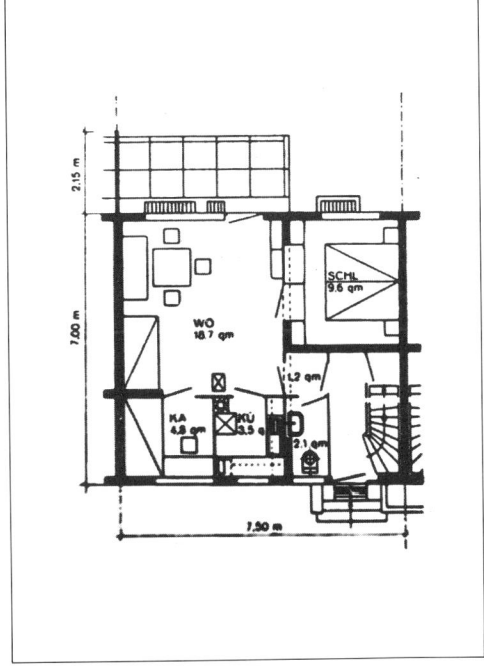

überaus deutlich abhob. Die neue Gemeinde sah tatsächlich wie ein ‚neues Frankfurt' aus.

Die Wohnungen setzten in ihrer flächensparenden Organisation und technischen Ausstattung neue Maßstäbe im Massenwohnungsbau. Sie wurden zentral beheizt, und einige der Mehrfamilienhäuser verfügten über gemeinschaftliche Waschmaschinen und ähnliche Einrichtungen. Jede Wohnung war mit einem modernen Bad ausgestattet, was zu jener Zeit für Wohnungen dieser Einkommensgruppen ganz und gar unüblich war. Darüber hinaus besaß jede Wohneinheit eine moderne, standardisierte Einbauküche, die als ‚Frankfurter Küche' bekannt wurde. Die Kosten für dieses Ausstattungsniveau im sozialen Wohnungsbau und die zusätzlichen Kosten für die großzügigen Freiräume zwischen den Häusern zwangen May und seine Mitarbeiter, nach wirtschaftlichen Bauweisen und flächensparenden Grundrissen zu suchen. Die einzelnen Wohnflächen wurden auf ein Minimum reduziert[24]; Einbauküchen, Einbaumöbel und sogar Klappbetten wurden dazu eingesetzt, Platz zu sparen. In der Absicht, die Grundrisse organisatorisch auszufeilen, entfernten sich die Mitarbeiter Mays mehr und mehr vom traditionellen Wohnungszuschnitt. Früher waren kleine Wohnungen in eine Anzahl von gleich großen Zellen aufgeteilt, deren Funktion nicht eindeutig festgelegt war. Dazu gehörten auch eine Wohnküche und zwei oder drei weitere Räume, die als Schlaf- oder Wohnräume dienen konnten. Mays neuer Ansatz, den er in Praunheim zum ersten Mal verwirklichte, war weniger anpassungsfähig, wirkte jedoch geräumiger und offener. May gab dem kombinierten Wohn- und Eßbereich die größte Fläche, eine kleine Küche und winzige Schlafkammern schlossen sich daran an (Bild 61). Aus diesem Grund konzentrierten sich die Aktivitäten der Familie auf den Wohnraum, ein Umstand, der bei den Gegnern des neuen Wohnungsbaus viel Kritik erregte.[25]

In einer weiteren Anstrengung zur Kosteneindämmung befürwortete May die Standardisierung von Bauteilen und die Verwendung neuer Baumaschinen. Für Höhenblick und Praunheim entwickelten May und seine Mitarbeiter, ihrer Zeit weit voraus, eine revolutionäre Plattenbauweise, die zwar noch nicht ausgereift war und in der Praxis Probleme aufwarf, in der Öffentlichkeit unter der Bezeichnung ‚May-System' jedoch viel Anerkennung fand.

Die Siedlung im Nidda-Tal blieb Mays beeindruckendste Wohnanlage in Frankfurt, daneben gab es jedoch noch die Siedlungen ‚Bornheimer Hang', ‚Hellerhof' und ‚Heimat', die mit jeweils 1000 Wohneinheiten ebenfalls als unabhängige Gemeinden in den Außenbezirken der Stadt angelegt waren. Weiterhin wurden zwölf kleinere Projekte unter Mays Leitung realisiert. Das gesamte Programm bestand nach seiner Vollendung aus 15000 Wohnungen, mehr als 90 Prozent aller Wohneinheiten, die von 1925 bis 1933 in Frankfurt gebaut wurden.[26] Mit Ausnahme der kleinsten, enthielten all diese Siedlungen Kirchen, Schulen und weitere Gemeinschaftseinrichtungen. Derartige Einrichtungen standen nach dem Wohnungsbau quantitativ an zweiter Stelle der öffentlichen Bautätigkeit in Frankfurt.

Mays einzigartiges Bauprogramm verdankte seinen Erfolg nicht nur der Unterstützung von Bürgermeister Landmann, sondern auch seiner enthusiastischen Aufnahme in der Öffentlichkeit. Frankfurts liberale Presse begleitete sein Werk gewöhnlich mit positiven Würdigungen und ließ nur gelegentlich leicht satirische Töne anklinken, während die rechtsorientierte Presse May nur hin und wieder maßvoll kritisierte.[27] Bei Umfragen durch Lokalzeitungen drückten die Bewohner dieser Siedlungen im allgemeinen ihre Zufriedenheit über die innere Organisation und das äußere Bild ihrer Wohnungen aus.[28] Selbst innerhalb des Baugewerbes, das neuen Bauweisen oft ablehnend gegenüberstand, fand May viel Unterstützung.[29] Nur bei zwei Gelegenheiten wurde er von vielen Seiten kritisiert, als er nämlich versuchte, seinen Einfluß über Fragen der Architektur hinaus auszudehnen. So versuchte er sich am Entwurf des Stadtwappens und an Entwurf und Materialbestimmung von Grabsteinen bis hin zur gesamten Friedhofsgestaltung.[30] Als politischer Beamter und Teil des Verwaltungsapparates wurde May von den Oppositionsparteien angegriffen. In einem Fall ging die DNVP sogar so weit, nicht nur den Mann, sondern auch seine Arbeit als sozialistisch abzuqualifizieren.[31] Diese Kritik war jedoch nicht Ausdruck der ablehnenden Haltung einer breiten Öffentlichkeit, wie es in Weimar der Fall gewesen war. Als May 1930 die Einladung der sowjetischen Regierung, neue Städte in Sibirien zu planen, annahm und mit einigen seiner Mitarbeiter nach Moskau fuhr, lobten fast alle Frankfurter Zeitungen seine Arbeit und bedauerten seine Abreise.* Die zurückbleibenden Mitarbeiter führten seine Arbeit auch angesichts der Wirtschaftskrise fort, bis zur Machtergreifung ohne jede Einmischung von anderer Seite.

In Berlin wurden ebenfalls in großem Umfang Wohnbauten im neuen Stil errichtet. Von 1924 bis 1933 wurden dort mehr als 14000 Wohneinheiten von radikalen Architekten gebaut.[32] Schon seit 1918 war die Stadt eines der Hauptzentren neuer Tendenzen in der Architektur. Der größte Teil der realisierten Arbeiten der frühen zwanziger Jahre stand dort. Dort hatten auch Paul Cassirers Kunstgalerie sowie das Graphische Kabinett, Der Sturm und die Juryfreie von Anfang an die neuesten Entwürfe ausgestellt und gleichzeitig als Diskussionsforum gedient. Als sich der neue Stil nach 1922 zu entwickeln begann, fand er in Berlin begeisterte und finanzkräftige pri-

---

* Bruno Taut und andere deutsche Architekten folgten May nach Rußland. Enttäuscht von der beginnenden Wirtschaftskrise in ihrem Heimatland und ermutigt durch Schriften wie El Lissitzkys *Rußland: Die Rekonstruktion der Architektur in der Sowjetunion* (Wien 1930) hofften sie auf umfangreiche Planungsaufträge der sowjetischen Regierung. Sie wurden natürlich bitter enttäuscht. Die sowjetische Regierung war bereits dazu übergegangen, modernen Tendenzen russischer Künstler und Architekten entgegenzutreten, und obwohl sie durchaus bereit war, große Planungsaufträge zu vergeben, fehlten ihr die Mittel, sie zu realisieren. Bei ihrer Ankunft trafen die deutschen Architekten auf systematisch angelegte bürokratische Hindernisse und schließlich sogar auf eine offizielle Mißbilligung der von ihnen vertretenen Architektur (siehe dazu vor allem Rudolf Wolters, *Spezialist in Sibierien*, Berlin 1933). Als sie sich schließlich zur Rückkehr nach Deutschland entschlossen hatten, waren die Nazis bereits an der Macht, und vielen wurde die Wiedereinreise verboten. Einige dieser deutschen Architekten in Rußland wurden daher zu Staatenlosen.

vate Förderer. So entstanden dort viele der imposantesten privaten Gebäude der Moderne.[33] Bis in die späten zwanziger Jahre blieben in der städtischen Bauverwaltung jedoch die konservativen Ansichten der preußischen Bürokratie vorherrschend. Der Impuls, den neuen Stil bei öffentlichten Gebäuden anzuwenden, ging daher in Berlin nicht von der Bauverwaltung aus, sondern von den Wohnungsbaugesellschaften, ganz besonders von einer der größten unter ihnen.[34]

Die Gehag oder Gemeinnützige Heimstätten-Aktiengesellschaft war für mehr als 70 Prozent der modernen Berliner Wohnbauten verantwortlich.* Sie entstand 1924 aus dem Zusammenschluß verschiedener älterer Gesellschaften, unter finanzieller Beteiligung der Berliner Gewerkschaften und der Berliner Wohnungsfürsorgegesellschaft. Ihr führender Kopf war Martin Wagner, Stadtbaurat in Berlin-Schöneberg und Pionier in der Entwicklung kostensparender Baumethoden.[35] Wagner war mit den bisherigen Fortschritten im sozialen Wohnungsbau unzufrieden und erhoffte einen Zusammenschluß aller Berliner Wohnungsbaugesellschaften, um große Bauvorhaben effektiver realisieren zu können. Obwohl er selbst Mitglied der SPD war und für eine Art von Gildensozialismus im Baugewerbe eintrat**, hatte Wagner nicht die Absicht, der Gehag eine politische Richtung zu geben. Es gelang ihm jedoch nicht, mehr als einen Teil der Gesellschaften für seine Idee zu gewinnen; die Mehrheit des Gehag-Kapitals stammte von den sozialistischen Gewerkschaften und Wagners eigenem Verband sozialer Baubetriebe. Viele Funktionäre der Gehag waren Sozialisten. Auf Wagners Fürsprache hin stellte die Gesellschaft 1924 Bruno Taut ein. Bis 1933 stand ihr gesamtes Wohnungsbauprogramm unter seiner Leitung. Danach ging Taut wie auch May nach Rußland, in der Absicht, dort neue Städte zu bauen.

Die Tätigkeit der Gehag konzentrierte sich auf wenige Großprojekte, z.B. Tauts und Wagners 1925 begonnene Hufeisen-Siedlung in Berlin-Britz (Bild 62) und die Waldsiedlung in Berlin-Zehlendorf, die 1926 von Taut in Angriff genommen wurde (Bild 63). Beide Anlagen enthielten im Endzustand mehrere tausend Wohneinheiten. Wie schon bei May waren diese Projekte in Außenbezirken der Stadt angesiedelt. Obwohl sich wegen der Grundstückspreise in Berlin zweigeschossige Reihenhäuser verboten, waren diese Siedlungen als Gartenstädte geplant, mit dreigeschossigen Mehrfamilienhäusern und eingestreuten Rasenflächen und Gärten.[36] An ungewöhnlich breiten Straßen bzw. Boulevards gelegen, mit sorgfältig geplanten platzartigen Erweiterungen, wirkten die Siedlungen sowohl städtisch als auch vorstädtisch.[37] Viele der einzel-

---

* Die am leichtesten zugänglichen Informationen über die Gehag finden sich in: *Gehag: Gemeinnützige Heimstätten-Aktiengesellschaft 1924–1957* (Berlin 1957), denn die meisten Unterlagen dieser Gesellschaft wurden nach dem Krieg von der ostdeutschen Regierung beschlagnahmt und vernichtet. Eine andere, ebenfalls in Berlin ansässige Wohnungsbaugesellschaft war genauso groß wie die Gehag: die Gagfah oder Gemeinnützige Aktiengesellschaft für Angestellten-Heimstätten, die konsequent an einem traditionellen Stil festhielt und oft aus der Vorkriegszeit bekannte Architekten, wie Schmitthenner und Tessenow, beauftragte. *16000 Wohnungen für Angestellte* (Berlin 1928).
** Vgl. Kap. 2, Anm. 41 sowie Kapitel 5, Anm. 16.

62 Bruno Taut und Martin Wagner, Hufeisensiedlung, Berlin-Britz, 1925–1931, Luftaufnahme

63 Bruno Taut, Waldsiedlung ‚Onkel-Toms-Hütte', Berlin-Zehlendorf, 1926–1931, Luftaufnahme

64, 65   Waldsiedlung ‚Onkel-Toms-Hütte‘

nen Bauten gehörten zu den besten Arbeiten der modernen Architekten, die unter Tauts Leitung die glatten, gezwungen wirkenden Fassaden, wie sie für Mays Arbeiten in Frankfurt charakteristisch waren, vermieden (Bilder 64, 65). Obwohl alle Anstrengungen gemacht wurden, die Fassaden und die städtebauliche Anlage abwechslungsreich zu gestalten, wirkten die aneinandergereihten Mietshäuser schließlich doch massiv und monoton, ein Eindruck, der bei Projekten dieser Größenordnung nicht zu vermeiden ist (Bilder 66, 67).

In den Gehag-Bauten gab es die gleichen neuartigen Einrichtungen wie in Mays Projekten. Daher wurde es hier wie dort notwendig, kostengünstig und effizient zu planen und zu bauen. Die Wohnungen waren klein, wenn auch in der Regel etwas größer als in Frankfurt.[38] Für jede Siedlung wurde von einer speziellen Planungsgruppe unter Führung Tauts eine Reihe von Standard-Grundrissen (Bilder 68, 69) entwickelt. Durch die Wiederholung gleicher Wohneinheiten sollten die Baukosten gesenkt wer-

108

66 Hufeisensiedlung, Blick in das ‚Hufeisen'

67 Hufeisensiedlung, Blick in die Parchimer Allee

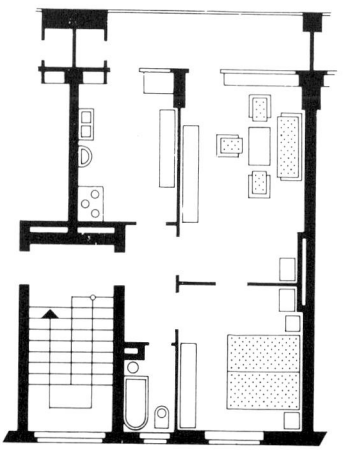
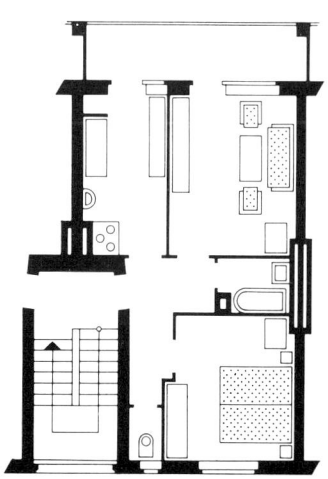

68 Hufeisensiedlung
Standard-Grundriß

69 Waldsiedlung
‚Onkel-Toms-Hütte',
Standard-Grundriß

den.[39] Wie May, befaßte sich Wagner ebenfalls mit Überlegungen zu kostengünstigeren Baumethoden; die Gehag beauftragte gewöhnlich die soziale Bauhütten, die Wagners Methoden übernommen hatten.

Im Jahr 1927 wurde das Beispiel der Gehag von weiteren der zahlreichen Wohnungsbaugesellschaften in Berlin aufgegriffen. Von 1928 bis 1932 arbeiteten z.B. einige der bedeutendsten Gesellschaften gemeinsam am Bau der Siedlung Reinickendorf in Wittenau mit über 1000 Wohneinheiten. Diese Anlage wurde von bis dahin konservativen Architekten entwickelt[40], die ihre Entwürfe nun an den Vorbildern von Taut und Wagner orientierten. Ein weiteres großes Projekt dieser Zeit war die Siedlung Siemensstadt, deren Bau 1929 von der Baugesellschaft in Angriff genommen wurde, die 1914 vom Siemens-Konzern zur Errichtung von Werkswohnungen gegründet worden war. Siemens forderte einige der begabtesten und bekanntesten deutschen Architekten zur Mitarbeit auf, u.a. Häring, Scharoun, Bartning und Gropius. Ihre ausgefeilten Entwürfe bildeten die Quintessenz der Architektur dieses Jahrzehnts und wurden weltberühmt (Bilder 70, 71).

Durch die Bauten der Gehag gewann der neue Stil schließlich auch bei städtischen Baumaßnahmen an Einfluß. Wagner, der inzwischen für seinen Wohnungsbau bekannt war, wurde 1927 Stadtbaurat von Berlin. Ähnlich wie May, dessen Arbeit er bewunderte und den er um seinen Einfluß beneidete, wollte er für die städtischen Bau-

70   Walter Gropius, Siedlung, Siemensstadt, Berlin, 1929

71 Siedlung Siemensstadt

und Planungsmaßnahmen ein umfassendes Programm entwickeln. Darin war ihm nur ein Teilerfolg beschieden. Unter Wagners Einfluß setzte sich der neue Stil allmählich auch an vielen neuen Schulen, Hospitälern und städtischen Verwaltungsgebäuden durch (Bild 72).[41] Indirekt beeinflußte er auch die Baugesellschaften, obwohl diese, anders als in Frankfurt, von der Stadtverwaltung finanziell unabhängig blieben. Wie May, entwickelte Wagner Pläne für die Stadterweiterung Berlins; obwohl diese Pläne sehr bekannt wurden, hatten sie auf die tatsächliche Entwicklung kaum Einfluß.[42] Einige seiner zahlreichen Entwürfe für öffentliche Bauten wurden jedoch realisiert, darunter das bekannte Freibad am Wannsee, dessen Schwimm- und Freizeitanlagen sich an der Havel entlang fast über einen halben Kilometer erstreckten; ebenso zwei Ausstellungsgebäude, die als Teil eines neuen Messegeländes neben dem Funkturm in Witzleben gedacht waren. Daneben plante Wagner die Erweiterung bzw. den Neuaufbau zahlreicher Plätze. Teile des Alexanderplatzes und des Potsdamer Platzes wurden in seiner Amtszeit wieder aufgebaut (Bilder 73, 74). Wagner stellte sowohl die Realisierungen als auch die Projekte seiner Behörde in Veröffentlichungen und Ausstellungen vor. Nach Mays Vorbild gab er eine Zeitschrift heraus *(Das Neue Berlin)*, in der das Neue Bauen als Teil einer neuen Ära städtischer Kultur dargestellt wurde.[43] Die architekturbezogenen Beiträge behandelten hauptsächlich nicht realisierte, aber weit vorgreifende Projekte, die für den Verwaltungsstil Wagners bezeichnend waren.

Wenn es Wagner, anders als May, nicht gelang, ein einheitliches Bauprogramm durchzusetzen, so lag dies an der Größe der Stadt und der Komplexität ihrer Verwaltung, nicht am organisierten Widerstand irgendeiner Gruppierung. Denn Wagner konnte

72 Polizeiverwaltung, Berlin

auf die begeisterte Unterstützung der liberalen und linken Presse zählen; auch die Hugenberg-Presse*, die ihn gern den ‚roten Stadtbaurat' nannte, stand seinen Arbeiten häufig positiv gegenüber.[44] Sein Plan, eine Straße durch die historischen ‚Ministergärten' zu führen (Bild 75), scheiterte am Widerstand einflußreicher Bürger[45]; als sich jedoch die Zehlendorfer gegen die flachen Dächer und den städtischen Charakter der

* Alfred Hugenberg, Führer der Deutschnationalen Volkspartei, besaß mehrere Berliner Zeitungen und eine Kette von Filmtheatern.

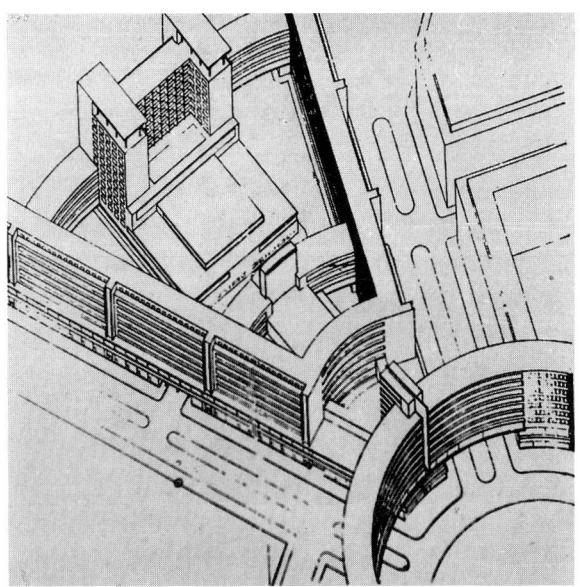

73 Erich Mendelsohn, Neugestaltung des Alexanderplatzes, Berlin, 1931/1932, Projekt während der Amtszeit Martin Wagners als Stadtbaurat

74 Erich Mendelsohn, Columbus-Haus, Berlin, 1931/1932, Teil der Wiederaufbaumaßnahme am Potsdamer Platz

75 Hugo Häring, Wiederaufbau in den Ministergärten, Berlin, Projekt während der Amtszeit Martin Wagners als Stadtbaurat

gewaltigen Waldsiedlung wandten, überging er ihre Einwände mit leichter Hand, im Vertrauen auf ein späteres positives Bild der öffentlichen Meinung.[46] Wegen seiner Parteizugehörigkeit und aufgrund des sozialistischen Charakters der Gehag zog Wagner persönliche Angriffe der DNVP auf sich[47]; innerhalb Berlins erwuchs ihm jedoch keine politische Opposition von Bedeutung, so daß er bis 1933 im Amt blieb.

Bis nach 1927 blieben Frankfurt und Berlin die alleinigen Hochburgen des öffentlich geförderten modernen Wohnungsbaus. Mays und Wagners programmatische Absicht, kleine, kostengünstige Wohnungen in vorstädtischen Siedlungen zu errichten, teilten fast alle Baugesellschaften und städtischen Bauverwaltungen Deutschlands; bis 1927 und darüber hinaus bevorzugte die große Mehrheit dieser Organisationen jedoch eine eher traditionelle Architektur. Die von ihnen errichteten Wohnblöcke waren im Vergleich zur Vorkriegszeit zwar weniger reich verziert und in ihren Umrissen schlichter, ihre gewaltigen Walmdächer und die vertikalen Formate ihrer häufig mit

76 Geschoßwohnungsbau, Münster, 1925–1927

77 Siedlungshäuser, Düsseldorf, 1925–1927

114

Klappläden versehenen Flügelfenster gaben ihnen jedoch ein durch und durch traditionelles Äußeres (Abb. 76). Die Bebauung schloß nach guter alter Vorkriegsmanier oft große, begrünte Höfe ein; ebensooft entwickelte sie sich jedoch in Zeilen, ein städtebauliches Schema, das bei modernen Projekten bevorzugt angewandt wurde.

Neben ausgedehnten Wohnblöcken bauten konservative Architekten Reihen-, Doppel- und sogar freistehende Einfamilienhäuser, wo immer es möglich war. Diese Absicht verfolgten sie sogar in großen Städten wie z.B. Düsseldorf. Die Architekten gaben sich jede erdenkliche Mühe, den Häusern mit Hilfe von steilen Ziegeldächern, Klappläden und in Einzelfällen sogar mittelalterlichen bzw. barocken Details ein historisches Äußeres zu geben (Bilder 77, 78). Um diesen traditionellen Eindruck noch zu steigern, waren die Häuser oft um einen Platz oder Dorfanger gruppiert (Bild 79). Insgesamt dienten diese Entwürfe alle dem Zweck, den Außenbezirken mittlerer und großer Städte einen dörflichen bzw. kleinstädtischen Anstrich zu geben. Derartige

78 Mehrfamilienhäuser, Dresden, ca. 1925

79 Paul Wolf, Siedlung „Am Lindenplatz", Hannover-Laatzen

115

Anlagen waren meist relativ klein, denn gewöhnlich waren sie das Ergebnis einer Baupolitik, die mehrere kleine Baugruppen wenigen großen Siedlungen vorzog. Erst als
mehr und mehr Städte zu großangelegtem Massenwohnungsbau übergingen, übernahmen sie in zunehmendem Maße die Entwürfe radikaler Architekten.

Der wachsende Erfolg des Neuen Bauens im öffentlichen Wohnungsbau wurde von
1927 an durch einige aufsehenerregende Experimente noch verstärkt, die entweder
aufgrund ihrer originellen Entwürfe oder ihrer prominenten Urheber großen Einfluß
auf die Entwicklung der modenen Architektur in Deutschland ausübten. Dazu gehörte an erster Stelle der Gebäudekomplex in Dessau, den Gropius und seine Mitarbeiter
1926 und 1927 geplant hatten. Dessaus demokratischer Bürgermeister Fritz Hesse und
andere liberale und sozialistische Beamte in Dessau und Anhalt erwiesen dem Bauhaus
die gleiche Loyalität, wie sie May in Frankfurt von Landmann erfuhr. Diese Förderer
machten vereinzelte Ansätze zur Opposition vergessen und sorgten für Aufträge, um
die sich das Bauhaus in Thüringen stets vergeblich bemüht hatte.[48] Dazu zählten der
bekannte Bauhaus-Komplex selbst (Bilder 19–21), dessen asymmetrisch ausgewogene
Baukörper und Außenflächen die gesamte Entwicklung der neuen Architektur nach
1926 tiefgreifend beeinflußten, ein Arbeitsamt (Bild 80) und eine kleine Wohnanlage,
die 1927 im Dessauer Vorort Törten errichtet wurde (Bilder 81, 82). Bei diesem letzten
Projekt verwendete Gropius eine der von May konzipierten ähnliche Plattenbauweise
und experimentierte mit den neuen Baumaterialien. Dank der ausgefeilten Qualität

80   Walter Gropius, Arbeitsamt Dessau, 1928–1929

81 Walter Gropius, Siedlung Törten, Dessau, 1926–1928, Nordostansicht des Baus für den Konsum-
verein und Häuser des Typs 1927

82 Siedlung Törten, Häuser des verbesserten Typs 1927

des Entwurfs und aufgrund des Rufs, den das Bauhaus bereits genoß, wurde diesen Neuerungen in der Tagespresse und den Fachzeitschriften weit mehr Aufmerksamkeit zuteil, als es bei vergleichbaren Anlagen in Frankfurt und Berlin jemals der Fall gewesen war.[49]

1928 verließ Gropius das Bauhaus in der Annahme, es habe sich in Dessau fest etabliert, und nahm seine Architektentätigkeit in Berlin wieder auf. Die Leitung des Bauhauses übernahm Hannes Meyer, dessen kurze Amtszeit politisch turbulent und von Meinungsverschiedenheiten zwischen Lehrenden und Lernenden geprägt war. Nach ihm leitete in den ersten Jahren der Wirtschaftskrise Ludwig Mies van der Rohe die Schule. Gropius blieb für die Entwicklung der Architektur weiterhin bedeutsam. Vor allem seine Wohnanlagen in der Siedlung Siemensstadt (Bilder 70, 71), in Karlsruhe und Spandau erregten große Aufmerksamkeit. Die innovatorische Kraft des Bauhauses innerhalb der deutschen Architektur endete jedoch 1928 mit dem Ausscheiden von Gropius.

Mehr noch als die Dessauer Arbeiten von Gropius trug wahrscheinlich die Stuttgarter Weißenhofsiedlung zur Verbreitung des neuen Stils bei. Diese Anlage aus Einfamilienhäusern, Reihenhäusern und einem Mehrfamilienhaus wurde 1927 vom Werkbund erbaut (Bild 83). Die Siedlung war, als öffentliche Ausstellung verschiedener Varianten der ‚neuen Wohnung‘ konzipiert, von Juli bis Oktober 1927 der Öffentlichkeit zugänglich. Unter der Leitung von Mies van der Rohe erarbeiteten die prominentesten Vertreter der modernen europäischen Architektur – darunter Oud, Le Corbusier, Gropius und Taut – eine Reihe überaus einfallsreicher Entwürfe, die Mies

83 Weißenhofsiedlung, Stuttgart, 1927

in seiner Eröffnungsrede der Öffentlichkeit mit folgenden Worten vorstellte: „Das Problem der Neuen Wohnung ist im Grunde ein geistiges Problem und der Kampf um die Neue Wohnung nur ein Glied in dem großen Kampf um neue Lebensformen."[50] Einige der Gebäude errangen internationalen Ruf und beeinflußten nicht nur den Wohnungsbau, sondern die Architektur schlechthin. Le Corbusiers kubischer Bau (Bild 84), der auf Stützen ruhte und dessen Innenräume fast vollständig ineinander übergingen, und der Wohnblock von Mies van der Rohe (Bild 85) mit beinahe kontinuierlichen horizontalen Fensterbändern und von schwebenden Dachflächen überragt, zählten zu den Arbeiten, die einen weitreichenden Einfluß auf die Architektur in anderen Ländern ausübten. Die Häuser am Weißenhof waren alle aufwendig gebaut und ausgestattet, sie trugen daher wenig zur Lösung der Probleme des Massenwohnungsbaus bei. Die außergewöhnliche Qualität der Entwürfe verhalf jedoch den neuen Stilelementen in der Fachwelt wie in der öffentlichen Meinung zum Durchbruch. Die Ausstellung, zu der auch eine separate Halle mit Fotografien und Plänen zu den Themen moderner Wohnungsbau, Möbel und technische Ausstattung gehörte[51], wurde überaus bekannt und weithin publiziert. Täglich kamen mehr als 20 000 Besucher, um zu erfahren, wie ‚die neue Wohnung' aussah.[52] Die Bauten und die Ideen ihrer Architekten wurden in der nationalen und internationalen Presse eingehend behandelt.[53] Das große Interesse an der Ausstellung verursachte in der Öffentlichkeit den Eindruck, Neues Bauen und Wohnungsbau seien identisch, wobei man dem modernen Wohnungsbau eine entscheidende kulturelle Funktion zuwies.
Die Weißenhofsiedlung und das Dessauer Projekt von Gropius erhielten Zuschüsse

84 LeCorbusier, Doppelhaus in der
    Weißenhofsiedlung, Stuttgart, 1927

119

85 Ludwig Mies van der Rohe, Wohnblick in der Weißenhofsiedlung, Stuttgart, 1927

aus Mitteln einer neuen staatlichen Organisation, die vom Arbeitsministerium und vom Reichstag zur Förderung kostensparender Bauweisen im Massenwohnungsbau gegründet worden war. Das Ziel der Reichsforschungsgesellschaft für Wirtschaftlichkeit im Bau- und Wohnungswesen (RFG), die bei ihrer Gründung im Juni 1927 mit 10 Millionen Reichsmark ausgestattet worden war, lag nicht darin, eine bestimmte Stilrichtung im Wohnungsbau zu unterstützen; da die radikalen Architekten jedoch die experimentierfreudigsten auf diesem Gebiet waren, floß ein großer Teil der RFG-Mittel von 1927 bis 1931 ihren Projekten zu.[54] Neben den Siedlungen am Weißenhof und in Dessau gehörten dazu auch Mays Siedlung Praunheim und eine große ,Satelliten-Stadt', deren Bau 1930 in Spandau begonnen, aber nie vollendet wurde. Die RFG verteilte in der Fachwelt ausführliche eigene Veröffentlichungen zu diesen Projekten, die sich nicht nur mit Konstruktions- und Planungsfragen beschäftigten, sondern auch Auszüge aus den Schriften von Gropius, Mies und anderen über die soziale und kulturelle Bedeutung des Neuen Bauens enthielten.[55]

1927 war der Wohnungsbau moderner Architekten schließlich überall Gesprächsstoff. In den darauffolgenden Jahren folgten immer mehr Städte dem Vorbild von Celle, Frankfurt und Berlin. In Magdeburg errichtete Stadtbaurat Johannes Göderitz mit seinem Stab in den Jahren 1927 und 1928 2000 Wohneinheiten (Bild 86); die Stadt Köln baute zwei moderne Großsiedlungen mit mehr als 4000 Wohnungen (Bild 87). Eine Reihe kleinerer Städte, wie Altona und Duisburg, realisierte nach 1927 den ge-

120

86 Siedlung Groß-Diesdorfer Straße, Magdeburg

87 Wilhelm Riphahn, Siedlung Kalkerfeld, Köln

samten Wohnungsbau im neuen Stil.[56] Schließlich wurden vor 1930 weitere Projekte, die eine große Ähnlichkeit mit Tauts und Mays Arbeiten aufwiesen, in Breslau, Hamburg und Düsseldorf gebaut. Selbst nach Ausbruch der Wirtschaftskrise wurde weitergebaut, so daß 1932 in den meisten größeren Städten moderne Wohnanlagen zumindest in der Realisierungsphase existierten.[57]

In den Nebenzentren traf das Neue Bauen auf weniger Ablehnung als in Frankfurt und Berlin. Natürlich hatte sich in Magdeburg gegen Tauts Pläne, die Stadt farbig zu gestalten, Widerstand erhoben; Göderitz, in dessen Amtszeit der größte Teil städtischer Neubauten ausgeführt wurde, fand jedoch die volle Unterstützung der Öffentlichkeit.[58] In Städten wie Düsseldorf, Celle und Köln, in denen die städtischen Bauvorhaben nicht von der Bauverwaltung, sondern von privaten Architekten bearbeitet wurden, erfuhr der neue Baustil keinen Widerstand von Bedeutung.[59]

Trotz ihres neuartigen und oft bizarren Erscheinungsbildes gelang der neuen Architektur im öffentlichen Wohnungsbau sowie bei anderen städtischen Bauaufgaben fast mühelos der Durchbruch. Sie wurde nicht mit jener Opposition auf seiten von Politikern und der Bevölkerung konfrontiert, die das Bauhaus aus Weimar vertrieben hatte. Statt dessen wurde sie in zunehmendem Maße von Verwaltungsbeamten fast jeglicher politischer Couleur unterstützt. Sie schätzten die kostengünstigen Baumethoden der fortschrittlichen Architekten und den hohen Wohnkomfort ihrer Häuser. Einige, wie z.B. Landmann, unterstützten sogar ihre umfassenderen kulturellen Zielsetzungen. Die Tatsache jedoch, daß das Neue Bauen vornehmlich im Massenwohnungsbau und dank politischer Förderung Erfolg hatte, wurde zum Ausgangspunkt für die spätere Kontroverse über die soziale und politische Bedeutung dieser Architektur.

5 Die Auseinandersetzung um das Neue Bauen

Die fortschrittlichen Architekten verdankten ihren Erfolg in Deutschland in den späten zwanziger Jahren nicht nur staatlicher und städtischer Schirmherrschaft, sondern
auch eigenen Anstrengungen, ihre Arbeiten und Ideen bekannt zu machen. Durch eine Flut von Büchern, Flugblättern, Zeitschriftenartikeln und Vorträgen beeinflußten
sie Fachwelt und Öffentlichkeit in ihrem Sinne. Obwohl das Neue Bauen in den
zwanziger Jahren nur einen kleinen Teil des gesamten Bauvolumens ausmachte, stand
die neue Architektur sowohl in der Tages- als auch in der Fachpresse bald im Mittelpunkt des Interesses. Die öffentliche Diskussion über Arbeit und Absicht moderner
Architekten war weithin verbreitet und verhalf ihnen zu weiterer Popularität. Gleichzeitig hielt jedoch die große Publizität des Neuen Bauens die Argumente aus dem
Bauhaus-Streit lebendig und verschaffte so auch den Gegnern der neuen Architektur
Gehör in der Öffentlichkeit. Um das Jahr 1930 hatte die Auseinandersetzung zwischen Gegnern und Befürwortern des Neuen Bauens beachtliche Ausmaße erreicht.
Die Nazis erkannten allmählich die politische Brisanz dieser Kontroverse und räum-
ten der Architektur nach und nach eine wesentliche Rolle innerhalb ihrer Propaganda
ein.

In dem Bemühen, das Neue Bauen bekannt zu machen, nahmen Gropius und Taut
weiterhin eine führende Rolle ein. Jeder von ihnen veröffentlichte von 1924 bis 1930
zwei reich illustrierte Bücher und zahlreiche Aufsätze. Gropius gründete 1926 die
Zeitschrift *Bauhaus,* deren Herausgeber er auch wurde.[1] Diesen Bemühungen schlossen sich jetzt weitere Architekten an, wie z.B. Wagner und May, deren Zeitschriften
Wohnungswirtschaft, Das neue Berlin und *Das neue Frankfurt* von allgemeinem Interesse waren und ein breites Publikum fanden. Hierzu zählten auch Adolf Behne, Gropius' ehemaliger Mitarbeiter im Arbeitsrat für Kunst, und Ludwig Hilberseimer, Bau-
hauslehrer für Architektur seit 1928.[2] Mies, Mendelsohn und Hugo Häring trugen
ebenfalls mit Artikeln in Fachzeitschriften und Tageszeitungen ihren Teil bei. Diese
Versuche, den neuen Stil populär zu machen, wurden vom Werkbund tatkräftig
unterstützt. Der Werkbund wandelte sich vom Interessenvertreter verschiedenster
Architekturtendenzen zu einem Verband, der sich fast vollständig mit dem Neuen
Bauen identifizierte. Zusätzlich zu seinen Ausstellungsreihen zum Neuen Bauen gab
der Werkbund *Die Form* heraus, eine einflußreiche Zeitschrift, die sich der fortschritt-
lichen Architektur verschrieben hatte.[3] Wie *Das neue Frankfurt* (Bild 88) und *Das neue
Berlin* besaß *Die Form* ein großzügiges und attraktives Format und verwendete
Schrifttypen des Bauhauses; zum Inhalt gehörten Aufsätze zu den veschiedensten
Aspekten von Architektur, Kunst und Handwerk.

In der Absicht, ihre Position innerhalb der gesamten Architektenschaft zu stärken, gründeten Gropius, May, Taut, Wagner und etwa zwanzig andere führende Architekten unter dem Namen ,Der Ring' eine eigene Organisation. Die Mitglieder veröffentlichten in Bauzeitschriften gemeinsame Resolutionen, veranstalteten eigene Ausstellungen und stimmten im BDA gemeinsam ab; dieses Vorgehen brachte Gropius 1927 einen Vorstandsposten in dieser bedeutenden Organisation ein.[4] 1928 schlossen sich die Mitglieder des Rings mit ihren englischen, französischen und italienischen Kollegen zum ,Internationalen Kongreß für moderne Architektur' (CIAM) zusammen,

88   *Das neue Frankfurt,* Titelblatt, April/Mai, 1930

dem es mit Hilfe von Ausstellungen und Veröffentlichungen gelang, den Einflußbereich des Neuen Bauens im In- und Ausland zu erweitern.[5] Die Arbeit dieser Organisationen wurde von den nationalen Fachzeitschriften mit Interesse verfolgt und unterstützt. *Wasmuths Monatshefte, Moderne Bauformen* und *Bauwelt*, die einflußreichsten deutschen Fachzeitschriften, widmeten ihre Ausgaben bereits 1926 ausschließlich dem Neuen Bauen; von 1928 an beschäftigten sich sogar die konservativen Blätter *Deutsche Bauzeitung* und *Zentralblatt der Bauverwaltung* mit diesem Thema.

Seit dem Streit um das Bauhaus und dem Bau seines ersten Modell-Hauses in Weimar war die Arbeit von Gropius und seiner Schule von Kunstkritikern in der Presse leidenschaftlich diskutiert worden. Nach 1926 erregte das Neue Bauen mit aufsehenerregenden neuen Wohnsiedlungen und anderen Projekten sowie Veröffentlichungen und Ausstellungen der Architekten in Ring und Werkbund in der Fach- und Tagespresse noch mehr Beachtung. Trotz ihres erst kurzen Bestehens wurde das Neue Bauen schon 1927 für so wichtig gehalten, daß man ihm in der ‚Propyläen Kunstgeschichte‘, einer wissenschaftlichen Reihe zur Kunst- und Architekturgeschichte, einen ganzen Band widmete; 1929 gab der Langewiesche Verlag darüber hinaus im Rahmen seiner populären Kunstbände ‚Blaue Bücher‘ drei Bücher über moderne deutsche Achitektur heraus.[6] Die Kunstkritiker der Tageszeitungen kommentierten ausführlich jedes neu erschienene Buch und jede Ausstellung zum Neuen Bauen; die Kommentatoren von populärwissenschaftlichen Zeitschriften, wie *Der Cicerone, Die Hilfe* und *Die Glocke,* erörterten die soziale und kulturelle Dimension der neuartigen Bauten.[7] Das Neue Bauen wurde ein viel diskutiertes Thema in den Wochenend-Beilagen der Tageszeitungen und in Frauenzeitschriften, die häufig Bauhaus-Bauten und neue Wohnanlagen abbildeten und die Vorzüge der ‚neuen Wohnung‘ diskutierten.[8] In den späten zwanziger Jahren waren radikale Architekten auf Bürgerversammlungen und in Frauenvereinigungen auch als Redner sehr begehrt. Anfang 1930 übertrug man ihnen sogar die Leitung über eine sechsteilige Rundfunk-Serie.[9]
Rundfunk-Serie.[9]

Aufgrund dieser Präsenz in den Medien assoziierte man das Neue Bauen in der Öffentlichkeit schnell mit einer ‚Neuen Zeit‘ oder einem ‚Neuen Deutschland‘. In einem Vokabular für den ‚modernen‘ Mann zählte das Satire-Magazin *Uhu* den ‚Bauhaus-Stil‘ zu den für das ‚neue Zeitalter‘ typischen Begriffen. Unter der Überschrift „Nur 10 Jahre – eine andere Welt" stellte die *Münchner Illustrierte Presse* in einer Reihe von Abbildungen einen Zusammenhang her zwischen moderner Architektur, Motorradfahren und Freiluftsport.[10] Eine Sammlung von Aufsätzen zu dem Thema ‚Das neue Deutschland‘ stellte Beiträge über das Neue Bauen neben Darstellungen anderer Arbeiten der neuen ‚friedliebenden‘ Republik.[11] 1930 wurde das Neue Bauen schließlich weithin als eine Art nationaler Errungenschaft angesehen: In ihren Reiseführern drängte die Reichsbahn ausländische Touristen, die Bauhaus-Gebäude zu besichtigen, und anläßlich von Ausstellungen radikaler Architekten im Ausland feierte die deutsche Presse ihre Arbeiten als nationale Triumphe deutscher Kultur.[12]

Trotz des großen Aufsehens, das die Architekten des Rings erregten, blieb die Mehrheit der deutschen Architekten einer eher konservativen, wenn auch in Teilen gemäßigt-progressiven Richtung verhaftet und mied die öffentliche Auseinandersetzung. Etwa zur Mitte des Jahrzehnts begegneten einige Architekten, die den neuen Stil nicht akzeptierten, dem Ring mit einer Gegen-Offensive. Zu den bekanntesten aktiven Gegnern des Rings zählten Konrad Nonn, Herausgeber des *Zentralblatts der Bauverwaltung* und erster Bauhaus-Gegner von nationalem Rang, Paul Schultze-Naumburg, bekannt für seine großzügigen Landhäuser aus der Vorkriegszeit, sowie Emil Högg, Professor an der Technischen Hochschule Dresden. Sie bestritten die Ansprüche der radikalen Architekten in den Fachzeitschriften und setzten der weitverbreiteten Begeisterung für das Neue Bauen eigene Bücher und Zeitschriftenartikel entgegen. Ihr Angriffsziel war nicht die moderne Bewegung an sich, die sie im Gegenteil als schöpferische Fortentwicklung des Historismus bewunderten; sie wollten lediglich dem Anspruch des Rings als Wortführer der Moderne entgegentreten. Nonn, Högg und Schultze-Naumburg gelang es im Laufe der Zeit, eine große Zahl einflußreicher konservativer Architekten für ihre Sache zu gewinnen. Von 1925 bis 1930 führte diese Gruppe einen noch erbitterteren Feldzug gegen die Urheber des Neuen Bauens. Anfangs kritisierten sie die neuartigen Bauten aus praktischen Erwägungen, wechselten dann jedoch schnell zu einer pauschalen Abqualifizierung des Neuen Bauens nach Art des Bauhaus-Streites und bezeichneten das Neue Bauen schließlich als Produkt einer ‚un-deutschen‘ Kultur, einer proletarischen Sozialpolitik und eines ‚bolschewistischen‘ politischen Programms. Als Reaktion auf die vielfach vorgenommene Gleichsetzung von Neuem Bauen und ‚Neuer Zeit‘ entwickelten sie eine eigene Symbolsprache. Ihre eigenen Entwürfe bezeichneten sie als Ausdruck nationaler Erneuerung und einer geordneten ländlichen Gesellschaft. So setzte sich die Kontroverse um das Bauhaus in den ausgehenden zwanziger Jahren in neuer Form fort und führte zu einer Auseinandersetzung über die kulturelle und politische Bedeutung des Neuen Bauens als ganzem.

Die Vorwürfe, die die konservativen Architekten gegen das Neue Bauen erhoben, basierten zum Teil auf früheren Entwicklungen eines deutschen Kulturpessimismus, wurden aber auch durch die Ziele bestimmt, die die Architekten des Ring für ihre Arbeiten in Anspruch nahmen. Diese Forderungen gewannen in den späten zwanziger Jahren neue Bedeutung. Denn da sich die radikalen Architekten mehr und mehr mit konstruktiven Problemen des Massenwohnungsbaus beschäftigen mußten, konzentrierten sie sich stärker auf die technische Seite des Bauens und Planens. In vielen Veröffentlichungen übernahmen sie Gropius' Ansicht: „Die Zeit der Manifeste für das neue Bauen, die die geistigen Grundlagen klären halfen, ist vorüber. Es ist höchste Zeit, in das Stadium nüchterner Rechnung und exakter Auswertung praktischer Erfahrung zu treten (. . .)".[13] Gropius selbst verfuhr seit 1925 nach dieser Devise. Von da an widmete er sich in der Vielzahl seiner Vorträge und Aufsätze, vor allem gegenüber Fachleuten, Problemen wie der Organisation von Wohnanlagen nach den Kriterien maximaler Besonnung und Belüftung, maximaler Freiflächenanteile, der Suche nach ökonomischen Bauweisen und -materialien sowie den technischen Schwierigkeiten von Vorfertigung und flachem Dach.[14] In Vorträgen vor fachfremdem Publikum betonte er die materiellen Vorzüge der neuen Bautechnik und prophezeite z.B., daß eines Tages jeder sein eigenes ‚transportables‘ Fertighaus besäße.[15]

Wagner und May beschäftigten sich mit den gleichen Fragenkomplexen. Wagner hob allerdings neben der Wirtschaftlichkeit neuer Bauweisen stets auch ihre soziologischen Vorzüge hervor.[16] Bei einigen Gelegenheiten ging May sogar so weit, zu behaupten, daß Baumethoden stilbildend seien, da nur Standardisierung und Elementbauweise den für eine einheitliche Ästhetik notwendigen Formenkanon bereitstellen könnten.[17] Kurz nach Aufnahme seiner Tätigkeit für die Gehag äußerte sich Taut ebenfalls zur Frage des kostensparenden Bauens und den damit verbundenen technischen Problemen; zu dieser Zeit legte er mehr als bisher Wert auf sein Prinzip, daß der Architekt sowohl Soziologe, Ökonom und ernsthafter Wissenschaftler als auch Künstler sein müsse.[18]

Die Probleme flächensparender Grundrisse und technischer Ausstattungen, die Taut unter dem Titel *Die neue Wohnung* bereits angesprochen hatte, standen für alle Architekten des Rings im Mittelpunkt, besonders für May, der diesen Themen drei Ausgaben seiner Zeitschrift *Das neue Frankfurt* widmete.[19] Die Diskussion technischer Probleme beschränkte sich nicht auf Einfamilien- oder Mehrfamilienhäuser, denn Gropius, Hilberseimer, Wagner und May äußerten sich häufig auch zu Problemen wie der Organisation von Massenverkehrsmitteln und Problemen der Rauchkontrolle bei Industrieansiedlungen.[20] Allen gemeinsam war das Interesse an einer ganzheitlichen Stadtplanung.

Diese eingehende Auseinandersetzung mit praktischen Problemen bedeutete jedoch nicht, daß die Ring-Architekten in ihrem Einsatz für die Idee einer neuen Ästhetik als Ausdruck einer neuen Gesellschaft und Kultur nachließen. Gropius und Taut waren nach wie vor der Meinung, daß die neuen Formen eine ‚geistige‘ Bedeutung in sich trügen und das Neue Bauen durch die Verbindung von Kunst und Industrie ein Modell für Kooperation und Synthese in Gesellschaft und Kultur sein könnte.[21] Unter dem Einfluß dieses Gedankenguts gab der Ring kurz nach seiner Gründung eine öffentliche Erklärung ab, in der er seine Zielsetzung folgendermaßen umschrieb: „(...) gemeinsam der großen internationalen Bewegung dienen, die bestrebt ist, unter bewußtem Verzicht auf die leergewordenen Formen der Vergangenheit die Bauprobleme unserer Zeit mit den Mitteln der heutigen Technik zu gestalten und den Boden für eine Baukultur der neuen Wirtschafts- und Gesellschaftsepoche zu bereiten.“[22] Ähnliche Ansichten bewegten die Zeitschriften und Organisationen, die das Neue Bauen propagierten: Das Hauptziel der Zeitschriften *Das neue Frankfurt* und *Das neue Berlin* bestand darin, die gegenseitige Abhängigkeit von Kunst, Kultur und Gesellschaft aufzuzeigen; ihrem Beispiel folgte auch *Die Form*. In ihrer ersten Ausgabe von 1925 kündigte der Werkbund seine Mitarbeit an, „auf der Grundlage der neuen Gegebenheiten zu einer Neugestaltung und Neuordnung des wirtschaftlichen, sozialen und geistigen Lebens zu gelangen".[23]

Das Interesse an der Lösung praktischer Probleme, das die radikalen Architekten öffentlich äußerten, in Verbindung mit der Betonung der sozialen und kulturellen Rolle der Architektur, führte auf seiten der Kommentatoren zu Interpretationen des Neuen Bauens, die die Mehrheit der Ring-Architekten nicht beabsichtigt hatten. Selbst positiv eingestellte Kritiker sahen im Neuen Bauen nicht mehr als eine Reaktion auf rein technische bzw. planerische Probleme und unterstellten den Ring-Architekten die Absicht, die Kunst der Technik und den praktischen Bedürfnissen der Bevölkerung unterordnen zu wollen. Durch die Veröffentlichungen einiger einflußreicher Kommentatoren wurde der neue Baustil unter den Begriffen ,Funktionalismus' bzw. ,Zweckmäßigkeit' und ,die neue Sachlichkeit' bekannt. Die allgemeine Anerkennung dieser Deutung stützte die These konservativer Kreise, die ,neue Gesellschaft', die das Neue Bauen widerzuspiegeln behauptete, sei eine mechanistische, materialistische Gesellschaft, frei von allen traditionellen ,deutschen' Werten.

Wahrscheinlich war Emil Utitz, ein junger Kunstgeschichtsprofessor aus Halle, der erste, der das Neue Bauen als ,Funktionalismus' deutete. Bereits 1923, noch bevor sich die radikalen Architekten zu bautechnischen und stadtplanerischen Problemen äußerten, hatte Utitz die neuen Wohnanlagen zum Beispiel von Gropius und Haesler als zweckmäßig und sachlich beschrieben und die Behauptung aufgestellt, das Neue Bauen sei hinsichtlich seines Ansatzes, kurze Wege und größtmöglichen Komfort zu realisieren, von modernen Fabrikanlagen inspiriert.[24] Zu den ästhetischen Qualitäten des Neuen Bauens äußerte er sich nur dahingehend, daß Einfachheit und Nüchternheit der neuen Formensprache die Alltagswelt ,ausdrückten'. Obwohl er die gesellschaftliche Relevanz der Projekte radikaler Architekten bewunderte, hielt er diesen „Stil der Arbeit" für unzureichend. „Es fehlt der Stil ruhiger Festlichkeit, Vornehmheit, der müßigen Stunde der Erholung, des Lebens, wenn die Arbeit schläft." Ernst von Niebelschütz, der prominente Kunstkritiker der *Magdeburgischen Zeitung*, griff diese Argumente auf und beschrieb 1924 die ersten Bauten im neuen Stil als ,Zweckbauten', ohne Rücksicht auf emotionale Bedürfnisse. Ähnlich äußerte sich Paul Westheim, der als Herausgeber der Zeitschrift *Das Kunstblatt* viel zur Förderung expressionistischer Kunst beigetragen hatte. In einem geringschätzigen Artikel der Zeitschrift *Die Glocke* bezeichnete er den neuen Stil als neue Romantik des Ingenieurs und der Maschine.[25]

Diese Einschätzung das Neuen Bauens gewann 1925 mit Adolf Behnes *Der moderne Zweckbau* weitere Popularität. Behne war nicht nur ein bekannter Architekturkritiker, sondern den radikalen Architekten auch von Anfang an eng verbunden und galt daher als ihr Sprecher. Sein Buch verfolgte die Entwicklung der ,funktionalen' und ,praktischen' Architektur von den progressiven Industrie- und Verwaltungsgebäuden zu Beginn des Jahrhunderts bis zu den zeitgenössischen Arbeiten von Gropius, Mendelsohn, Mies van der Rohe und ähnlichen Ansätzen im Ausland. Die

Arbeit der deutschen Architekten bezeichnete er dabei als die beste Anwendung von Sullivans Formel "form follows function".[26] Obwohl Behne warnte, daß es ein „Irrtum [wäre], in den Funktionalisten Utilitaristen zu sehen"[27], unterstrich auch er die Bedeutung effizienter Planung und industrieller Fertigung für die neue Architektur. Er verglich die Gebäude sogar häufig mit Maschinen und nannte z.B. Mendelsohns Fabrik in Luckenwalde „eine Gestalt, die den Funktionen des Betriebes, dem Produktionslauf, so unmittelbar folgen und entsprechen soll, wie es die Glieder einer Maschine tun".[28]

Gustav Platz, Autor des besagten Bandes der Propyläen Kunstgeschichte, und weitere Kritiker nach ihm, lehnten sich eng an Behnes Interpretation an. Platz lobte das Interesse der radikalen Architekten an funktionaler Planung als eine „Kulturtat", sah ihren wichtigsten Beitrag jedoch in der Hebung des Lebensstandards. Er beschrieb die moderne Wohnung als „Mechanisierung des Bauens" und betrachtete das Neue Bauen im wesentlichen als Produkt moderner Technologie.[29] Diese Ansicht teilte 1929 Gustav Hartlaub, der Direktor der Mannheimer Kunstgalerie. Hartlaub, einer der einflußreichsten Förderer moderner Kunst in Deutschland, nannte die radikalen Architekten „die Ingenieure von heute", deren höchstes Ziel darin bestehe, dem Bürger „würdigen Raum für Wohnung, Arbeit und Feier zu schaffen, seinen Bedürfnissen zu dienen".[30]

Auf diese Weise wurde das Neue Bauen von vielen einflußreichen Kritikern in Deutschland primär als Antwort auf technische und soziologische Fragen angesehen. Behne und Platz sahen darin die Glorifizierung eines neuen technischen Zeitalters; Utitz und Hartlaub erkannten ein neues Interesse am materiellen Wohlergehen breiter Bevölkerungsschichten. In diesem Sinne wurde der Begriff ‚neue Sachlichkeit' in der Regel verwendet.[31]

Auf der anderen Seite gab es natürlich auch etliche Kommentatoren, die die neuen Formen aus ästhetischen Gründen schätzten und darin nicht nur ein Nebenprodukt von Funktion oder Konstruktion sahen. Sowohl der prominente, junge Kunsthistoriker Alexander Dorner als auch Max Osborn, der hervorragende Kritiker der *Vossischen Zeitung*, bewunderten die neue Formensprache der radikalen Architekten, die laut Osborn eine Geometrie von wunderbarer Präzision entstehen ließ und nach Dorner dem Raum eine eindeutige Struktur verlieh.[32] Diese Einschätzung erfuhr durch Walter Müller-Wulckow, dem Autor der Blauen Bücher zur modernen Architektur, eine große Verbreitung. Nach seiner Meinung war das Neue Bauen bestimmt von „einem gefühlsstarken Verlangen nach reinen Formen, das tiefer in die Idee und das Wesen einer Sache eindringt als bloßer Schmuckbetrieb es je vermochte. So seltsam es zunächst klingen mag: diese klar disponierten und konstruierten Bauten sind Verkörperungen einer metaphysischen Sehnsucht. Das Maschinenzeitalter spiegelt in seinen Schöpfungen eine neue Phantastik des Geistes und Mystik der Seele (. . .)".

Für Müller-Wulckow war dieses Verlangen nach reinen Formen „der Wille unserer Generation zur Sachlichkeit".[33] Er benutzte den Begriff also in einem beinahe widersprüchlichen Sinne: Er verstand darunter das Interesse an einer Realität des Wesentlichen im Gegensatz zu Chaos und Bedingtheit des alltäglichen Lebens. In seiner Interpretation des Neuen Bauens, vor allem als abstrakte Form und erst an zweiter Stelle als Angelegenheit funktioneller Planung und maschineller Technologie, traf Müller-Wulckow eher als Platz oder Hartlaub die wahren Intentionen von Gropius und Taut. Seine Interpretation entsprach am ehesten der tatsächlichen Entwicklung des neuen Stils in Deutschland. Aufgrund der zahlreichen Veröffentlichungen der Ring-Architekten über ihre konstruktiven und planerischen Experimente in den späten zwanziger Jahren beschränkten sich sowohl in Deutschland als auch im Ausland Deutungsversuche jedoch ausschließlich auf technische Aspekte, eine Interpretation, die fast bis auf den heutigen Tag vorherrschend blieb.[34]

Viele Kritiker lehnten daher die Ring-Architekten aus praktischen Erwägungen ab. Die erste umfassende Kritik an den von den radikalen Architekten eingeführten neuen Baumethoden wurde in *ABC des Bauens* vorgenommen, einer Sammlung von „guten und altbewährten" Baumethoden, die 1926 von Paul Schultze-Naumburg veröffentlicht wurde. Vor dem Krieg war Schultze-Naumburg einer von Deutschlands angesehensten Architekten gewesen, bekannt durch seine Landhäuser im ‚Biedermeier'-Stil und eine Reihe von bedeutenden Aufsätzen zur Innenraumgestaltung.[35] Seine Vorkriegsbauten setzten durch einfache und klar gegliederte Formen einen neuen Maßstab im Wohnungsbau und machten ihn zu einem der Führer der fortschrittlichen Bewegung. Nach dem Kriege wurden Aufträge für größere Wohnhäuser jedoch seltener, und unter dem Einfluß radikaler Architekten geriet der Historismus in Mißkredit. So konnte Schultze-Naumburg 1926 die Vormachtstellung unter den deutschen Architekten, die er sich vor dem Krieg erworben hatte, nicht länger halten; seine Arbeiten wurden kaum noch bekannt. Seine Verteidigung von „guten und altbewährten" Baumethoden stand am Anfang einer langen Reihe von Veröffentlichungen, in denen er das Ansehen, das die progressive historisierende Architektur in der Vorkriegszeit genossen hatte, wiederherzustellen versuchte. Durch diese Schriften wurde er schließlich zum führenden Gegner des Neuen Bauens in Deutschland und zum Sammelpunkt weiterer konservativer Architekten. Ende der zwanziger Jahre ging Schultze-Naumburg dem Neuen Bauen gegenüber zu emotionalen Angriffen und sogar Beschimpfungen über, die ihm die Unterstützung der Nazis eintrugen. Zu Beginn der dreißiger Jahre avancierte er zum Sprachrohr der Nazis in Architekturfragen. Obwohl die Nazis weiterhin seine Argumente zu Propagandazwecken benutzten, unterstützten sie nach der Machtergreifung 1933 seine Arbeit nicht mehr. Schließlich wurde Schultze-Naumburg als Kritiker nicht länger ernstgenommen und auch von den Nazis fallengelassen, ein Schicksal, das er mit vielen anderen konservativen Befürwortern des Nationalsozialismus teilte.

ABC des Bauens war dem ersten Anschein nach ein Begriffswörterbuch der Architektur, in allgemein verständlicher Sprache verfaßt und damit sowohl für den Laien als auch für den Fachmann gedacht. In Wirklichkeit wurde aber fast unter jedem Stichwort eine der von den radikalen Architekten eingeführten Baumethoden diskutiert und zu ihren Ungunsten mit älteren Methoden verglichen. In alphabetischer Reihenfolge von „Ersatzbauweise" über „Fabrikmäßige Herstellung von Häusern" bis zu „Flachdach" und „Sparbauweise" betonte Schultze-Naumburg, daß diese Bautechniken bisher nicht erprobt, wenig dauerhaft und von mangelhafter Qualität seien. Er führte aus, daß derartige Ideen, trotz ihrer weiten Verbreitung, noch niemals in der Praxis geprüft worden seien. Diejenigen, die diese Methoden propagierten, seien fast immer Männer mit sehr wenig Fachwissen und mangelnder Berufserfahrung.[36]

Gegen Ende des Jahres 1926 führte Schultze-Naumburg diese These noch weiter aus. In diesem Jahr beteiligte er sich nämlich an der Auseinandersetzung um das Flachdach. Im Mai 1925 hatte die Fachzeitschrift *Bauwelt*, die der Arbeit der radikalen Architekten schon positiv gegenüberstand, eine Reihe von Aufsätzen von Gropius und anderen modernen Architekten des Auslands über Verwendungsmöglichkeiten und Konstruktion des flachen Daches veröffentlicht. Im Februar 1926 erschien in der weit konservativeren *Deutschen Bauzeitung* ein umfassender Angriff auf das flache Dach des Dresdner Oberbaurats Kurt Hager; nach einer Erwiderung von Gropius an gleicher Stelle veröffentlichte die Zeitschrift Schultze-Naumburgs Antwort auf Gropius.[37] Hager behauptete, das flache Dach gewährleiste keine ausreichende Abführung von Regen- und Schmelzwasser. Nach seiner Überzeugung war nur das geneigte Dach für das deutsche Klima geeignet. Das flache Dach sei nur in südlichen Ländern sinnvoll und von seinem Wesen her ‚orientalisch'. Nachdem Gropius darauf verwiesen hatte, daß das flache Dach bereits eine über hundertjährige Tradition in Deutschland habe, konterte Schultze-Naumburg mit dem Argument, daß zwischen der Einführung des Flachdachs und „dem Verfall der guten Bautraditionen im Laufe des 19. Jahrhunderts" eine Verbindung bestände. Zu jener Zeit sei das Flachdach Ausdruck einer Tendenz innerhalb der industrialisierten Gesellschaft gewesen, nicht „so schön und so gut wie möglich, sondern lediglich so billig wie möglich" zu bauen. Flachdächer seien mit dem Wiederaufleben gesunder Baumethoden vor dem Krieg in den Hintergrund gedrängt worden, und ihre Wiedereinführung sei lediglich eine Laune im Namen moderner Ästhetik. Wie Hager, war auch Schultze-Naumburg der Meinung, das flache Dach sei für das Klima und die Sitten Deutschlands ungeeignet. Er fügte hinzu, daß man es „sofort als das Kind eines anderen Himmels und eines anderen Blutes" erkenne. Damit nahm er die rassistische Interpretation von Architektur vorweg, die zwei Jahre später zu seinem ständigen Repertoire gehörte. In den späten zwanziger Jahren schloß sich Konrad Nonn den Aposteln der ‚gesunden Baumethoden' an. 1927, im letzten Jahr seiner Tätigkeit als Herausgeber des *Zentralblatts der Bauverwaltung*, veröffentlichte Nonn eine Reihe von Artikeln über die neuen Bauhausbauten, in denen der Versuch unternommen wurde, nachzuweisen, daß Gropius' Vorliebe für flache Dächer und große Glasflächen ganz und gar unpraktisch sei und seinem handwerklichen Anspruch zuwiderliefe.[38] Indem die Artikel Nonns früher geäußerte Behauptungen, die Arbeit des Bauhauses sei ein „Verbrechen gegen den Staat und die Zivilisation", nochmals aufgriffen, kamen sie im wesentlichen zu dem gleichen Schluß wie Schultze-Naumburg: Der „Zweck wird zugunsten einer Geschmackslaune geradezu vergewaltigt, es wird das Gegenteil dessen erreicht, was man sonst als ,modernen Zweckbau'" bezeichnet. Dieser Artikelserie über das Bauhaus ließ Nonn Angriffe auf die ,unpraktische' Konstruktion der Wohnanlagen in Praunheim, Törten und Weißenhof folgen, die von der Reichsforschungsgesellschaft im Zuge ihres Programms zur Entwicklung neuer Baumethoden bezuschußt worden waren.[39]

Nonns spätere Artikel erschienen nicht mehr im *Zentralblatt*, sondern in der *Deutschen Bauhütte,* einer von Hannoveraner Baubeamten herausgegebenen Architekturzeitschrift. Nachdem das *Zentralblatt* seine Grundtendenz geändert hatte, blieb die *Deutsche Bauhütte* das einzige Fachblatt, das das Neue Bauen kontinuierlich und heftig bekämpfte. Diese Angriffe lassen sich bis in das Jahr 1924 zurückverfolgen, als H.A. Waldner, einer der Herausgeber, die durch das Bauhaus betriebene Industrialisierung des Bauens kritisierte und davor warnte, daß der Einsatz industriell gefertigter Teile im Wohnungsbau den Bauberufen eine Massenarbeitslosigkeit bescheren würde.[40] Gegen Ende der zwanziger Jahre wurden die Anschuldigungen immer zahlreicher und gemeiner. 1929 bestand eine ganze Ausgabe dieser Zeitschrift aus Abbildungen von Rissen in der Siedlung Törten. 1930 veröffentlichte die Zeitschrift zwei Bücher mit ähnlicher Zielsetzung: *Reform-Bauweisen für Siedlungs-Verbilligung* und *Bausünden und Baugeld-Vergeudung.*[41] Das eine enthielt eine ausführliche Analyse von Konstruktionsmängeln in Törten, das andere enthielt Abbildungen von Rissen, abblätternder Farbe, feuchtigkeitsbedingter Streifen und verrosteter Armaturen in Törten, Praunheim und Weißenhof.

Diese Vorwürfe fanden den Beifall vieler Bauhandwerker, besonders jener, die mit dem Einsatz von flachen Dächern und Stahl- oder Betonkonstruktionen Arbeit verloren hatten bzw. gezwungen waren, neue Arbeitsweisen zu erlernen. Nonns Artikel gegen das Bauhaus rief Reaktionen beim Innungs-Verband deutscher Baugewerksmeister, der in den am Bauhaus gelehrten Techniken eine schwerwiegende Beleidigung des gesamten deutschen Handwerks sah, und beim Reichsverband der deutschen Dachdecker hervor.[42] Die Dachdecker zählten innerhalb der Bauberufe zu den aktivsten Gegnern des Neuen Bauens. 1926 veröffentlichte ihre Verbandszeitschrift mehrere Artikel als Antwort auf die *Bauwelt*-Serie über das flache Dach. Eine ganze Ausgabe war den Vorzügen des geneigten Dachs, des sogenannten ,deutschen Dachs', gewidmet.[43] Unter der Überschrift „Flache Dächer, flache Köpfe" attackierte die *Dachdecker-Zeitung* die „Schweinerei", flache Dächer im Wohnungsbau zu verwenden und beschuldigte die betreffenden Architekten, die deutsche Landschaft mit einem fremden Bautyp zu stören.[44] Ähnliche Klagen erschienen in den Blättern der Maurer und der Ziegelfabrikanten, die den Einsatz von Stahlrahmen und Beton kritisierten. Die Gewerkschaftsorgane der Zimmerleute und der Steinmetze wandten sich gegen die Verwendung künstlicher Baumaterialien in den neuen Wohnsiedlungen.[45] Die

Angst dieser Handwerker war weitgehend unbegründet, denn Bauten aus Stahl- oder Betonrahmen bildeten nur einen sehr geringen Teil des gesamten Bauvolumens in Deutschland, und obwohl flache Dächer im modernen Wohnungsbau weit verbreitet waren, wurden die Arbeiten daran doch von Mitgliedern der Dachdeckerinnungen und -gewerkschaften ausgeführt. Die Einführung neuer Bauweisen lieferte den Bauberufen jedoch eine plausible Erklärung für die Arbeitslosigkeit in ihren Reihen, besonders in den ersten Jahren der Wirtschaftskrise.

Die Kritik an den Baumethoden der Ring-Architekten erweckte trotz ihrer Beliebtheit bei unzufriedenen Architekten und Handwerkern über diese hinaus nie großes Interesse. Erst mit der Übernahme von Argumenten aus dem Weimarer Streit fanden die Gegner des Neuen Bauens ein breiteres Publikum. Die bekanntesten und berüchtigtsten Argumente finden sich bei Emil Högg und in Schultze-Naumburgs späteren Schriften. Neben der Behauptung, der neue Stil sei unpraktisch, verurteilten beide die radikalen Architekten aufgrund ihres Interesses an technischen Fragestellungen. Högg und Schultze-Naumburg verbanden soziologische und kulturelle Bedenken gegen das ‚industrialisierte' Bauen zu einer nationalistischen und rassistischen Architekturtheorie, die sich auf theoretischer Ebene für eine historisierende Architektur einsetzte.

Den ersten bedeutenden derartigen Angriff unternahm Emil Högg, damals Architekturprofessor in Dresden, im Herbst 1926. Der Anlaß war eine Rede Höggs vor einem Kongreß des Verbandes deutscher Architekten- und Ingenieur-Vereine, die als Antwort auf die öffentlichen Erklärungen des Rings gedacht war.[46] Högg verurteilte die neuen Konstuktionsmethoden nicht nur, weil ihr Standard dürftig sei. Er erklärte vielmehr, daß die Verwendung standardisierter Teile und Pläne im „menschenunwürdigen Massenwohnblock und Familienspeicher (...) Entwurzelung, Verpöbelung, seelische Verarmung" hervorrufen würde. Högg wies nachhaltig darauf hin, daß die Abkehr von Traditionen eine verheerende Wirkung habe. Er behauptete, daß die Ring-Architekten in ihrer grenzenlosen Begeisterung für das Neue eine „Verworrenheit und Sprunghaftigkeit in den künstlerischen Absichten, eine Unsicherheit in ihrer Durchführung" zeigten, „die (...) zu dem geistigen Zustande des Deutschlands von heute paßt". Wie schon andere Bauhausgegner vor ihm, kam er zu dem Schluß, daß der Bruch mit der Vergangenheit und die Entwicklung einer völlig neuen Ästhetik den Beginn einer ‚bolschewistischen' Architektur bedeuteten.

Nach dieser Darstellung einer die Kultur und Gesellschaft zerstörenden Architektur zeichnete Högg das Bild einer ursprünglichen ‚deutschen' Architektur, einen „großen einheitlichen Zug der Vorkriegskunst", vertreten durch Messel, Theodor Fischer, Bonatz und Fritz Schumacher, die seiner Meinung nach die alten Traditionen deutscher Architektur aufgenommen und weiterentwickelt hatten. Für diese Architektur „auf der Grundlage eines deutschen Volkstums" standen seiner Überzeugung nach noch Männer wie Fritz Höger und Paul Schmitthenner, ihre Anschauungen würden jedoch bedroht von „einer wesensfremden Gesinnung (...), ein gefährlicher, ein tödlicher

Geist, denn er will uns unser Bestes morden, die deutsche Seele". Sein Eintreten für die traditionelle deutsche Architektur der vorindustriellen Zeit veranlaßte Högg, in seinem Vortrag auch die Verstädterung am Beispiel der neuen Wohnsiedlungen anzuprangern. „Wir wollen los (. . .) vom Wolkenkratzer, los vom Asphalt und zurück zum grünen deutschen Boden!" Das antistädtische Element wurde in Höggs Rede 1926 nur kurz erwähnt, später wurde dieses Thema jedoch zu einem Kristallisationspunkt der Angriffe gegen die neue Architektur.

Högg erregte mit seiner Rede über Fachkreise hinaus weithin Aufsehen. Der Text wurde von den Fachzeitschriften, die das Neue Bauen schon vorher abgelehnt hatten, nachgedruckt bzw. auszugsweise wiedergegeben. Högg selbst hielt die Rede in nahezu unveränderter Form noch bei verschiedenen anderen Anlässen.[27] Die führende Rolle innerhalb der Opposition gegen das Neue Bauen fiel allerdings Schultze-Naumburg zu, der die von Högg vorgetragene nationalistische Argumentation in rassistische Begriffe kleidete, die in den späten zwanziger Jahren von den Gegnern des neuen Stils übernommen wurden. Die Überzeugung, daß Kunst rassische Eigenheiten widerspiegele, wurde in Deutschland erst um 1926 populär, obwohl diese Vorstellung bereits vor dem Kriege unüberhörbar deutlich geäußert worden war. In jenem Jahr veröffentlichte Hans F.K. Günther sein umstrittenes Buch *Rasse und Stil*, und ebenfalls zu dieser Zeit, möglicherweise unabhängig voneinander, beschrieben sowohl Schultze-Naumburg als auch der Hannoveraner Baurat Albrecht Haupt das geneigte Dach als Teil der deutschen rassischen Physiognomie.[48] Schultze-Naumburg konzentrierte sich 1928 ganz auf diese Argumentation und veröffentlichte in kurzem Abstand *Kunst und Rasse*, eine Abhandlung, die nachzuweisen versuchte, alle Künste, auch die Architektur, ließen eine rassische Zugehörigkeit erkennen, und *Das Gesicht des deutschen Hauses*, eine Analyse der Beziehungen zwischen ‚deutscher Rasse' und ‚deutschem Haus'.[49]

In *Kunst und Rasse* versuchte Schultze-Naumburg zu belegen, daß die moderne Kunst und Architektur in Deutschland einen kulturellen Niedergang widerspiegele, der biologisch begründet sei. Dieses Argument wurde zunächst in einem teilweise von Günther stammenden Abschnitt über Malerei geäußert und erst danach auf die Architektur bezogen. Schultze-Naumburg leitete seine Ausführungen mit der These Günthers ein, jeder Künstler porträtiere sich selbst, und seine rassische Herkunft sei daher an seinen Bildern abzulesen. Er führte Beispiele verzerrter und halb-abstrakter Darstellungen des menschlichen Körpers in Kubismus und Expressionismus an und verglich sie mit Fotografien von Menschen mit verschiedenen physischen und psychischen Krankheiten, die seiner Meinung nach den Bildern ähnelten. Aus diesen Übereinstimmungen schloß er jedoch nicht auf eine bestimmte rassische Zugehörigkeit des Malers, sondern auf seinen physischen und psychischen Verfall. Er nannte sie die „Unschöpferischen, die Gestalt- und Farblosen, die Halb- und Viertelmenschen, die Schönheitsarmen und deshalb auch nicht Schönheitsdurstigen, die unserer Zeit ihren Stempel aufdrücken".[50] Er ging sogar soweit zu behaupten, ihre Kunst sei nicht nur der Ausdruck des Verfalls, sondern sogar seine Ursache. Nach seiner Meinung bestand die größte Aufgabe des Künstlers darin, „seiner Zeit Ziele zu zeigen, das Wunschbild sichtbar zu machen, damit das ganze Volk die Schönheit erkenne und ein Wettlauf beginne, ihr nachzustreben und ihr ähnlich zu werden".[50a] Er deutete an, daß das Wunschbild der modernen Maler verantwortlich sei für die verschiedensten Gebrechen des deutschen Volkes.

Um diesen Gedanken auf die Architektur zu übertragen, erklärte Schultze-Naumburg: „Häuser haben Gesichter wie Menschen und sie tragen in ihnen einen ganz bestimmten Ausdruck zur Schau". Bis zu Goethes Tod sei das ‚Gesicht‘ der deutschen Architektur „im hohen Grade harmonisch [gewesen], und es scheinen aus ihm überall die Züge von aufrechten, festen und wahrhaftigen Persönlichkeiten herauszublicken".[51] Seit dieser Zeit sei die Architektur jedoch in einem Niedergang begriffen, dessen Endpunkt mit dem Werk der radikalen Architekten markiert sei, das „überwiegend Unklarheit, Zerissenheit und Häßlichkeit zeigt und die Vorstellung von gänzlich anders gearteten und auch anders aussehenden Menschen fordert".[52] Schultze-Naumburg leugnete, daß dieser Wandel in der Architektur in erster Linie durch soziale oder politische Veränderungen hervorgerufen würde, obwohl sie natürlich eine gewisse Rolle gespielt hätten. Desgleichen lehnte er die Interpretation Spenglers und anderer ab, die behaupteten, die Veränderung sei auf einen natürlichen kulturellen Verfall zurückzuführen.[53] „Gerade die Biologie bedeutet hier bei der Untersuchung die sicherste Führerin" zum Verständnis der Existenz zwei verschiedener Architekturstile. Er schrieb weiter, die Biologie würde „zugeben, daß die Kunstbetätigung durchaus echter Ausdruck bleibt, sie aber eben nur der Ausdruck von *anderen* Menschen ist, als sie vor kurzer Zeit in Deutschland das Gesamtbild bestimmten".[54] Der ‚Niedergang‘ der deutschen Architektur war daher nach Schultze-Naumburg das Ergebnis eines rassischen Verfalls des deutschen ‚Volks‘, ein Prozeß, dessen Ursprünge er in der Industrialisierung des 19. Jahrhunderts sah, als der ‚minderwertige‘ Teil der Bevölkerung zuungunsten des ‚wertvollen‘ Teils zugenommen hatte. Diese Gefahr sei erst im Krieg deutlich geworden, in dem „die Mutigsten, Tüchtigsten und Edelsten" getötet worden seien; darauf sei ein Zuzug von Fremden erfolgt, „die ein anderes geistiges Prinzip und wohl auch ein anderes körperliches mit sich bringen".[55]

In *Das Gesicht des deutschen Hauses* erläuterte Schultze-Naumburg detaillierter, in welcher Form sich die Architektur an Rasse und Kultur orientiere. Das Buch verglich Wohnhäuser des Neuen Bauens mit älteren Baustilen und versuchte, auf diesem Wege zu belegen, daß die moderne Architektur eine Bedrohung des deutschen Volkes darstelle. Schultze-Naumburg illustrierte seinen Text mit Abbildungen von Häusern, die seinen eigenen frühen Entwürfen bzw. denen Tessenows und Schmitthenners ähnelten. Er bezeichnete sie als ‚deutsche‘ Häuser und behauptete, sie trügen zu einer nationalen und rassischen Identität bei. „Bei dem deutschen Wohnhause", schrieb er, „hatte man das Gefühl, es sei aus dem Boden gewachsen, gleichsam wie eines seiner natürlichen Erzeugnisse, wie ein Baum, der alle seine Wurzeln tief in das Innere des Bodens senkt und zu einer Einheit mit ihm verwächst. So konnte die Vorstellung der Heimat, des Verbundenseins mit Blut und Erde entstehen; für eine Art Menschen, nicht die schlechteste, die Bedingung ihres Lebens und der Sinn ihres Daseins."[56] Das städtische Wachstum habe solche Häuser aus den Städten verdrängt, sie seien nur noch in Dörfern und Kleinstädten zu finden, wo sie der Form des Dorfes und der Landschaft ein „deutsches Gesicht" gäben.

Dem ,deutschen' Haus stellte Schultze-Naumburg die Wohnanlagen der radikalen Architekten gegenüber. „Tritt man vor die heute oft so laut angepriesenen Häuser, so beschleicht einen allerdings die Vorstellung, daß sie irgendwo angefertigt und irgendwo durch einen Boten abgestellt wären und genau so gut irgendwo anders stehen könnten (. . .). Es sind wirklich stationäre Schlafwagen geworden (. . .). Tatsächlich gehen diese Bestrebungen ja auch überwiegend von den Nomaden der Großstadt aus." Diese Nomaden hätten das Gefühl für Heimat verloren und sähen im Haus kein Erbe, keinen Familiensitz mehr.[57] Durch die Reduktion auf „die Geschäfte des Schlafens, Essens und Trinkens" führten solche Pläne nach Schultze-Naumburg zu dem Ergebnis, daß „das gesamte Leben auf rein materialistische Deutung gestellt ist". Er gab vor, daß dieser ,Materialismus' den Versuch darstelle, die deutsche Kultur zu zerstören, „daß für alle, die an ihrer deutschen Herkunft, an ihrem Heimatboden und dessen ererbtem Kulturbesitz hängen, die drohende Vergewaltigung des deutschen Gesichtes eine furchtbare Gefahr bedeutet. Wir fühlen etwas Unersetzliches absichtlich oder fahrlässig dem Untergang ausgesetzt, während als Ersatz eine entseelte, entgötterte und mechanische Welt aufzusteigen droht, in der das Leben seinen innersten Sinn verloren hat."[58] Allein das ,deutsche Haus' mit seinem ,Sinn für die Beziehung zwischen Haus und Landschaft' und seiner Einstufung der Technik hinter ,Schönheit und Phantasie' konnte seiner Meinung nach als Bollwerk gegen rassischen und kulturellen Niedergang dienen.

Schultze-Naumburgs Ideen fanden unter den Architekten immer mehr Zustimmung. 1928 konnte er in Konkurrenz zum Ring eine Organisation unter dem Namen ,Block' gründen. Obwohl der Block als Gruppe nicht besonders aktiv war, gehörten ihm u.a. die Professoren Paul Schmitthenner und German Bestelmeyer an, zwei der einflußreichsten Architekten Süddeutschlands. Schmitthenner hatte einen Lehrstuhl für Architektur an der bedeutenden Stuttgarter Technischen Hochschule, und Bestelmeyer, der in München lehrte, war darüber hinaus Präsident der Münchner Kunstakademie. Von 1930 an beschäftigte sich Schmitthenner in der Württembergischen Presse eingehender mit den Argumenten Schultze-Naumburgs. 1931 veröffentlichte er *Das deutsche Wohnaus,* eine polemische Auseinandersetzung mit der ,Wohnmaschine', illustriert mit eigenen Entwürfen, die seiner Ansicht nach ein deutsches ,Gesicht' hatten.[59] Ungefähr ab 1929 erschienen Schultze-Naumburgs Thesen auch in rechts-orientierten Zeitungen, meistens jedoch unter Verwendung des Begriffs ,Bolschewismus', der sich in seinen eigenen Texten nicht fand. Trotz seiner Äußerung „es war ein Unsegen, daß gerade die politische Vertretung des Volksteils, den man den vierten Stand nennt, die Irrlehre von der Gleichheit des Menschen aufgenommen hat"[60], hatte er sich kaum um politische Fragen gekümmert und sich hauptsächlich mit den Beziehungen zwischen Kultur und Rasse beschäftigt.

Obwohl Leute wie Högg gelegentlich den Begriff ‚Bolschewismus‘ verwendeten, lebten die erstmals im Streit um das Bauhaus erhobenen politischen Vorwürfe erst in den Schriften des konservativen Schweizer Architekten Alexander von Senger wieder auf.[61] In zwei sinistren Traktaten aus den Jahren 1928 und 1931, *Krisis der Architektur* und *Die Brandfackel Moskaus*, verband Senger den Terminus ‚Kunstbolschewismus‘ mit Schultze-Naumburgs rassistischem Gedankengut zu einem umfassenden Angriff auf den sogenannten ‚Baubolschewismus‘.[62] Die Quintessenz beider Bücher bestand in der Behauptung, daß das Neue Bauen das Werkzeug einer internationalen kommunistischen Verschwörung gegen die europäische Kultur und ‚nordische‘ Rasse sei. In *Krisis der Architektur* bezeichnete er Le Corbusier und dessen Zeitschrift *L'Esprit Nouveau* als führende Agenten dieser Verschwörung; sein Buch fand jedoch in Frankreich und in der Schweiz kaum Anklang.[63] In Deutschland wurden seine Thesen dagegen so populär, daß Senger in einer Überarbeitung dem Neuen Bauen in Deutschland mehr Aufmerksamkeit widmete. Seine neuen Arbeitsergebnisse veröffentlichte er im Herbst 1930 in einer Folge von Aufsätzen.[64] *Die Brandfackel Moskaus* stellte ebenfalls die deutsche Architektur sowie die deutschen Architekten in den Mittelpunkt. Sengers Veröffentlichungen führten in den Streit um das Neue Bauen eine Darstellungsform wieder ein, die bereits von einigen Weimarer Bauhaus-Gegnern verwendet worden war und auch für die Nazi-Propaganda typisch werden sollte: das Erfinden von Zitaten oder ihre sinnentstellende Verwendung außerhalb ihres Textzusammenhangs und das Ineinanderweben von Andeutungen und Beschuldigungen.

„Es ist bekannt“, schrieb Senger, „daß der Kommunismus seine Tscheka-Agenten unter harmlosen Bezeichnungen wie ‚Handelslegationen‘ in fremde Staaten einschmuggelt und seine Lehren durch ‚künstlerischen‘ Film verbreitet. Auch die Bewegung, die unter der ungefährlichen Bezeichnung ‚Neues Bauen‘ erscheint, ist weiter nichts als Bolschewismus."[65] Alle Texte Sengers befaßten sich mit diesem konspirativen Charakter der Architektur, erst *Die Brandfackel Moskaus* erklärte jedoch die genaue Wirkungsweise dieser Verschwörung.[66] In diesem Buch bezeichnete Senger die Einführung neuer Materialien und Konstruktionsmethoden durch radikale Architekten als bewußten Versuch, die klassenlose Gesellschaft einzuführen. Durch die Bevorzugung seriengefertigter Häuser bzw. zumindest durch den Einsatz industriell hergestellter Baustoffe zerstöre und proletarisiere das Neue Bauen hunderttausende selbständige Baugewerbeexistenzen; es vernichte das Herz des Mittelstandes.[67] Da aber der Einsatz industriell gefertigter Bauteile der Groß-Industrie unbestrittene Gewinne brachte, mußte Senger gezwungenermaßen einräumen, daß das Neue Bauen nicht nur vom Kommunismus, sondern auch vom Kapitalismus unterstützt wurde. Er behauptete daher, daß die radikalen Architekten Agenten des ‚Bolschewismus‘ genauso

wie des „zinshungrigen Kapitals" bzw. des „Mammonismus" seien, die in einer neu-
en „marxistisch-bürgerlichen Einheitsfront" zusammenarbeiten. Die folgende
Erklärung für diese Verquickung ist charakteristisch für seine Argumentation: „Der
Marxismus will das ‚Neue Bauen', weil es neue Proletariermassen erzeugt, und der
zinshungrige Mammonismus will das ‚Neue Bauen', weil es einen neuen Ausbeu-
tungsmarkt schafft. So ist die geistige und materielle Proletarisierung zum Postulat des
Mammonismus geworden, wie das ‚Neue Bauen' ein Postulat des Marxismus. Diese
beiden Postulate sind der Ausfluß eines entseelten, machtgierigen, durch den formlo-
sen Trieb gepeitschten Untermenschentums (. . .)".[68]

Nach Senger reichten die Auswirkungen der ‚bolschewistischen Architektur' jedoch
über die Schaffung eines neuen Proletariats hinaus, indem sie sogar Kultur und Rasse
grundlegend bestimmten. Wie für die frühen Bauhaus-Gegner war der ‚Bolschewismus' auch für Senger mehr als eine politische Angelegenheit. Bolschewismus sei
nichts typisch Russisches, sondern vielmehr der moderne Begriff für eine übernatio-
nale Geisteshaltung, die so alt sei wie die Welt selbst. Der Bolschewismus markiere
den Ausbruch des Animalischen im Menschen, die alten Kulturen seien durch ihn zerstört worden.[69] Bolschewismus wurde so, fern aller Kunst, zu einer Verherrlichung
materieller Dinge wie der Technik und des finanziellen Gewinns. In diesem Sinne
hielt Senger Liberalismus, Marxismus und Bolschewismus für bloße Variationen ein
und desselben Themas.[70] Das Neue Bauen sei also ‚bolschewistisch' in dem Sinne, daß
sie „Zweck und Nutzen zum Maßstab aller Wirkung" mache, und sie bedeute eine
„Entseelung des Bauens" und eine „Entseelung des Menschen".[71] Um diese These zu
untermauern, bezog sich Senger häufig auf Le Corbusiers Behauptung, der Mensch sei
ein geometrisches Tier, unter besonderer Hervorhebung des letzten Wortes. Er behauptete, Gropius und Taut hätten dieses Menschenbild vor Augen gehabt, als sie die
Entwicklung eines „neuen Menschen" vorhersagten.[72] Den radikalen Architekten un-
terstellte er die Absicht: „der Anblick eines Baues (. . .) soll uns nicht mehr beseelen
und beglücken, sondern die neuen Bauerzeugnisse sollen uns recht deutlich tagaus,
tagein einprägen, daß wir bloß ‚geometrische Tiere' ohne Vergangenheit und Zukunft
sind."[73]

Mit der gleichen Zielvorstellung, so behauptete Senger, würden die radikalen Architekten auch vergangene Kunst und Kultur ablehnen. Gropius wurde mit einem Vorschlag ‚zitiert', den Louvre niederzureißen, während man Martin Wagner nachsagte,
die Zerstörung des Brandenburger Tors geplant zu haben. Daraus folgerte Senger ihre
Übereinstimmung mit der ‚Forderung' Le Corbusiers, alle historischen Städte zu vernichten, um einen Markt für ‚Betonzellen' zu schaffen. Eine derartige Zerstörung von
Traditionen war in den Augen Sengers nicht nur ‚Architekturbolschewismus', sondern auch ‚Kulturbolschewismus'.

Obwohl Senger die Bedrohung von Gesellschaft und Kultur durch das Neue Bauen
hervorhob, übernahm er darüber hinaus Schultze-Naumburgs These, daß es durch die
Schaffung eines ungesunden ‚Wunschbildes' den Niedergang der Rasse verursachte.

Kunstwerke verströmten seiner Ansicht nach „auch sehr mächtige staatsbildende, politisch sich auswirkende, auch die menschliche Auslese bestimmende Kräfte (. . .). Leider ist die Kunst als politisch-biologischer Faktor ersten Ranges fast nirgends erkannt worden, ausgenommen bei den Bolschewiken (. . .). So war es nicht Griechenland, welches Homer machte, sondern Homer schuf durch seine Dichtung erst eigentlich Griechenland.“[74] Doch während das durch Homers Dichtung erzeugte ‚Wunschbild‘ Griechenland schuf, „vernichtet“ das vom Neuen Bauen geschaffene materialistische ‚Wunschbild‘ „die Sehnsucht nach der großen Gesundheit und erzeugte die Sehnsucht nach der großen Krankheit“[75]. Die von den Architekten des Neuen Bauens abgelehnte kulturelle Tradition sei jedoch, andererseits, die einzig sichere Begründung rassischer Gesundheit: Die gesamte europäische Kultur, angefangen bei den Griechen und Römern bis zu ihren vielfältigen nationalen Erscheinungsformen der Gegenwart, sei von nordisch-antikem Charakter gewesen. Unsere Kultur sei daher von einer Sehnsucht nach der großen Gesundheit der Antike durchdrungen gewesen.[76]

Anders als Högg und Schultze-Naumburg, besaß Senger keine genaue Vorstellung von der Architektur, die den zerstörerischen Tendenzen des Neuen Bauens entgegenwirken könnte. Denn seiner Meinung nach sollte diese Architektur ein „beseeltes Bauen, durchwirkt mit nationalen, religiösen, rassenhaften (. . .) mythischen, symbolischen Komponenten“ sein.[77] Durch den Hinweis auf den ‚nordisch-antiken Charakter‘ dieser Architektur deutete er jedoch die Richtung an, die die Architekturtheorie der Nazis zum Teil später aufgreifen sollte.

Schultze-Naumburgs und Sengers umfassender Angriff auf das Neue Bauen als Bedrohung von Kultur und Rasse fand kurz vor Ausbruch der Wirtschaftskrise Eingang in die rechts-orientierte Presse. Mitte 1929 veröffentlichten die neokonservative Zeitschrift *Der Ring* und die traditionell konservative *Neue Preußische Kreuz-Zeitung* Artikel zum Thema ‚Architekturbolschewismus‘ und zitierten dabei ausgiebig aus *Krisis der Architektur.*[78] Anfang 1930 druckte *Ludendorffs Volkswarte* eine ausführliche Diskussion zum Thema „Deutsches Heim und moderne Baukunst“, in der Schultze-Naumburgs und Sengers Argumente zu der Behauptung zusammengefaßt wurden, die fortschrittlichen Architekten betrieben „die Vernichtung des deutschen Heimes (. . .), die Vernichtung aller völkischen Eigenart und der ihr gemäßen Kultur (. . .) zugunsten einer internationalen Zivilisation, die an Stelle von Seelenarten die Maschine setzt (. . .), darum den deutschen Menschen zum Kollektivmenschen, zum Herdentiere [macht], dem Idealtypus des Bolschewismus“.[79]

Ähnliche Argumente fanden sich in der nationalistischen Berliner Zeitung *Deutsche Tageszeitung,* die behauptete, Gropius’ Wohnbauten „schematisieren den Menschen und möchten ihn zwangsweise zum Kollektivwesen herabdrücken“, ebenso in der *Münchner Zeitung,* die über Mays Wohnhäuser schrieb, sie seien für geometrische Tiere gedacht und seien das Ergebnis einer bolschewistischen Verschwörung.[80] Verwandte Behauptungen, die auf Senger zurückzuführen sind, stellte 1932 auch *Der Jungdeutsche* auf, das Organ des rechten Flügels der Jugendbewegung, während Hugenbergs

Blätter das Bauhaus als ‚bolschewistisch' und das Neue Bauen als ‚bolschewistische' Bedrohung der ‚deutschen Rasse' bezeichneten.[81]

Weitere Anschuldigungen dieser Art fanden ein positives Echo in den Organen jener heterogenen, radikal-konservativen Gruppen, die gewöhnlich unter dem Begriff ‚völkische Bewegung' zusammengefaßt wurden. Leidenschaftlich nationalistische und antisemitische Organisationen, wie der Bartelsbund, der Deutschbund und der Deutschvölkische Schutz- und Trutzbund, trugen in den ausgehenden zwanziger und den frühen dreißiger Jahren zur Verbreitung einer zentralen Kunst-Kolumne bei. Diese *Deutsche Kunstkorrespondenz,* die von etlichen kleinen ‚völkischen' Zeitungen übernommen wurde, widmete sich hauptsächlich dem Kampf gegen moderne Kunst und Architektur.[82] Die Autorin der Kolumne, Bettina Feistel-Rohmeder, veröffentlichte 1938 Auszüge daraus in ihrem Buch *Im Terror des Kunstbolschewismus,* ein Titel, der den aufrührerischen Ton des Inhalts vorwegnahm. Die Zeitungskolumne strotzte von Äußerungen, wie etwa „Kunst ist die Blüte seines Volkstums und stammt aus seinem Blute".[83] Darüber hinaus enthielt sie kurze Zitierungen anderer Autoren zum Thema moderner Kunst und Architektur. Höggs ‚flammender' Protest gegen die ‚Baukunst der Volksfremden' wurde Mitte 1928 auszugsweise abgedruckt[84]; ebenso zitierte sie willkürlich aus Artikeln von Nonn, Schultze-Naumburg und Senger. Feistel-Rohmeder nannte den Ring einen ‚internationalen Verband von Architekten', dessen ‚regierender Geist Corbusier' sei. Das Bauhaus betrieb ihrer Meinung nach „die Bekämpfung des Handwerkerstandes und die Zersetzung der Familie", das Neue Bauen sei ein „Nihilistenstil", „orientalisch" und „bolschewistisch".[85] Außerdem war der Ring nach ihren Worten ‚jüdisch', eine Behauptung, die selbst Schultze-Naumburg in seinen rassistischen Texten nie gewagt hatte.[86] Neben dieser antisemitischen Grundtendenz waren ihre Artikel weder originell noch in sich schlüssig, sie zeigten jedoch die Tendenz völkischer Organisationen, Versatzstücke aus politischen, kulturellen und rassistischen Angriffen gegen das Neue Bauen zu übernehmen.

In ganz wenigen Fällen wurden die Theorien Schultze-Naumburgs, Sengers und ihrer Vordenker von politischen Parteien aufgegriffen, bevor sich die Nazis ihrer annahmen. Diese Unterstützung kam größtenteils von der DNVP, die diese Argumente gelegentlich für ihre Angriffe auf das öffentliche Wohnungsbauprogramm übernahm. Auf einer Sitzung des ‚kommunalistischen Reichsausschusses' der Partei im Januar 1928 erklärte ihr Sprecher Hermann Schluckebier, daß das staatliche Wohnungsbauprogramm den ‚marxistischen' Versuch darstelle, „eine Internationalisierung der Wohnung" zu betreiben und „der deutschen Familie ausländische Wohnformen und Wohngebäude aufzudrängen".[87] Er beschrieb Britz, Weißenhof und Mays Frankfurter Wohnsiedlungen als „Zukunftsstaat der Sozialisten", in dem es keine ‚Familienwohnung' mehr gibt. Nur eine Art Hotelbetrieb mit Zentralgroßküchen solle die Ehepaare versorgen, und die Kinder sollten in Anstalten interniert und erzogen werden. Die DNVP hatte bereits seit langem gegen das öffentliche Wohnungsbauprogramm opponiert und für eine größere Beteiligung des Privatkapitals im Wohnungsbau gekämpft. Schluckebier behauptete, daß auf diesem Wege die ,deutsche Wohnung' aufrechterhalten würde, die „auf ein Familienleben innerhalb der Wohnung zugeschnitten war (. . .). Diese wirklichen Heimstätten haben uns ein starkes, die Heimat liebendes Geschlecht geschaffen. Das deutsche Familienleben im deutschen Heim war es doch, das das Fundament für die Entwicklung der deutschen Kultur darstellte." Diese Kritik am Neuen Bauen konnte sich nicht als offizieller Standpunkt der Partei etablieren, sie tauchte jedoch in Hugenbergs Grußwort anläßlich des Parteikongresses von 1930 wieder auf, in dem er ein neues Deutschland forderte, gebaut „auf dem Lande, wo die Familie noch wächst". Unter Verwendung von Sengers Terminologie bezeichnete Hugenberg das Wohnungsbauprogramm der letzten zehn Jahre als „sozialistischen Kulturbolschewismus", der zehn Jahre lang „am Marke der deutschen Seele"[88] gefressen habe.

Obwohl der Streit um das Neue Bauen häufig auf das Niveau von Rufmord und konfusem Rassismus absank, bezog er sich doch auf die hochgesteckten Ansprüche radikaler Architekten, sich in den Dienst einer neuen Kultur und Gesellschaft zu stellen. Schon früh hatten sie sich mit dem Argument auseinanderzusetzen, ihre Arbeit zerstöre die deutsche Kultur und sei Zeichen eines Niedergangs. Als die Ring-Architekten damit begannen, großangelegte Wohnanlagen zu errichten, behaupteten Schultze-Naumburg und andere Gegner des Neuen Bauens darüber hinaus, das Neue Bauen verkörpere zwar eine neue Gesellschaft, jedoch nicht eine Gesellschaft im Zeichen von Zusammenarbeit und geistigem Fortschritt, sondern vielmehr eine Gesellschaft von Massenmenschen unter der Herrschaft von Großstadt und Maschine. Wie ihre Vorkämpfer im Streit um das Bauhaus, entwickelten Senger und Schultze-Naumburg eine politische Theorie auf kultureller Basis, derzufolge die materialistischen Planungs- und Baumethoden der fortschrittlichen Architekten in ihrer Ideologie ,bolschewistisch' seien und einen Angriff fremder Mächte auf die nationale und rassische Identität des deutschen Volkes darstellten.

Obgleich diese Argumente gegen Ende der zwanziger Jahre in der rechts-konservativen Presse Rückhalt gewannen, wurden sie nicht von der starken Welle von Feindseligkeit begleitet, die zwischen 1919 und 1924 in Weimar herrschte. Obwohl rechtskonservative Parteien, besonders die DNVP, das Neue Bauen sowohl auf kommunaler als auch auf nationaler Ebene fast instinktiv ablehnten, griffen sie auf Gedankengut wie das Schultze-Naumburgs nur selten zurück. Erst die national-sozialistische Partei erkannte in einem späten Stadium dieser Auseinandersetzung den Propagandawert einer Opposition gegen das Neue Bauen und übernahm derartige Thesen in ihr politisches Programm.

6 Nationalsozialismus und Neues Bauen

Lange bevor die Nationalsozialisten ihren Propaganda-Feldzug gegen die moderne Architektur begannen, fanden sich in ihrem politischen Programm bereits Aussagen zu Kunst und Kultur. Hitler kritisierte in Texten wie Reden die Weimarer Republik aufgrund ihrer angeblichen kulturellen Unsicherheit und ihres Mangels an politischer und militärischer Stärke. Er bezeichnete wiederholt sowohl die Weimarer Demokratie als auch die militärische Niederlage von 1918 als Ergebnis eines kulturellen Verfalls, der seine Ursachen in einem ‚rassischen' Niedergang habe. Beweise für diese Dekadenz sah Hitler nicht nur im ‚Materialismus' und im ‚fehlenden heroischen Ideal' der Weimarer Gesellschaft, sondern auch in der modernen Kunst. In *Mein Kampf* beschrieb er die moderne Kunst als ‚bolschewistische Kunst' und übernahm damit Vokabular aus dem Streit um das Bauhaus.[1] Früher hatte er bereits vor Kunstformen gewarnt, die die Nation ‚vergifteten', während er im dreiundzwanzigsten seiner ‚Fünfundzwanzig Punkte' „den gesetzlichen Kampf gegen eine Kunst- und Literaturrichtung" versprach, „die einen zersetzenden Einfluß auf unser Volksleben ausübt". Dieses Versprechen gab er 1922 und 1923 erneut.[2]

Von allen Künsten widmete Hitler sich mit besonderer Aufmerksamkeit der Architektur, denn dieses Gebiet hatte er selbst einmal angestrebt. Schon 1920 sagte er vor einem kleinen Zuhörerkreis im Hofbräuhaus, ein starkes Deutschland brauche eine große Architektur, da die Architektur ein bedeutendes Zeichen nationaler Kraft und Stärke sei. In *Mein Kampf* beklagte er das Ende einer Tradition monumentaler Bauten in Deutschland, und in einem Rückblick auf Tauts *Stadtkrone* hob er die symbolische Bedeutung der monumentalen Stadtarchitektur der Antike hervor. Das Fehlen ähnlicher Monumente in der modernen Stadt hielt er für ein Zeichen kulturellen Verfalls. 1929 versprach er für den Fall der Machtübernahme seiner Partei, „aus unserer neuen Weltanschauung und aus unserem politischen Machtwillen heraus Dokumente aus Stein und Erz schaffen"[3] zu wollen.

Die Nationalsozialisten waren daher mehr als jede andere große politische Partei in Deutschland geneigt, Architektur und Kunst zu Propagandazwecken zu benutzen. Obwohl Hitler schon zu Beginn der zwanziger Jahre die moderne Malerei heftig kritisierte, griff er doch nie die moderne Architektur direkt an. Darüber hinaus hatte sein Kunstverständnis viele Jahre lang keinen wesentlichen Einfluß auf die Parteipropaganda insgesamt. Diese beschränkte sich in den Anfängen auf Themen wie Versailles und Antisemitismus, dem Streit um das Bauhaus schenkte sie hingegen keinerlei Beachtung. Von zeitgenössischer Kunst nahm sie nur dann Notiz, wenn sie sich für antisemitische Kampagnen verwerten ließ. Etwa 1928 änderte sich die Propaganda der

Nazis von Grund auf. Zu diesem Zeitpunkt begann sich die Parteipresse auf einer intellektuellen Ebene mit Literatur, Musik und Drama zu beschäftigen, um weitere Teile der Bevölkerung anzusprechen. Erst 1930 griff die Partei in die Debatte um die neue Architektur ein, lange nachdem diese zu einer Frage von nationalem Interesse geworden war. Als die Partei schließlich dieses Thema aufgriff, war es nicht Hitler, der vor 1933 die moderne Architektur nie öffentlich kritisierte, sondern Rosenberg, ein weiterer frustrierter Architekt in der Führung der Partei, der die Initiative ergriff.

Bei ihrem überfälligen Angriff auf die moderne Architektur fand die Partei im Streit um das Neue Bauen ein geeignetes Mittel, die wirtschaftliche Not und die Verzweiflung der Depressionsjahre für sich auszunutzen. Die Propaganda-Organe unter Rosenbergs Kontrolle, einschließlich des *Völkischen Beobachters* und der Kulturfront der Partei, die er 1928 gegründet hatte, übernahmen die Argumente der konservativen Architekten, die das Neue Bauen schon vorher angegriffen hatten, und bedienten sich ihrer in den letzten drei Jahren vor der Machtergreifung in einem noch erbitterteren Kampf gegen die Architekten des Rings. Unter Rosenbergs Einfluß betrachtete die Partei das Neue Bauen als ein Symbol einer sich auflösenden Kultur, die den Kontakt zu traditionellen Formen deutscher Kunst verloren hatte, sowie als Symbol einer Massengesellschaft, deren Mitglieder ihre Identität durch Verstädterung und ihre wirtschaftliche Sicherheit durch Proletarisierung und Arbeitslosigkeit eingebüßt hatten. In der Propaganda der Nationalsozialisten wurde der neue Baustil bald nicht mehr als bloßes Symbol dieser kulturellen und sozialen Mißstände angesehen, sondern als ihre Urache – als Werkzeug der republikanischen Regierung zur Zerstörung der deutschen Nation und der deutschen ‚Rasse‘. Die Architekturpropaganda der Nazis war daher auch ein wirksames Mittel zur Bekämpfung der Weimarer Republik in ihrer Gesamtheit. Sie verteufelte die republikanische Regierung und machte sie für die ganze wirtschaftliche, politische und kulturelle Entwicklung der vergangenen Jahre verantwortlich.

Die Grundlagen für die nationalsozialistischen Angriffe gegen das Neue Bauen wurden um 1928 innerhalb der Propaganda gelegt. In jenem Jahr weitete der *Völkische Beobachter* seine Berichterstattung zu künstlerischen Fragen beträchtlich aus und entwickelte die Positionen, die von 1930 an gegen den neuen Baustil eingenommen werden sollten. Etwa zur gleichen Zeit gründete Rosenberg den Kampfbund für deutsche Kultur, einen Zusammenschluß von Intellektuellen, der nach seinem Willen den kulturellen Einfluß der Partei erweitern sollte.

Der Eifer, mit dem sich die Nazi-Propaganda der Kunst annahm, ging wahrscheinlich von Rosenbergs Organisation aus, denn in den Jahren 1929 und 1930 sind zahlreiche Angriffe des *Völkischen Beobachters* auf die moderne Kunst direkt auf Aussagen von Rednern zurückzuführen, die vom Kampfbund finanziert wurden. Darüber hinaus wurde die Gruppe selbst zu einem wichtigen Propagandaorgan der Nazis, da ihre Vorträge und Veröffentlichungen ein relativ breites Publikum erreichten. Dennoch gibt es kaum Material über diese einflußreiche Organisation. Der Kampfbund fiel schließlich in Ungnade, und nach 1933 wurde er sogar von staatlicher Seite boykottiert, so daß nur wenige Quellen zu seiner Entstehung und Entwicklung erhalten geblieben sind.

Man vermutet, daß der Kampfbund 1928 in Süddeutschland gegründet wurde[4], als nationale Organisation wurde er jedoch erst am 26. Februar 1929 offiziell ins Leben gerufen.[5] Die ersten programmatischen Aussagen des Kampfbundes waren sehr allgemein formuliert. In seiner Standardrede anläßlich von Gründungsversammlungen, ‚Die Kulturkrise der Gegenwart‘, nannte Rosenberg die zeitgenössische Kultur ‚zersplittert‘ und versprach einen „überall erwachenden nationalen Mythus" zu schaffen.[6] In ihren ersten Aufrufen zur Werbung neuer Mitglieder rief die Organisation das deutsche Volk auf, „das heiligste religiöse Empfinden, die Ehre der Nation" gegen „planmäßige Unterhöhlung (...) von internationalen Gewalten" und durch die „sogenannte Weltpresse" zu verteidigen. „Inmitten des heutigen Kulturverfalls setzt sich [der Kampfbund] als Ziel, das deutsche Volk über die Zusammenhänge zwischen Rasse, Kunst und Wissenschaft, sittlichen und willenhaften Werten aufzuklären."[7] Als Beispiele für den zeitgenössischen Kulturverfall wurden in den ersten Veröffentlichungen pazifistische und antireligiöse Passagen aus den Schriften von Ernst Toller, Kurt Tucholsky und George Grosz zitiert; daneben enthielten sie Warnungen vor dem „Schmutz" in der öffentlichen Unterhaltung.[8] Als Gegenbewegung dazu versprach der Kampfbund, „jede arteigene Äußerung kulturellen deutschen Lebens zu fördern".[9]

Sowohl in seinem anfangs vagen Kulturpessimismus als auch in seinen dunklen Ursprüngen läßt sich der Kampfbund mit einer Vielzahl kleiner örtlicher ‚Kultur‘-Verbände vergleichen, die in den zwanziger Jahren zur Abwehr des ‚Modernismus‘ und zur Erhaltung ‚deutscher‘ Tradition gegründet wurden. Bettina Feistel-Rohmeder, Herausgeberin der *Deutschen Kunstkorrespondenz*, erwähnt ungefähr zwanzig derartige Gruppierungen, die über ganz Sachsen, Bayern und Baden verteilt waren, und von denen sich einige, wie die Nürnberger Feierabendgesellschaft und der Münchner Verein für künstlerische Interessen, darauf konzentrierten, moderne Tendenzen in der Kunst zu bekämpfen.[10] Aber im Unterschied zu diesen Organisationen fand der Kampfbund starke politische Unterstützung und hatte weiter reichende Ziele. Von Anfang an bemühte sich Rosenbergs Organisation um Unterstützung durch prominente konservative Intellektuelle. Männer mit so divergierenden Einstellungen wie Othmar Spann, Wiener Soziologe und Verfechter eines Ständestaates als Kernstück einer neuen Gesellschaft, Adolf Bartels, Vorsitzender des radikalen antisemitischen Bartelsbundes und Prophet der „völkischen Bewegung", und der „expressionistische" Dramatiker Hans Johst hielten auf den Versammlungen des Kampfbundes Vorträge oder verfaßten in den ersten beiden Jahren seines Bestehens Texte für seine Broschüren.[11] Mitte des Jahres 1930 waren auch die Mitglieder des Bayreuther Kreises aktiv für den Kampfbund tätig[12]; Robert Mielke, der bekannte Kunsthistoriker und Gründer des Heimatschutzbundes, verstärkte durch Bestätigung des Kampfbund-Programms ebenfalls dessen Renommee.[13] Diese Unterstützung verhalf der Organisation zu schnell wachsenden Mitgliederzahlen, besonders in Akademikerkreisen; rivalisierende Organisationen mit ähnlicher Zielsetzung konnte der Kampfbund auf diese Weise schnell vereinnahmen.[14] 1932 verfügte er bereits über mehr als dreiunddreißig Ortsgruppen und gab unter dem Titel *Deutsche Kultur-Wacht* eine Zeitschrift heraus.[15] Auf dem Höhepunkt seiner Macht, 1933, gab es im Kampfbund eigene Abteilungen für bildende Kunst, Literatur, Theater, Radio und Film; mit dieser Strategie versuchte man, letztlich allerdings ohne Erfolg, zum wichtigsten Kontrollorgan für die schöpferischen Berufe im nationalsozialistischen Staat zu werden.

Korrespondierend zu den allgemein gehaltenen Formulierungen seiner Ziele und zu der Heterogenität seiner Mitglieder äußerte sich der Kampfbund zu den verschiedensten kulturellen Problemen. Die von ihm immer häufiger organisierten öffentlichen Vorträge behandelten so unterschiedliche Themen wie Erziehung, Sport, Radio und Film. Die frühen Versammlungen beschäftigten sich jedoch größtenteils mit Literatur, Musik und Drama; Angriffe auf moderne Tendenzen dieser Kunstgattungen bestimmten die Propaganda des Kampfbundes bis 1930. Im März 1929 veranstaltete der Herausgeber der *Zeitschrift für Musik*, Alfred Heuss, z.B. eine Vortragsreihe, in der er die Arbeit von Krenek und Kurt Weill kritisierte.[16] Bevorzugte Angriffsziele Rosenbergs zu jener Zeit waren Max Reinhardt, der große Berliner Theaterdirektor und Produzent, und Heinrich Mann, dessen Pazifismus ihm in Rosenbergs Reden den Beinamen ‚Kunstbolschewist‘ eintrug.[17] Rosenberg und Heuss nannten die Arbeit dieser Künstler als Beispiele für das ‚Chaos‘, das die deutsche ‚Form‘ bedrohe und das seine Ursachen sowohl in der amerikanischen ‚Mechanisierung‘ als auch im russischen ‚Bolschewismus‘ habe.

In den Angriffen der Kampfbund-Redner gegen moderne Strömungen in der Kunst spielte der Rassismus eine bedeutende Rolle. Rosenberg wies immer wieder darauf hin, daß Reinhardt Jude sei, und stellte eine Beziehung her zwischen Reinhardts avantgardistischen Produktionen, seiner politischen Überzeugung und seiner ‚Rasse‘. Die Redner des Kampfbundes beschränkten sich jedoch nicht nur – wie die frühe Parteipropaganda – auf Antisemitismus. Heuss bezog sich auf die Tatsache, daß in Kreneks Berliner Revue ‚Jonny spielt auf‘ ein Neger die Hauptrolle spielte. Er sah darin einen eindeutigen Beweis für die rassischen Ursachen des Weimarer Kulturverfalls. In späteren Kampfbund-Vorträgen war wegen der Popularität des amerikanischen Jazz und seiner schwarzen Interpreten die Rede von der ‚Negerkultur‘ der Republik.[18] Darüber hinaus war das Thema Rassismus innerhalb der Propaganda des Kampfbundes immer Teil einer breiter angelegten Kulturdebatte, so daß dieser Ansatz intellektuell mehr oder weniger verbrämt wurde.

Obgleich dieses Vorgehen gegen die Moderne die Aktivitäten des Kampfbundes bis 1930 beherrschte, gab es auch von Anfang an positive Anstrengungen dieser Organisation. Die Ortsgruppe Dresden z.B. stiftete einen Literaturpreis für Sachsen und schlug u.a. Hans Johst, Ernst Jünger, Adolf Bartels, Richard Strauss und Siegfried Wagner als

Preisträger vor.[19] Ebenso veranstaltete man Kammermusikkonzerte mit Stücken ‚deutscher‘ Komponisten und ‚künstlerische Abende‘, auf denen Bartels und Baldur von Schirach ihre Gedichte vortrugen.[20] Später wurde in München ein eigenes Theater errichtet, dem es, zum Stolz des Kampfbundes, gelang, den Spielbetrieb während der Wirtschaftskrise aufrechtzuerhalten, als andere bayrische Theater schließen mußten.[21] Dort wurden die bekanntesten deutschen Klassiker aufgeführt.

Nach 1928 spiegelten sich die Aktivitäten von Rosenbergs Organisation im *Völkischen Beobachter* wider, dem wichtigsten Propagandaorgan der Nazis.[22] Zu jener Zeit veröffentlichte das Blatt Angriffe auf Schriftsteller wie Karl Krauss und Walter Hasenclever; seine zahlreichen Hinweise auf Reinhardts Produktionen ähnelten sehr denen Rosenbergs.[23] 1929 druckte der *Völkische Beobachter* einige leidenschaftliche Leitartikel über Paul Robeson und Josephine Baker anläßlich ihrer Auftritte in Berlin. Im Januar 1930 erschien ein Artikel, der die gesamte Kulturpolitik der Partei unter dem Titel ‚Gegen die Negerkultur‘ zusammenfaßte.[24] Zur gleichen Zeit trat plumper Antisemitismus in den Kunstkritiken des *Völkischen Beobachters* in den Hintergrund, kulturelle Fragen wurden jetzt mit höherem Anspruch behandelt als früher. In den Leitartikeln sprach man, in der Terminologie von *Mein Kampf,* vom Kulturverfall, und man bezog sich immer häufiger auf ältere und relativ angesehene Autoren, die sich mit Kultur und Rasse beschäftigt hatten, wie Paul de Lagarde und Houston Stewart Chamberlain.

In den ausgehenden zwanziger Jahren eignete sich die Partei in ihrer Propaganda also immer mehr die Ansichten von Kritikern des Neuen Bauens an. Im Januar 1929 verwendete der *Völkische Beobachter* den Begriff ‚Kulturbolschewismus‘ sogar für alle Tendenzen zeitgenössischer Kultur, die ihm widerstrebten.[25] Trotz der neuen Rolle, die Rosenberg der Kunst in der Nazi-Propaganda zuwies, und trotz der Empfänglichkeit des *Völkischen Beobachters* für Begriffe aus dem Streit um das Neue Bauen hielten sich vor 1930 jedoch sowohl Kampfbund als auch *Völkischer Beobachter* erstaunlicherweise mit Angriffen gegen die neue Architektur zurück. Mit Ausnahme eines kurzen Artikels über die Malerei von George Grosz, in einem seiner ersten Flugblätter, beschäftigte sich der Kampfbund während der ersten beiden Jahre seines Bestehens nicht näher mit den bildenden Künsten. Der *Völkische Beobachter* bemühte sich 1929 allerdings, der bildenden Kunst mehr Aufmerksamkeit zu widmen, seine Artikel zu Malerei und Bildhauerei bestanden jedoch hauptsächlich aus Kommentaren zu ihm genehmen Ausstellungen. In den Jahren 1928 und 1929 beschäftigte sich der *Völkische Beobachter* vemehrt auch mit architektonischen Fragen. Diese Artikel geben Aufschluß darüber, warum die Nazis das Neue Bauen in ihrer Propaganda erst so spät angriffen, denn bis 1930 fand sich in der Berichterstattung des *Völkischen Beobachters* sogar eine gewisse Bewunderung für diese Art Architektur. In Berichten zum öffentlichen Wohnungsbau des Jahres 1927 lobte das Blatt die Arbeit von Gropius, Wagner und May. Besondere Anerkennung fanden die Standard-Grundrisse, die neuen Baumethoden und die technische Ausstattung dieser Wohnanlagen, die ein „Paradies der Frau" geschaffen hatten.[26] Einem Münchner Baubeamten pflichtete man darin bei, daß die Gleichförmigkeit der neuen Siedlungen dazu beitrage, „falsche(n) Individualismus der Vorkriegszeit" zu überwinden.[27] Anläßlich einer Ausstellung moderner Möbel und technischer Einrichtungen in München Mitte 1928 lobte man in einer Reihe von Artikeln euphorisch das „Durchdringen unseres Heimes und darüber hinaus unseres Lebens und unserer geistigen Einstellung durch das Wesen des Technischen, den technischen Geist der Sachlichkeit".[28] Ansätze von Bewunderung für die Stadtplanung radikaler Architekten lassen sich in mehreren dieser Artikel nachweisen. Noch im Juni 1929 veröffentliche der *Völkische Beobachter* eine positive Kritik zur Stadtplanung Le Corbusiers, dem Bösewicht in Sengers Texten.[29]

Diese, wenn auch relativ seltenen Sympathiebeweise für das Neue Bauen kennzeichnen das, was man die ‚sozialistische' Komponente innerhalb der Nazi-Ideologie nennen könnte. Der *Völkische Beobachter* unterstützte, in der Absicht, damit die arbeitenden Klassen anzusprechen, beständig großangelegte Programme des sozialen Wohnungsbaus. Aufgrund ihres Interesses an diesem Problem fanden die radikalen Architekten den Beifall dieses Blattes. Darüber hinaus äußerten sich die Redakteure oft zur industriellen Entwicklung Deutschlands und schlugen Verbesserungen vor. Der *Völkische Beobachter* befürwortete natürlich nicht alle Aspekte der modernen Industriegesellschaft, er sah allerdings in der schnellen technischen Entwicklung ein Mittel, die nationale Kraft zu erneuern. Daher übernahm er auch nur schrittweise und zögernd die Argumentation konservativer Intellektueller, die darin eine Bedrohung der ‚Kultur' sahen. Nicht zuletzt wurde der *Völkische Beobachter* wohl von Hitlers Bewunderung für große Städte, die er in seinen Schriften und Reden häufig zum Ausdruck brachte, beeinflußt. So fiel es der Zeitung leicht, sich gelegentlich der Stadtplanung radikaler Architekten anzuschließen. Diese Einstellung verhinderte zunächst die Übernahme von Ansichten konservativer Architekten.

Etwa 1930 brachten zwei Ereignisse die Partei von ihrer – wenn auch ziemlich widerwilligen – Bewunderung des Neuen Bauens ab. Damit rückten konservative Architekten in den Mittelpunkt der Kampfbund-Propaganda. Eine Ursache dafür war eine Änderung der Partei-Ideologie aufgrund des neuen Einflusses von Richard Walter Darré innerhalb der Parteihierarchie. Darré führte ein starkes antistädtisches Element in das Gedankengut und die Propaganda der Nazis ein, eine Entwicklung, die unter der Bezeichnung „Blut und Boden" bekannt wurde. Der zweite Auslöser war die Ernennung Wilhelm Fricks zum Minister in Thüringen. Frick initiierte ein neues kurzlebiges Kulturprogramm, machte Schultze-Naumburg zu Bartnings Nachfolger und brachte ihn mit führenden Vertretern des Kampfbundes zusammen.

Obwohl Darré nach 1930 in der Partei großen Einfluß gewann, war er doch erst spät zu den Nazis gestoßen.[30] In Argentinien geboren, in Deutschland in Land- und Viehwirtschaft ausgebildet, begann er 1927 seine Karriere als Berater des preußischen Landwirtschaftsministers.[31] In die Partei trat er Ende der zwanziger Jahre ein und profilierte sich schnell als ihr führender Landwirtschaftsexperte. Darré war ein strikter

Gegner der Bewirtschaftungsmethoden, die von den Junkern auf ihren großen Gütern in Ostdeutschland angewendet wurden, und schlug Hitler vor, dort kleine und mittelgroße Landwirtschaftsbetriebe zu schaffen. Diese, wie auch andere Vorschläge Darrés, wurden Bestandteil eines landwirtschaftlichen Programms, das Hitler im März 1930 unter seinem Namen bekannt gab.[32] Von diesem Zeitpunkt an gewann Darré innerhalb der Partei ungewöhnlich schnell an Macht. Im August 1930 gründete er innerhalb der Partei einen neuen landwirtschaftlichen Arbeitskreis, dessen Vorsitz er übernahm. Diese Initiative konkurrierte erfolgreich mit dem Landbund. Darré wurde einer der engsten Vertrauten Hitlers und kontrollierte Ende 1933 neben Goebbels und Ley die politische Organisation der Partei. Im Sommer 1933 wurde er als Minister für Ernährung und Landwirtschaft Nachfolger Hugenbergs und bekleidete dieses Amt bis 1942.

Seinen wachsenden politischen Einfluß bezahlte er allerdings mit dem Scheitern seiner Programme. Die Partei verwirklichte weder seinen Plan, den Großgrundbesitz aufzulösen, noch seinen späteren Vorschlag, der Landwirtschaft verbilligte Kredite einzuräumen. Dieses Scheitern hat unter Umständen zu der engen Freundschaft zwischen Darré und Himmler geführt, der von Darrés Programm tief beeindruckt war. Vor allem erhoffte Himmler einen – in Darrés Worten – „Neuadel aus Blut und Boden" für die von der SS kontrollierten Ostgebiete. Darrés rassistische Ideen inspirierten Himmler ebenfalls, denn Darré war innerhalb der Partei der Hauptverfechter einer selektiven Aufzucht, die analog zur Viehzucht die Reinheit der menschlichen Rasse zum Ziel hatte. 1931 setzte Himmler diesen Gedanken über eine Reihe von Verfügungen zur Eheschließung von SS-Mitgliedern in die Tat um. Seine Bewunderung für Darré ging so weit, daß er den Landwirtschaftsminister zum Leiter des Rasse- und Siedlungs-Hauptamtes innerhalb der SS ernannte. Diese Organisation beschäftigte sich zuerst mit Himmlers Besiedlungsplänen und war später maßgeblich an der Realisierung der ‚Endlösung' beteiligt.[33]

Sowohl Darrés landwirtschaftliche Programme als auch seine rassistischen Ideen basierten auf einer nahezu mystischen Idealisierung des bäuerlichen Lebens. Darré war schriftstellerisch außerordentlich produktiv und führte seine bäuerliche Mystik von 1929 bis 1935 in einer langen Reihe von Büchern und Flugblättern aus; seine wichtigsten Argumente finden sich jedoch bereits in seinem ersten Buch *Das Bauerntum als Lebensquell der Nordischen Rasse* aus dem Jahr 1929.[34] In diesem Buch führte Darré die nordische Rasse auf die ersten germanischen Siedler in Europa zurück. Seiner Ansicht nach waren die frühesten Völker Europas in zwei Kategorien einzuteilen, in ‚Siedler' und ‚Nomaden'. Aus der ersten Gruppe seien Europas Krieger, Aristokraten und ebenfalls die nordische Rasse hervorgegangen, während die Nomaden der Ursprung aller anderen Rassen, besonders der semitischen, orientalischen und indischen ‚Rassen', gewesen seien. Diese Unterscheidung von Siedlern und Nomaden war für Darré sowohl eine kulturelle als auch eine rassische. Nomadenvölker seien immer ‚materialistisch', denn sie mußten ursprünglich ihre ganze Aufmerksamkeit auf die Beschaffung von Nahrung und Kleidung konzentrieren. Im Laufe der Geschichte entwickelten sich aus den Nomaden Europas Hausierer und Kaufleute. Nomadenvölker hätten darüber hinaus keine Achtung vor dem Eigentum anderer und seien daher Anhänger des Kommunismus; Lenin sei also das Produkt der nomadischen Rassenentwicklung. Nomaden seien außerdem Sophisten und künstlerisch unkreativ; immer in Bewegung, zumindest in geistiger Bewegung, würden sie nie das wahre Wesen der Dinge erkennen.[35]

Die ‚Siedler‘, aus denen die nordische Rasse hervorging, bildeten in ihrer Kultur die Antithese zu all diesen Eigenschaften. „Echtes bäuerliches Denken" erkenne nach Darré sowohl das Wesen der Wirklichkeit als auch den Prozeß organischen Wachstums und organischer Veränderung, denn der Bauer bleibe zumindest in Gedanken auf seinem Besitz und kümmere sich um Vieh und Getreide. Die bäuerliche Bevölkerung habe daher den deutschen Idealismus und die Naturphilosophie hervorgebracht. Im Gegensatz zum Kommunismus der Nomaden habe das bäuerliche Element der nordischen Rasse den Glauben an Individualität und die freie Entwicklung der Persönlichkeit vererbt. Diese könnten nur aus der Identität, die Grundbesitz schafft, erwachsen. Da der Glaube an die Persönlichkeit ebenfalls eine Hauptquelle nordischer Kultur sei, wären die Unantastbarkeit des (bäuerlichen) Besitzes und kulturelle Kreativität unauflöslich miteinander verbunden. Der Bauer bildete auch den Grundstein für die kriegerischen und politischen Erfolge in der europäischen Geschichte.[36] Darré zufolge sind also alle Tugenden europäischer Zivilisation von der nordischen Rasse beeinflußt, deren eigene Ursprünge im bäuerlichen Leben wurzeln.

Diese „Blut und Boden"-Doktrin* überzeugte zu keinem Zeitpunkt die gesamte Parteiführung. Hitler benutzte sie für seine Appelle an das Landvolk, Rosenberg übernahm sie ebenfalls nur teilweise, während Goebbels sie ablehnte. Großen Einfluß gewann diese Doktrin jedoch von 1930 an auf die Parteipropaganda. Schon vor diesem Zeitpunkt beeinflußte sie architekturbezogene Texte der Nazis. Darrés Idealisierung des Bauernstandes zog eine emphatische Ablehnung moderner Technologie und modernen Städtebaus nach sich. „Im Gegensatz zu allen Nomaden (. . .) hat sich die Nordische Rasse niemals sehr lange als städtische Herrenschicht am Leben erhalten können", denn „dem Germanen war ursprünglich die Vorstellung, sich vom ländlichen Leben zu trennen, (. . .) vollkommen fremd." Nur Nomaden hätten in Städten erfolgreich leben und dort ihre Kultur verbreiten können, weil sie ohne jede Vorsorge für die Zukunft auskommen könnten. Die nordische Rasse könne sich jedoch nur auf dem Land fortpflanzen, die moderne Stadt sei daher eine „Unfruchtbarkeitsmaschine". Die schnelle Verstädterung, die Ende des 19. Jahrhunderts begann, habe den nordischen Bauernstand beinahe völlig zerstört und müsse daher aufgehalten werden. Darré sah die Ursache dieser Verstädterung in der von ihm beklagten Industrialisierung. Seiner Überzeugung nach bestand die einzige Hoffnung für den Fortbestand der

---

* Nach Darrés zweitem Buch *Neuadel aus Blut und Boden* (München 1930)

nordischen Rasse und ihrer kulturellen Werte darin, wieder neue Generationen von rassisch reinen nordischen Bauern auf dem Lande anzusiedeln.[37]

In den Jahren 1928 und 1929 fand sich diese Sicht der Stadt im *Völkischen Beobachter* wieder. Zu dieser Zeit veröffentlichte das Blatt eine Kolumne mit dem Titel: „Aus der Asphaltkultur der Großstadt." Diese Spalte charakterisierte die ‚Großstadt' als „Sammelbecken allen Übels (. . .) von Prostitution, Kneipen, Krankheiten, Kinos, Marxismus, Juden, Nacktänzerinnen, Negertänzen und allen Ferkeleien der sogenannten ‚modernen Kunst'."[38] Berlin wurde „die unfruchtbarste Stadt der Welt."[39] Bis Ende 1930 hatte dieses Gedankengut dem *Völkischen Beobachter* den Rest von Sympathie für modernen Städtebau genommen. Im Juni 1931 stellte sich die Zeitung endgültig hinter Darrés Vorschläge zur Wiederansiedlung städtischer Bevölkerung auf dem Lande.[40] Auch der Kampfbund pflichtete Darré bei: Darré war einer der Hauptredner auf seinem Nationalkongreß im Juni 1930. Bei diesem Anlaß griff er die Verstädterung an und erläuterte den Kampfbund-Mitgliedern, wie der bäuerliche Lebensstil eine Erneuerung der deutschen Kultur bewirken könne.[41] Bis 1930 schließlich hatten Darrés Lehren die aufkommende Bewunderung für moderne Technologie und modernen Städtebau, bis dahin Themen der Nazi-Propaganda, verdrängt und die Politik des Kampfbundes bereits durchgreifend beeinflußt. Dieser Anti-Urbanismus paßte sehr gut zu Schultze-Naumburgs Angriffen auf die neue Architektur. Als die Propaganda des Kampfbundes ihr Augenmerk auf die bildenden Künste richtete, fand sie in Schultze-Naumburg ihr Sprachrohr.

Es waren jedoch weder Rosenberg noch Darré, die Schultze-Naumburg in die Partei einführten, sondern Wilhelm Frick, der als Mitglied der thüringischen Koalitionsregierung von 1930 als erster nationalsozialistischer Minister auftrat.[42] Wegen seiner langjährigen Verdienste um die Partei und Treue zu Hitler wurde der Bayer Frick zum Vorsitzenden der thüringischen Landespartei ernannt, nachdem die Nazis dort bei den Wahlen im Januar 1930 einen beträchtlichen Stimmenanteil errungen hatten. Aufgrund des Wahlausgangs standen Frick zwei Ministerien zu; er wählte das Innenministerium, das ihm die Kontrolle über die thüringische Polizei gab, und das Bildungsministerium. Dieses Ministerium wählte er aufgrund eines Beschlusses, der die besondere Bedeutung der Kulturpolitik hervorhob. Wie Gauleiter Fritz Sauckel später erläuterte, waren sich Frick und seine Berater sehr wohl der Tatsache bewußt, daß sie nicht stark genug waren, um weitreichende politische und wirtschaftliche Veränderungen zu bewirken, „aber sie waren überzeugt, daß sie nun endliche Gelegenheit gefunden hatten, dieses Land zu einer Zelle des nationalen Widerstands- und Freiheitswillens umzubilden und von hier aus Kräfte der sittlichen und geistigen Erneuerung ins Reich hinausstrahlen zu lassen".[43] Fricks Kulturpolitik war daher von Anfang an als Ersatz für andere Formen politischer Aktion gedacht.

Die Basis von Fricks Programm zur ‚sittlichen und geistigen Erneuerung' war sein „Neger-Erlaß" vom 1. April 1930, der die „Ausmerzung unsittlicher und fremdrassiger Kunst" in Thüringen forderte.[44] Sein erster und wichtigster Schritt zur Ausführung dieses Programms war die Auflösung von Bartnings Architekturschule und – unter Ignorierung der von anderen konservativen Parteien vorgeschlagenen Kandidaten – die Ernennung Schultze-Naumburgs zum Leiter einer neuen ‚vereinigten Schule‘, die eine Ausbildung in Malerei, Kunstgewerbe und Architektur anbot.[45] Schultze-Naumburgs Amtszeit betrug nur wenig mehr als ein Jahr, denn Frick geriet bald in Konflikte sowohl mit der Reichsregierung als auch mit dem thüringischen Landtag, so daß seine Ministertätigkeit nur von kurzer Dauer war. Fricks Kulturpolitik stieß auf beträchtliche örtliche Ablehnung, und zahlreiche seiner anderen Aktionen verletzten Landes- und Reichsrecht, so die Einführung rassistischer Gebete an den Schulen, die trotz des Protestes aus Universitätskreisen erfolgte Ernennung von Hans F.K. Günther zum Professor in Jena sowie seine politischen Säuberungaktionen. Im April 1931 versagten die übrigen konservativen Parteien Fricks Ministerium ihre Unterstützung und hoben seine Anordnungen auf; wenige Monate später veranlaßten sie die Entlassung Günthers und Schultze-Naumburgs.[46]

Schultze-Naumburg verblieb daher für ein konstruktives Programm nur wenig Zeit, seine Aktionen waren demzufolge fast alle destruktiver Natur. Auf sein Betreiben hin wurden die Werke Barlachs, Kandinskys, Klees, Schlemmers und Schmidt-Rottluffs aus der Weimarer Öffentlichkeit entfernt, da sie ‚das Ostische oder sonstige minderrassige Untermenschen‘ verkörperten.[47] Schlemmers Wandbilder in den Bauhaus-Gebäuden wurden übermalt. Ja, Schultze-Naumburg entließ den gesamten Lehrkörper von Bartnings Schule mit der Begründung, daß es dort immer noch zu viele Sympathien für Gropius’ Ideen gäbe; er hatte kaum damit begonnen, neue Dozenten einzustellen, als ihm sein Amt genommen wurde.[48] Schultze-Naumburgs Politik in Weimar kam einem verspäteten Angriff auf das Bauhaus gleich, ließ das Interesse der deutschen Presse am Streit um das Bauhaus wieder aufleben und reihte zum ersten Mal die nationalsozialistische Partei in die Reihen der Bauhausgegner ein.

Fricks Amtszeit in Thüringen war nur ein kurzes Zwischenspiel auf dem Weg der Nazis an die Macht. Für die Dauer seiner Tätigkeit als Minister war Frick jedoch der Held der Parteipropaganda, und seine Kulturpolitik wurde in der Parteipresse in den höchsten Tönen gelobt. Der *Völkische Beobachter,* der das Bauhaus gelegentlich befürwortet und den Ideen Schultze-Naumburgs bis dahin keine Aufmerksamkeit geschenkt hatte[49], berichtete nun ausführlich über seine Vorträge und Veröffentlichungen und verteidigte ihn gegen jegliche Kritik. Jetzt beschrieb das Blatt das Bauhaus als „übel berüchtigte (. . .) Hochburg des Kunstbolschewismus“ und stellte Schultze-Naumburg als Apostel wahrer deutscher Kultur dar.[50]

Sobald diese Entwicklungen in Thüringen Schultze-Naumburg bei den Nazis einen Namen gemacht hatten, bediente sich der Kampfbund seiner. Zu Beginn des Jahres 1930 begann er mit der Veröffentlichung von Schultze-Naumburgs Texten.[51] Im Juni veranstaltete der Kampfbund seine jährliche Tagung – in Würdigung von Fricks Leistungen als Minister – in Weimar. Neben Darré sprachen auch Frick und Rosenberg auf dieser Veranstaltung und zollten Schultze-Naumburgs rassischen Kunsttheorien und seinen Angriffen auf ‚wurzellose‘ städtische Architektur Tribut.[52] Schultze-Naumburg avancierte schnell zum Berater des Kampfbundes in künstlerischen Fragen, und unter seiner Anleitung begann diese Organisation eine äußerst aktive und bösartige öffentliche Kampagne gegen das Neue Bauen. Als weitere prominente Gegner des Neuen Bauens, wie Konrad Nonn, Paul Schmitthenner, Eugen Hönig, Alexander von Senger und German Bestelmeyer sich Schultze-Naumburg anschlossen, gründete der Kampfbund für sie eine Tochterorganisation mit dem Ziel, den „Kampf gegen den Baubolschewismus“ fortzuführen und den deutschen Architekten eine „nationale Erziehung“ angedeihen zu lassen. Bereits Ende des Jahres 1932 spielte diese Gruppe unter dem Namen Kampfbund deutscher Architekten und Ingenieure (KDAI) eine ebenso bedeutende Rolle innerhalb der Kulturpropaganda der Nazis wie ihre Mutterorganisation.[53] Die propagandistischen Bemühungen des Kampfbundes erreichten 1933 ihren Höhepunkt: In diesem Jahr gründete er eine neue Zeitschrift, in der so bedeutende und allgemein anerkannte Architekten wie Theodor Fischer, Fritz Schumacher und Fritz Höger veröffentlichten, und organisierte eine Reihe von großen öffentlichen Veranstaltungen, bei denen Rosenberg und Gottfried Feder im Verein mit konservativen Architekten das Neue Bauen als ‚Kulturbolschewismus‘ angriffen.[54]

Der Kampfbund startete seinen Propaganda-Feldzug gegen das Neue Bauen Anfang 1931. Zu diesem Zeitpunkt fand Schultze-Naumburg die Unterstützung dieser Organisation für eine Reihe von Vorträgen unter dem Titel „Kampf um die Kunst“. Im Verlaufe des Jahres 1931 sprach Schultze-Naumburg in sechs großen Städten. Diese Vortragsreise trug mehr als jede andere Aktivität des Kampfbundes zu seiner traurigen Berühmtheit bei. Im großen und ganzen wiederholte Schultze-Naumburg in seinen Reden die Argumentation aus *Kunst und Rasse* und aus *Das Gesicht des deutschen Hauses*, einige Elemente seiner früheren Darstellungen hob er jedoch jetzt besonders hervor. Wie in *Kunst und Rasse* bemühte er sich, Verbindungen zwischen der Behandlung des Figürlichen in der modernen Malerei und dem Erscheinungsbild von körperlichen und geistigen Abnormitäten herzustellen. Wieder einmal verglich Schultze-Naumburg die schlimmsten Beispiele von moderner Malerei, die er finden konnte, mit den Meisterwerken des Mittelalters, besonders mit der berühmten Statue des Bamberger Reiters. Er weitete seine vergleichende Methode auf die Architektur aus, indem er schäbige Hinterhöfe moderner Mietshäuser Lichtbildern von gotischen Kathedralen und Schmitthenners weitläufigen Villen gegenüberstellte.

Seine Illustrationen begleitete er mit seinen bekannten rassistischen Erläuterungen zur Kunst. Den größten Teil seiner Vorträge widmete er jetzt jedoch Angriffen auf die moderne Architektur und unterstrich seine Behauptung, das Neue Bauen symbolisiere soziale Entwurzelung und kulturellen Niedergang. Immer wieder verglich Schultze-Naumburg „die Bestrebungen (. . .) der Nomaden der Großstädte (. . .), die den Begriff der Heimat überhaupt verloren haben“, mit „dem deutschen Wohnhause“, das „aus dem Boden gewachsen“ sei. Das Neue Bauen sei Ausdruck und zum Teil Ursache eines Volkes ohne Wurzeln. Darüber hinaus betonte er bei diesen Anlässen die Gefahren eines „mechanischen Funktionalismus", denen der neue Stil ausgesetzt sei. Durch ihre Glorifizierung der Technik bedrohten die radikalen Architekten die deutsche Seele mit ‚grenzenlosem Materialismus'. Diesen bereits bekannten Thesen fügte Schultze-Naumburg jetzt einen politischen Appell hinzu, indem er seine Zuhörer beschwor, die Arbeit des Kampfbundes zu unterstützen; „denn in der deutschen Kunst tobt ein Kampf um Tod und Leben, nicht anders als auf dem Felde der Politik. Und neben dem Kampf um die Macht muß der Kampf um die Kunst mit demselben Ernst und derselben Entschlossenheit durchgekämpft werden, wollen wir die deutsche Seele nicht preisgeben (. . .)".[55] Sein Schluß: Es „muß (. . .) wieder ein Deutschland um uns aufwachen, das in seinen grün eingebetteten Wohnhäusern ein Heim zu erblicken vermag, dessen Regierungsgebäude nicht mehr wie Fabriken und dessen Kultbauten nicht wie Kinos aussehen, sondern sichtbar die Zeichen der Hoheit und der Macht des Volkes tragen (. . .). Dieser böse, quälende Traum muß ausgeträumt sein, es muß Licht um uns werden, und überall soll der Weckruf ertönen: Deutschland erwache!"[56]

Schultze-Naumburgs Vorträge erregten überall Aufsehen. Gewöhnlich trat er in Universitäten oder Technischen Hochschulen auf und füllte die größten Hörsäle bis zum letzten Platz. Zu jedem Vortrag – in München, Dresden, Berlin, Wiesbaden, Darmstadt und Frankfurt – sprach Rosenberg einige einführende Worte, und eine ganze SA-Einheit sicherte die Veranstaltung. Dieser Schutz war oft notwendig, denn wenigstens zweimal ließen Pfeifkonzerte den Redner verstummen oder brachen Schlägereien aus.[57] Trotz der feindseligen Haltung vieler Zuhörer waren die Vorträge sehr populär, in München machte das große Interesse sogar einen zweiten Vortrag notwendig. Liberale Zeitungen und zahlreiche Fachzeitschriften zeigten sich empört über Schultze-Naumburgs Argumente und Methoden. Ihre heftige Kritik bedeutete für den Kampfbund eine unerwartete und, nach Rosenbergs Ansicht, durchaus wünschenswerte Publizität.[58] Für den Kampfbund war Schultze-Naumburg daher ein voller Erfolg; aufgrund dieser Vortragsreise veröffentlichte er dessen Reden und Aufsätze weit häufiger als die jedes anderen Mitglieds, ausgenommen Rosenbergs.

Das Interesse, das der Kampfbund an Schultze-Naumburgs Thesen zeigte, sicherte anderen konservativen Architekten, die das Neue Bauen ebenfalls ablehnten, die Unterstützung dieser Organisation zu. Von Anfang 1931 bis Frühjahr 1933 folgten Schmitthenner, Bestelmeyer, Senger und viele andere Schultze-Naumburgs Beispiel: Sie schlossen sich dem Kampfbund an und hielten Vorträge unter dessen Schirmherrschaft. Nichtsdestoweniger beharrten diese Männer auf ihren eigenen Argumenten gegen das Neue Bauen, die oft von denen Schultze-Naumburgs abwichen. Paul Schmitthenner warnte z.B. vor der Abkehr der radikalen Architekten von der Tradition: „Es geht nicht an, eine große ererbte Tradition einfach über Bord zu werfen. Wir stehen auf den Schultern derer, die vor uns waren (. . .)." Ein weiteres, häufig geäußertes Argument war: „Das, was wirklich geistig ist in der Architektur, kann [nicht] international sein."[59] German Bestelmeyer dagegen kritisierte gewöhnlich die Einförmigkeit des

Neuen Bauens, eine Einförmigkeit, die seiner Meinung nach den Weg für den Bolschewismus bereitete.[60] Alexander von Senger verwies auf die revolutionären politischen Ambitionen des Neuen Bauens und äußerte sich in Vorträgen und Texten zur ‚kommunistischen Verschwörung‘ in der Architektur.[61] Der Einfluß Schultze-Naumburgs innerhalb des Kampfbundes war jedoch so groß, daß seine Warnungen vor der Tyrannei der Maschine und vor der Großstadt in den offiziellen Verlautbarungen dieser Organisation den Vorrang hatten. Als der KDAI als Kampfbund-Organisation der Architekten gegründet wurde, wiederholte Schultze-Naumburg seinen Vortrag ‚Kampf um die Kunst‘ bei jeder Gründung einer neuen Ortsgruppe.[62] Die erste Grundsatzerklärung der neuen Organisation enthielt als Maxime: „Reagrarisierung ist die Forderung unserer Zeit.“[63] Winfried Wendland, einer der Vorsitzenden der Berliner Ortsgruppe des KDAI, bezeichnete die Arbeit des Kampfbundes als Angriff auf „großstädtische Ideen“. Um ein ‚bolschewistisches‘ Bauen zu bekämpfen, sollte der Nationalsozialismus seiner Meinung nach junge Architekten in ihrer Suche nach einer auf „Natur und Boden“ basierenden Architektur, die dem Handwerk gegenüber der Technik den Vorrang gab, unterstützen.[64] Weitere Argumente dieser Art übten einen wachsenden Einfluß auf die Denkweise von Kampfbund-Politikern und dieser Organisation nahestehender Architekten aus. Als Gottfried Feder 1932 den Vorsitz des KDAI übernahm, ließ er Schultze-Naumburgs Warnungen vor der Stadt und der Maschine neu aufleben.[65] Diese Thesen beeinflußten sogar Rosenberg. Lange nachdem der Kampfbund seine einflußreiche Position in Partei und Staat eingebüßt hatte, sprach er immer noch von einer Architektur, die nicht in ‚Blut und Boden verwurzelt‘ und daher das Hauptangriffsziel des „Kampfes um die Kunst“ und des „Kampfes um die Kultur“ sei.[66]

Da die Mitglieder des Kampfbundes Künstler und Intellektuelle waren, deren Vorträge in der Regel vor akademischem Publikum gehalten wurden, erreichte die Propaganda dieser Organisation nur einen kleinen Zuhörerkreis. Gleichzeitig wurde jedoch durch den *Völkischen Beobachter* auch ein breiteres Publikum mit den Angriffen auf das Neue Bauen vertraut gemacht. Anfang Juli 1930 wandte sich der *Völkische Beobachter* von seiner früheren Politik ab und startete einen gehässigen Feldzug gegen den neuen Stil.[67] Artikel, die über die Gegenbewegung zum Neuen Bauen berichteten, nahmen immer mehr Raum ein; 1932 schließlich veröffentlichte das Blatt jeden Monat durchschnittlich drei größere Artikel zur Architektur. Zu Beginn des Jahres 1933 brachten sechs der letzten zehn Ausgaben des *Völkischen Beobachters* vor den Wahlen am 5. März ganzseitige Angriffe gegen radikale Architekten und ihre Arbeit. Darüber hinaus hatten zu jener Zeit Angriffe auf das Neue Bauen fast völlig jene kritischen Artikel über zeitgenössische Tendenzen in den anderen Künsten verdrängt, mit deren Veröffentlichung das Blatt 1928 begonnen hatte. Die zahlreichen Artikel zur zeitgenössischen Kultur enthielten zuweilen zwar noch Berichte zum Thema Literatur bzw. Drama, das Hauptaugenmerk richtete sich jedoch immer mehr auf die Architektur. Soweit es um moderne Kunst ging, beschuldigte man fast durchweg die Ring-

Architekten, für deren Entwicklung und Verbreitung verantwortlich zu sein.[68] Die Herausgeber erklärten ihr verstärktes Interesse an der Architektur mit eben jenem alten Argument der fortschrittlichen Architekten, Architektur ‚spiegele‘ allgemeine Entwicklungen in Kultur und Gesellschaft wider. Im Bauen verbänden sich kulturelle, wirtschaftliche und rassische Kräfte des Volkes wie in keinem anderen Lebensbereich.[69] In den letzten Jahren vor der Machtergreifung der Nazis hatte der *Völkische Beobachter* also eine Position gegen das Neue Bauen bezogen und betrachtete es als Ausdruck dessen, was die Nazis ‚Kulturbolschewismus‘ nannten: nicht nur als Symbol alles Modernen in den bildenden Künsten, sondern auch als Ausdruck all dessen, was die Partei in der zeitgenössischen Gesellschaft insgesamt ablehnte.[70]

Die Angriffe des *Völkischen Beobachters* gegen das Neue Bauen äußerten sich auf verschiedene Art und Weise. Die Strategie, Kunst- und Architekturausstellungen kritisch zu beleuchten, 1928 ins Leben gerufen, um breitere Leserschichten zu erreichen, wurde jetzt auch im Vorgehen gegen die radikalen Architekten bedeutsam. Über die Ausstellung dieser Architekten wurde nach 1930 jeweils umgehend berichtet; man nahm diese Gelegenheiten wahr, um nachhaltig vor den kulturellen Gefahren, die der neue Stil verkörpere, zu warnen.[71] Andererseits wurden Fälle von lokalem Widerstand gegen das Neue Bauen wie gewöhnliche Ereignisse behandelt – man räumte ihnen reichlich Platz ein, versah sie mit schreienden Überschriften, kommentierte sie jedoch nur sehr knapp.[72] Mit Kritik von seiten der Fachzeitschriften und der Bauberufe wurde in den meisten Fällen ähnlich verfahren. Gelegenheit zu Angriffen auf das Neue Bauen boten auch die zahlreichen Wahlaufrufe des *Völkischen Beobachters*. Diese Aufrufe bestanden aus verschiedenen Teilen, von denen sich jeder an eine bestimmte Bevölkerungsgruppe richtete und sie um ihre Stimme für die Nazis bat. Die Aufrufe, die sich an Künstler, Architekten oder überhaupt Angehörige der Bauberufe wandten, griffen gewöhnlich die Arbeit der radikalen Architekten an.

Zusätzlich zu diesen Ausstellungsberichten, Nachrichten und Wahlaufrufen veröffentlichte das Blatt die Schriften und Vorträge der bekanntesten konservativen Gegner des Neuen Bauens. Von April 1930 an brachte das Blatt in regelmäßigen Abständen Schultze-Naumburgs Reden und zitierte längere Passagen aus seinen Büchern; wenige Monate später begann es, auszugsweise Texte und Vorträge weiterer Gegner des Neuen Bauens zu publizieren, in vielen Fällen noch bevor diese dem Kampfbund beigetreten waren. Bestelmeyer zum Beispiel erweckte das Interesse des *Völkischen Beobachters* im Oktober 1930, Schmitthenner im Dezember, während im Oktober und November überarbeitete Auszüge von Sengers *Krisis der Architektur* unter dem Titel „Bolschewismus im Bauwesen“ erneut veröffentlicht wurden.[73] Sengers Artikel wurden von ganzseitigen Aufsätzen der Redakteure über verwandte Themen, wie z.B. ‚Rasse als Grundlage wahrer Kunst‘, ‚Auch Schweden lehnt sich gegen das ‚Neue Bauen‘ auf‘ und ‚Das Wesen der germanischen Weltanschauung‘ begleitet.

Der größte Teil der Architekturpropaganda des *Völkischen Beobachters* war jedoch weder auf bestimmte Anlässe bezogen noch vollkommen abhängig von der Argumentation konservativer Architekten. Die meisten Angriffe auf das Neue Bauen erschienen in Form von ausführlichen kritischen Artikeln, die sich ausgiebig über den Symbolgehalt des Neuen Bauens ausließen. Schultze-Naumburgs und Sengers Gedankengänge spielten dabei eine wichtige Rolle, sie waren jedoch nur Teil einer weiter gehenden Argumentation. Diese Angriffe basierten zum wesentlichen Teil auf der Vielzahl kritischer Stimmen, die in der Vergangenheit laut geworden waren: auf Argumenten aus dem Weimarer Streit um das Bauhaus, auf Artikeln überregionaler konservativer Zeitungen, auf Flugblättern des Baugewerbes oder der Fachzeitschriften und nicht zuletzt auf den Eingebungen konservativer Architekten. Die Herausgeber und ihre Kolumnisten schmückten diese Argumente mit persönlichen Angriffen gegen die radikalen Architekten aus und strickten das Ganze zu einem Flickenteppich, dem jeder logische Aufbau fehlte, der jedoch mittels Suggestion und plumper Anspielung eine große Wirkung erzielte.

Das Wesen der Architekturpropaganda des *Völkischen Beobachters* zeigt sich am besten in Originalzitaten. Das folgende Beispiel erschien während der Wahlkampagne im November 1930 als Teil einer Serie von Architekturartikeln unter dem Titel ‚Das Ziel unseres kulturpolitischen Kampfes‘:

Das Bauhaus wird als ‚Kathedrale des Marxismus‘ beschrieben, die einer Synagoge ähnele. Den ‚Anregungen‘ dieser ‚Musteranstalt‘ verdanke man nicht zuletzt jene ‚orientalische Kästen, wie sie unverbildetem und ursprünglichem Geschmack zutiefst zuwider seien. Sie sprächen außerdem jeder baulichen Erfahrung Hohn. Schon nach einigen Jahren hätten die als Gipfelleistungen der Gegenwart gepriesenen Bauten an allen Ecken und Enden Risse aufgewiesen, ja, ganze Wohnblocks seien so durchfeuchtet gewesen, daß die Gesundheitsbehörden einschreiten mußten. Lange Zeit aber sei der Einspruch (guter deutscher Architekten, d. Verf.) ungehört geblieben, weil bestimmte Industrien an den Experimenten des Bauhauses − wir verstehen Bauhaus hier stets als Begriff − interessiert gewesen seien und die internationalen Parteien sich von einem offen betriebenen ‚Kulturbolschewismus‘ viel versprachen. Was das letztere anbelangt, so hätten die ‚System-Größen‘ nicht ganz unrecht gehabt. Diese Baukunst sei ‚Geist von ihrem Geist‘ gewesen. Wie Le Corbusier und Gropius hätten sie das Haus als Werkzeug betrachtet, wie das Automobil. Schon damit hätten sich ‚jene Herren‘ als typische Nomaden der Großstadt erwiesen, die von Blut und Boden nichts mehr wissen. Das ‚neue Haus‘ sei nichts anderes als ein Werkzeug zur Vernichtung des Familiensinns und des Rassebewußtseins. Jetzt verstehe man den tieferen Sinn jener architektonischen Unsinnigkeit, mit der Siedlungen im Stile von Zellengefängnissen errichtet und ‚kleinasiatische Intermezzi‘ auf deutschem Boden ‚verbrochen‘ worden seien. Der Bolschewismus sei der Erzfeind aller gewachsenen Kultur und wolle diese Öde und Grauenhaftigkeit.[74]

Bekannte Phrasen. Konrad Nonns ‚Kathedrale des Marxismus‘ wird vermischt mit *Deutschlands* ‚orientalischen Kästen‘ und den Behauptungen der *Deutschen Bauhütte* über Bauschäden an Wohnanlagen radikaler Architekten. Es folgen von Senger entlehnte Hinweise auf die Korruptheit der deutschen Industrie und der von radikalen Architekten selbst geäußerte Anspruch, den ‚Zeitgeist‘ auszudrücken. Schultze-Naumburgs Ausführungen werden um den Begriff ‚Blut und Boden‘ erweitert, den er selbst nicht verwendet hatte. Die Schlußfolgerung, das Neue Bauen bedrohe die Familie, wurde *Ludendorffs Volkswarten* entnommen. Der Antisemitismus völkischer Zeitungen, dem konservative Architekten nie Ausdruck verliehen hatten, findet sich in den einleitenden Zeilen wieder. Gedanken und Anspielungen dieser Art waren bisher noch nie in einem solchen Zusammenhang geäußert und so eindeutig als Angriff auf eine republikanische Regierung benutzt worden. Wie die Gegner des Bauhauses, Senger und einige konservative Zeitungen, verdammte der *Völkische Beobachter* alle Sünden des Neuen Bauens als ‚bolschewistisch‘. Die Verfehlungen werden nun jedoch als Teil einer kulturbolschewistischen Politik der „internationalen Parteien“ bezeichnet, die die Weimarer Regierung in der Hand haben.

Eine solche Verquickung verschiedenartiger Argumente fand sich in jedem größeren Artikel des *Völkischen Beobachters* über das Neue Bauen. Nur die Schwerpunkte variierten. Während der Wirtschaftskrise bemühte sich der *Völkische Beobachter* sehr, die Arbeitslosen in den Bauberufen anzusprechen. In zahlreichen Artikeln wurde behauptet, die Ring-Architekten seien für diese Arbeitslosigkeit verantwortlich.

"Die Bolschewisierung der Baukunst ist heute in einzelnen Ländern Deutschlands bereits so stark fortgeschritten, der heimische, am Vaterland hängende Baukünstler derartig zurückgedrängt, daß Hunderte auswandern oder Selbstmord begehen (. . .). Marxistisch gefärbte Architekten, die die Lage erfaßt haben und über die nötigen Verbindungen verfügen, erhalten von den Wohnungsfürsorgegesellschaften die fettesten Aufträge (. . .), so daß der junge Handwerker immer mehr verproletet und in die Arme der Kommunisten getrieben wird."[75]

Immer wieder ergriff das Blatt die Gelegenheit, die Unterstützung, die den Ring-Architekten von republikanischen Staats- und Reichsregierungen zuteil geworden war, für diese Situation verantwortlich zu machen:

»Statt ernstlich an praktische Aufbauarbeit heranzugehen, gründete dieser Staat eine ‚Reichsforschungsgesellschaft‘ (. . .), eine Gesellschaft ‚Prominenter‘, die dem Geiste dieser Republik seit ihrer ‚glanzvollen‘ Gründung gewogen waren. (. . .) Daß sich bei diesen ‚Versuchen‘ in erster Linie die hervortaten, die die ‚Lage der Dinge‘ von Anfang an rasch erfaßt hatten und ihre günstigen Verbindungen zu den roten Parteigrößen ausnützen, ist selbstverständlich (. . .). Sie [die Bauten dieser Männer] haben nur den einen Vorzug, daß sie unserer nachkommenden Generation zeigen, daß nicht ihre Väter, sondern Landfremde dieses Gemisch von Stahl, Glas und flachem Dach geschaffen haben (. . .). Diese Auswüchse wären unterblieben, wenn der Staat von Anfang an den Berufsschutz eingeführt und die kommunistischen Schreier aus dem Lande gejagt hätte (. . .). Die gesamten alten Parteien waren zu schwach und zu degeneriert, zu feige, um auch nur einmal in einem energischen Vorstoß gegen diese, den ganzen anständigen, ehrlich schaffenden Architektenstand schädigenden ‚Schlagwortmontage-Ateliers' mit ihren landfremden Inhabern aufzutreten (...). Von einem solchen Staat ist nichts mehr zu verlangen und zu hoffen (...). Ein Staat, der nicht fähig ist, das gute Alte, das herrlichste Gut der Geschichte, zu wahren und zu pflegen, für eine heimische, fein abgestimmte Umgebung zu sorgen, kann ruhig abdanken.«[76]

Aufgrund der angeblich privilegierten Stellung ‚marxistischer' Ring-Architekten und der daraus resultierenden Nachteile für ‚deutsche' Architekten und Bauunternehmer gab der *Völkische Beobachter* persönlichen Angriffen auf die prominentesten radikalen Architekten breiten Raum. Im Juli 1931 verwendete das Blatt z.B. in einem ausführlichen Artikel über die Reichsforschungsgesellschaft mehrere Spalten darauf, „die Mitglieder der jüdisch-bolschewistischen Architektenvereinigung, der Ring" zu beschimpfen.[77] Gropius wurde als eleganter ‚Salon-Bolschewist' beschrieben, der Weimar verlassen mußte, weil er Regierungsgelder veruntreut habe; Bartning baue Kirchen für evangelische Gemeinden, die nicht bemerken, daß er ein ‚Anhänger des atheistischen Bolschewismus' sei; May sei nach Rußland gegangen, nachdem die Bauten, die er mit öffentlichen Mitteln errichtet hatte, hätten geschlossen werden müssen; Wagner trüge die Verantwortung dafür, daß im Berliner Wohnungsbau weder freischaffende Architekten noch Mitglieder des Baugewerbes Arbeit fänden. In dem Artikel wird mit etwa zwanzig weiteren Ringmitgliedern (oder Architekten, die die Herausgeber dafür hielten) auf gleiche Weise verfahren; zu ihnen gehörten Döcker, Häring, Haesler, Hilberseimer, Hans und Wassily Luckhardt, Mendelsohn, Mies, Poelzig, Karl Schneider sowie Bruno und Max Taut. In einem Schlußakkord gab der *Völkische Beobachter* das Versprechen, die Partei werde nach ihrer Machtergreifung mit diesen Architekten abrechnen; gelegentlich war in dem Blatt sogar die Rede von der „Ausrottung" einer „künstlerische(n) Richtung".[78] Das ‚Dritte Reich' würde für die „Unterbringung der Zehntausenden von Architekten, Ingenieuren und Technikern, die alljährlich die Hochschulen verlassen"[78a], Sorge tragen und die Wiederbelebung des Handwerks, die Unterstützung freischaffender Architekten und die Erneuerung der Bautätigkeit in die Wege leiten.[79]

Was auch immer der Schwerpunkt der Berichterstattung des *Völkischen Beobachters* war, fast immer waren die Artikel allgemein gehalten. Wenn in einer Passage die Vetternwirtschaft republikanischer Kunstförderung angeprangert wurde, wurden in der folgenden die von der Regierung unterstützten ‚Ausländer' beschuldigt, traditionelle ‚deutsche' Kunst systematisch zu unterwandern: „Deutscher Architekt! Vergiß es nie, daß im ‚deutschen Kunstreich jüdischer Nation' der Nachkriegszeit alles, was deutsche Schöpferfreudigkeit in Jahrhunderten aufgebaut hatte, in gewissenloser, überheblicher, verbrecherischer Anmaßung geschmäht und herabgezerrt werden durfte. Konstruktivisten, Psychopathen und Fremdbürtige wußten die Gunst skrupelloser Geldgeber zu gewinnen, während du übergangen wurdest und keine Aufgabe [erhieltest], deine Fertigkeit und deines Geistes Kraft daran zu messen."[80] Derartige Artikel, die sich auf Rufmord spezialisierten, enthielten jedoch auch Angriffe auf den Baustil radikaler Architekten. Die meisten dieser Angriffe gipfelten in dem Vorwurf, die Ring-Architekten strebten die klassenlose Gesellschaft an:

Den Führern des Bauhauses zufolge müßten Zimmer wie Ateliers oder Operationssäle gestaltet sein, jede Wärme sei aus ihnen verbannt. Holz als Material gebe es nicht, Teppiche und Stoffe seien Sünden wider den heilgen Geist der ,Sachlichkeit'. Glas vielmehr, alle Sorten von Metall, künstlicher Stein seien die Stilmaterialien. Der neue Mensch sei kein Mensch mehr, er sei ein geometrisches Tier, brauche keine Wohnung, kein Heim, sondern eine ,Wohnmaschine'. Dieser ,Mensch' sei kein Individuum, keine Persönlichkeit, sondern ein Kollektivwesen, ein Stück Masse. Und so entstünden ,Siedlungen', Wohnblocks von trostloser Einförmigkeit, in denen bis ins letzte alles genormt ist: die Mietskasernen (nicht – wie in den in der zweiten Hälfte des 19. Jahrhunderts rapid gewachsenen Großstädten – aus Not), sondern aus Prinzip. Man wolle die Persönlichkeit im Menschen töten, man wolle das Kollektivwesen, denn das Ziel der Bauhaus-Führer sei der Marxismus, der Kommunismus.[81]

Vor allem im Zusammenhang mit derartigen Warnungen hinsichtlich der sozialen Auswirkungen des Neuen Bauens beschwor der *Völkische Beobachter* gern das Bild einer jüdischen Verschwörung herauf:

»Man erkennt jetzt das auch sonst sattsam bekannte Bild jüdischer Regiekunst: die unsaubere Vereinigung gewisser in jüdische Hand geratener Großindustriezweige mit den marxistischen Parteien und dem unbelehrbar dämlichen Ideologentum gewisser überkandidelter Bürgerkreise. Ergebnis: die Proletarisierung und Vernichtung der deutschen Menschen, seine Herabwürdigung zum Arbeitsvieh des Juden, dem nur die notdürftige körperliche Existenz gegönnt wird, für den selbst jeder geistige allerkleinste Spielraum zu groß erscheint, um ihn ihm zu belassen.«[82]

Das Blatt benutzte den Begriff ,Kulturbolschewismus' abwechselnd zur Bezeichnung jeder einzelnen dieser Verfehlungen radikaler Architekten und beendete seine Berichte häufig mit Schlußfolgerungen der folgenden Art: „Nur der Nationalsozialismus hat eben noch die Kraft, die Kulturtradition der Nation zu schützen und das Heraufkommen eines neuen deutschen Kunstschaffens sicherzustellen."[83]

Trotz des fehlenden Zusammenhangs der nach Art eines Flickenteppichs zusammengesuchten Argumente und trotz aller rüden Beschimpfungen ergaben die Angriffe des *Völkischen Beobachters* gegen das Neue Bauen insgesamt doch ein zusammenhängendes Bild. Nach Ansicht des Blattes verkörperte der neue Stil soziale und wirtschaftliche Veränderungen, die durch die neue Industrialisierungswelle nach 1914 hervorgerufen worden waren und während der Depressionsjahre immer augenfälliger in Erscheinung traten; diese Veränderungen hatten ein Gefühl der Wurzellosigkeit entstehen lassen. In seiner Architekturpropaganda gelang es dem *Völkischen Beobachter*, diese Gefühle wirtschaftlichen und sozialen Unbehagens kulturellen und politischen Ursachen zuzuordnen. Die Herausgeber brandmarkten die sozialen und wirtschaftlichen Veränderungen der Nachkriegszeit als Teil eines ,kulturellen Verfalls', und es gelang ihnen, diesen kulturellen Niedergang als bewußtes politisches Ziel ,internationaler Mächte', des ,Bolschewismus' und vor allem der Weimarer Republik selbst – ,des heutigen Staates' – aufzudecken. Dies würde natürlich bedeuten, daß die ,Ausrottung' des ,Architekturbolschewismus' mit politischen Mitteln dem wirtschaftlichen und sozialen ,Bolschewismus' einen entscheidenden Schlag versetzen würde; diese Annahme erklärt die führende Rolle der Architekturpropaganda noch nach der Machtergreifung. Die einzelnen Aspekte dieses Architekturverständnisses waren bereits vor 1930 in der öffentlichen Diskussion zu finden, der Parteipresse gelang es jedoch, sie zu einem neuen und politisch wirksamen Gesamtzusammenhang zusammenzuschweißen.

Man muß sich vor Augen halten, daß jeder einzelne Angriff der Nazis auf die neue Architektur auch eine positive Aussage enthielt; jede Kritik an den Wertvorstellungen, die das Neue Bauen angeblich verkörperte, verpflichtete die Partei zumindest theoretisch, gegenteilige Tendenzen zu unterstützen. Zwischen 1930 und 1933 erkannte man in der Architekturpropaganda der Nazis nicht nur ein Programm der nationalen Stärke, sondern auch Bewunderung für eine Tendenz zum Individualismus und die rückwärts gerichtete Sehnsucht nach einer hierarchisch aufgebauten Gesellschaft und vorindustriellen wirtschaftlichen Verhältnissen. Diese Wertvorstellungen widersprechen einander nicht nur gegenseitig, sondern sind auch völlig unvereinbar mit dem Wesen des nationalsozialistischen Staates, wie er sich nach 1933 entwickelte. Nichtsdestoweniger unterstützte die Parteipropaganda Architekturtendenzen, die diese gegensätzlichen Werte zum Ausdruck brachten. Angriffe auf das Neue Bauen bezogen sich oft auf ,große' Baustile der deutschen Vergangenheit. Diese wurden jedoch unterschiedlich definiert: von den konservativen, vom Kampfbund geförderten Architekten als die ,Architektur um 1910', von Frick wie von vielen Autoren des *Völkischen Beobachters* als die Kunst des klassischen Weimar zur Zeit Goethes, als deutsche Gotik und in manchen Fällen sogar als volkstümlicher Stil des deutschen Bauerntums im ausgehenden Mittelalter. So enthielt die geschickte politische Strategie des nationalsozialistischen Widerstandes gegen das Neue Bauen – nämlich die Integration von wirtschaftlichen, sozialen und kulturellen Gesichtspunkten – andererseits schon den Keim zu späteren Konflikten, die sich entfalten mußten, als die Partei die Macht übernahm und ihr eigenes Bauprogramm in die Tat umsetzte. Diese Widersprüche konnten nie beseitigt werden, sondern lebten in Form einer permanenten parteiinternen Debatte nach der Machtergreifung fort.

7 Das Nazi-Regime und seine Maßnahmen zur Kontrolle der Architektur

Trotz der vielen Widersprüche in der Architekturpropaganda der Nationalsozialisten vor 1933 schien diese Propaganda jedoch zwei eindeutige und stets wiederholte Versprechungen zu machen. Auf der einen Seite sollte den Ring-Architekten und ihrer Gefolgschaft jeglicher Einfluß auf die deutsche Architektur entzogen werden, auf der anderen Seite wollte die Partei einen ‚deutschen‘ bzw. ‚nationalsozialistischen‘ Baustil fördern. Diese Versprechungen machten die Gegner des Neuen Bauens nicht nur glauben, daß die Ring-Architekten aus allen öffentlichen Ämtern entfernt würden, sondern auch, daß offizielle Organisationen gegründet würden, die den Architekten bestimmte Baustile vorschreiben würden. Viele Artikel des *Völkischen Beobachters* schürten diese Erwartungen, und auch der Kampfbund beharrte auf beiden Forderungen. Mehrere Monate vor der Machtergreifung sahen die Führer des Kampfbundes ihre Organisation schon als eine naturgegebene Einrichtung zur Durchsetzung derartiger Reglementierungen und Kontrollen im Bereich der Kunst. Sie sahen den Kampfbund Deutscher Architekten und Ingenieure (KDAI) schon mit den Kompetenzen einer Berufsorganisation versehen, die den Berufsstand nach Ausschluß der radikalen Architekten ‚nationalsozialistisch‘ umerziehen würde. Für die konservativen Architekten, die sich in Rosenbergs Organisation zusammengefunden hatten, war diese Forderung gleichbedeutend mit der Wiederbelebung fortschrittlicher Vorkriegstraditionen des Historismus. Ihr Schwerpunkt lag dabei eher auf einer ländlichen Architektur als auf städtischen Bauformen.

Nach ihrer Machtergreifung erfüllte die Partei diese Versprechen jedoch nur zum Teil; besonders enttäuschte sie die Hoffnungen der Kampfbund-Führer. Im Frühjahr 1933 begann die neue Regierung eine systematische Kampagne gegen die Urheber des Neuen Bauens. Sie nahm ihnen ihre Ämter in Schulen, Wohnungsbaugesellschaften sowie Stadtverwaltungen und entließ sie aus leitenden Stellungen in den nationalen Berufsverbänden. Es wurde jedoch weder ein Gesetz erlassen, das den radikalen Architekten die Bearbeitung weiterer Aufträge untersagte, noch wurden sie von der gewöhnlichen Mitgliedschaft in ihren Verbänden ausgeschlossen. Darüber hinaus beschränkten sich Säuberungsaktionen auf die erste Garde der radikalen Architekten: Viele von denen, die mit dem Neuen Bauen nur als Assistenten oder Studenten verbunden waren, behielten unter dem neuen Regime einflußreiche Stellungen. Die Nazis entsprachen zwar der Forderung des Kampfbundes nach Einrichtung einer einheitlichen Berufsorganisation, die die Arbeit ihrer Mitglieder kontrollieren sollte. Der Kampfbund erhielt jedoch nicht die Oberhand über dieses Kontrollorgan, das sich in der Praxis in bezug auf die Überwachung des architektonischen Stils sogar als unwirksam erweisen sollte.

Die Lückenhaftigkeit der Säuberungsmaßnahmen unter den Architekten und die mangelnde Kontrolle ihres weiteren Schaffens war zum Teil auf innerparteiliche Rivalitäten zurückzuführen. Während der Säuberungsaktionen stellte sich heraus, daß die architektonisch interessierten Parteifunktionäre sowohl hinsichtlich des zukünftigen Baustils als auch hinsichtlich des Ausmaßes staatlicher Einflußnahme auf Fragen der Architektur sehr unterschiedliche Ansichten hatten. Diese Meinungsverschiedenheiten traten in dem Machtkampf zwischen Rosenberg und Goebbels im Sommer 1933 besonders klar zutage. Rosenberg hoffte, den Kampfbund von einem Partei- zu einem Staatsorgan aufwerten zu können, und befürwortete daher die Einrichtung einer einzigen staatlichen Stelle zur Kontrolle der Kultur. Als dieses Amt, die Reichskulturkammer, gegründet wurde, wurde es jedoch Goebbels' Propagandaministerium unterstellt. Goebbels weigerte sich danach, seine neue Organisation intensiv zur Kulturkontrolle einzusetzen. Im Zuge ihrer Machtkämpfe griffen sich beide Männer häufig gegenseitig an und formulierten in der Öffentlichkeit sehr unterschiedliche Zielvorstellungen zur nationalsozialistischen Kulturpolitik.

Obwohl die Forderungen des Kampfbundes und der Parteipropaganda vor 1933 in groben Zügen erfüllt wurden, bezog man sich dabei mehr auf den Buchstaben als auf den Geist dieser Vorgaben. Tatsächlich verlor der Kampfbund infolge dieses Umsetzungsprozesses an Macht und Einfluß. Während die führenden radikalen Architekten unter den Säuberungsaktionen zu Beginn der Naziherrschaft zu leiden hatten, litten ihre bedeutendsten Gegner aus der Weimarer Zeit von dem Zeitpunkt an, als Goebbels die Kulturpolitik in die Hand nahm. Die Unfähigkeit des Regimes, einen allgemeingültigen Stilkanon zur Reglementierung der Architektur zu formulieren, bedeutete aus der Sicht der Sprecher und Führer des Kampfbundes ein doppeltes Versagen. Sie erhielten weder die angestrebte Führungsrolle innerhalb der Architektenschaft, noch bestimmten die von ihnen favorisierten Baustile das nationalsozialistische Bauprogramm.

Die Entwicklung der nationalsozialistischen Architekturpolitik zeigt nach 1933 also zwei Phasen. Die Art und Weise, mit der Möglichkeiten zur staatlichen Kontrolle und Reglementierung der Architektur erarbeitet und anschließend in ihrer Wirksamkeit beeinträchtigt wurden, zeigt die negativen Folgen des Konkurrenzdenkens unter den Parteigrößen. Die Entwicklung des nationalsozialistischen Bauprogramms selbst, im 8. Kapitel dieses Buches beschrieben, zeigt das positive Ergebnis dieser Rivalitäten in einer Reihe von gegensätzlichen Stilrichtungen.

Das Bauhaus war natürlich das erste Opfer der Säuberungsaktionen; die Partei griff die Schule sogar schon vor ihrer Machtergreifung 1933 mit Erfolg an. Nach 1925 stand dem Bauhaus in seiner neuen Heimat Dessau nur wenig Opposition gegenüber. Es wurde vielmehr sowohl aus städtischen Mitteln aus auch vom Staat Anhalt unterstützt. Mies van der Rohe, Direktor des Bauhauses in der Nachfolge von Gropius und Hannes Meyer, sicherte sich eine so breite Unterstützung, daß die Schule selbst in den ersten Jahren der Wirtschaftskrise die normalen Aktivitäten im gewohnten Ausmaß fortführen konnte.[1] Diese Situation änderte sich jedoch schlagartig Anfang 1932, als die Nazis im Dessauer Stadtrat die Mehrheit erhielten und auch im Landtag so viele Sitze gewannen, daß sie mit der DNVP eine Koalitionsregierung bilden konnten. Die nationalsozialistischen Kandidaten für die Stadtratswahlen waren im Wahlkampf dafür eingetreten, das Bauhaus aufzulösen und die berühmten Bauhaus-Gebäude niederzureißen: „Mit dem Verschwinden dieser sogenannten ‚Hochschule für Gestaltung' wird eine der markantesten Stätten jüdisch-marxistischen ‚Kunst'-Willens von deutscher Erde verschwinden. Möge bald der gänzliche Abbruch folgen und möchten dort, wo heute der nüchterne Glaspalast orientalischen Geschmacks steht, (...) bald Heimstätten oder Anlagen [stehen], die deutschen Menschen Heimat und Erholung bieten.“[2]

Im Januar 1932 versuchten die Nazi-Abgeordneten dieses Programm im Stadtrat mit der Drohung durchzusetzen, andernfalls den städtischen Haushalt wegen der Ausgaben für das Bauhaus abzulehnen. Einer vereinigten demokratischen Opposition von SPD und DNVP gelang es, die nationalsozialistischen Forderungen bis zum Sommer zu blockieren; doch im August gab die SPD dem wachsenden Druck der Staatsregierung nach und enthielt sich in der entscheidenden Abstimmung der Stimme, obwohl sich Bürgermeister Hesse weiterhin für das Bauhaus einsetzte.[3] Die Stadtverwaltung sah sich daher genötigt, den Forderungen der Nazis nachzukommen, und löste das Bauhaus am 1. Oktober auf, indem sie Dozenten und Studenten von der Schule verwies. Es zeigte sich jedoch, daß die Partei die Gebäude des Bauhauses nicht abreißen ließ. Stattdessen ließen Parteifunktionäre ein geneigtes Holzdach auf die Ateliers setzen und funktionierten das Gebäude zu einer Ausbildungsstätte für Parteiführer um. Dieses schlechte Gedächtnis in bezug auf Wahlversprechen und die Weigerung, wertvolle Bausubstanz, gleich welchen Stils, zu zerstören, sollte sich als typisch für die Architekturpolitik der Nazis nach 1933 herausstellen.[4]

In der Zwischenzeit war ein Teil der Dozenten und Studenten nach Berlin umgezogen, wo das Bauhaus noch einige Monate unter der Leitung von Mies bestand. Sobald die Partei jedoch in der preußischen Regierung die Oberhand gewann, veranstaltete die Gestapo in den neuen Räumen des Bauhauses eine Razzia und verhaftete etliche Studenten wegen des Besitzes ‚illegalen Propagandamaterials der KPD'.[5] Am 12. April schloß die neue Regierung die Schule ‚provisorisch' und stellte eine etwaige Wiedereröffnung für den Fall in Aussicht, daß Kandinsky und Hilberseimer ihrer Ämter enthoben und der Lehrplan durch Rusts Erziehungsministerium genehmigt würde.[6] Mies' Bitten um Unterstützung, an Rosenberg und Winfried Wendland gerichtet, der zu jener Zeit in Rusts Ministerium tätig war, führten nur zu langen und schließlich doch ergebnislosen Verhandlungen, bis das Bauhaus – ohne politischen und finanziellen Rückhalt – kurz vor dem Bankrott stand.[7] Am 10. August 1933 beschloß die Fakultät einstimmig, den Schulbetrieb einzustellen.[8]

Außerhalb des Bauhauses waren nur wenige radikale Architekten in der Lehre tätig, und von dieser verhältnismäßig geringen Anzahl waren nur wenige von den Säuberungsaktionen im Bildungsbereich betroffen. Ernst Wichert, der als Direktor der Frankfurter Schule für Kunsthandwerk eng mit Ernst May zusammengearbeitet hatte und einer seiner tatkräftigsten Anhänger gewesen war, wurde Ende Mai entlassen.[9] Kurz darauf verloren Hans Scharoun und Adolf Rading, Schöpfer von einigen der radikalsten Wohnanlagen der Weimarer Zeit, ihre Stellung im ‚Meisteratelier' der Breslauer Kunstakademie.[10] Von diesen Einzelfällen abgesehen, mischte sich das Regime anfangs kaum in die Tätigkeit der Architekturfakultäten ein; es beschränkte sich vielmehr auf jene Fälle, in denen Kritik an einzelnen Personen die Aufmerksamkeit der Behörden erregt hatte. Als der Kampfbund z.B. gegen die Ernennung Hans Poelzigs zum Direktor der Berliner Vereinigten Staatsschulen für Architektur, Malerei und Kunstgewerbe wegen dessen Freundschaft mit Wagner und Gropius zu Felde zog, zwang ihn Rusts Ministerium, sein Amt niederzulegen, und ersetzte ihn durch Paul Schmitthenner, wiederum auf Betreiben des Berliner Kampfbundes.[11] Ähnlich erging es Robert Vorhoelzer, der für die äußerst modernen Gebäude der bayrischen Post in den zwanziger Jahren verantwortlich war; er wurde ein Opfer der Angriffe German Bestelmeyers und verlor im Oktober 1933 seinen Lehrstuhl an der Technischen Hochschule in München. Bestelmeyer und die Ortsgruppe des Kampfbundes benutzten ihren Einfluß beim bayrischen Kultusminister Hans Schemm, um Vorhoelzer durch Alexander von Senger ersetzen zu lassen.[12] Im allgemeinen ließen die Maßnahmen der Nazis gegen in der Lehre beschäftigte moderne Architekten kein System erkennen, denn obwohl einige radikale Architekten aus ihren Ämtern entfernt wurden, konnten andere, die kaum weniger bekannt waren, beinahe frei von jeder Behinderung weiterlehren.[13]

Ein weiteres Mittel zur Bekämpfung moderner Architekten war die ‚Gleichschaltung' städtischer Bauverwaltungen und Wohnungsbaugesellschaften. Diese waren in weit höherem Maße von den radikalen Architekten geprägt als die Ausbildungsstätten, und ihre Neuorganisierung durch das Nazi-Regime war auch gründlicher und konsequenter. Die Säuberungen städtischer Bauverwaltungen begannen in Preußen unmittelbar nach den Gemeindewahlen vom 13. März 1933, als Göring als preußischer Innenminister seine Aufmerksamkeit städtischen Angelegenheiten zuwenden konnte. Sein Hauptangriffsziel waren die Bauverwaltungen von Berlin und Frankfurt. Innerhalb von zwei Wochen wurden Martin Wagner und alle Berliner Mitarbeiter von ihm, die für das öffentliche Wohnungsbauprogramm der Hauptstadt verantwortlich waren, entlassen.[14] Frankfurt mußte weniger Tribut zahlen, da May die meisten seiner Mitarbeiter mit nach Rußland genommen hatte; sein früherer Stellvertreter Martin Elsaesser verlor jedoch seine Stellung. Walter Curt Behrendt, Beamter der staatlichen preußischen Bauverwaltung und in der Propagierung des Neuen Bauens sehr aktiv, wurde ungefähr zur gleichen Zeit entlassen.[15] Im April wurden die Säuberungen auf das ganze Land ausgeweitet, und weitere, wichtige Beamte, unter ihnen Johannes Göderitz und Konrad Rühl, fielen ihnen zum Opfer.[16]

Die Säuberungen der Wohnungsbaugesellschaften gingen sogar noch weiter. Von März bis Mai wurde das gesamte Verwaltungspersonal aller preußischen Wohnungsbaugesellschaften entlassen, und neue Angestellte, die eine positive Einstellung zur Partei nachweisen konnten, wurden ,ausgewählt'.[17] Gleichzeitig wurden die meisten Gesellschaften in einer zentralen Organisation, die unmittelbar der Regierung unterstand, zusammengefaßt, während die Gehag, die zur bedeutendsten Wohnungsbaugesellschaft des Nazi-Regimes werden sollte, von der Arbeitsfront übernommen wurde.[18] Diese Maßnahmen richteten sich offensichtlich nicht nur gegen die radikalen Architekten – tatsächlich waren nur wenige prominente moderne Architekten ständige Mitarbeiter der Wohnungsbaugesellschaften gewesen, und die wichtigsten unter ihnen, Taut und May, hatten 1933 schon das Land verlassen. Aus der ersten Garde der Ring-Architekten war Martin Wagner der einzige, der seine Stellung bei den Säuberungsaktionen der Wohnungsbaugesellschaften verlor. Die Säuberungsaktionen auf Verwaltungsebene sorgten jedoch dafür, daß radikale Architekten nicht mehr für einzelne Projekte hinzugezogen wurden, und die strenge Regierungskontrolle der bei den Wohnungsbaugesellschaften angestellten Architekten beeinflußte darüber hinaus den künftigen Baustil dieser Organisationen.[19]

Während die radikalen Architekten durch die Gleichschaltung von Stadtverwaltungen, Ausbildungsstätten und Wohnungsbaugesellschaften aus einflußreichen Positionen des öffentlichen Lebens verbannt wurden, versuchte man durch eine Neuorganisation der Berufsverbände außerdem ihren Einfluß innerhalb der Architektenschaft insgesamt einzuschränken und damit die Mitgliederstruktur dieser Organisationen für die Zukunft zu reglementieren. Die Schaffung einer einzigen Berufsorganisation, die den Architekten das Recht auf Arbeit entziehen und ihnen einen bestimmten Baustil aufzwingen konnte, bildete für die radikalen Architekten natürlich eine weit größere Bedrohung als alle anderen bisher erwähnten Maßnahmen. Das war sicher auch das Ziel der Veränderungen, die im Frühjahr und Sommer 1933 in den Berufsorganisationen vonstatten gingen.

Zu Beginn des Jahres gab es drei große Organisationen, die einen Führungsanspruch innerhalb der Architektenschaft beanspruchen konnten. Der Bund Deutscher Architekten (BDA) war während der Weimarer Republik Deutschlands führende Berufsvereinigung für Architekten gewesen; in mancher Hinsicht war jedoch der Deutsche Werkbund einflußreicher; in ihm gaben Architekten den Ton an, obwohl ihm auch Industrielle, Maler, Bildhauer und Handwerker angehörten. In den ersten Monaten des Jahres 1933 wurden beide Organisationen von Grund auf umorganisiert, die Leitung übernahmen linientreue Nazis. Gleichzeitig wurden sie vom KDAI, der Tochterorganisation von Rosenbergs Kampfbund für deutsche Kultur, herausgefordert, der die älteren Vereinigungen zu verdrängen suchte. Fast ein Jahr lang konkurrierten diese drei Verbände um die Führungsrolle bei der Neuorganisation des Architektenstandes. Schließlich wurden jedoch alle drei Verbände zwangsweise Goebbels' Propaganda-Ministerium unterstellt.

Die Umstrukturierung des BDA begann Anfang März, als sein Präsident Wilhelm Kreis durch Eugen Hönig, Professor für Architekturgeschichte an der Münchner Kunstakademie und Leiter der Münchner Ortsgruppe des Kampfbundes, ersetzt wurde.[20] Hönig kündigte an, der BDA würde zur führenden Organisation deutscher Architekten werden und würde sich an den „Zielen und Richtlinien der nationalen Regierung" orientieren.[21] Die Bedeutung dieser Zielsetzung war an den neuen Aufnahmebedingungen des BDA abzulesen, die den Nachweis der Nicht-Mitgliedschaft in SPD und KPD verlangten und auf eine nicht-jüdische Abstammung Wert legten.[22] Mitglied konnte darüber hinaus nur werden, wer für „die kulturellen und völkischen Grundsätze des (. . .) Kampfbundes für deutsche Kultur"[23] eintrat. Die Auswirkungen dieser Einschränkungen auf den Baustil zeigten sich in Versammlungen, die die Organisation zur Indoktrination ihrer Mitglieder abhielt. Die offiziellen Sprecher griffen die Arbeit der Ring-Architekten an, weil sie „die seelischen Belange vernachlässigt und nur die reine Technik habe gelten lassen". Sie forderten einen „neuen Baustil", der im „Volk (. . .) (in) Blut und Rasse"[24] begründet sei. Die Realisierung dieser Absichten ging jedoch nur sehr langsam vonstatten. Bis zum Herbst 1933 waren erst fünfundzwanzig Architekten aus dem BDA ausgeschlossen worden, die meisten vor allem aufgrund von politischen und rassischen Klauseln der neuen Satzung, weniger aufgrund des Charakters ihrer architektonischen Arbeiten.[25]

Die Umbildung des Werkbundes begann ebenfalls im März. Gegen Ende des Monats traf sich sein Geschäftsführer Ernst Jäckh mit Hitler und Rosenberg, die von ihm die Einsetzung eines neuen Vorstandes verlangten.[26] Als diese Nachricht bekannt wurde, gaben Gropius und Wagner ihren Sitz im Vorstand aus Protest auf. Die eigentliche Säuberung fand am 10. Juni statt, als die noch verbliebenen Vorstandsmitglieder sich selbst aus ihren Ämtern entließen.[27] Wagner wurde aus dem Werkbund ausgeschlossen, Gropius dagegen nicht. Im Juli wurde ein neuer Vorstand gewählt, mit Karl Lörcher, einem Kampfbund-Funktionär, an der Spitze und Winfried Wendland als seinem Stellvertreter. Schmitthenner, Richard Riemerschmid und Jäckh gehörten dem neuen Vorstand ebenfalls an.[28] Ähnlich der Umstrukturierung des BDA vollzogen sich diese Veränderungen auf der Führungsebene des Werkbundes nach dem „Führerprinzip": Unter dem Druck des Nazi-Regimes wurde ein einzelner zum Präsidenten ‚gewählt', und dieser wählte dann seine Mitarbeiter aus. Der neuen Leitung zufolge sollte der Werkbund weiterhin auf eine hohe Fertigungsqualität bedacht sein und die Einigung aller Kunstbereiche der „großen Kulturfront des Nationalsozialismus" betreiben.[29] Wie der neue Vorstand des BDA machten auch Wendland und Lörcher deutlich, daß die neuen Aufgaben ihrer Organisation die Ablehnung des Neuen Bauens nach sich zogen. Wendland benutzte die nunmehr gleichgeschaltete Zeitschrift *Die Form* zu der Ankündigung: „Nicht das neue Wohnen (. . .)", nicht die „Schwärmerei von Großstadtidealisten (. . .), sondern das Verhältnis des Menschen zum Boden, zum Volk (. . .) mußte in erster Linie in Betracht gezogen werden, ehe man glaubte, neue Formen finden zu müssen."[30]

Im Sommer 1933 gab es daher zwischen den drei Berufsverbänden kaum noch Unterschiede theoretischer Art. Die Präsidenten des BDA und des Werkbundes waren Mitglied im Kampfbund für deutsche Kultur, obwohl Lörcher und Wendland, die, verhältnismäßig jung, noch nicht auf einen bestimmten Baustil festgelegt waren, in dem Ruf standen, der modernen Architektur positiver gegenüberzustehen als führende Architekten des KDAI. Während die Angriffe des Kampfbundes und des KDAI gegen radikale Architekten weitaus massiver ausfielen als die des neuen Werkbundes und des neuen BDA, lehnten alle drei Verbände das Neue Bauen ab und forderten einen nationalsozialistischen, auf ‚Blut und Boden‘ fußenden Stil. Die Rivalität zwischen den drei Verbänden war also weniger eine Frage unterschiedlicher politischer Überzeugungen als vielmehr eine Konkurrenz persönlicher und organisatorischer Art. Im April nahm der KDAI Verhandlungen über die Gründung einer Organisation auf, der anzugehören alle praktizierenden deutschen Architekten durch Gesetz verpflichtet werden sollten. Obwohl es im Mai zunächst den Anschein hatte, als solle der BDA diese Funktion übernehmen, verkündete die Parteileitung im Juni, der KDAI sei die einzige von der NSDAP gebilligte Organisation für Architekten und Ingenieure.[31] BDA und Werkbund wurden im Laufe des Sommers dem Kampfbund zugeordnet; beide bestanden noch eine gewisse Zeit parallel zum KDAI, waren ihm jedoch innerhalb des Kampfbundes untergeordnet. Sobald dieses Ziel erreicht war, konnte sich der KDAI, jetzt unter der Leitung von Gottfried Feder, ungehindert von organisatorischen Problemen dem „Kampf gegen den Baubolschewismus" widmen.

Bevor der Kampfbund jedoch dazu kam, seine Säuberungsaktionen auszuweiten oder einen nationalsozialistischen Baustil zu definieren, mußte er der Konkurrenz von Goebbels' Propaganda-Ministerium, das eine eigene rivalisierende Organisation ins Leben rief, standhalten. Es handelte sich dabei um die am 15. November 1933 gegründete Reichskulturkammer, eine Abteilung des Propaganda-Ministeriums.[32] Ihr Ziel war, „die Schaffenden auf allen ihren Gebieten unter der Führung des Reiches zu einer einheitlichen Willensgestaltung zusammenzufassen" und auf diese Weise dafür zu sorgen, daß „ein grundsätzlich neuer Gedanke über das Verhältnis von Kultur und Staat in die Wirklichkeit umgesetzt wurde".[33] Die Reichskulturkammer bestand auf nationaler Ebene aus einzelnen Kammern für Film, Literatur, Theater, Musik, Presse, Rundfunk und bildende Künste mit jeweils einem von Goebbels ernannten Präsidenten. Auf regionaler Ebene besaß sie einunddreißig Landeskulturwalter; jeder von ihnen überwachte die lokale Arbeit der sieben Kammern..[34] Die einzelnen Kammern wurden durch Gesetz zu den einzig legalen Organisationen für kreative Berufe.[35] Im Wettstreit mit der Kulturkammer hatte der Kampfbund 1935 schließlich seinen Status als Berufsverband eingebüßt.

Die Kulturkammer verkörperte zum Teil die Entwicklung des Nazi-Regimes, denn sie führte das Prinzip der Kulturkontrolle, das die Partei zunächst mit Hilfe des Kampfbundes hatte verwirklichen wollen, in den neuen Staat ein. Sie war jedoch auch das Ergebnis persönlicher Rivalitäten und sich widersprechender Standpunkte. Schon

Anfang 1933 hatte Goebbels gezeigt, daß ihn mit den heftigsten Gegnern der modernen Kunst nichts verband. Im April versprach er: „Jedem wirklichen Künstler ist im neuen Staat das Feld zu unbegrenztem Schaffen freigegeben", um so eine der neuen Regierung angemessene Kunstform zu finden. Im Juni sprach er vom Sieg der Nazis als einer ‚geistigen Revolution‘, die ein ‚neues Stilempfinden‘ hervorrufen würde.[36] Seine Rede zur Gründung der Reichskulturkammer war ein offener Angriff gegen die konservative Einstellung des Kampfbundes: „Die deutsche Kunst braucht frisches Blut. Wir leben in einer jungen Zeit, ihre Träger sind jung, die Ideen, die sie erfüllen, sind jung. Sie haben nichts mehr mit der Vergangenheit, die hinter uns liegt, gemein. Auch der Künstler, der dieser Zeit Ausdruck geben will, muß jung empfinden und neu gestalten."[37]

In diesen Reden zeigte sich Goebbels' Widerwillen sowohl dagegen, die Kunst einer staatlichen Kontrolle zu unterwerfen, als auch dagegen von staatlicher Seite historisierende Tendenzen der Kunst zu fordern. Er schien sogar oft noch weiterzugehen und die modernsten Strömungen in der Kunst zu befürworten. Zahlreiche seiner Reden lassen diese Deutung zu: Auf einem Treffen deutscher Theaterdirektoren am 10. Mai z.B. definierte er die neue deutsche Kunst als „sachlich" und unsentimental, Formulierungen, die häufig zur Verteidigung des Neuen Bauens gedient hatten.[38] Darüber hinaus wußte jeder, daß Goebbels eine Vorliebe für expressionistische Malerei hatte; aus diesem Grunde machte er den jungen expressionistischen Maler Hans Weidemann zu einem seiner wichtigsten Mitarbeiter im Propaganda-Ministerium. Zu den ersten Amtshandlungen Weidemanns gehörte die Vorbereitung einer Ausstellung über religiöse deutsche Kunst, die das Propaganda-Ministerium Mitte 1933 zur Ausstellung "Century of Progress" nach Chicago sandte. Zu den Exponaten gehörten auch einige Arbeiten von Ernst Barlach und Emil Nolde; diese Geste erregte große Aufmerksamkeit und verstärkte noch den Eindruck, Goebbels wolle in Kunst und Architektur moderne Tendenzen fördern.[39]

Im nachhinein läßt sich leicht feststellen, daß dieser Eindruck falsch war. Trotz seiner persönlichen Vorlieben hatte Goebbels nicht die Absicht, sich zum offiziellen Mäzen moderner Kunst und Architektur zu machen. Denn unter seiner Leitung hatte sich das NSDAP-Blatt *Der Angriff* an den Angriffen gegen den „Architekturbolschewismus" beteiligt. Seine angekündigte Unterstützung „jedes wirklichen Künstlers" distanzierte sich gleichzeitig von neueren ‚Experimenten‘, die zu weit gegangen und ‚von ausländischem Geist durchdrungen‘ waren. Sein Hauptinteresse bestand 1933 zunächst darin, den nationalsozialistischen Staat kreativ und nicht restriktiv erscheinen zu lassen. Seine kulturellen Aktivitäten sollten dem Ausland gegenüber vom Makel der Reaktion befreit werden.[40] Doch der revolutionäre Ton seiner Äußerungen, der an die Schriften radikaler Künstler und Architekten von 1918 erinnerte, ließ manchen Anhänger der modernen Kunst hoffen, das neue Regime werde schließlich doch zu überzeugen sein und das Neue Bauen unterstützen. Diese Hoffnungen führten zu einer parteiinternen Auseinandersetzung über Stilfragen, die sich fast ein Jahr lang hinzog und die nationalsozialistische Kulturpolitik in einem keineswegs unbedeutenden Ausmaß mitbestimmte.

Kurz nach Goebbels' Ernennung zum Propaganda-Minister ersuchten einige Vertreter des neuen Stils das neue Regime um Unterstützung. Am 26. März veröffentlichte Wassili Luckhardt in der Berliner *Deutschen Allgemeinen Zeitung* einen Artikel, in dem er das Neue Bauen als Verkörperung des ,preußischen Stils' nach Moeller van den Bruck definierte.[41] Luckhardt vertrat die Meinung, „diese Generation [von radikalen Architekten] erwartet, daß ihr bei der innerpolitischen Neuformung des Volkes ein wesentlicher Platz und eine wesentliche Aufgabe (. . .) zugewiesen wird". Wenige Tage später wandte sich Bruno Werner, Kunstkritiker der *Deutschen Allgemeinen Zeitung,* in einem Artikel an Goebbels und wies nachdrücklich darauf hin, „daß die jugendfrische Kraft dieser (Nazi-)Bewegung sich auch auf künstlerischem Gebiet durchsetzen wird", so daß Künstler wie Barlach, Marc und Nolde nicht länger als Juden und Architekten wie Poelzig oder Mies van der Rohe nicht länger als Bolschewisten angegriffen würden. Werner war schon immer ein Befürworter moderner Kunst und Architektur gewesen, und seine Ernennung zum Vorsitzenden des Verbandes deutscher Kunstkritiker Mitte März wurde als Zeichen für die liberale Einstellung des Propaganda-Ministeriums gedeutet.[42] Sogar die Publikationen der radikalen Architekten fühlten sich durch Goebbels' fortschrittliches Gehabe ermutigt. Im Mai, unmittelbar nach seiner Rede vor Theaterdirektoren, in der er für eine „sachliche" und „unsentimentale" Kunst plädierte, richtete *Die neue Stadt* einen offenen Brief an ihn, in dem geltend gemacht wurde, daß „gerade die radikale Architektur (. . .) dazu fähig sein könnte, das steinerne Denkmal einer kühnen deutschen Staatskunst für die Jahrhunderte zu bilden"[43].

In den ersten Wochen riefen diese Versuche, die Unterstützung des Propagandaministers für moderne Kunst und Architektur zu gewinnen, keine Reaktion auf Seiten der Gegner des Neuen Bauens hervor. Im Juni reagierten Rosenbergs Anhänger jedoch zunehmend empfindlich auf Gerüchte über Goebbels' Kunstgeschmack. Am 20. Juni widerlegte der *Völkische Beobachter* Werners Behauptungen in einem vierspaltigen Artikel und bezeichnete sie als Beweis für eine „Krisis der Kunstanschauung" und als Versuch der Wiedereinführung des ,Kulturbolschewismus', der den wahren Vertretern deutscher Kunst früher eine angemessene Stellung im Staat verwehrt hatte.[44] Ende Juni veranstaltete der KDAI eine Führertagung, auf der die Redner Goebbels fast unverhüllt kritisierten. Schultze-Naumburg hielt die Hauptrede, in der er die Delegierten vor all denen warnte, die die nationalsozialistische Kunst als Ausdruck eines neuen bzw. revolutionären Zeitalters ansahen.[45] Diese Veranstaltung führte möglicherweise zum Höhepunkt der Spannungen zwischen Goebbels und Rosenberg, denn in der folgenden Woche kam es zum offenen Streit innerhalb der Partei. Anlaß war eine Debatte über die Verdienste Noldes und Barlachs, in die Rosenberg auf Betreiben von einigen Goebbels-Anhängern verwickelt wurde. Obwohl eine Debatte mit eng umgrenztem Thema, wurde die gesamte Kunstpolitik des Regimes in Frage gestellt.

Anfang Juli organisierte der nationalsozialistische Studentenbund der Berliner Universität unter dem Titel ‚Deutsche Kunst' eine Ausstellung mit Werken von Barlach, Nolde, Schmitt-Rottluff und Hans Weidemann. Der Vorsitzende des Studentenbundes, Otto-Andreas Schreiber, ein Freund und späterer Mitarbeiter Weidemanns in der Arbeitsfront, sandte daraufhin einen Brief an die *Deutsche Allgemeine Zeitung*, der nicht nur eine Verteidigung des Expressionismus, sondern auch ein Generalangriff auf den Historismus darstellte.[46] Der Brief erschien unter der Überschrift „Bekenntnis der Jugend zur deutschen Kunst": „der Versuch der kunsthistorischen Dogmenbildung durch unschöpferische Menschen, die in einer machtpolitischen Durchsetzung ihrer Doktrin den einzigen Ausweg aus dem Dunkel eines zum großen Teil eingebildeten Märtyrertums zu finden hoffen, liegt wie ein Alpdruck auf allen jungen Künstlern unserer Bewegung, die noch den vollen Glauben an die Kräfte des eigenen Blutes und an die Möglichkeiten des eigenen Talents besitzen." In Anspielung auf Goebbels' öffentliche Äußerungen zur künstlerischen ‚Revolution' schloß Schreiber mit den Worten: „Der nationalsozialistische Student hat (. . .) diese Bestrebungen (. . .) als Kunstreaktion gekennzeichnet und dagegen eine revolutionäre Kunstgesinnung gefordert. (. . .) Es lebe die *vollständige* nationalsozialistische Revolution!"

Noch nie hatte es ein Nationalsozialist gewagt, Rosenberg in dieser Weise öffentlich herauszufordern. Obwohl Rosenberg umgehend antwortete, bemühte er sich zunächst um einen gemäßigten Ton. In der zweiten Juliwoche veröffentlichte er zwei lange Artikel im *Völkischen Beobachter* über die „Revolution in den bildenden Künsten". Im ersten Artikel kommentierte er die Ausstellung der Studenten und lieferte eine detaillierte Analyse des Werkes von Nolde und Barlach. Er räumte ein, auch die bildenden Künste stünden seit langem „im erbitterten Meinungskampf". Daher sei es verständlich, daß auch politisch gleichgesinnte Nationalsozialisten in künstlerischen Fragen verschiedener Meinung seien.[47] Nolde und Barlach seien in der Tat talentierte Künstler, stellten jedoch in ihren Werken nicht das „Schönheitsideal (. . .) nordischer Prägung" dar und könnten daher die nationalsozialistische Bewegung nicht überzeugend vertreten. Rosenbergs zweiter Artikel war – als Antwort auf Schreibers Brief – viel erregter. Dieser „kulturelle Otto Strasser behauptet" – so Rosenberg –, „daß ich offenbar nur mit Politik zu tun hätte, ohne von Kunst etwas zu begreifen. Mir ist unbekannt, ob dieser Einsender sich mit bildender Kunst fruchtbringend befaßt hat, ich meinerseits seit meinem 15. Lebensjahr mit Malerei und Architektur."[48] Im folgenden kritisiert der Artikel „die Revolutionäre an sich (. . .), [die] versuchen nun auf dem Gebiet der bildenden Kunst (. . .) all jene, welche von der vergangenen Ära hochgelobt und von allen Galerien des untergegangenen Systems gekauft wurden, als die eigentlichen Revolutionäre unserer Bewegung auszugeben". Rosenberg verglich die Anhänger des Expressionismus mit Otto Strassers Schwarzer Front, die „wir (. . .) nämlich auf politischem Gebiet schon (. . .) gehabt und bekämpft [haben] (. . .) zum Nutzen der Bewegung". Trotz der bei den Nazis beliebten beschönigenden Ausdrucksweise stellte sein Schlußwort eine deutliche Warnung dar: „Wir müssen aber

(. . .) einigen Kulturliteraten (. . .) den guten Rat geben, erst innerlich auszureifen und die Aussprache auf kleinere Kreise zu beschränken, als bereits in der Öffentlichkeit Sturm gegen eine sogenannte Kunstreaktion zu laufen und sich damit zum Verteidiger von Persönlichkeiten zu machen, die bereits als Heroen des alten Systems erschienen sind, nicht nur politisch, sondern gerade kulturell." Revolutionäre Tendenzen innerhalb der Partei wurden also, anders gesagt, entweder mit Strassers Rebellion oder mit dem ‚alten System' in Verbindung gebracht. Das bedeutete, Rosenberg hatte sich selbst als Gegner der ‚revolutionären' Kunstauffassung von Goebbels, dem ehemaligen Anhänger der Kampfgenossen Strassers, überführt.[49]

Am 15. Juli, unmittelbar nach Erscheinen dieser Artikel, veranstaltete Rosenberg eine öffentliche Versammlung des Kampfbundes zum Thema Revolution in der Kunst; bei diesem Anlaß wurde noch weitaus deutlicher über Architektur gesprochen. Nachdem er, wie schon im *Völkischen Beobachter,* den Expressionismus verteufelt hatte, gab er das Wort Paul Schmitthenner. Dieser griff unter Verwendung von eigenen Argumenten aus früheren Reden erneut das Neue Bauen an und verteidigte ‚die Tradition der Jahrhundertwende' als ‚wahre deutsche Kunst'. Zusätzlich versuchte Schmitthenner jedoch die nationalsozialistische ‚Revolution' mit dem konservativen Historismus gleichzusetzen. Dabei half er sich mit einem neuen Argument in Form einer Parabel. Er nannte sie die Geschichte vom „unbekannten Steinmetz". Die vorige Generation habe einen „jahrtausendalten herrlichen Bau" (das deutsche Reich) verfallen lassen. Doch dann sei ein unbekannter Steinmetz (Hitler) gekommen, der wohlverdiente alte Handwerker, denen es bis dahin unmöglich gewesen war, das alte Gebäude zu erhalten, um sich versammelte – keine neuen unbekannten Talente. Gemeinsam verjagten sie „die falschen Meister, und nach des Führers Plan schlugen sie ein festes Gerüst um den Bau, und es begann die große Reinigung von Scheinwerk und eitlem Flitter, auf daß die alte reine Form wieder erstünde".[50] Vor dem Hintergrund der öffentlichen Auseinandersetzung über die Kunst kann man Schmitthenners sentimentale Geschichte als Appell an Hitler verstehen, Rosenberg und den KDK gegen weniger reaktionäre Kunstanschauungen zu unterstützen.

An dem Tag, an dem Schmitthenner seine Rede hielt, verbot Rusts Ministerium Künstlern jede weitere öffentliche Diskussion dieses Themas. Diese Maßnahme zeigte, wie ernst die Partei den offenen Bruch zwischen Rosenberg und Goebbels nahm.[51] Das Verbot setzte der Debatte zwar kein Ende, aber Rosenberg und seine Gegner ließen ihre Fehde bis nach Hitlers ‚Kulturrede' ruhen, mit der sechs Wochen später der Parteikongreß eröffnet wurde.

Diese Rede, die erste in einer langen Reihe von weitschweifigen Kultur-Analysen, die zu einem festen Programmpunkt der jährlich wiederkehrenden Parteikongresse werden sollte, hielt Hitler am 10. September 1933. Sie stand unter dem Titel „Die deutsche Kunst als stolzeste Verteidigung des deutschen Volkes" und war nicht nur Hitlers erste offizielle Verlautbarung zur Rolle der Kunst im nationalsozialistischen Staat, sondern auch seine erste umfassende Analyse der Kunt seit Erscheinen von *Mein Kampf.*[52]

Das weite Spektrum von Hitlers Äußerungen zu diesem Anlaß machte es den Vertretern beider Gruppen möglich, der Rede Argumente zur Rechtfertigung ihrer jeweiligen Positionen zu entnehmen. Obwohl vor allem der *Völkische Beobachter* den Schluß zog, Hitler habe sich Rosenbergs Standpunkt zu eigen gemacht, bestand die Quintessenz der Rede doch eher in einem Aufruf zur Kompromißbereitschaft. In der Tat verurteilte Hitler die Auffassung, daß „die Repräsentanten des Verfalls, der hinter uns liegt, plötzlich die Fahnenträger der Zukunft sein dürfen"; noch in der gleichen Woche interpretierte ein Kolumnist des *Völkischen Beobachters* die Aussage als eindeutige Ablehnung der radikalen Architekten sowie der modernen Kunst.[53] Hitlers Worte konnten jedoch auch auf die Konservativen im Kampfbund gemünzt sein – und so wurden sie auch von einigen Zeitgenossen verstanden.[54] Andererseits sagte Hitler aber auch: „die moderne Technik zwang den Menschen, eigene Wege zu suchen", und er betonte, „der wahrhaft schöpferische Geist" müsse „mutig genug" sein, „das selbst gefundene gute Neue" anzuwenden. Diese Aussagen ähnelten denen von Goebbels in den vergangenen fünf Monaten. Er fuhr fort, daß es unerträglich sei, „einer modernen Maschinenfabrik (...) griechische oder gotische Formelemente äußerlich aufkleben zu wollen", und forderte für die nationalsozialistische Architektur eine „kristallklar erfüllte Zweckmäßigkeit" – eine Aussage, die, wörtlich genommen, die Vorbehalte des Kampfbundes gegen moderne Technik eindeutig zurückwies. Der Rest der Rede verlor sich in Allgemeinplätzen; offensichtlich war es Hitlers wichtigstes Bestreben, innerhalb der Partei einen Anschein von Übereinstimmung in künstlerischen Fragen zu wahren. Nur wenige Wochen später kam er in seiner nächsten Rede erneut auf diesen Aspekt zu sprechen und forderte, daß es „nicht (...) Hader oder kleinen eifersüchtigen Streit unter den Brüdern unseres großen deutschen Vaterlandes" geben dürfe.[55]

Obwohl Hitler diplomatisch vermied, für eine der beiden streitenden Gruppierungen Partei zu ergreifen, entschied er sich letztlich doch für Goebbels, den er mit der Gründung der Reichskulturkammer beauftragte und ihm somit die Zuständigkeit für die Kunst übertrug. Aber selbst nach dieser Entscheidung wurde der Streit um ‚Revolution' und ‚Reaktion' in der Kunst fortgeführt, wenn auch mit weit geringerer Intensität. Die *Deutsche Allgemeine Zeitung,* die im Frühjahr die Appelle an Goebbels veröffentlicht hatte, äußerte sich noch monatelang positiv zur Arbeit der Ringarchitekten[56]; und Gropius, Wagner und Häring richteten noch im Juni 1934, in der Hoffnung auf eine Unterstützung durch Goebbels, private Appelle an die Reichskulturkammer.

Gropius, der diese Appelle angeregt hatte, versuchte, das ‚Deutschtum' seiner neuen Architektur zu verteidigen:

»Soll also wirklich diese starke neue Bewegung deutscher Provenienz für Deutschland verloren gehen? Müssen wir gezwungenermaßen aufhören, an ihr zu schaffen, nachdem die ganze Welt begonnen hat, unsere Anregungen zu übernehmen und anknüpfend an unser Geistesgut in dieser Richtung weiterschreitet? (...) Kann es sich

Deutschland gestatten, die neue Baubewegung und deren geistige Leiter über Bord zu werfen, ehe etwas anderes da ist, das sie vollgültig ersetzen könnte? (. . .) Ich möchte dem noch hinzufügen, daß ich selbst in diesem neuen Bauen außer unabsehbaren schöpferischen Entwicklungsmöglichkeiten vor allem den Weg sehe, einmal in unserem Lande zu einer endgültigen Bindung der beiden großen geistigen Komponenten des Gotischen und des Klassischen zu gelangen, um deren Vereinigung sich Schinkel schon vergeblich mühte. Soll sich unser Land diese große Möglichkeit entgehen lassen«?[57]

Wagner hingegen bezog sich direkt auf das revolutionäre Moment in dieser Auseinandersetzung:

»(. . .) daß Sie sich als Führer unseres Berufsstandes schon heute entscheiden müssen, mit welchen Kräften Sie den Vorsturm in das Reich eines neuen Lebens und Erlebens unternehmen wollen: mit den Jungen und den alten Jungen oder mit den ‚jungen‘ Alten, die sich ihr Leben nur durch Rotauflegen künstlich verlängern wollen. Diese Alternative ist gewiß hart und eindeutig. Revolutionäre Zeiten sind aber hart und eindeutig und wollen von Sentimentalitäten und falschen Freundschaften nichts wissen (. . .). Die Aufgaben, die unsere Zeit uns stellt, sind aber nicht die des Mittelalters und nicht die des Bidermeier, sondern die eines nach Befreiung strebenden Menschen und seiner Maschinen. (. . .) Er [der Staat] wird sie [diese Aufgaben, d. Verf.] nicht lösen mit einer Renaissance des Biedermeier und nicht lösen mit (. . .) strohgedeckten Bauernhäusern.«[58]

Häring verteidigte den Ring als Berufsverband, indem er auf seine Herkunft aus dem Werkbund der Vorkriegszeit hinwies, der in seiner Zielsetzung sowohl progressiv als auch national gesinnt gewesen wäre.[59] Alle drei Architekten baten um die Erlaubnis, ihre Arbeit öffentlich verteidigen zu dürfen. Wie sie auch immer argumentierten, ihre Bitten, der letzte publizistische Versuch des Rings zur Verteidigung des Neuen Bauens, blieben dennoch ohne jeden Erfolg. Wenn Vertreter der Kulturkammer überhaupt antworteten, so gemahnten sie zur Ruhe und warnten davor, durch einen öffentlichen Streit dem Architektenberuf insgesamt zu schaden.[60] Zumindest Gropius traf zu dieser Zeit bereits Vorkehrungen, das Land zu verlassen.

Auf der gegnerischen Seite bestanden die Hoffnungen der Kampfbund-Führer weit länger. Im Dezember 1933 veranstaltete der KDAI eine Tagung, auf der sich Feder beklagte, daß der nationalsozialistische Sieg auf dem Felde der Kunst noch nicht gewonnen sei. Nonn kritisierte die Schwäche des Kampfbundes und forderte für seine Organisation das Recht, den zerstörerischen Einfluß des Rings auf die Kultur kompromißlos offenzulegen.[61] Am folgenden Tag tadelte Hinkel, als Vertreter der Regierung, den Kampfbund, da man Kultur nicht durch „Organisationen oder (. . .) behördliche Verordnungen" schaffen könne. Gleichzeitig gab er die geplante Eingliederung des gesamten Kampfbundes für deutsche Kultur in die Bewegung ‚Kraft durch Freude‘ bekannt. Innerhalb dieser Organisation könne der Kampfbund die „weltanschauliche Erziehung" übernehmen.[62] Trotz dieser drastischen Abwertung seiner Organisation griff Rosenberg in den folgenden achtzehn Monaten die Arbeit des Bauhauses und das Neue Bauen weiterhin an; in einer Reihe von Reden sprach er nach wie vor vom „Kampf um die Kunst".[63] Mitte 1935 hatte der Kampfbund für deutsche Kultur schließlich den letzten Rest an Bedeutung innerhalb des nationalsozialistischen Systems eingebüßt. Im Juni 1934 war er noch einmal als Unterorganisation der Arbeitsfront in ‚NS Kulturgemeinde' umbenannt worden. Zu diesem Zeitpunkt war die Organisation zwar theoretisch noch mit der ideologischen Schulung der Bewegung ‚Kraft durch Freude' betraut, in der Praxis war sie jedoch in ihrem Wirkungsbereich schon stark eingeschränkt.[64] Nach 1935 fehlt in der nationalsozialistischen Presse jeder Hinweis auf weitere Aktivitäten des Kampfbundes, obwohl er möglicherweise noch fortbestand. Rosenberg vermied von nun an in seinen Ansprachen das Thema Bildende Kunst, und die von ihm protegierten konservativen Architekten waren, wie vor ihnen die radikalen Architekten, gezwungen, ihre Beschwerden auf privater Basis an die verantwortlichen Stellen der Reichskulturkammer zu richten.[65]

Selbst wenn Hitler auf Goebbels' Seite stand und dieser daraufhin Rosenberg von wichtigen Kontrollfunktionen in der Kulturpolitik fernhielt, wurde Rosenberg doch großzügig entschädigt. Als er innerhalb der Partei für außenpolitische Fragen zuständig wurde, gelang es, zumindest für einige Jahre seine Aufmerksamkeit von seinem Ehrgeiz, die Kulturpolitik des Regimes zu kontrollieren, abzulenken.[66] Anfang 1934 übertrug ihm Hitler das bedeutungslose Amt des „Beauftragten des Führers für die Überwachung der gesamten geistigen und weltanschaulichen Schulung und Erziehung der NSDAP". Auf den ‚Kulturtagen', die jeden Parteikongreß einleiteten, war es Rosenberg, nicht Goebbels, der im Anschluß an Hitlers ‚Kulturrede' das Hauptreferat halten durfte. Auch als Hitler 1937 einen Nationalpreis für Kunst und Wissenschaft als Ersatz für den Nobelpreis aussetzte, war Rosenberg der erste Preisträger, während Goebbels die Laudatio hielt.[67] Obwohl Goebbels an den Schaltstellen der Macht saß, verliehen die Ehrungen, die Rosenberg zuteil wurden, seinen Ideen und damit auch den Prinzipien des Kampfbundes innerhalb der nationalsozialistischen Kulturpolitik einen Anschein von Bedeutung. Rosenberg war daher zu einem stillschweigenden Einverständnis mit dem von Hitler angestrebten Konsens bereit.

Nach seinem Sieg über den Kampfbund orientierte sich Goebbels' Kunstpolitik an dem von Hitler vorgeschlagenen Kompromiß. Weder rehabilitierte er den Ring, noch lehnte er die Ziele des Kampfbundes vollständig ab; er verfolgte vielmehr einen Mittelweg, wobei er alle Zusammenschlüsse von Künstlern einer strengen Kontrolle unterzog. Zwischen November 1933 und 1935 übernahm die Kulturkammer alle auf die Architektur bezogenen Funktionen des Kampfbundes, integrierte sowohl den BDA als auch den Werkbund in ihre Architektur-Abteilung und übernahm die Aufnahmebedingungen, die vom BDA und Kampfbund vorgeschlagen worden waren.[68] Nur wenige von denen, die innerhalb des Kampfbundes zu Macht und Ansehen gekommen waren, behielten ihre Positionen in der Reichskulturkammer: Goebbels machte Eugen Hönig zum Präsidenten der Reichskammer der bildenden Künste (RDBK) innerhalb der Kulturkammer und German Bestelmeyer zum Mitglied des Reichskultursenats; beide hatten allerdings zu den weniger scharfen Gegnern des ‚Baubolschewismus' gehört.[69] Schmitthenner und Lörcher wurden 1935 aus ihren Ämtern in der RDBK entlassen, nachdem diese Organisation gesetzlich verankert war; weder Senger noch Nonn oder Schultze-Naumburg bekleideten dort jemals ein Amt.[70] Die große Mehrheit von Goebbels' Kunst-Kontrolleuren waren ‚neue Männer', die weder mit den vorausgegangenen Aktivitäten des Kampfbundes zu tun gehabt hatten noch der historistischen Tradition sehr verhaftet waren.

Obwohl die Kulturkammer die Aufnahmebedingungen nach den Vorschlägen des Kampfbundes übernahm, wendete sie diese Vorschriften jedoch nicht in der von den Kampfbund-Führern intendierten Weise an. Der Gedanke, alle praktizierenden Architekten sollten in ihrer Arbeit „die kulturellen und völkischen Grundsätze des (. . .) Kampfbundes für deutsche Kultur" beachten, der den Aufnahmebedingungen des BDA zugrunde gelegen hatte, verschwand, und an seine Stelle trat ein Gesetz, das von Architekten Entwürfe verlangte, die eine „anständige Baugesinnung" zum Ausdruck brachten.[71] Dieser Berufsgrundsatz erlaubte nicht nur durchgreifende Vorschriften in gestalterischer Hinsicht, er schien sie sogar zu fordern. Denn dieser Satzung zufolge sollten höhere Beamte Vorschriften erlassen, die die „anständige Baugesinnung" definierten und auf deren Einhaltung durch die örtlichen Baubehörden achten. Doch weder Goebbels noch seine Mitarbeiter formulierten jemals einen derartigen Stilkanon. Es gibt auch keinen Hinweis darauf, daß örtliche Baubehörden dieses Gesetz jemals anwendeten, es sei denn, um in den historischen Vierteln alter Städte eine einheitliche Trauflinie zu erhalten, oder, um gelegentlich häßliche Schilder und Plakatwände zu verhindern.[72] Mit Sicherheit wurde kein Architekt aufgrund seines Baustils aus der RDBK ausgeschlossen, denn Peter Behrens und Mies van der Rohe blieben zum Beispiel weiterhin Mitglieder. Soweit man es heute beurteilen kann, wurden die Aufnahmebedingungen für Architekten, ursprünglich zur Kontrolle des Baustils formuliert, von der RDBK nur dazu verwendet, Juden an der Ausübung ihres Berufes zu hindern.[73] Die Reichskulturkammer, die so oft als Mittel totalitärer Kulturkontrolle beschrieben worden ist, weil sie innerhalb der Mitgliedschaft auf einer einheitlichen kreativen Linie bestand, unternahm zumindest im Bereich der Architektur keinen Versuch, diesem Ruf gerecht zu werden.

Wenn die Etablierung der Reichskulturkammer auch die Säuberungen von 1933 beendete und den Kampfbund-Führern die Kontrolle über das Baugeschehen verwehrte, so wies Goebbels' Organisation doch nie ausdrücklich die Angriffe des Kampfbundes auf das Neue Bauen zurück; diese Angriffe beeinflußten die Arbeitsmöglichkeiten der radikalen Architekten tiefgreifend. Obwohl sie weder von Haftstrafen oder Terroraktionen bedroht noch durch Gesetze an der Ausübung ihres Berufes gehindert waren, erhielten die radikalen Architekten dennoch nach 1933 keine weiteren Aufträge mehr. Gropius, Mendelsohn, Mies van der Rohe und Ludwig Hilberseimer waren arbeitslos und emigrierten daher nach England bzw. Amerika, Gropius und

Mendelsohn bei der erstbesten Gelegenheit, die anderen zwischen 1935 und 1938. May und Taut befanden sich schon in Rußland und wurden aus diesem Grunde offiziell an der Rückkehr nach Deutschland gehindert.[74] Der zweiten Garde moderner Architekten, die in Deutschland blieben, ging es kaum besser. Martin Elsaesser, der seine einflußreiche Stellung in der Frankfurter Bauverwaltung verloren hatte, war zwar in der Lehre tätig, erhielt aber keine größeren Aufträge.[75] Otto Haesler, der nicht mehr in Celle beschäftigt war, zog sich bis 1945 aus dem Berufsleben zurück.[76] Göderitz unterrichtete, nachdem er Magdeburg verlassen hatte, zeitweilig in Berlin, bis örtliche Parteifunktionäre seine Entlassung betrieben; weder er noch Häring, die Gebrüder Luckhardt oder Richard Döcker fanden neue Aufträge.[77] Einige Architekten, die sich hauptsächlich mit Industriebauten beschäftigt hatten und nie von der nationalsozialistischen Presse angegriffen worden waren, bekamen bzw. behielten bedeutende Lehraufträge.[78] Einer Anzahl jüngerer, noch unbekannter Architekten gelang es, untergeordnete Positionen in größeren Firmen zu erreichen, die unter dem Schutz wichtiger Parteigrößen standen.[79] Nach 1933 konnte kein moderner Architekt mehr eine Rechtfertigung des Neuen Bauens veröffentlichen. Obwohl es ihnen selbst nicht gelang, die deutsche Architektur zu kontrollieren, konnten die frühen Gegner des Neuen Bauens dennoch ihren prominentesten Widersachern die Unterstützung des Nazi-Regimes verwehren.

8 Nazi-Architektur

Die Verflechtung von deutscher Architektur und Politik erreichte im Bauprogramm der Nazis ihren Höhepunkt. Die Propaganda-Kampagne gegen das Neue Bauen und die Säuberungsaktionen von 1933 hatten die Partei zu einer konstruktiven Architekturpolitik verpflichtet. Die neue Regierung übernahm diese Aufgabe bereitwillig – immer wieder vertraten Parteifunktionäre die Ansicht, nationalsozialistische Kultur und Gesellschaft müßten ihren Ausdruck in einer spezifisch 'nationalsozialistischen' Architektur finden. Von dieser Einstellung ausgehend, rief das neue Regime ein riesiges Bauprogramm ins Leben und unterstützte es gleichzeitig mit einem intensiven Propaganda-Feldzug, in dem immer wieder auf die ideologische Bedeutung der nationalsozialistischen Architektur hingewiesen wurde. So erreichte die Architektur unter den Nazis ein nie dagewesenes politisches Gewicht.

Trotz der der Architektur zugewiesenen überwältigenden ideologischen Bedeutung stimmte das Bauprogramm der Nazis dennoch in mancher Hinsicht nicht mit der früheren Parteipropaganda überein. Die Nazi-Architektur kehrte weder zu dem vom Kampfbund geforderten Historismus zurück noch stellte sie sich in jeder Hinsicht gegen alle Lehrsätze radikaler Architekten. Die offiziellen Bauten des neuen Regimes zeigten hinsichtlich ihres Baustils eine außergewöhnliche Vielfalt; einige waren älteren Architektur-Traditionen verpflichtet, obwohl sie sich stark von dem Stil abhoben, den konservative Kampfbund-Architekten befürworteten, während andere Bauten moderne Einflüsse nicht verleugnen konnten.

Diese Vielfalt im Erscheinungsbild der Nazi-Architektur reflektierte die stark voneinander abweichenden Ansichten der Parteifunktionäre, die, nachdem Goebbels 1933 zentrale Kontrollen über die architektonische Formensprache verhindert hatte, die Initiative ergriffen und gestalterische Fragen im Einzelfall individuell entschieden. Trotz zahlreicher Erklärungen Hitlers zu dieser Frage einigten sich Feder, Schirach, Ley, Göring sowie andere Parteifunktionäre, die für die Architektur der Nazis vor allem verantwortlich waren, nie auf eine einheitliche nationalsozialistische Architekturtheorie. Einige favorisierten den modernisierten Neoklassizismus von Speers Parteitagsgebäuden, die als neue Versammlungsstätten für die Massen des Parteivolkes konzipiert waren; andere zogen den neu-romanischen Stil der festungsähnlichen Ordensburgen vor, der quasi-militärischen Schulungsstätten einer 'heroischen' Parteielite; wieder andere bevorzugten das rustikale Erscheinungsbild der staatlichen Wohnanlagen, die die neue Verbundenheit der städtischen Arbeiterschaft mit dem Boden symbolisieren sollten. Einige gaben Bauten in Auftrag, die nicht weniger radikal und modern waren als Beispiele aus den zwanziger Jahren; diese Projekte wurden als Beleg für revolutionäre und moderne Aspekte des Nazi-Regimes herangezogen.

Die verschiedenen architektonischen Vorlieben der Nazi-Größen spiegeln deutlich die fundamentalen Widersprüche der Nazi-Ideologie in Sachen Architektur wider. Einige dieser Konflikte zeigten sich schon 1928 und 1929, in der Orientierungslosigkeit des *Völkischen Beobachters* zwischen Urbanismus und Anti-Urbanismus in seinen frühen Artikeln zur Architektur; noch deutlicher wurden sie im Sommer 1933 in der Debatte zwischen ,Revolutionären' und Traditionalisten. Nach 1933 bestanden diese Konflikte auf der Ebene der Parteiführung in verschiedenen ideologischen Zielsetzungen fort, die sowohl in ihrem Inhalt als auch in ihrem Umfang voneinander abwichen. Männer wie Ley, Darré, Schirach, Feder und Rosenberg widersprachen einander weiterhin in ihren Stellungnahmen zur Architektur und damit auch in ihren Ansichten über die beste Ausprägung der nationalsozialistischen Gesellschaft. Darüber hinaus gab es unter denen, die sich mit der Architekturpolitik beschäftigten, viele, die dabei alle offiziellen ideologischen Verlautbarungen mißachteten. Die Bauten, die Göring für die Luftwaffe in Auftrag gab, waren, obwohl sie meist nicht die extremen Merkmale moderner Architektur aufwiesen, dennoch sehr progressiv, ohne traditionelle Anklänge und frei von dem Versuch, militärische Tugenden zu verherrlichen. Die meisten der für den staatlichen Wohnungsbau Verantwortlichen waren entweder nicht daran interessiert, die städtische Bevölkerung in großem Umfang wieder auf der Scholle anzusiedeln, oder kamen unter dem Druck der Verhältnisse schnell dazu, für den Massenwohnungsbau konventionellere Lösungen in Betracht zu ziehen.

Nachdem Goebbels den Kampfbund erfolgreich daran gehindert hatte, die Kontrolle der Kulturpolitik an sich zu ziehen, gab es kein wirksames legales Mittel, derartige Unstimmigkeiten zwischen den Parteifunktionären zu vermeiden. Hitler war gleichfalls nicht daran interessiert, diese Lücke in der Gesetzgebung zu schließen. Natürlich hatte auch Hitler eigene Stilvorstellungen, sie kamen jedoch hauptsächlich in den wenigen Monumentalbauten zum Ausdruck, die er persönlich in Auftrag gab. In seinen Reden lobte er sogar jeden einzelnen Architekturstil für sich, interpretierte jeden von ihnen als Beleg nationaler Kreativität und leugnete alle unter ihnen bestehenden Widersprüche. Hitlers Einstellung und die nicht zuletzt daraus resultierende Vielfalt auf stilistischer und ideologischer Ebene belegen erneut einen für die Nazis typischen Opportunismus. Dieser Opportunismus hatte es der Nazi-Propaganda bereits ermöglicht, das Neue Bauen anzugreifen, als der Streit in dieser Frage seinen Höhepunkt erreicht hatte, obwohl die Nazi-Ideologie in einigen Punkten durchaus mit der Arbeit fortschrittlicher Architekten in Einklang stand. Nach 1933, nachdem diese nützliche Strategie politisch verbraucht war, führte der gleiche Geist dazu, eine bestimmte Freiheit in stilistischen und ideologischen Fragen zuzulassen.

Diese opportunistische Einstellung zeigte sich nach 1933 auch in der Nazi-Propaganda, denn weder die fehlende, in sich schlüssige Architekturtheorie noch die in den Bauten zutage tretende stilistische Vielfalt hielten den Propagandaapparat davon ab, mit Hilfe der Architektur ideologische Kriegsführung zu betreiben. Ein riesiger Propagandafeldzug publizierte ohne Unterlaß die verschiedensten Leistungen des

Regimes auf architektonischem Gebiet und begleitete sie mit aufwendigen Feierlichkeiten und Zeremonien. Projekte, die die Ideologie besonders aufdringlich verkörperten, wurden besonders lautstark gepriesen; Gebäude ohne große ideologische Zielsetzung wurden jedoch ebenfalls zu Propagandazwecken herangezogen. Die modernsten Bauten der Nazizeit wurden häufig sogar in Formulierungen angepriesen, die der Argumentation radikaler Architekten zum Verwechseln ähnelten.

Das Architekturprogramm der Nazis bestand also aus drei Komponenten: einer von internen Widersprüchen zerrissenen Ideologie, die die Parteiführer in der Architektur verwirklicht sehen wollten, einem Propaganda-Feldzug, dem eine eindeutige ideologische Zielsetzung fehlte; und einem Bauprogramm, das manchmal den ideologischen Vorgaben folgte, sie häufiger jedoch ignorierte und gelegentlich sogar im offenen Widerspruch zu ihnen stand.

Vom Herbst 1933 an übernahm es Hitler selbst, die Bedeutung der Architektur für den neuen Staat zu unterstreichen. Dieser Gedanke gehörte zu den großen Themen seiner jährlichen ‚Kulturreden‘, seiner Ansprachen im Haus der deutschen Kunst und zahlreicher weiterer Reden zu weniger bedeutenden kulturellen Anlässen. In den Anfangsjahren der Weimarer Republik hatte Hitler entweder aus den Schriften der Kulturpessimisten zur Jahrhundertwende oder durch Äußerungen radikaler Architekten die Überzeugung gewonnen, große Kunst sei ein Produkt nationaler und politischer Größe. Diese Auffassung, in *Mein Kampf* allgegenwärtig, tauchte nach Hitlers langem Schweigen zu künstlerischen Fragen als Basis all seiner Äußerungen zu Architektur und Kunst wieder auf. 1933 schließlich bezog sich Hitler in seinen Aussagen zum Thema Kunst grundsätzlich auf dieses grundlegende Prinzip, denn er hatte die Überzeugung gewonnen, Kunst und Politik seien ein und dasselbe. Auf dem Parteikongreß von 1936 erklärte er Kunst und Staat für Produkte einer kreativen Kraft, die er abwechselnd „den autoritären Willen" oder „die politische Gestaltungskraft" nannte.[1] Aus diesem politischen Willen erwachse nicht nur die Staatsform, sondern auch die Form der Kunst; Voraussetzung dafür sei ein einiges Volk bzw. eine einige Nation.[2] Diese kreative Kraft sollte Hitler zufolge einerseits von den Künstlern, andererseits von den Politikern interpretiert werden. Bezeichnenderweise sprach er von beiden Gruppen oft in austauschbaren Begriffen.[3]

Innerhalb der Kunst, die er als Ausdruck der politischen Stärke und der kreativen Persönlichkeit des Staates ansah, wies Hitler der Architektur wiederum eine besondere Bedeutung zu. Wie schon die radikalen Architekten 1919, sah er in der Architektur die einigende Kraft innerhalb allen Kunstschaffens, deren Ausdrucksmittel diejenigen der Malerei und der Bildhauerei bestimmen.[4] Daher schien Hitler die Architektur auch eher als jede andere Kunst geeignet, nationale Größe auszudrücken: „Jede große Zeit", so Hitler, „findet ihren abschließenden Wertausdruck in ihren Bauwerken."[5] Darüber hinaus glaubt er – und damit griff er ein weiteres Argument der frühen Verfechter des Neuen Bauens auf –, die Architektur verkörpere nicht nur Einheit und Stärke der Nation, sondern trage zu deren Schaffung bei. 1937 vertrat er vor Parteimitgliedern die Auffassung, große Gebäude könnten aus sich selbst sogar jenen gemeinsamen Willen schaffen, den er früher einmal als Vorbedingung für große Architektur bezeichnet hatte. Gewaltige Bauwerke würden das Nationalbewußtsein wecken und so „mithelfen, unser Volk politisch mehr denn je zu einen und zu stärken, sie werden gesellschaftlich für die Deutschen zum Element des Gefühls einer stolzen Zusammengehörigkeit (...)".[6] Und schließlich sei es die Funktion von Architektur, anderen Nationen und besonders der Nachwelt die Überzeugung ihrer Schöpfer zu vermitteln: „Dieser Staat soll nicht eine Macht sein ohne Kultur und keine Kraft ohne Schönheit. Denn auch die Rüstung eines Volkes ist nur dann moralisch berechtigt, wenn sie Schild und Schwert einer höheren Mission ist (...). Deshalb sollen diese Bauwerke nicht gedacht sein für das Jahr 1940, auch nicht für das Jahr 2000, sondern sie sollen hineintragen (...) in die Jahrtausende der Zukunft (...), Dokumente einer einmaligen großen Kunst!"[7]

Wenn Hitler auch immer wieder die Bedeutung der Architektur als Ausdruck und als Quelle nationaler Einheit und Stärke hervorhob, seine Versuche, die dem ‚Dritten Reich‘ angemessene Architektur näher zu definieren, blieben doch vage und widersprüchlich; als Leitfaden für das Bauprogramm der Nazis waren sie wenig hilfreich. Die von seiten des Kampfbundes häufig geäußerte Kritik am revolutionären Charakter des Neuen Bauens beeinflußte Hitler möglicherweise insofern, als er das Postulat, jedes neue Zeitalter erfordere einen völlig neuen Stil, zurückwies: „Wir Nationalsozialisten kennen (...) keinen Maßstab von gestern und heute, von modern und unmodern, sondern es gibt nur einen Maßstab von ‚wertlos‘ oder ‚wertvoll‘ und damit von ‚ewig‘ oder ‚vergänglich‘." „Das große Kunstwerk", so Hitler, „trägt einen absoluten Wert in sich."[8] Weiterhin forderte er, Architektur müsse ewige Werte wie Nation oder Rasse widerspiegeln, und er rechtfertigte seine Bewunderung für griechische Kunst und Architektur mit dem Hinweis, daß sie das ewig gültige Werk ‚nordischer‘ bzw. ‚arischer‘ Völker seien. Andererseits wies Hitler, wie auch Goebbels, wiederholt darauf hin, daß der Nationalsozialismus ein neues Zeitalter eingeleitet habe: wenn „sich das allgemeine Leben der Völker neu gestaltet, (...) sucht [es] nach einem neuen Ausdruck".[9] Die Nachwelt müsse in der nationalsozialistischen Architektur „ein Werk des deutschen Volkes und dieser unserer Epoche" erkennen können.[10] Nazi-Architektur müsse daher „zeitnah in Zweckerfüllung und materieller Berücksichtigung"[11] sein und neue Ausdrucksmittel verwenden. In einigen seiner Reden ging Hitler sogar so weit, Zweckmäßigkeit und Sachlichkeit als Quellen architektonischer Schönheit zu beschreiben.[12] Er verband derartige Äußerungen jedoch immer mit einer scharfen Kritik am Funktionalismus des Neuen Bauens, dessen Schöpfer seiner Meinung nach „animalische Primitivität (...) mit harmonischer Schönheit" verwechselten.[13] Nationalsozialistische Architektur würde nicht in dem Sinne ‚sachlich‘ sein wie das Werk der Architekten, die „nur das Neue suchten um des Neuen willen"[14], sondern vergleichbar mit dem ‚griechischen Geist‘, der in seiner Architektur Schönheit und Funktion miteinander verbände.[15]

Bei der Abwägung der Frage, ob die Nazi-Architektur modern oder traditionell sein sollte, versuchte Hitler also das Positive beider Richtungen für sich zu vereinnahmen, indem er zweideutige Aussagen machte. In diesem Bestreben verwendete er oft eine Wendung, die als Antwort auf die Frage „Was ist deutsch in der deutschen Kunst?" aus dem Streit im Jahre 1933 hervorgegangen war: „Deutsch sein heißt klar sein"; dies hieß in der Auslegung Hitlers, „daß deutsch sein damit logisch und vor allem aber auch wahr sein heißt".[16] Er war so fasziniert von dieser beschönigenden Formulierung, daß er sie immer wieder verwendete, nicht nur um das ‚Deutschtum' nationalsozialistischer Kunst und Architektur zu beschreiben, sondern auch um die Struktur des Nazi-Staates selbst zu charakterisieren.[17]

Nur ein Punkt in Hitlers Vision der Architektur des neuen Regimes wurde unmißverständlich beim Namen genannt. Nationalsozialistische Architektur mußte ‚heroisch' sein. Das Heroische, das er in seinen Reden ansprach, bezog sich allerdings mehr auf monumentale Ausmaße als auf spezielle Stilmerkmale. Hinsichtlich der öffentlichen Gebäude des nationalsozialistischen Staates äußerte er: „Es ist zu dem Zweck nötig, daß die wirklich großen Aufgaben einer Zeit auch groß gestellt werden, d.h., die öffentlichen Aufträge müssen, wenn ihre Lösung Ewigkeitswert in sich tragen soll, in eine bestimmte Relation gebracht werden zu den Größenordnungen des sonstigen Lebens."[18] „Wir müssen so groß bauen, als die technischen Möglichkeiten dies heute gestatten, und zwar bauen für eine Ewigkeit."[19] Diese Ansichten ließen Hitler in seinen letzten Jahren eine Reihe utopischer Projekte in Auftrag geben, zum Beispiel ein riesiges, über 200 m hohes Parteidenkmal und einen neuen Bahnhof für die Stadt München, mit einem Durchmesser von etwa 1,5 km.[20] Die gleiche Einstellung veranlaßte ihn, großzügige Vorschläge zur Stadtplanung zu billigen. Im Zusammenhang mit seinen Plänen für die Neugestaltung Berlins wandte Hitler sich besonders gegen die Annahme, große Städte seien die Ursache für rassischen und kulturellen Niedergang, denn „ohne Rom als Stadt hätte es nie ein römisches Reich gegeben".[21] Aber keines dieser Projekte wurde je verwirklicht. In seiner Vorliebe für gigantische Architektur beschränkte sich Hitler bei den kleineren, realisierbaren Projekten, die zu Renommierobjekten der nationalsozialistischen Propaganda wurden, auf wenige Vorschriften.

Indem Hitler der Interpretation soviel Spielraum ließ, ließ er verschiedene Auffassungen über nationalsozialistische Architektur gleichberechtigt nebeneinander bestehen. Nach der Auseinandersetzung im Jahre 1933 und Hitlers Aufruf zur Einigung am Jahresende drückten Partei- und Regierungsvertreter ihre divergierenden Ansichten vorsichtiger aus und tarnten sie mit den von Hitler selbst gebrauchten vagen Formulierungen. Sowohl das Programm für ländliches Bauen als auch Hoffnungen auf einen ‚revolutionären' Stil bestanden weiterhin nebeneinander. Gottfried Feder[22], die Wohnungsbaufunktionäre der Arbeitsfront und das von Darré geleitete Landwirtschaftsministerium blieben den Hauptforderungen der Kampfbundpropaganda treu und forderten eine in ‚Blut und Boden' wurzelnde, eng mit der Region und ihren Bräuchen verbundene Architektur, in der die Menschen wieder zu ihren Wurzeln zurückfinden könnten und die ihnen ein wahres Heimatgefühl vermitteln würde.[23] Möglicherweise beeinflußt von Goebbels' Äußerungen oder von Hitlers Hinweisen auf zeitgemäße Baustile, forderten viele andere dagegen eine Politik architektonischer Modernität. Baldur von Schirach zum Beispiel, der als Reichsjugendführer für eine große Anzahl von Bauvorhaben verantwortlich zeichnete, verteidigte das Recht seiner Hitlerjugend, in einem ‚jugendlichen' Stil unter Verwendung von Stahl, Glas und Beton zu bauen und kritisierte die bei vielen Nazi-Funktionären beliebte Monumentalität.[24] Desgleichen forderte das Robert Leys Arbeitsfront zugeordnete Amt ‚Schönheit der Arbeit', das die Errichtung von ‚Kameradschaftshäusern' beaufsichtigte, seine Architekten permanent auf, funktional und praktisch zu bauen.[25]

Diese Ansichten, die zwar nur vorsichtig geäußert wurden, bei ihren Vertretern jedoch um so intensiver vorhanden waren, finden einen noch deutlicheren Ausdruck in den unterschiedlichen Baustilen des nationalsozialistischen Bauprogramms. Dieses Programm war in seinem Volumen dem der Weimarer Republik vergleichbar und wie jenes vom Grundsatz her dezentral angelegt. Für die Abwicklung des Programms waren jetzt jedoch Funktionäre von Partei und Zentralregierung, nicht Stadtverwaltungen, verantwortlich.

89 Paul Ludwig Troost, Haus der Deutschen Kunst, München, 1933–1937

Hitler gab selbst einige der wichtigsten Projekte in Auftrag: die Parteigebäude und das Haus der Deutschen Kunst in München, die Neue Reichskanzlei in Berlin und den Komplex aus Aufmarschfeldern und Versammlungsstätten für das Parteitagsgebäude in Nürnberg. Neben dem Bau von Autobahnen beschränkten sich Hitlers architektonische Ambitionen auf diese ‚Führerbauten'. Diese Bauten wurden von seinen persönlichen Architekten unter seiner genauen Aufsicht geplant; sie sollten „Größenordnungen" des nationalen Lebens ausdrücken, weswegen sie in einem modernisierten neoklassischen Stil ausgeführt wurden, der Hitlers Bestreben entsprach, den ‚griechischen Geist' zeitgemäß auszudrücken.

Das erste Projekt Hitlers und dasjenige, dessen Mitplanung er sich zum Verdienst anrechnete, war Paul Ludwig Troosts Haus der Deutschen Kunst in München, mit dessen Bau 1933 begonnen wurde (Bild 89).[26] Troost war innerhalb des progressiven Historismus der Vorkriegszeit ein Mitläufer von geringer Bedeutung gewesen. Die Verwendung von Kalkstein als Oberflächenmaterial und der alles beherrschende klassische Säulengang an der Vorderseite des Museums zeugten von dem gleichen Bestreben, aus historischen Vorbildern einen urwüchsigen Mauerwerks-Stil abzuleiten, das vor 1914 Architekten wie Behrens und Bonatz beflügelt hatte. Gleichzeitig konnten der kubische Baukörper und die glatten Oberflächen des Museums, denen mit Ausnahme minimaler Vorsprünge an Sockel und Dachgesims jedes Ornament fehlte, Bezüge zu den Bauten der Radikalen aus den zwanziger Jahren nicht verleugnen.

Die Verbindung von Moderne und Neoklassizismus, die Hitlers ersten Auftrag charakterisierte, fand ihre Fortsetzung in den Arbeiten des jungen Architekten Albert Speer, der nach Troosts Tod im Jahre 1934 Hitlers Gunst erringen konnte.[27] Speer, später einer der mächtigsten Männer in der nationalsozialistischen Regierung, errang Hitlers Aufmerksamkeit mit Hilfe von Goebbels, der Speers besonderes Talent zum Entwerfen von Bauten für zeremonielle Anlässe der Partei entdeckt hatte.* Hitler bat ihn schließlich, die riesigen Aufmarschstätten und Vortragssäle für die Nürnberger Parteikongresse zu planen (Bild 90). Das Zeppelinfeld, der erste Bauabschnitt in dieser Reihe und auch der einzig ausgeführte, illustriert den Stil Speers und den Architekturgeschmack Hitlers besonders auffällig. Das Gelände wurde für Paraden der Hitlerjugend und der SA sowie für die allgemeineren Anlässe der Parteitage genutzt; zu diesem Zweck konnte es mehr als 100 000 Menschen aufnehmen. Die umlaufende Tribüne bildete den Hintergrund für die Flaggen und Standarten der Partei, nachts wurden diese Kulissen – wie eine Bühne – von Suchscheinwerfern erleuchtet.[28]

Entlang der Stirnseite des Feldes verlief die Haupttribüne, ein langgestreckter, niedriger Baukörper, der noch stärker als Troosts Museum klassische Stilelemente in einer

---

* Speer wurde 1905 geboren und war von 1929 bis 1932 Heinrich Tessenows Assistent in Berlin. Er trat 1931 in die Partei ein und wurde von 1931 bis 1933 von Parteifunktionären mit Umbauarbeiten beauftragt. 1933 verschaffte Goebbels ihm den ersten großen Auftrag: die Dekoration für eine Parteiversammlung in Tempelhof. Siehe Rudolf Wolters, *Albert Speer* (Oldenburg 1943)

sehr modernen Interpretation zeigte (Bild 91). Sein herausragendes Element war die große Säulenreihe im Hintergrund der Tribüne, die sich über die ganze Breite des Baus erstreckte und nur durch den Kubus des Hauptpodiums unterbrochen wurde. Die abschließenden Elemente lassen sich eindeutig auf die Eingangspylone des klassischen Altertums zurückführen, Speer behandelte sie jedoch als freistehende Baukörper, die die horizontale Bewegung der fortlaufenden Säulenreihen auffingen. Auf der Eingangsseite (Bild 92) erschien die Säulenreihe als unterbrochenes horizontales Band, eingerahmt von großen, glatten Mauerwerksflächen. Obwohl Speers Entwurf symmetrisch und unverkennbar neoklassizistisch war, stand er dennoch unter dem nicht geringen Einfluß der abstrakten Schöpfungen der zwanziger Jahre. Speers Entwurf löste unter den für die Nazis tätigen Architekten eine beträchtliche Renaissance des Neoklassizismus aus.[29]

Obwohl die von Hitler in Auftrag gegebenen Bauten in allen Einzelheiten publiziert wurden, war ihr Anteil am gesamten staatlichen Bauvolumen des neuen Regimes äußerst gering. Unter den Parteiorganisationen mit eigenen Bauvorhaben, vergaben Schirachs Hitler-Jugend und Leys Arbeitsfront die meisten Aufträge. Robert Ley war auch als Reichsorganisationsleiter der Partei tätig. In dieser Funktion gaben er und seine Mitarbeiter eine Reihe von Ordensburgen und ungefähr hundert ,Gemeinschaftshäuser', örtliche Parteiverwaltungs- und Versammlungsbauten, in Auftrag.[30] Diese

90 Albert Speer, Reichsparteitagsgebäude, Nürnberg, 1934, Modell

91 Albert Speer, Zeppelinfeld, Nürnberg, 1934

92 Zeppelinfeld, Eingangsfront

Parteigebäude, die einen ähnlichen Einfluß hatten wie die von Hitler in Auftrag gegebenen Bauten und nahezu in gleichem Umfang veröffentlicht wurden, wichen erheblich von dem monumentalen Neoklassizismus ab, den Hitler bevorzugte, und versuchten, unter Bezugnahme auf das Mittelalter an das Nationalgefühl zu appellieren. Sie knüpften nicht an die Gotik an, sondern an die Festungsbauten des Mittelalters oder an ländliche bzw. regionale Stilelemente aus dem ausgehenden Mittelalter, die sich gut in die ‚Blut- und Boden'-Propaganda einfügten.

Von diesen Parteigebäuden waren die drei unter Leys Organisationsleitung errichteten Ordensburgen die größten (Bilder 93 – 95). Als Schulungsstätten einer neuen Führungselite konzipiert, wurden sie nach den Festungen mittelalterlicher Ritterorden benannt. Der Stil, in dem sie errichtet wurden, war der bewußte Versuch, an Zeiten von Kreuzzügen und militärischer Besiedlung zu erinnern.[31] Jede der Anlagen zeigte Zinnen und Türme aus rustiziertem Mauerwerk; die als erste errichtete Ordensburg Vogelsang war nach Art mittelalterlicher Burgen Eindruck heischend auf einem steilen Hügel plaziert. Trotz der beabsichtigten Anspielung auf die Romanik* waren die Ordensburgen ähnlich den Bauten von Speer und Troost stark von der Moderne beeinflußt. Dem Sichtmauerwerk der Gebäude fehlte jedes Ornament; das Äußere der Gebäude wirkte daher ähnlich der progressiven Architektur um 1910 keineswegs überladen. Bei den Ordensburgen Vogelsang und Crössinsee setzten die Architekten in ihre romantisierenden Mauerwerksbauten die asymmetrischen Fensteranordnungen und kontinuierlichen Fensterbänder der radikalen Architekten nach 1920 ein. In ästhetischer Hinsicht gehörten die Ordensburgen zu den erfolgreichsten offiziellen Bauten der Nazizeit.

Wenn die monumentalen Ordensburgen auch eine militärische Überlieferung aus dem Mittelalter glorifizierten, so griffen viele der bescheideneren Bauten des Regimes doch die großen Themen der Kampfbund-Propaganda auf und machten den Versuch, durch die Verwendung regionaler volkstümlicher Elemente das Bild einer Agrargesellschaft wachzurufen. Das Strohdach der Nordseeküste; Fachwerk und Satteldach aus Niedersachsen; ‚Tiroler' Dach, geschnitzte Balkone und der weiße Putz der süddeutschen Alpenregion waren seit dem ausgehenden Mittelalter auf Bauernhöfen und in kleinen Dörfern verwendet worden, obwohl sie im 20. Jahrhundert für Neubauten nur noch fernab des Geschehens, auf dem Lande Verwendung fanden. In verschiedenen Abteilungen von Partei und Regierung wurden diese traditionellen Elemente nun jedoch auch für andere Gebäudetypen gefordert; trotz der Vorliebe Schirachs und vieler Mitglieder der Arbeitsfront für moderne Anklänge übernahmen Hitler-Jugend und Arbeitsfront für eine gewisse Zeit die Führung in dieser Politik. Viele Jugendherbergen und ‚Kameradschaftshäuser' der Arbeitsfront erinnern daher an alpine Chalets

---

* Die meisten der ‚echten' Ordensburgen waren lange nach der romanischen Periode in gotischem oder spätgotischem Stil gebaut worden.

93   Clemens Klotz, Ordensburg Vogelsang, 1936–1938

94   Clemens Klotz, Ordensburg Crössinsee, 1937, Aufmarschplatz

95   Hermann Giesler, Ordensburg Sonthofen, 1936/1937

oder an Bauernhäuser der Nordseeküste bzw. Niedersachsens (Bilder 96, 97).[32] ‚Volkstümliche' Stilmerkmale wurden auch so großen Bauten wie Autobahnraststätten, Ausstellungshallen der Bewegung ‚Kraft durch Freude' in Berlin und Verwaltungsgebäuden der Reichspost appliziert. Darüber hinaus fanden sie sogar Verwendung bei reinen Zweckbauten, die bisher als bevorzugte Bauaufgaben der modernen Architektur betrachtet worden waren, so z.B. bei einer Wetterstation und einer Auto-

96   Carl Vessar, Baldur-von-Schirach-Jugendherberge, Urfeld

97   Hanns Dustmann und Robert Braun, Hermann-Göring-Heim der HJ, Melle

werkstatt (Bilder 98, 99). Diese ‚volkstümliche' Architektur fand daher unter den staatlich geförderten Stilrichtungen die größte Verbreitung, für viele Parteifunktionäre stellte sie geradezu eine ideologische Verpflichtung dar. In manchen Fällen zeigte sich darin jedoch auch Zynismus auf seiten der nationalsozialistischen Architekturpropaganda; denn die willkürliche Verwendung dieser Elemente, ohne Rücksicht auf örtliche oder funktionale Vorgaben, versuchte den Eindruck einer ländlichen Lebensweise auch dort zu vermitteln, wo sie gar nicht existierte.

98 Reichsluftfahrtministerium, Bauabteilung, Wetterdienst-Funkstelle

99 Eugen Kastner, Autowerkstatt, Hechendorf

Die von der Partei errichteten Bauten, sowohl die von Hitler persönlich in Auftrag gegebenen als auch die von Parteiorganisationen wie der Hitler-Jugend und der Arbeitsfront beeinflußten, erweckten mehr Aufmerksamkeit als alle übrigen Bauten; der größte Teil öffentlicher Bautätigkeit wurde dennoch aus anderen Quellen finanziert. Das Nazi-Regime unterstützte ein großes Programm des öffentlichen Wohnungsbaus, das zu gleichen Teilen von der Arbeitsfront und vom Arbeitsministerium kontrolliert wurde. Andere Regierungsstellen, wie Darrés Landwirtschaftsministerium, das die Errichtung von Bauernhöfen und Landarbeiterwohnungen finanzierte, riefen eigene Bauprogramme ins Leben. Das größte Bauvolumen wurde allerdings vom Militärapparat in Auftrag gegeben, vor allem von Görings Reichsluftfahrtministerium. Die Luftwaffe plante Flugplätze, Laboratorien, Bürogebäude und Kasernen; die gesamte Wehrmacht benötigte zur Vorbereitung des Krieges neue Kasernen und Verwaltungsbauten.

Die von Göring in Auftrag gegebenen Bauten für die Luftwaffe oder auch für von ihm kontrollierte Industriekonzerne waren historischen Tendenzen weit weniger verpflichtet als alle anderen Bauprojekte der Nazis. In einigen wenigen Fällen gab Göring seine Zustimmung sogar zu Entwürfen, die ebenso modern waren wie die Arbeiten radikaler Architekten. Dem Reichsluftfahrtministerium in Berlin, dem bedeutendsten großen Bau der Luftwaffe, fehlte sogar der sehr gemäßigte Historismus der Führerbauten; lediglich im Material und in der Anordnung der Fenster deuteten sich traditionelle Stilmerkmale an (Bild 100). Anders als die offiziellen Bauten der anderen Partei- und Regierungsstellen waren die Bauten der Luftwaffe darüber hinaus meistens klein. Das bescheidene verputzte Gebäude in Bild 101 mit seinen klaren Linien und

100   Ernst Sagebiel, Reichsluftfahrtministerium, Berlin, 1935/1936

Flächen und seiner niedrigen Bauweise ist für die große Mehrheit derartiger Bauten charakteristisch. Diese Bauweise wurde im militärischen Bereich und auch bei vielen anderen Behörden immer populärer. Sie tauchte in vielen Variationen auf, in moderner Version bei dem Bezirkskrankenhaus in Bild 102 und, in konservativer Ausprägung, bei dem bayrischen Schulgebäude in Bild 103. Diese einfachen Bauten waren – wie die übrige Nazi-Architektur auch – ein stilistischer Kompromiß. Ihre geneigten Dächer und ihre verhältnismäßig niedrige Bauweise erinnerten entfernt an eine volkstümliche Architektur, von der man die Applikationen entfernt hatte; so wurde ein ländliches Ambiente angedeutet. Gleichzeitig übernahmen sie vom Neuen Bauen die glatt geputzten Fassaden, das regelmäßige, unzerklüftete Äußere und die anti-monumentale Erscheinung, obwohl ihnen die auffälligsten modernen Merkmale, das flache Dach und die fortlaufenden Fensterbänder, fehlten. Wie bei vielen anderen Nazibauten ergab sich daraus ein Stil, der zwar nicht die überragende Originalität der vorangegangenen Epoche erreichte, es jedoch zu etlichen gefälligen und erfolgreichen Entwürfen brachte.

Während die kleineren Verwaltungsbauten der Luftwaffe tief in der modernen Bewegung wurzelten, gab Göring auch Bauten in Auftrag, die von jedem Rückgriff auf traditionelle Einflüsse frei waren. Die Betriebsgebäude der Deutschen Versuchsanstalt für Luftfahrt zum Beispiel formulieren mit ihren glatten Oberflächen und ihrer sorgfältig ausgearbeiteten Komposition aus Glas, Ziegelstein und sichtbarem Tragwerk im Vergleich zu den radikalsten Industrieanlagen der zwanziger Jahre eine elegante Steigerung (Bild 104). Eine ähnliche Formensprache wurde beim Entwurf der Hermann-Göring-Werke verwendet.[33] Derartige Arbeiten fanden ebenso Eingang in Veröffent-

101 Reichsluftfahrtministerium, Bauabteilung, Bürogebäude

102 Willem Bäumer, Kreiskrankenhaus, Vaihingen-Enz

103 Schule in Allach, Bayern

lichungen der Nazis, in denen sie als Ausdruck von „wahrer Sachlichkeit" und „kristallklar erfüllter Zweckmäßigkeit" beschrieben wurden, die Hitler im Jahre 1933 gefordert hatte.[34]

Der öffentliche Wohnungsbau hatte vor allen anderen Bereichen des nationalsozialistischen Bauprogramms eine wichtige ideologische Funktion. Da die großen Wohnanlagen der radikalen Architekten zentraler Streitpunkt in der Debatte um die moderne Architektur gewesen waren, widmete das Nazi-Regime dem Wohnungsbau in seiner Propaganda besondere Aufmerksamkeit und rief ein Wohnungsbauprogramm ins Leben, das sich von dem entsprechenden Programm der Weimarer Republik wesentlich unterscheiden sollte. Das Regime propagierte weniger einen bestimmten Stil im Wohnungsbau als vielmehr eine neue Wohnungsbaupolitik, nach der die Stadtbewohner wieder bodenständig gemacht werden sollten und die damit die Versprechungen der ‚Blut und Boden'-Propaganda einlöste. Gleichzeitig wich der öffentliche Wohnungsbau der Nationalsozialisten in seiner Organisation und seinem Stil viel weiter von den ideologisch festgelegten Prinzipien ab als alle anderen Nazibauten. Denn obwohl das Regime auf einige nach dem Konzept der ‚Wiederbodenständigmachung' realisierte Siedlungen verweisen konnte, wurde dieses konkrete Ziel keineswegs dem gesamten Wohnbauprogramm vorgegeben. Die meisten nationalsozialistischen Wohnanlagen blieben ohne alle ideologischen Bezüge; es blieb somit der

104 Hermann Breuner und Werner Deutschmann, Deutsche Versuchsanstalt für Luftfahrt, Montagehallen

Parteipropaganda überlassen, die Diskrepanz zwischen politischen Ansätzen und realisierten Ergebnissen innerhalb des Wohnungsbaus gegenüber der Öffentlichkeit zu beschönigen.

Das Wohnungsbauprogramm der Nazis bediente sich der vorhandenen Gesetze und des bestehenden Verwaltungsapparates aus der Weimarer Republik; wie auch auf anderen Gebieten, übernahm die Zentralregierung jedoch Funktionen, die bisher von den Ländern und von den Gemeinden ausgeübt worden waren. Diese Übernahme der Machtbefugnisse von Ländern, Gemeindeverwaltungen und Wohnungsbaugesellschaften nahm ihren Anfang während der Gleichschaltung im Jahr 1933, als die Aufsichtsräte der Wohnungsbaugesellschaften durch Parteimitglieder ersetzt wurden. 1934 entzog ein neues Gesetz die Wohnungsbaugesellschaften vollständig städtischer Kontrolle, indem es sie zu einer nationalen Organisation unter der Führung der Reichsregierung zusammenschloß und sie finanziell von ihr abhängig machte.[35] Zur gleichen Zeit wurde Gottfried Feder Reichssiedlungskommissar und erhielt die Kontrolle über die Wohnungsbaugesellschaften, während Mittelverteilung und reichseinheitliche Wohnstandards dem Reichsheimstättenamt, einer Unterorganisation der Arbeitsfront, oblagen.[36]

Bei seiner Amtsübernahme gab Feder seine ehrgeizigen Pläne zur Umsiedlung der städtischen Bevölkerung bekannt. Als Hauptziel seines Wohnungsbauprogramms bezeichnete er „die Auflockerung der Großstädte, die Wiederbodenständig- und Seßhaftmachung der Bevölkerung". Die Großstadt habe das Heimatgefühl der Menschen zerstört. „Die Wiedereingliederung der Großstadtbevölkerung in den Rhythmus der deutschen Landschaft [ist] eine der vordringlichsten Aufgaben der Nationalsozialistischen Regierung."[37] Die neue Wohnungsbaupolitik sollte eines der wichtigsten Elemente einer ‚National-Sozialistischen Bevölkerungspolitik' sein, denn Feder war der Meinung, in einer städtischen Gesellschaft würden Familien nach der dritten Generation aussterben, weil sie den Willen zum Kind verloren hätten. „Die Großstadt ist (. . .) der Tod einer Nation."[38] Auf Feders Betreiben gab das Reichsheimstättenamt Flugblätter heraus mit Losungen wie „Weg von der Großstadt!" oder „Heimatlicher Hausbau!"[39] und kündigte an, daß die neue Wohnungsbaupolitik die Rasse stärken werde.[40]

Während der kurzen, nur einjährigen Amtszeit Feders setzten jedoch weder er selbst noch das Reichsheimstättenamt ihre Versprechungen in ein konkretes und umfassendes Programm um. Die meisten Wohnanlagen der neuen, verstaatlichten Wohnungsgesellschaften kamen Feders Bestreben, der städtischen Bevölkerung ländliche ‚Heimstätten' zu geben, nicht nach; sie führten vielmehr die Praxis der Weimarer Zeit fort, an der Peripherie städtischer Ballungszonen Reihenhäuser oder Mehrfamilienhäuser zu errichten. Von den wichtigsten Errungenschaften des Neuen Bauens nahmen die Wohnungsbaugesellschaften Abstand; sie verzichteten zum Beispiel auf weitere Satellitenstädte nach dem Vorbild von Mays Siedlung im Frankfurter Nidda-Tal; ebenso verschmähten sie, neben dem verhaßten Flachdach, so entscheidende Merkmale ‚der

neuen Wohnung', wie ihre ausgetüftelte technische Ausstattung, den ,offenen'
Grundriß, große Fensterflächen sowie unregelmäßige Baukörperkompositionen und
Balkonanordnungen zur Auflockerung der Fassade. Ihre schlichten Putzbauten waren wie die meisten anderen Bauten des Nazi-Regimes im Vergleich zum Neuen Bau-
en ein Kompromiß: Die hochformatigen, oft mit Klappläden bestückten Fenster und
die steilen Ziegeldächer zeugten vom ,deutschen' Charakter dieser Architektur, während klare Umrisse, glatte Oberflächen und offene Zeilenbauweise vom progressiven
Wohnungsbau der zwanziger Jahre beeinflußt waren (Bilder 105, 106).
Lediglich ein Siedlungstyp, der nur einen geringen Teil des gesamten Bauvolumens
ausmachte, näherte sich Feders Forderungskatalog. In der Nähe großer Städte, meistens jedoch noch in beträchtlicher Entfernung zu deren äußersten Vororten, ließ das
Regime kleine Siedlungen von Einfamilienhäusern mit großen Gartenflächen anle-
gen. Diese Wohnform wurde in den Veröffentlichungen der Nazis oft als typisch
nationalsozialistisches Wohnmodell bezeichnet. Einige kleine Anlagen von Einfamilienhäusern waren natürlich auch schon in der Weimarer Zeit gebaut worden, diese
freistehenden Einfamilienhäuser waren jedoch teuer und wurden in der Regel von
Besserverdienenden bewohnt. Da die Wohnungsbaubeamten der Weimarer Republik
in dieser Wohnform keine praktikable Möglichkeit zur Entlastung großstädtischer
Ballungszentren sahen, standen für derartige Siedlungen kaum öffentliche Mittel zur
Verfügung. Im Jahr 1931 nutzte die Brüning-Regierung die ihr durch die Notverord-
nungen zugewachsenen Machtbefugnisse und rief – als Maßnahme zur Bekämpfung
der Depression – ein Programm zur Errichtung von ,Kleinsiedlungen' ins Leben;
hierbei handelte es sich um Einfamilienhäuser für Arbeitslose.[41] Auf der Grundlage
zahlreicher Verordnungen aus dem Jahr 1931 stellte die Regierung unter Brüning Arbeitslosen Grundstücke und Baumaterial für kleine Häuser zur Verfügung, die später
in ihr Eigentum übergehen sollten. Jede Parzelle verfügte über einen kleinen Garten,
in dem die Besitzer das Lebensnotwendige selbst anbauen konnten.
Das Nazi-Regime übernahm dieses Kleinsiedlungsprogramm in den Grundzügen. Dabei behielten die Nazis das Konzept kleinstmöglicher Wohnhäuser in Verbindung mit
Nutzgärten, wie es bereits von Brüning bevorzugt worden war, bei, verwarfen jedoch
den Gedanken der Selbsthilfe und verlangten von den Bewohnern dieser Siedlungen
den Nachweis einer Beschäftigung.[42] Nach 1933 entstanden mehrere hundert solcher
Siedlungen, jede mit einhundert bis zweihundert Wohnhäusern. Häufig dienten sie
zur Unterbringung von Arbeitern, die in neuen, abseits gelgenen Fabriken und Indu-
striezentren beschäftigt waren(Bild 107).[43] Die Häuser waren winzig; meistens betrug
ihre Wohnfläche nur etwa 55 m², wovon ein großer Teil außerdem im Obergeschoß
unter der Dachschräge lag. Die Grundstücke waren für deutsche Verhältnisse jedoch
geradezu riesig; wenn ihnen ein Gemüsegarten angeschlossen war, hatten die Parzel-
len normalerweise eine Größe von etwa 1000 qm.
In ihrer äußeren Erscheinung zeigten die Häuser dieser Siedlungen zuweilen ,volks-
tümliche' Anklänge – ein wenig Fachwerk oder hölzerne Lattenzäune, ein strohge-

105 Karl Kröck, Wohnhof, Nürnberg

106 Geschoßwohnungsbau, Braunschweig

decktes Dach oder einen Dachüberstand mit sichtbaren Balken (Bild 108) – diese Merkmale wurden vom Reichsheimstättenamt als Teil seines Programms ‚Heimatlicher Hausbau' intensiv gefördert.[44] Die meisten Häuser in den Kleinsiedlungen waren jedoch entweder weiß getünchte oder weiß geputzte Mauerwerksbauten mit steilen Ziegeldächern und ohne jeden Schmuck (Bild 107). Selbst ohne volkstümliche Applikationen standen die kleinen Häuschen auf ihren großen Grundstücken in einem überraschenden Kontrast zu den stromlinienförmigen Geschoßbauten in Britz und sogar zu Mays Reihenhäusern in Frankfurt; dieser Kontrast unterstrich den Anspruch der Nazis, ein ‚bodenständiges' Wohnungsbauprogramm zu unterstützen. Das neue Regime hatte diese Wohnform jedoch nicht erfunden, und die geringe Anzahl von Wohnungen, die in den Kleinsiedlungen tatsächlich realisiert wurde, waren auch kein wesentlicher Schritt zur Auflösung der Großstadt.

Das Wohnungsprogramm wurde von einem aufwendigen Propagandafeldzug begleitet, in dem die Nachteile dieses Programms verschwiegen wurden; statt dessen versuchte man, dem Wohnungsbauprogramm der Nazis mit Hilfe einiger Mustersiedlungen, die ausgestellt und veröffentlicht wurden, ein positives Image zu verschaffen. Dieser Plan geht auf das Jahr 1933 zurück, als der gleichgeschaltete Werkbund die Errichtung einer neuen Wohnsiedlung in Stuttgart als Konkurrenz zur

107 Siedlung, Aachen

Weißenhof-Siedlung beschloß. Die ‚Kochenhof-Siedlung' sollte – den Verantwortlichen des Werkbundes zufolge – das erste Beispiel wahrer Nazi-Architektur werden; sie entstand unter Leitung von Schmitthenner in Holzbauweise. Als die Siedlung schließlich Ende 1934 fertiggestellt war, waren Werkbund, Kampfbund sowie Schmitthenner selbst jedoch bereits in Ungnade gefallen, und so fand das Projekt keine große Beachtung. Der Gedanke, eine Siedlung als ständige Demonstration natio-

108   Franz Hufnagel, Siedlung Heddernheim, Frankfurt am Main

nalsozialistischer Wohnungsbaupolitik einzurichten, wurde statt dessen mit der ‚Siedlung Ramersdorf' erneut aufgegriffen, die Anfang 1934 im Südosten von München entstand.

Die Ausstellung Ramersdorf bestand aus zwei Teilen. Die Siedlung selbst enthielt etwa 150 Einfamilienhäuser von verhältnismäßig großzügigem Zuschnitt, die auf sehr großen, üppig gestalteten Grundstücken um eine langgestreckte, offene Grünfläche angeordnet waren (Bild 109). So erweckte diese Siedlung den Eindruck eines kleinen Dorfes, obwohl kein gewachsenes deutsches Dorf jemals über derartig ausgedehnte Park- und Grünflächen verfügt hatte. In unmittelbarer Nachbarschaft der Siedlung befand sich eine auf Dauer konzipierte Ausstellungshalle; dort wurden Standardgrundrisse von kleinen Landhäusern, Modelle künftiger Siedlungen in ländlichen Gebieten und Beispiele vorbildlicher Innenraumgestaltungen gezeigt. Zu diesen letzten Exponaten gehörte ein ganzer Raum des ‚neuen Bauernhofs', mit Holz vertäfelt und

109 Siedlung Ramersdorf, München, Lageplan

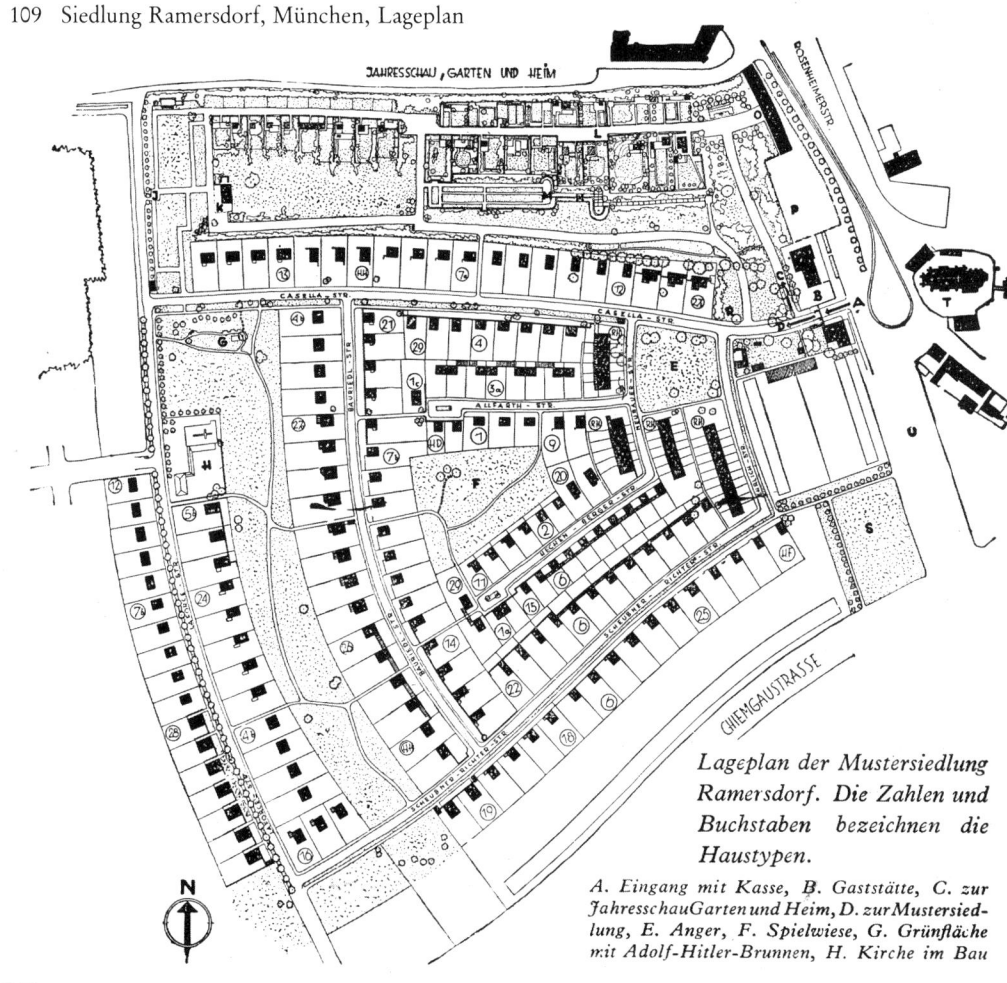

Lageplan der Mustersiedlung Ramersdorf. Die Zahlen und Buchstaben bezeichnen die Haustypen.

A. Eingang mit Kasse, B. Gaststätte, C. zur JahresschauGarten und Heim, D. zur Mustersiedlung, E. Anger, F. Spielwiese, G. Grünfläche mit Adolf-Hitler-Brunnen, H. Kirche im Bau

200

mit wuchtigen Holzmöbeln sowie Vorhängen und Kissen in leuchtenden Farben ausgestattet. Derartiges Mobiliar war jedoch viel zu kostspielig, um in den Kleinsiedlungen Verwendung finden zu können.

Die Ausstellung wurde mit großem Trommelwirbel eröffnet, unter Anwesenheit von Pressevertretern aus dem In- und Ausland. Der *Völkische Beobachter* brachte eine Sonderausgabe mit Abbildungen und Kommentaren heraus und beschrieb die Siedlung Ramersdorf – bezugnehmend auf die Weißenhof-Siedlung – als beispielhaft für das „deutsche Wohnhaus der Zukunft".[45] Der Hauptredner anläßlich der Eröffnungsfeierlichkeiten, Feders Stellvertreter Wilhelm Ludovici sagte, daß Ramersdorf charakteristisch für die Wohnungsbaupolitik der Nazi-Regierung sei, die „den deutschen Menschen (...) wieder auf den deutschen Boden zurückführen" wolle.[46]

In den folgenden vier Jahren fanden wenigstens zwei weitere Ausstellungen dieser Art statt, und jede von ihnen wurde mit großem Zeremoniell eröffnet.[47] Diese Mustersiedlungen und nicht die weit weniger attraktiven, üblichen Ergebnisse des nationalsozialistischen Wohnungsbauprogramms waren in den offiziellen Publikationen am häufigsten vertreten; dort wurden sie als typische Vertreter nationalsozialistischen Wohnungsbaus apostrophiert. Die Siedlungen wurden fast immer in Vororten errichtet; die offizielle Propaganda bezeichnete sie dennoch als Modelle für die ländliche Wiederbesiedlung, die sich unmittelbar aus ihnen ergeben sollte. Sie dienten daher in der Nazi-Propaganda als Symbol jener „Rückkehr zum Boden", die allerdings nie stattfand.

Die im Wohnungsbau angewandten Propagandamethoden waren charakteristisch für die gesamte Architekturpropaganda der Nationalsozialisten. Mit Hilfe von wiederholten offiziellen Feiern und umfangreichen Ausstellungen wurden die wichtigsten öffentlichen Bauten des Regimes während ihrer Bauzeit, die sich oft über mehrere Jahre hinzog, permanent der Öffentlichkeit vor Augen geführt; selbst Projekte, die nie zur Realisierung gelangten, wurden in vergleichbarer Weise veröffentlicht. Unter Goebbels' Aufsicht berichtete die Tagespresse ausführlich über diese Zeremonien und Ausstellungen. Darüber hinaus waren die Zeitungen voll von Bildern und Berichten über den Bau von Partei- und Regierungsgebäuden; sie lieferten eine minutiöse Berichterstattung der einzelnen Bauabschnitte besonders wichtiger Gebäude, wie zum Beispiel von Troosts Haus der deutschen Kunst. Da sie die zentrale Kontrolle über die Zeitungen ausübten, waren die Nazis für ihre Architekturpropaganda nicht auf die Fachzeitschriften angewiesen. Trotzdem gab die Regierung – unter der Federführung Speers – eine offizielle Architekturzeitschrift heraus; daneben veröffentlichten verschiedene Partei- und Regierungsstellen eine große Anzahl von verschwenderisch ausgestatteten Bildbänden.[48]

Mit diesen Methoden gelang es dem neuen Regime, seinem Bauprogramm eine eben solche, wenn nicht sogar größere Publizität zu verleihen, wie sie die radikalen Architekten durch eigene Anstrengungen erreicht hatten. Doch die Ziele dieser Publizität waren natürlich sehr unterschiedlich. Da die Architekturpropaganda der Nazis ideologische Ziele verfolgte, spiegelte sie auch die widersprüchlichen Auffassungen der für die Architektur zuständigen Parteiführer wider. Ein weiterer und noch wichtigerer Effekt war, daß die Architekturpropaganda in der Öffentlichkeit den Eindruck erweckte, das Bauvolumen sei viel größer, als es tatsächlich war. Und genau wie bei den Mustersiedlungen wurde das offizielle Bauprogramm zuweilen anders dargestellt, als es sich in der Realität zeigte.

In dieser komplexen Architekturpropaganda spielte Hitler eine zentrale Rolle. Er trat als Hauptredner bei Grundsteinlegungen vieler wichtiger Bauten in Erscheinung; desgleichen sprach er bei der Eröffnung der wichtigsten Architekturausstellungen. Die Rolle, die Hitler in der Architekturpropaganda spielte, wird am ehesten am Beispiel von Troosts Haus der deutschen Kunst in München deutlich. Troosts Bau kam in der Architekturpropaganda eine besondere Bedeutung zu, weil es sich um den ersten eigenen Bau Hitlers handelte und weil er als Präsentationsort nationalsozialistischer Malerei und Bildhauerei gedacht war. Das Gebäude wurde daher in der Presse und in Parteiveröffentlichungen ständig als Hitlers ‚Werk‘ bezeichnet; der nationalsozialistischen Propaganda diente es als Symbol nicht nur für die architektonische, sondern auch für die künstlerische Kreativität des neuen Regimes.[49]

Die erste Zeremonie anläßlich der Bauarbeiten am Haus der deutschen Kunst fand am 15. Oktober 1933 statt, als Hitler den Grundstein des Gebäudes legte.[50] Vertreter von Partei und Presse aus ganz Deutschland, die ausländische Presse und Abgesandte der verschiedenen Botschaften waren eingeladen, um dem großartigen Festakt beizuwohnen. Vor der eigentlichen Feier paradierten Kolonnen der Hitler-Jugend, von SS und SA die Prinzregentenstraße entlang bis zum Baugrundstück. Bei seiner Ankunft wurde Hitler vom Maurerpolier und anderen Vertretern des Baugewerbes in mittelalterlichen Kostümen begrüßt. Nach der Aufführung des Vorspiels der *Meistersinger* sprach Hitler von der großen kulturellen Mission Deutschlands: Mitten in der Depression, während andere Länder nur mit materiellen Dingen beschäftigt seien, würde Deutschland ein neues kreatives Zeitalter beginnen und ihnen zeigen, daß der Mensch „nicht von Brot allein" lebe. Er schloß, indem er München den Titel „Hauptstadt der deutschen Kunst" verlieh. Am Abend dieses Tages nahm Hitler, der „Baumeister des Dritten Reiches", im Münchner Rathaus aus der Hand German Bestelmeyers, des Präsidenten der Kunstakademie, eine Ehrenmedaille in Empfang. Am folgenden Tag beging München einen „Tag der deutschen Kunst" mit einer Reihe von Feiern und Paraden, die der bayrische Kultusminister als „die Weihnacht der deutschen Seele" ankündigte.[51]

Während der Bauarbeiten für das Haus der deutschen Kunst wurde die Öffentlichkeit durch die offizielle Propaganda immer wieder an die große Bedeutung dieses Baus erinnert. Der *Völkische Beobachter* und andere Presseorgane veröffentlichten ständig Berichte über den Baufortgang, und Besuchergruppen besichtigten regelmäßig die Baustelle.[52] In der Folgezeit feierte München alljährlich seinen „Tag der deutschen Kunst", wobei den Feierlichkeiten der Gedanke zugrunde lag, daß das neue Gebäude sowohl eine Wiederbelebung als auch eine Wiedergeburt deutscher Kultur darstelle. Als das Museum schließlich im Juli 1937 eröffnet wurde, veranstaltete die Partei zweitägige Feierlichkeiten, und die gesamte nationale Presse war voll von Berichten über das Gebäude selbst sowie die darin ausgestellten Gemälde und Skulpturen. Bei der Eröffnungsfeier hielt Hitler erneut einen Vortrag über Kunst und Architektur; die Stadt München organisierte wiederum eine Reihe von Darbietungen zur Feier des „Tages der deutschen Kunst" und um ihre Ehrung als Hauptstadt der deutschen Kunst zu feiern.[53]

Die Aufmerksamkeit, die die anderen Führerbauten auf sich zogen, war zwar geringer, aber von ähnlicher Art. Auch bei diesen Bauten wurde der Grundstein im allgemeinen in Hitlers Anwesenheit gelegt; in seiner Begleitung wohnten dieser Zeremonie in der Regel der Kultusminister und der örtliche Gauleiter bei. Nach dem ersten Spatenstich hielt Hitler gewöhnlich eine Rede, in der er ausführlich die Bedeutung des jeweiligen Monumentalbaus für das Regime darlegte. Auf den Parteitagen nahm Hitler jede nur denkbare Gelegenheit wahr, in der Öffentlichkeit von Speers Gebäuden zu sprechen, die er recht unpräzise als „riesig", „gewaltig" und „kolossal" bezeichnete.[54] Parteifunktionäre führten Delegierte und ausländische Beobachter über die Nürnberger Baustelle und betonten immer wieder die monumentale Erscheinung dieser Gebäude: Hier werde der „Geist unserer Zeit verkörpert", es erstehe ein „ewiges Denkmal der deutschen Wiedergeburt, als der steingewordene Ausdruck deutscher Größe, deutschen Lebensgefühls und deutscher Kultur".[55] Da die Errichtung der Führerbauten ein langwieriger Prozeß war und es häufig vorkam, daß sie nie fertiggestellt wurden, erschienen ihre Pläne in regelmäßigen Abständen in offiziellen Publikationen, und bei Architekturausstellungen wurden die entsprechenden Zeichnungen und Modelle präsentiert.

In den Jahren 1938 und 1939 fanden drei derartige Ausstellungen im „Haus der deutschen Kunst" statt. Hitler, begleitet von Goebbels und in einem Fall sogar vom jugoslawischen Premierminister[56], eröffnete jede Ausstellung mit einer Rede über Architektur. Abbildungen und großformatige Modelle der Monumentalarchitektur des Regimes nahmen bei diesen Ausstellungen den größten Raum ein, so vor allem die Führerbauten, die Ordensburgen und die Kriegsdenkmäler; die ‚volkstümlichen' Gebäude von Arbeitsfront und Hitler-Jugend sowie die Darstellungen der Mustersiedlungen waren allerdings auch vertreten. Die weniger bekannten Bauten der Wehrmacht wurden ebenfalls ausgestellt; darunter fanden sich, neben sehr modernen Gebäuden, auch bescheidene Putzbauten, ohne jeden monumentalen Anspruch. In seinen Reden lobte Hitler unterschiedslos alle Gebäude als „sichtbare Dokumentierung (. . .) des Beginns eines neuen Zeitalters".

Das Vorgehen der Propaganda anläßlich der Architekturausstellungen war kennzeichnend für die gesamte Öffentlichkeitsarbeit des Regimes in Sachen Architektur. In den Bildbänden „zur neuen deutschen Baukunst" tauchten immer wieder die gleichen Gebäude auf.[57] Die Führerbauten und die Ordensburgen, aus zehn bis fünfzehn verschiedenen Perspektiven aufgenommen, nahmen in jedem von Speer oder anderen Nazifunktionären veröffentlichten Buch die erste Stelle ein; in Speers Zeitschrift *Die Kunst im Deutschen Reich* erschienen in nahezu jeder Ausgabe die gleichen Projekte. Die Abbildungen wurden fast ausnahmslos von Zitaten aus Hitlers Reden begleitet; diese Bildunterschriften hoben die Bedeutung monumentaler Architektur, die die wiedererwachte nationale Größe symbolisiere, zur Schaffung eines ‚gemeinsamen Willens‘ hervor. Daran schlossen sich verschiedene Beispiele ‚volkstümlicher‘ Bauweisen an sowie Abbildungen von Mustersiedlungen und geplanten ländlichen Wohnanlagen, die alle von entsprechenden Hinweisen auf die ‚Blut und Boden‘-Tradition begleitet waren. Genau wie die Architekturausstellungen umfaßten die offiziellen Publikationen eine Auswahl der verschiedensten öffentlichen Bauten, von Wehrmachtskasernen bis zu den betont modernen Gebäuden der Hermann-Göring-Werke, die die ‚Modernität‘ der Nazi-Architektur belegen sollten. Häuser von Privatleuten und Bauten der Privatindustrie wurden häufig als Beweis für den „nationalsozialistischen Willen zum Bauen" publiziert.[58] Die Parteipresse verwendete die gleichen Methoden in ihrer Architekturpropaganda. Die wichtigsten staatlichen Bauten erschienen auf den ersten Seiten; kein Postamt war zu klein, keine Jugendherberge zu unbekannt, als daß sie nicht die Aufmerksamkeit des *Völkischen Beobachters* erregt hätten.[59] Ganz gleich welcher Stilrichtung diese Gebäude angehörten, sie wurden als ‚nationalsozialistische Architektur‘ bezeichnet.

Wie die Organisation der Architekturkontrolle im ‚Dritten Reich‘ und das nationalsozialistische Bauprogramm selbst, so stellte auch die Architekturpropaganda der Nationalsozialisten einen Kompromiß zwischen sich widersprechenden Auffassungen und Zielsetzungen dar. Die wenigen wirklich ‚ideologischen‘ Bauten, denen ein besonderes Interesse galt, spiegelten zwei gegensätzliche Auffassungen über den Charakter der neuen Gesellschaft wider. Die Monumentalbauten, von Hitler als Symbole eines ‚heroischen Lebensmaßstabes‘ bezeichnet, sollten Zeichen der Macht des Diktators und seines modernen Staates über die Masse seiner Untertanen sein. Diese Sichtweise war völlig unvereinbar mit jener, die in den Kleinsiedlungen und volkstümlichen Bauweisen zum Ausdruck kam; diese Bauten symbolisierten eine individualistische, vorindustrielle Gesellschaft und kamen daher den Idealen des Kampfbundes und der frühen Kritiker des Neuen Bauens nahe. Aber die nationalsozialistische Propaganda ignorierte diesen Konflikt nicht nur, sie veröffentlichte nach 1933 sogar darüber hinaus jeden anderen Baustil und lobte häufig Stilrichtungen, die dem Werk der radikalen Architekten der zwanziger Jahre sehr verwandt waren. Eine Ausnahme in dieser großzügigen Einstellung der Nazipropaganda bildete die historistische Architektur der ersten Kritiker des Neuen Bauens. Unter dem neuen Regime gab es kein bedeutendes Wiederaufleben des Historismus, wie er um 1910 populär war. Schmitthenner, Schultze-Naumburg sowie Vertreter ihrer Schule planten zwar einige unbedeutende Bauten, diese wurden jedoch von der nationalsozialistischen Presse fast vollständig ignoriert.[60] Die ‚volkstümlichen‘ Baustile, die den von älteren, konservativen Kritikern vertretenen Blut und Boden-Gedanken fortführten, entsprachen jedoch nicht deren eigener architektonischer Arbeit. Das wichtigste verbindende Element zwischen dem Streit der zwanziger Jahre und der nationalsozialistischen Architekturpropaganda nach 1933 war daher der gemeinsame Glaube an die symbolische Bedeutung der Architektur. Das Nazi-Regime begnügte sich damit, diese Auffassung propagandistisch auszunutzen, ohne den Versuch zu unternehmen, die in seinem Bauprogramm bestehenden Widersprüche zu lösen oder eine Stilrichtung vorzugeben.

Ebenso wie das Neue Bauen der zwanziger Jahre stellten auch die offiziellen Bauten des Nazi-Regimes keine Abweichung von der allgemeinen Entwicklung der europäischen Architektur dar. In allen europäischen Staaten, ebenso wie in Amerika, gab es in den dreißiger Jahren ein wiedererwachtes Interesse an monumentalen Baustilen unter Verwendung modifizierter neoklassizistischer Formen. Ein Architekturhistoriker hat die Führerbauten sogar als Ausdruck eines ‚Trocadero-Stils‘ bezeichnet und damit auf den französischen Beitrag zu diesem Architekturstil verwiesen.[61] Ebenso zeigt das Wiederaufleben volkstümlicher Stilmerkmale Parallelen in anderen Ländern, in denen die Erfahrungen der Weltwirtschaftskrise das Interesse der Menschen von städtischen Themen wieder auf ländliche Aspekte lenkten. Wie bereits nachgewiesen wurde, verfolgte das Nazi-Regime seine Politik einer ‚totalitären‘ Kontrolle des Architekturstils darüber hinaus nicht mit der notwendigen Konsequenz, obwohl die Führer der radikalen Bewegung erfolgreich an der Ausübung ihres Berufes gehindert wurden. So blieb die Architektur Deutschlands – wie auch anderer westeuropäischer Länder – zu einem großen Teil abhängig vom Geschmack derer, die sie finanzierten. Was die Entwicklung der nationalsozialistischen Architektur von der allgemeinen europäischen Architekturgeschichte trennt, ist die außerordentliche ideologische Bedeutung, die ihr führende Nationalsozialisten zuschrieben, und die intensive politische Propaganda, die mit ihr betrieben wurde. Diese Besonderheiten der nationalsozialistischen Architektur sind nur verständlich unter Einbeziehung der erbitterten politischen Kontroverse um die Architektur, die während der Weimarer Zeit stattfand. Die Tatsache, daß die Architekturpolitik des Nazi-Regimes aus dieser Entwicklung hervorging, bestimmte sowohl den allgemeinen Charakter ihres Architekturprogramms als auch ihren politischen Stellenwert. Obwohl die gegenseitige Verflechtung von Politik und Architektur in Deutschland unter Hitler ihren Höhepunkt erreichte, hatte sie doch schon im Jahr 1918 begonnen.

Abkürzungen

BDA	Bund Deutscher Architekten
DAF	Deutsche Arbeitsfront
DAZ	*Deutsche Allgemeine Zeitung*
DNVP	Deutschnationale Volkspartei
DVP	Deutsche Volkspartei
DWB	Deutscher Werkbund
Gagfah	Gemeinnützige Aktiengesellschaft für Angestellten-Heimstätten
Gehag	Gemeinnützige Heimstätten-Aktiengesellschaft
KDAI	Kampfbund deutscher Architekten und Ingenieure
KDK	Kampfbund für deutsche Kultur
KPD	Kommunistische Partei Deutschlands
NSFP	Nationalsozialistische Freiheits-Partei
NSDAP	Nationalsozialistische Deutsche Arbeiterpartei
RDBK	Reichskammer der bildenden Künste
RFG	Reichsforschungsgesellschaft für Wirtschaftlichkeit im Bau- und Wohnungswesen
RKK	Reichskulturkammer
SPD	Sozialistische Partei Deutschlands
VB	*Völkischer Beobachter*

Anmerkungen

Einleitung

1 P.O. Rave, *Entartete Kunst* (Hamburg, 1949); H. Lehmann-Haupt, *Art under a Dictatorship* (New York 1954)

2 Georg Hellack („Architektur und Bildende Kunst als Mittel nationalsozialistischer Propaganda", *Publizistik*, V (1960), 77 ff.) und Hildegard Brenner (*Die Kunstpolitik des Nationalsozialismus,* Hamburg 1963) haben in neuester Zeit den Inhalten der nationalsozialistischen Architekturpropaganda besondere Aufmerksamkeit geschenkt. Keiner von beiden liefert jedoch eine zufriedenstellende Erklärung für die Bedeutung der Architektur im Kunstprogramm der Nazis.

3 F. Stern, *The Politics of Cultural Despair. A Study in the Rise of the Germanic Ideology* (Berkeley 1961).

1 Revolution in der Architektur

1 Diese Darstellung folgt Nikolaus Pevsners *Pioneers of Modern Design from William Morris to Walter Gropius* (2. Aufl., New York 1949; 3. Aufl. Baltimore, 1964) und Henry-Russell Hitchcocks *Painting toward Architecture* (New York 1948) und unterstreicht ebenfalls mehr die formale als die technologische Entwicklung der modernen Architektur in Deutschland. Sie unterscheidet sich von Pevsner und von den meisten anderen Kritikern jedoch in der Bedeutung, die sie dem Historismus vor dem Krieg beimißt, sowie in ihrer Betonung des kriegsbedingten Bruchs in der stilistischen Entwicklung.

2 Diese Wohnanlagen, von halbstaatlichen Organisationen in Vororten errichtet, werden im einzelnen im 4. Kapitel behandelt.

3 Die ‚Gartenstadt-Bewegung' entstand mit Ebenezer Howards Plänen für den Bau von Vorort-Gemeinden, die von städtischen, kommerziellen und industriellen Zentren durch Grünflächen getrennt waren. Die Gartenstadt in Dresden-Hellerau entstand rund um die berühmte Dalcroze-Schule für modernen Tanz und schloß neben den Schulgebäuden die Werkstätten und kleinen Fabriken der Deutschen Werkstätten (die moderne Einrichtungsgegenstände herstellten) sowie Wohnungen für ihre Angestellten ein.

4 Eine Version des Plans, dargestellt von Walter Müller-Wulckow in *Bauten der Arbeit und des Verkehrs* (Leipzig 1929), S. 116, zeigt eine asymmetrische Anordnung der Gebäudeflügel, die dem später ausgeführten Plan der Bauhaus-Gebäude sehr nahe kommt. Aber der endgültige Plan sah neben den Werkstätten parallel verlaufende Lagerhäuser vor, die nicht in das architektonische Gesamtkonzept eingebunden waren.

5 Hans Eckstein, Herausgeber von *50 Jahre Deutscher Werkbund* (Frankfurt am Main 1958) skizziert in knapper Form Beginn und Entwicklung des Werkbunds.

6 Hierzu gehören auch Karl Schmidt, Besitzer der Deutschen Werkstätten in Hellerau, Bruno Paul, Direktor der dem Berliner Kunstgewerbe-Museum angeschlossenen Schule, und Richard Riemerschmid, Innenarchitekt und einflußreicher Lehrer. Riemerschmid war Mitbegründer der Münchner Werkstätten für Handwerkskunst, einer den Deutschen Werkstätten in Hellerau vergleichbaren Organisation, und wurde 1913 Direktor der Münchner Schule für angewandte Kunst. Zum weiteren Einfluß der deutschen 'arts and crafts'-Bewegung siehe Fritz Stern, *The Politics of Cultural Despair* (Berkeley 1961) S. 173 – 174.

7 Die Aktivitäten und Veröffentlichungen des Werkbunds vor dem Krieg werden von seinem Geschäftsführer Ernst Jackh im ‚6. Jahresbericht des Deutschen Werkbunds 1913/14' geschildert, in: *Der Verkehr: Jahrbuch des Deutschen Werkbundes 1914* (Jena 1914), S. 87 – 102.

2 Das Neue Bauen und seine Vision einer neuen Gesellschaft

1 Will Grohmann, *Wassily Kandinsky* (New York 1961), S. 163 und Bernard Myers, *The German Expressionists* (New York 1967), S. 215–216

2 Gabo, Pevsner und Kandinsky verließen Rußland im Jahre 1921 auf Grund der wachsenden Abneigung der Regierung gegenüber moderner Kunst. Grohmann (vgl. Anm. 1) zufolge, S. 172, durchschaute man in Deutschland die wahre Einstellung der Bolschewisten erst im Jahre 1922.

3 H. Mann in *Professor Unrat*, 1905; F. Werfel in *Der Weltfreund*, 1911; R.J. Sorge in *Der Bettler*, 1912

4 Wassily Kandinsky, *Über das Geistige in der Kunst, insbesondere in der Malerei* (München 1921), Kap. III, auszugsweise nachgedruckt in: *Der Sturm*, Nr. 106, April 1912

5 Walter H. Sokel, *The Writer in Extremis: Expressionism in Twentieth-Century German Literature* (Stanford/Kalifornien 1959), S. 171–185

6 Sokel, a.a.O.; Myers, S. 275–280

7 Myers, S. 275–279; Otto Grautoff, *Die neue Kunst* (Berlin 1921), S. 141–143; Fritz Hoeber, ,Entwurf zu Kursen für Kunstbetrachtung, Kunstkritik und Kunstpolitik', in: *Feuer*, Jan. 1920, S. 248–251. Die Ziele der Organisation ,Der Wurf' wurden veröffentlicht in der *Bielefelder Volkswacht*, 19. Jan. 1920, ,Zeitungsarchiv 1', Gropius-Archiv.

8 Zu den radikalen Kunstzeitschriften siehe Fritz Herzog, *Die Kunstzeitschriften der Nachkriegszeit* (Berlin 1940). Diese Arbeit ist bezüglich der Fakten verläßlich, jedoch in ihrer Interpretation tendenziös; weit ausgewogener ist die Abhandlung von Lillian Schacherl, ,Die Zeitschriften des Expressionismus' (München 1957)

9 Wilhelm Mommsen, *Die Deutschen Parteiprogramme, 1918–1930* (Leipzig 1931), S. 45, 58, 66, 88.

10 Kurt Eisner in einer Rede mit dem Titel ,Der sozialistische Staat und der Künstler', nachgedruckt in: *An alle Künstler* (Berlin, Frühjahr 1919), S. 25–36. Der Band enthält Aufsätze von Künstlern und Politikern, die die Beziehung der Künste, besonders der Malerei, zur neuen Gesellschaft und zum neuen Staat behandeln.

11 Konrad Haenisch, ,Das Kunstprogramm der Preußischen Regierung', a.a.O., S. 37–38. Siehe auch die Veröffentlichungen über Kunst und Kunsterziehung der ,Reichszentrale für Heimatdienst', einem kulturellen Propagandaorgan, das von einer bzw. mehreren linken Parteien gegründet worden war, mit Niederlassungen in Berlin und München. Grautoff, S. 132, 135, analysiert die Einstellung der Sozialisten und der Unabhängigen Sozialisten zur modernen Kunst.

12 Siehe z.B. Paul Wolf, Stadtbaurat in Hannover, ,Die Architektur im neuen Deutschland', in: *Der Cicerone*, XI (1919), S. 3–7; Stürzenacker, Ministerialrat in Baden, ,Die Revolution des Bauwesens', in: *Der Bauingenieur*, I (Berlin 1920), S. 192–197 und Erwin Gutkind, Hrsg., *Neues Bauen* (Berlin 1919), eine Sammlung von Aufsätzen zur Planung von Vorort-Siedlungen und zur Rationalisierung des Bauens. Als Antwort auf Anfragen zum letztgenannten Thema gründete die Regierung 1922 den ,Reichsnormenausschuß'. Dieser entwickelte sich später zur ,Reichsforschungsgesellschaft', die im 4. Kapitel beschrieben ist. Diese förderte den Wohnungsbau im neuen Stil.

13 Hans Kampffmeyer, *Friedenstadt. Ein Vorschlag für ein deutsches Kriegsdenkmal*, 2. Aufl. (Jena 1918). Die erste Auflage erschien im Januar 1918 und wurde einer großen Zahl von Architekten, Lehrern, Reformern des Wohnungsbaus, Geschäftsleuten und Politikern zugeschickt. Deren äußerst positives Echo bildet den zweiten Teil der zweiten Auflage.

14 Gropius war Kriegsteilnehmer, Taut jedoch nicht. Biographisches Material über beide Männer ist kaum vorhanden. Was Taut betrifft, so habe ich mich auf folgende Quellen bezogen: Hermann George Scheffauer, ,Bruno Taut: a Visionary in Practice', in: *Architectural Review*, L II (London, Dez. 1922), S. 154–159 und Konrad Rühl, ,Erinnerungen an Bruno Taut, in: *Baukunst und Werkform*, XII (1959), S. 485–494, einschließlich der mündlichen Erinnerungen seines Bruders Max Taut und seines früheren Assistenten in Magdeburg, Johannes Göderitz. Über Gropius gibt es eine Reihe von Büchern; ihr Thema ist jedoch vor allem sein Werk, nicht sein Leben. Ich habe Sigfried Giedions *Walter Gropius, Work and Teamwork* (New York 1954) verwendet, sowie das Material im Gropius-Archiv.

15 *Modern Architecture* (London 1929), S. 92–93.

16 Aufsatz in: *Ja! Stimmen des Arbeitsrates für Kunst in Berlin* (Berlin 1919), S. 32, im folgenden zitiert als *Ja! Stimmen*

17 Einleitung zum Pamphlet *Ausstellung für*

[sic!] *unbekannte Architekten* (Berlin: Arbeitsrat für Kunst, April 1919)

18 Vgl. *Die Stadtkrone* (Jena: Diederichs, 1919), S. 60

19 Bruno Taut, ‚Nieder der Seriosismus!' *Frühlicht 1920–1922: Eine Folge für die Verwirklichung des neuen Baugedankens.* (Wiederabgedruckt in: B. Taut, *Frühlicht 1920–1922. Eine Folge für die Verwirklichung des neuen Baugedankens* [= Bauwelt Fundamente, Bd. 8]. Berlin/Frankfurt M./Wien 1963, S. 11; A.d.Verl.) *Frühlicht* erschien zuerst 1920 als Bestandteil der Zeitschrift *Stadtbaukunst alter und neuer Zeit,* die von Taut, Cornelius Gurlitt und Bruno Möhring gemeinsam herausgegeben wurde. Taut verließ die Redaktion der *Stadtbaukunst,* als Gurlitt seinen Extremismus kritisierte und veröffentlichte nach seinem Amtsantritt in Magdeburg die unabhängige Zeitschrift *Frühlicht.* Seine Zeitschrift stellte 1922 ihr Erscheinen ein.

20 Reyner Banham, in *Theorie and Design in the First Machine Age* (New York 1960), S. 266, führt dieses Bild auf Paul Scheerbarts *Glasarchitektur* aus dem Jahre 1914 zurück. Dieses Buch hat seiner Meinung nach über Taut auch die Entwicklung der gläsernen Vorhangfassade in Mies van der Rohes frühen Projekten beeinflußt, darüber hinaus auch andere Architekten in den späten zwanziger Jahren. Taut hat Scheerbart sicher bewundert, aber da dessen Aufsatz zunächst als Rede anläßlich der Eröffnung von Tauts Glashaus bekannt wurde, fällt es schwer festzustellen, wer wen beeinflußt hat. Es mag Verbindungen geben zwischen Tauts Vorliebe für Glas und der Entwicklung der gläsernen Vorhangfassade, man muß sich jedoch daran erinnern, daß Taut weniger an Transparenz interessiert war als an den Lichteffekten von farbigem Glas und an der Schönheit von kristallinen Formen. Diese hatten für Taut wie für Gropius eine soziale Bedeutung; das Bild des Kristalls diente beiden dazu, auszudrücken, daß Architektur die chrakteristischen Merkmale eines Zeitalters widerspiegelt und strukturiert. Siehe oben, Anm. 17, sowie die Bemerkung Tauts im gleichen Pamphlet: „Es wird einmal eine Weltanschauung da sein, und dann wird auch ihr Zeichen, das Kristall – die Architektur da sein."

21 *Alpine Architektur* (Hagen 1919), Zeichnung Nr. 16 und Erläuterung, die besagt, daß Materialismus und Langeweile zum Krieg führen. Der gleiche Gedanke erscheint auch in Tauts *Architekturprogramm* (Berlin, Weihnachten 1918), das in verschiedenen Zeitschriften und, davon unabhängig, vom Arbeitsrat veröffentlicht wurde.

22 *Die Auflösung der Städte, oder Die Erde, eine gute Wohnung, oder auch Der Weg zur Alpinen Architektur, oder Weg zum Wahnsinn* (Hagen 1920). Die Titelseite erläutert den Zweck des Buches wie folgt: „Es ist natürlich nur eine Utopie und kleine Unterhaltung . . . Aber es dürfte doch gut sein, sich auf alle Möglichkeiten der Wiedergeburt gefaßt zu machen, wenn man noch nicht reif zum Eingehen ist."

23 *Auflösung,* S. 11

24 Der letzte Teil des Buches besteht aus einem ‚Literatur-Anhang', der Zitate von Kritikern der Stadt, von Nietzsche bis zum russischen Sozialisierungsgesetz enthält. Diese Zitate sind nicht zu einer schlüssigen Argumentation geordnet; auf der Titelseite bezeichnet sie Taut als ‚Beweise' für den ersten Teil des Buches.

25 Hellmut Lehmann-Haupt, in *Art under a Dictatorship* (New York 1954), verstand den Titel *Auflösung* so, daß Taut im Jahre 1920 kein Interesse mehr an Stadtplanung gehabt hatte, die er 1919 in der *Stadtkrone* noch propagiert hatte. In Anbetracht der Tatsache, daß die Gegner des neuen Stils dessen Schöpfern später eine übertriebene Begeisterung für die Großstadt vorwarfen, ist es wichtig anzumerken, daß Taut die übergroße Metropolis immer konsequent ablehnte, während er stets die mittelgroße Stadt favorisierte. In seinem *Architekturprogramm* drückte er die Hoffnung aus, daß die ‚Großstadt' verschwinden würde; die *Stadtkrone* widerspricht dem nicht, denn die Städte, die sie beschreibt, sind nach modernen Maßstäben nicht groß. *Auflösung* enthält sowohl Pläne für Mittelstädte als auch für kleine Dörfer.

26 *Stadtkrone,* S. 59 f.

27 *Stadtkrone,* S. 67–68. Für eine spätere architektonische Interpretation der organischen Gemeinschaft s. ‚Natürliches Bauen – Organisches Siedln', *Frühlicht* (Berlin 1963), S. 88–89

28 ‚Die sich zur Wundertat der gotischen Kathedrale aufschwang', *Ausstellung für Unbekannte Architekten*

29 ‚Baukunst im freien Volksstaat', in: *Deutscher Revolutions-Almanach* (Hamburg 1919), S. 135–136

30 *Ja! Stimmen,* S. 32–33

31 A.a.O., S. 31, und *Programm des Staatlichen Bauhauses in Weimar* (Weimar, April 1919)

32 *Ja! Stimmen,* S. 30

33 A.a.O., S. 30, 31

34 A.a.O., S. 30

35 Kampffmeyer, *Friedenstadt,* S. 10

36 *Stadtkrone,* S. 81

37 Schmidt-Rottluff, in: *Ja! Stimmen,* S. 91; Paul Wolf, S. 7

38 Fritz Hoeber, ,Persönlichkeit und Volkstum in der Baukunst der Gegenwart', in: *Der Cicerone,* XI (1919), S. 76–82

39 Paul Klopfer, ,Über Apollinisches und Dionysisches in der Baukunst', in: *Stadtbaukunst alter und neuer Zeit,* H. 11 (1920), S. 161–166, forderte einen „dionysischen" Architekturstil, der die „Kraft des Ganzen, die Kraft der anonymen Masse des Volkes" ausdrücken und vom Herzschlag der Massen widerhallen sollte.

40 Peter Behrens, ,Reform der künstlerischen Erziehung', in: *Der Geist der neuen Volksgemeinschaft. Eine Denkschrift für das deutsche Volk* (Berlin: Reichszentrale für Heimatdienst, 1919), S. 93–107; Fritz Wichert, ,Die bildende Kunst und der soziale Staat', a.a.O., S. 107–119; Bruno Paul, *Erziehung der Künstler an staatlichen Schulen* (Berlin 1918); Otto Bartning, *Unterrichts-Plan für Architektur und bildende Künste* (Berlin: Arbeitsrat für Kunst, 1919). Manifeste von Kunst- und Architekturstudenten in Berlin und anderswo werden beschrieben in ,Bestrebungen an deutschen Kunstschulen', einem Artikel, der 1919 in einer nicht identifizierbaren Zeitschrift erschien, ,Zeitungsarchiv 2', Gropius-Archiv. Siehe auch das ,Memorandum zur Staatlichen Kunsterziehung', des ,Arbeitsausschusses der bildenden Künstler Münchens', Februar 1919, zit. nach Grautoff (Anm. 7), S. 141–143; und den Bericht in der *Thüringer Landeszeitung ,Deutschland',* 12. Dez. 1920 (,Zeitungsarchiv 5', Gropius-Archiv), über das Programm von fünfundzwanzig Künstlerorganisationen in Berlin, das Regierungsvertretern vorgestellt wurde. Die von Gropius vorgeschlagene umfassende Reform der Kunsterziehung fand fast den einstimmigen Beifall der Mitglieder des Arbeitsrates für Kunst (*Ja! Stimmen*). Eine ausgezeichnete Übersicht über die gesamte Bewegung bietet Nikolaus Pevsner, ,Post-War Tendencies in German Art-Schools', *Journal of the Royal Society of Arts,* LXXXIV (1936), S. 248–261.

41 Vor dem Krieg hatten viele Gewerkschaften, vor allem die katholischen, die Bildung von ,Baugilden' innerhalb der Bauberufe befürwortet. Die von Wagner angeführte Bewegung wurde jedoch von 1919 an von den sozialistischen Bauarbeitergewerkschaften unterstützt; daher wurden diese Organisationen ,soziale Bauhütten' genannt. Wagner konzipierte die Organisationsform dieser Kooperativen und beeinflußte ihren Zusammenschluß auf nationaler Ebene im Verband sozialer Baubetriebe. Seinem Einfluß ist es auch zu verdanken, daß die sozialen Bauhütten neue Baumethoden und -materialien verwendeten. Andere radikale Architekten unterstützten diese Praxis durch häufige Auftragsvergabe an die Bauhütten. Die Geschichte dieser Bewegung ist sehr vielschichtig, da sie zum großen Teil die Geschichte von einzelnen Kooperativen ist. August Ellinger, ein Mehrheitssozialist, der aktiv an der Gründung des Verbandes beteiligt war, erläutert die sozialistischen Ideen der Bewegung in: *Zehn Jahre Bauhüttenbewegung* (Berlin 1930); Alexander Garbai, in: *Die Bauhütten, ihre Vergangenheit und Zukunft* (Hamburg 1928), gibt einen Überblick über die verschiedenen Typen von Kooperativen und führt sie auf die mittelalterlichen Baugilden zurück. Die beiden deutschen Arbeiten zu diesem Thema sind sehr kurz: Botho Hohn, ,Die Entwicklung der sozialen Baubetriebe (Bauhütten) zu Unternehmungen der freien Gewerkschaften' (Göttingen 1928) und Ludwig Lichtenberg, ,Die neuere Entwicklung der Bauhütten und Bauproduktivgenossenschaften' (Göttingen 1934). Die Zeitschrift *Soziale Bauwirtschaft* (Berlin, 1920–1932), das Verbandsorgan, veröffentlichte Statistiken über die nationale Bewegung und Hinweise zum Auf und Ab einzelner Kooperativen. Sie enthielt auch zahlreiche Texte zu Baukonstruktion und Stilentwicklung.

42 Die Gedanken, auf die Taut und Gropius ihre Forderungen nach einem revolutionären Stil zurückführten, hatten selbstverständlich noch weiter zurückreichende Quellen, die hier nicht im einzelnen behandelt werden können. Ihre Überzeugung, daß Kunst und besonders Architektur ihrem Nutzwert verpflichtet sein sollten, enthielt Elemente eines ,funktionalistischen' Gedankenguts aus dem ausgehenden 19. Jahrhundert. Die Idealisierung des mittelalterlichen ,Kunsthandwerks' ist viel älteren Ursprungs und auf die Engländer Ruskin und Morris zurückzuführen, während die Idee, das mittelalterliche Handwerksideal auf die moderne industrielle Produktion zu übertragen, Teil des Gründungsprogramms des Deutschen Werkbunds gewesen war. Die beste Analyse der Ursprünge dieses Gedankens liefert Pevsner, *Pioneers of Modern Design.* Auch Reyner Banhams *Theory and Design* enthält viele interessante Beobachtungen zur Entwicklung der Architekturtheorie.

43 *Arbeitsrat für Kunst,* Pamphlet, ca. April 1919, Reihe ‚Presse, 1913–1927', Gropius-Archiv. Der programmatische Teil der Schrift, ohne Mitgliederliste, erschien in *Deutsche Bauhütte* (22. Dez. 1919), S. 47.

44 April Pamphlet, a.a.O. Der gleichen Quelle zufolge wurde der erste Geschäftsausschuß, der im März 1919 gewählt worden war, von Gropius, Taut und César Klein geführt. Die Organisation muß gegen Ende des Jahres 1918 gebildet worden sein, denn ihre erste Veröffentlichung, Tauts *Architekturprogramm,* war auf Weihnachten 1918 datiert. Der Schriftwechsel, in der Reihe ‚Arbeitsrat für Kunst' des Gropius-Archivs zu finden, deutet darauf hin, daß Gropius sich zunächst mit organisatorischen Fragen beschäftigt hat. Nach seinem Wechsel von Berlin nach Weimar wurde ein großer Teil seiner Aufgaben von Adolf Behne übernommen, dem einflußreichen Architekturkritiker, der oft für linke Zeitschriften und Zeitungen schrieb.

45 Zusätzlich zu dem bereits erwähnten Pamphlet Tauts veröffentlichte die Gruppe Adolf Behnes *Ruf zum Bauen* (Berlin 1920). Die Ausstellungen enthielten: ‚Ausstellung für unbekannte Architekten', Graphisches Kabinett, Berlin, April 1919; ‚Ausstellung neues Bauen', am 4. Mai 1919 am gleichen Ort eröffnet, sowie eine Ausstellung für Arbeiter im Frühjahr 1920 in Berlin. Positive Kritiken findet man bei Kurt Gerstenberg, ‚Revolution in der Architektur', in: *Der Cicerone,* XI (1919), S. 255–257; ebenso Theodor Heuss, ‚Phantasie und Baukunst', in: *Der Kunstwart und Kulturwart,* XXXII (1919), S. 17–20; *Frankfurter Zeitung* vom 30. April 1919. Der Arbeitsrat veranstaltete öffentliche Vorträge, wie z.B. Erich Mendelsohns ‚Das Problem einer neuen Baukunst', aus dem Jahre 1919, nachgedruckt in: *Erich Mendelsohn: Das Gesamtschaffen des Architekten* (Berlin 1930), S. 7–21.

46 April-Pamphlet

47 Wolf von Eckardt zufolge, *Erich Mendelsohn* (New York 1960), S. 18, beschaffte Mendelsohn selbst, zusammen mit seinem Freund Erwin F. Freundlich, das Geld für den Bau.

48 Die vieleckigen Flächen an Behrens' Kapelle, abgebildet in Paul J. Cremens, *Peter Behrens* (Essen 1928), greifen möglicherweise Tauts Begeisterung für Kristalle auf. Die Entwürfe der Gebrüder Luckhardt aus dem Jahr 1921, *Frühlicht* (Berlin 1963), S. 123, die fast rautenförmige,

an allen Ecken ausbrechende Flächen zeigen, sind unter Umständen auf die gleiche Quelle zurückzuführen. Die interessante und oft veröffentlichte Sternkirche Otto Bartnings aus dem Jahre 1921, *Alpine Architektur,* S. 26, beeinflußt.

49 In Hans-Maria Winglers *Das Bauhaus – 1919–1922 – Weimar, Dessau, Berlin* (Bramsche, 1962) wird eine Fülle von dokumentarischem Material wiederaufgelegt, das zum Verständnis der Geschichte des Bauhauses unabdingbar ist. In Verbindung mit Winglers Kurzkommentaren bietet dieses Material die beste Einführung in die Geschichte des Bauhauses. Ein nützlicher kurzer Überblick über das Bauhaus-Programm und die wesentlichen Ereignisse seiner Entwicklung findet sich bei Herbert Bayer, Ise Gropius und Walter Gropius (Hrsg.), *Bauhaus 1919–1928* (Boston, 1952); eine Zusammenfassung der Gründungsgedanken bietet Gropius' *The New Architecture and the Bauhaus* (New York, 1937). Die *Bauhausbücher,* herausgegeben von Gropius und Moholy-Nagy, beschreiben sowohl verschiedene Aspekte der Ausbildung am Bauhaus als auch die Arbeit von Künstlern und Architekten, denen ihre eigene Bewunderung galt. Eine schnell verfügbare zeitgenössische Quelle ist *Staatliches Bauhaus in Weimar* (Weimar, 1923), eine umfangreiche Sammlung von Aufsätzen und Fotografien, die aus Anlaß der ersten großen Ausstellung des Bauhauses veröffentlicht wurde.

50 Mangels Aufträgen wollte die Bauhaus-Führung ihre Studenten das Rathaus in leuchtend bunten Farben anmalen lassen. Verständlicherweise fand der Plan jedoch nicht die Zustimmung der Weimarer Bürger. Es wurde dem Bauhaus lediglich erlaubt, ein kleines Zollhaus in leuchtend blauen und roten Tönen anzustreichen. Dieses Ereignis stieß zunächst in der Presse auf erhebliche Ablehnung, wurde aber später sogar von Bauhausgegnern befürwortet. Siehe Mathilde von Freytag-Loringhoven, ‚Der Kornblumen Geleithaus', *Thüringer Landeszeitung ‚Deutschland',* 26. Februar 1922. Diese Projekte könnte man alle auf Taut und sein Interesse an ‚farbigem Bauen' zurückführen; siehe weiter unten.

51 Banham, *Theory and Design,* S. 285; Wingler, *Bauhaus,* S. 15

52 Der Hauptvertreter dieser verbreiteten Argumentation ist H.L.C. Jaffé. *De Stijl, 1917–1931; the Dutch Contribution to Modern Art* (Amsterdam, 1956). S.a. Wingler, S. 15 und 343

53 Abgebildet in: Banham, S. 233

54 Abgebildet in Hans-Joachim Mrusek, *Magdeburg* (Leipzig o.J.), S. 127, das, in knapper Form, die einzige aktuelle Übersicht über die architektonische Entwicklung Magdeburgs während der zwanziger Jahre ist. Taut beschrieb das erste Jahr seines Wirkens in ,Mein erstes Jahr Stadtbaurat', *Frühlicht* (Berlin 1963), S. 215–221; s. oben, Anm. 14

55 Taut hatte leuchtende Farben schon für viele Fassaden der Falkenberg-Siedlung verwendet. In ,Beobachtung über Farbenwirkung aus meiner Praxis', in: *Die Bauwelt*, X (1919), S. 12–13, forderte Taut die Verwendung farbiger Muster für die innere und äußere Gestaltung von Gebäuden, um aus dem „Alltag ein Fest" zu machen. Taut behauptete, Glas sei der ideale Werkstoff, um eine Kombination von Licht und Farbe zu erzielen, Farbe müsse jedoch als Ersatz verwendet werden, weil Glas zu teuer sei. Der Artikel wurde in Zusammenhang mit Hugo Zehders ,Aufruf zum farbigen Bauen!', a.a.O., S. 11, gedruckt, den Taut im Juli 1921 in Magdeburger Zeitungen und in *Frühlicht* (Berlin 1963), S. 97, nachdrucken ließ. In seiner Vorliebe für abstrakte Farbmuster zur Erzielung flächiger wie räumlicher Effekte ging Taut weit über De Stijl hinaus.

56 In *Mein Lebenswerk als Architekt* (Berlin/DDR 1957), S. 5, berichtet Haesler, daß die Idee von Taut stamme und daß Karl Völker die Farbgestaltung der Siedlung Italienischer Garten

übernahm. Völker hatte schon das Magdeburger Rathaus unter Tauts Leitung neu gestaltet.

57 *Die neue Wohung; Die Frau als Schöpferin* (Leipzig, Januar 1924). Das Buch erreichte 1924 eine zweite Auflage von 11000 und 1928 eine fünfte Auflage von 26000 Exemplaren. Seitenangaben beziehen sich auf die zweite Auflage.

57a *Die neue Wohnung*, S. 90, 104

58 Rede vom 24. Mai 1922, wiedergegeben in: *Das Volk* (Jena), 2. Juni 1922

59 ,Die Mitarbeit des Künstlers in Wirtschaft und Technik', gehalten am 15. Februar 1923 in Chemnitz, wiedergegeben in: *Allgemeine Zeitung für Chemnitz und das Erzgebirge,* 22. Februar 1923. Die gleiche oder eine sehr ähnliche Rede wurde zwischen Februar und Mai 1923 in Weimar, Berlin, Stuttgart, Magdeburg und Köln gehalten. In einigen Fällen lautete der Titel jedoch ,Die Einheit von Kunst, Technik und Wirtschaft'.

60 ,Idee und Aufbau des staatlichen Bauhauses Weimar', in: *Staatliches Bauhaus in Weimar*, S. 15. Daneben wurde der Aufsatz auch vom Bauhaus-Verlag in München veröffentlicht und erschien in verschiedenen Zeitungen, einschließlich der *Frankfurter Zeitung* vom 14. April 1923.

61 ,Mitarbeit', *Allgemeine Zeitung für Chemnitz*

62 *Das Volk*, 2. Juni 1922; ,Mitarbeit', zitiert nach: *Schwäbische Chronik*, 21. April 1923

63 *Das Volk*, 2. Juni 1922

3 Der Streit um das Bauhaus

1 Die konservativen Kräfte in der Stadt ignorierten die Tatsache, daß es bereits in der vorrevolutionären Zeit Verhandlungen mit Gropius über die Gründung des Bauhauses gegeben hatte. Diese Verhandlungen wurden vom Großherzog selbst geleitet. Siehe Hans-Maria Wingler, *Das Bauhaus – 1919–1933 – Weimar, Dessau, Berlin* (Bramsche 1962), S. 27–34

2 Diese Weigerung ist dokumentiert in der Flugschrift *Streit um das Bauhaus* (Weimar, Frühjahr 1920), veröffentlicht vom Bauhaus. Siehe dort Anm. 1

3 Einem Brief zufolge, den Lionel Feininger am 27. Juni 1919 an seine Frau schrieb und in dem er ihr über eine Rede von Gropius im Bauhaus be-

richtete, erklärte Gropius, er trete immer für die „extremste Kunst" als Manifestation der Zeiten ein, in denen wir leben. Siehe Wingler, S. 43

4 Vom Dezember 1919 an sammelte Gropius Ausschnitte aus Zeitungen und Zeitschriften. Er verwendete die positiven Kritiken in seiner öffentlichen Verteidigung des Bauhauses und veröffentlichte Rechtfertigungen zu fast jedem Vorwurf, der in den negativen Kritiken erhoben wurde. Die besten Quellen in seinem Archiv über die Auseinandersetzungen der Jahre 1919–1920 sind die folgenden zwei Pamphlete: *Streit um das Bauhaus* (siehe Anm. 2), eine ziemlich lückenlose Beschreibung der Ereignisse von Dezember bis Februar; und ,Ergebnisse der das

Staatliche Bauhaus in Weimar betreffenden Untersuchung. Vom Kultusministerium in Weimar überreicht', 1. Mai 1920, ein maschinenschriftlicher Bericht des Kultusministeriums der Regierung von Sachsen-Weimar über die Nachforschungen, die es aufgrund der von Bauhaus-Gegnern erhobenen Vorwürfe angestellt hatte. (Auszüge beider Texte sind abgedruckt in: Wingler, S. 48–52). Zusätzlich hierzu habe ich Ausschnitte und weiteres Material aus der Reihe ‚Zeitungsarchive' des Gropius-Archivs verwendet, die ausschließlich das Bauhaus betreffen und eine nahezu vollständige Aufzeichnung seiner Geschichte von 1919–1924 darstellen. Falls nicht anders angegeben, beziehen sich alle Anmerkungen in diesem Kapitel auf Material in den ‚Zeitungsarchiven'.

5 Die Versammlung vom 12. Dezember sollte ursprünglich eine Diskussion der Kandidaten für die Nachwahl sowie einige andere städtische Themen umfassen, der erste Punkt auf der Tagesordnung war jedoch das Thema ‚Moderne Kunst in Weimar' und die Diskussion um das Bauhaus verdrängte die anderen Themen. Zur Tagesordnung siehe die *Thüringer Landeszeitung ‚Deutschland'* (im folgenden zitiert als *Deutschland*), 10. Dez. 1919; hinsichtlich einer Beschreibung der Versammlung, siehe *Thüringer Tageszeitung* vom 13. Dezember. (Wenn kein Jahr angegeben ist, ist das Jahr der vorangehenden Quelle innerhalb der gleichen Fußnote gemeint.)

6 Kreubel bezog sich dabei auf Hans Prinzhorns bedeutende Untersuchungen zu der Frage, inwieweit der abstrakte und subjektive Charakter der Zeichnungen eines Geisteskranken als Schlüssel zum Verständnis seiner Krankheit dienen könnte. Kreubels Vergleich wurde bei den Gegnern der modernen Kunst so beliebt, daß Prinzhorn sich verpflichtet fühlte, in der zweiten Auflage seiner *Bildnerei der Geisteskranken* (Berlin, 1923), S. 346, darauf einzugehen.

7 Siehe neben der *Thüringer Tageszeitung* vom 13. Dezember 1919 Leonhard Schrickel, ‚Die neue Kunst in Weimar', in: *Deutschland*, 14. Dezember 1919

8 Zitiert in: *Deutschland*, 22. Dezember 1919, abgedruckt in: Wingler, *Das Bauhaus*, S. 50

9 Laut ‚Ergebnisse' (Original, siehe Anm. 4), leugnete Gross gegenüber der Untersuchungskommission, daß er einen Angriff auf das Bauhaus beabsichtigt habe. Der Bericht kam zu dem Ergebnis, daß seine Motive rein exhibitionistischer Natur gewesen waren. Die Rede führte

jedoch zu einer scharfen Auseinandersetzung innerhalb der Studentenschaft, als einige Neu-Immatrikulierte ihn wegen seines vermeintlichen Angriffs kritisierten. Ihre Kritik blieb inoffiziell; trotzdem verließ Gross die Schule, indem er fälschlicherweise behauptete, die Studentenvertretung habe ihn kritisiert und Gropius habe sein Stipendium rückgängig gemacht. Dreizehn weitere ehemalige Akademie-Studenten folgten ihm. Die Darstellung des Vorfalls in *Streit um das Bauhaus* deutet darauf hin, daß, obwohl die Leitung des Bauhauses Gross nicht offiziell kritisierte, und unabhängig von der Frage, ob seine Rede einen direkten Angriff auf das Bauhaus darstellte, Aufrufe zu einer ‚deutschen Kunst' am Bauhaus im allgemeinen nicht gerne gehört wurden. Deutschtum könne mit Hilfe der Kunst nicht geschaffen werden. Zunächst müsse ein wahrhaft geistiges Volkstum entstehen, dann erst würde es sich auch in der Kunst zeigen (19).

10 Zu Freytag-Loringhovens Verhalten im Stadtrat siehe ‚Weimarer Gemeinderat', in: *Deutschland*, 19. Dezember 1919

11 Schrickel, ‚Was geht vor?', in: *Deutschland*, 18. Dezember

12 Es handelte sich um das Pamphlet *An alle Künstler* (Berlin, Frühjahr 1919), das von der Berliner Regierung kostenlos an alle Kunstschulen geschickt worden war. Die darin enthaltenen Aufsätze und Reden waren revolutionär formuliert und behandelten die Rolle der Kunst im sozialistischen Staat. Siehe Kap. 2, Anm. 10

13 Schrickel, ‚Um was gehts?', in: *Deutschland*, 5. Januar 1920; ‚Der Weimarische Kunststreit', in: *Leipziger Neueste Nachrichten*, 14. Januar; und ‚Manifeste', in: *Deutschland*, 21. Januar; Freytag-Loringhoven, ‚Was ist neue Kunst?', in: *Deutschland*, 1. Januar und 28. Januar 1920. Zum Kommentar der Redaktion von *Deutschland* siehe besonders die Ausgabe vom 11. Januar

14 Erklärung der Leitung und des Meisterrates des Bauhauses in „Das ‚Staatliche Bauhaus' in Weimar und die öffentliche Diskussion", in: *Deutschland*, 23. Dezember 1919; und *Streit um das Bauhaus*. Schrickels Ansichten wurden in einem Fall sogar mit antisemitischen Argumenten untermauert. Das anonyme Pamphlet *Vom Weimarer Bauhaus* (Weimar, 31. Dezember), eine Antwort auf die Bauhaus-Erklärung in *Deutschland*, behauptete, ‚Deutschtum' sei keine Frage der Staatsangehörigkeit, sondern der Rasse, die von der Bauhaus-Leitung veröffentlichten Zahlen über die Nationalität seiner Studenten seien

213

daher bedeutungslos. Im großen und ganzen spielte Antisemitismus im Weimarer Streit nur eine sehr untergeordnete Rolle, die Tatsache, daß er überhaupt vorhanden war, wies trotzdem bereits in die Zukunft.

15 In der Presse war von zwei Petitionen die Rede, die allerdings den gleichen Wortlaut hatten. Siehe *Thüringer Tageszeitung* vom 1. Januar 1920, die eine Petition vom 19. Dezember 1919 zitiert, und *Deutschland* vom 1. Januar 1920, die sich auf eine Petition vom 30. Dezember 1919 beruft. ,Ergebnisse' erwähnt das letztgenannte Datum, *Streit um das Bauhaus* das zuerst angeführte. Die Unterzeichner werden in einer maschinenschriftlichen Kopie der *Thüringer Tageszeitung* in ,Zeitungsarchiv 1' aufgeführt.

16 Die *Thüringer Tageszeitung* vom 9. Januar 1920 berichtet über den Beginn der Untersuchung; ihre Ergebnisse sind enthalten in ,Ergebnisse'.

17 In Ergänzung zu den bereits genannten Artikeln siehe *Volkszeitung* (Jena), 30. Dezember 1919; *Thüringer Tageszeitung*, 9. Januar 1920; und *Thüringer Allgemeine Zeitung* (Erfurt), 13. Januar 1920

18 Nach „Der Weimarer Kunstkampf", in: *Vossische Zeitung* (Berlin), 23. Januar 1920.

19 Eine umfassende Darstellung des Treffens findet sich in: ,Eine imposante Kundgebung für Weimars Kunstschule', in: *Deutschland*, 23. Januar 1920. In dem Pamphlet, das die Resolutionen dieser Versammlung zusammenfaßte, behauptet Herfurth, daß es zwei Bürgerausschüsse gab, einen für Laien, den anderen für Künstler; siehe Emil Herfurth, *Weimar und das Staatliche Bauhaus* (Weimar, Februar 1920), S. 4. Hans Kyfer, in ,Der Kampf um das Staatliche Bauhaus', *Vossische Zeitung*, 27. Dezember 1919, behauptet, daß Professor Fleischer die ortsansässigen Künstler bei ihrer Ablehnung des Bauhauses anführte. Fleischer hatte seinen Dienst quittiert, nachdem er entdeckt hatte, daß Gropius seinen Vertrag nicht verlängern wollte. Eine Abbildung des Plakats, das die Versammlung ankündigte, ist abgedruckt in: Herbert Bayer, Ise Gropius und Walter Gropius, Hrsg., *Bauhaus 1919–1928* (Boston 1952), S. 9.

20 Vgl. *Deutschland*, 23. Januar; und Herfurth, S. 6–15. Auszüge finden sich bei Wingler, S. 47.

21 ,Offene Erklärung der Künstlerschaft Weimars', in: *Deutschland*, 29. Januar 1920. Die Erklärung begann damit, daß „unsere Motive nicht kleinlich nationalistisch (. . .) oder antisemitisch sind". Sie war zum Teil der Versuch, die Position den. Sie war zum Teil der Versuch, die Position der Akademie-Anhänger gegen die Anschuldigungen der Bauhaus-Befürworter zu stärken. Der Werkbund zum Beispiel hatte eine Erklärung veröffentlicht, in der er der Opposition „Philisterhaftigkeit, die bequem ist, (. . .) Pedanterie, die rechthaberisch (. . .), Politik, die feindselig ist" vorwarf (*Berliner Tageblatt*, 20. Januar; vgl. *Deutschland*, 26. Januar). Ähnliche Vorwürfe wurden erhoben in ,Offener Brief an die Staatsregierung Sachsen-Weimar-Eisenach' u.a. von Reichskunstwart Redslob und Hans Poelzig (*Deutschland*, 24. Januar). Andere radikale Künstlerorganisationen veröffentlichten Angriffe auf die antisemitische Kampagne und abscheuliche politische Reaktion in Weimar (siehe *Deutschland*, 22. Januar; *Bielefeld Volkswacht*, 19. Januar; und ein unbetitelter Zeitungsausschnitt mit einer Erklärung der Darmstädter Künstlerkolonie, datiert vom 21. Januar, in ,Zeitungsarchiv 1'). Obwohl sich Gropius in seinen öffentlichen Äußerungen sehr um eine äußerst sachliche und emotionslose Ausdrucksweise bemühte und die anderen ortsansässigen Befürworter des Bauhauses seinem Beispiel folgten, wie Paul Klopfer und Johannes Schlaf, trugen die Bauhaus-Anhänger außerhalb Weimars auf diese Weise dazu bei, die Debatte anzuheizen. Ihre Anschuldigungen veranlaßten Schrickel zu der Frage „Was können (. . .) wir tun, um uns weiterer (. . .) Verhöhnung zu erwehren (. . .)!" (Offener Brief an die alten Weimaraner, in: *Deutschland*, 20. Juli 1920) und Herfurth und die ,Bürgerausschüsse' zu entrüsteten Dementis (Herfurth, S. 3–4).

22 Die Professoren Max Thedy und Otto Fröhlich, von denen keiner frühere Petitionen unterzeichnet hatte. Thedy war ein bekannter Lehrer für Malerei, hatte seit 1883 an der Kunsthochschule gelehrt und war 1917 Kandidat für die Stelle des Akademie-Direktors, als deren früherer Direktor Fritz Mackensen aus dem Amt schied.

23 *Deutschland* vom 29. Januar 1920 berichtete, daß Ministerpräsident Paulssen kurz zuvor ein derartiges inoffizielles Versprechen gegeben habe.

24 Gropius und Herfurth führten die Debatte in *Deutschland* im Februar fort. Sie beschäftigte die Frage, ob der Großherzog 1917 die Absicht gehabt hätte, eine dem Bauhaus vergleichbare Institution einzurichten. Die Redaktion der Zeitung verhielt sich dabei neutral. Gropius, ,Die

Antwort des Weimarer Staatlichen Bauhauses auf die Angriffe', 29. Januar 1920; Herfurth ,Audiatur et altera pars', 8. Februar; ,Walter Gropius gegen Herfurth', 15. Februar. Hierzu siehe auch C. Rothe (ehemaliger Marschall am herzoglichen Hof), ,Eine Aufklärung in der Weimarer Bauhausfrage', in: *Deutschland*, 21. Februar; und das Pamphlet von Freytag-Loringhoven, *Das Staatliche Bauhaus und die Kunstschule im Staatshaushaltsplan für 1920* (Weimar, etwa März 1920)

25 ,Weimarischer Landtag', in: *Deutschland*, 27. Juni 1920

26 Die Debatte dauerte vom 30. Januar bis zum 17. Juli. Gropius verteidigte das Bauhaus am 9. Juli. Siehe ,Weimarischer Landtag', *Volkszeitung*, 10. Juli 1920; und Wingler, S. 52–53

27 Die Abgeordneten Neumann und Eichel-Streiber, *Volkszeitung*

28 Abgeordneter Leutert, *Volkszeitung*

29 Abgeordneter Beneweitz am 1. Juli, ,Weimarischer Landtag', in: *Deutschland*, 1. Juli 1920

30 Die Abstimmung vom 17. Juli, wiedergegeben in ,Landtag von Sachsen-Weimar', in: *Thüringer Tageszeitung*, 21. Juli 1920, ergab, daß die Kunsthochschule unter dem Namen ,Hochschule für Malerei' weiterexistieren sollte. Über die Eröffnung der Schule als einer unabhängigen Institution wird berichtet in ,Kunst und Wissenschaft', *Deutschland*, 2. März 1921. Der neue Direktor war C. Rothe, ehemaliger Marschall am herzoglichen Hof.

31 Gropius wurde 1921 kritisiert, als er ein Denkmal für die SPD zum Gedenken an die beim Kapp-Putsch gefallenen Parteimitglieder entwarf. Die entsprechende Kommission der Partei wählte eine Stelle auf dem Weimarer Hauptfriedhof aus, während einige Mitglieder des Stadtrates, angeführt von Freytag-Loringhoven, die Errichtung dort mit dem Argument zu verhindern suchten, die abstrakten Formen des Denkmals würden den gesamten Friedhof beherrschen. Diese Auseinandersetzung hatte allerdings wenig mit dem Bauhaus selbst zu tun. Sie wurde zügig zugunsten der SPD-Kommission entschieden. Siehe ,Weimarer Gemeinderat', in: *Deutschland*, 12. April 1921 und ,Öffentliche Sitzung des Weimarer Gemeinderates vom 8. April 1921', in: *Das Volk*, 13. April 1921. 1922 hielt die SPD ihre Mai-Kundgebung an dem Denkmal ab.

32 Die Zeitung *Stuttgarter Neues Tagesblatt* z.B. lobte die „vornehme Eleganz" der Gebäude (19. April 1923), und die *Berliner Börsenzeitung* sah sie „als ein(en) Weg zu einer Architektur, die allein uns zeitgemäß ist" (24. August 1923). Selbst die erzkonservative *Neue Preussische Kreuz-Zeitung* war voll des Lobes über den Fortschrittsgeist, der mit den großen Kunsttraditionen Weimars verbunden werde (Berlin, 31. August 1923). Ähnliche Berichte füllen zwei ganze Aktenordner der ,Zeitungsarchive' im Gropius-Archiv.

33 Klopfer, ,Bauhaus-Ausstellung', in: *Deutschland*, 3. Mai 1922 und 5. Juli; Adler, ,Architektur-Ausstellung im Staatlichen Bauhaus', in: *Das Volk* (Jena), 12. Juli 1923 und ,Bauhaus-Ausstellung', 2. Oktober.

34 Freytag-Loringhoven, ,Die neusten Weimarer Kunstausstellungen und meine Ansicht', in: *Deutschland*, 12. Mai 1922, und ,Die Ausstellung des staatlichen Bauhauses in Weimar', in: *Deutschland*, 30. August 1923.

35 ,Viel Lärm um Nichts', *Jenaische Zeitung*, 16. August 1923. Diese Anschuldigung bezog sich auf die Ausstellung ,Internationaler Architektur' innerhalb der Bauhaus-Ausstellung und auf die Tatsache, daß ortsansässige Firmen den Bau des Musterhauses übernommen hatten.

36 ,Viel Lärm um Nichts'. Ohne jeden einfallsreichen Humor beschrieb es der anonyme Autor folgendermaßen: „Es hat eine verzweifelte Ähnlichkeit mit jenen Häuschen auf öffentlichen Plätzen der Großstadt, die gegen Erlegung eines entsprechenden Obulus auf der einen Seite ,für Herren', auf der anderen ,für Damen' zugänglich sind." Siehe auch Egbert Delpy, ,Die Weimarer Bauhaus-Ausstellung', in: *Leipziger Neueste Nachrichten*, 22. August 1923

37 Arthur Buschmann, ,Die Bauhaus-Siedlung von Gropius', in: *Jenaische Zeitung*, 27. Juli 1922. Buschmann hat den Grundgedanken seiner rassistischen Interpretation des Wohnungsbaus möglicherweise Spenglers zweitem Band entnommen, der gerade erschienen war (Oswald Spengler, *Der Untergang des Abendlandes: Welthistorische Perspektiven*, München 1922; besonders S. 422–424), obwohl sein Glaube in die kulturelle Vitalität des Neoklassizismus natürlich von Spenglers Ansichten abwich.

38 Franz Kaibel, ,Bauhausarbeit', in: *Deutschland*, 24. August 1923

39 Zur begeisterten Aufnahme von Spenglers Arbeiten durch die Boulevard-Presse jener Zeit s. H. Stewart Hughes, *Oswald Spengler. A Critical Estimate* (New York 1952). Wie chic es war, Spenglers Ideen zu kennen, beweist die Tatsache, daß Kaibel ihn ,zitiert', allerdings unter dem Namen ‚Oswald Spengler', dessen Buch er also möglicherweise nie gelesen hat.

40 Sitzung vom 16. März, wiedergegeben in ‚Thüringer Landtag', in: *Deutschland,* 16. und 17. März 1923

41 ‚Thüringer Landtag'. Herfurth hatte das Bauhaus am 30. Juni 1922 in ähnlicher Weise angegriffen, seine Bemerkungen hatten jedoch keine allgemeine Debatte nach sich gezogen. S. ‚Die heutige Landtags-Sitzung', in: *Das Volk,* 30. Juni 1922

42 ‚Das staatliche Bauhaus vor dem Landtag', in: *Das Volk,* 20. März 1923

43 Abgeordneter Brill, ‚Das staatliche Bauhaus vor dem Landtag'

44 Informationen zur Geschichte Thüringens finden sich selten. Zusätzlich zu den üblichen Nachschlagewerken, wie *Politischer Almanach,* habe ich die Zeitungsartikel aus dem Gropius-Archiv ausgewertet, die notwendigerweise bei rein politischen Angelegenheiten nur eine Auswahl bieten; H.J. Gordon, *The Reichswehr and the German Republic: 1919–1926* (Princeton 1957) mit Material aus General Hasses Tagebuch; und die Dokumente zu den Nazis und zu völkischen Gruppen in der Fritz-Sauckel-Reihe, Mikrofilme deutscher Kriegsdokumente, aufbereitet vom American Historical Association Committee, Reihe T-81, Teil 136429-137002. F. Sauckel, *Kampf und Sieg in Thüringen,* (Weimar 1934) enthält eine hilfreiche Chronologie; Georg Witzmanns Memoiren *Thüringen von 1918–1922; Erinnerungen eines Politikers* (Meisenheim am Glan 1958) sind in diesem Zeitabschnitt wenig ausführlich.

45 Die Ergebnisse der Wahlen waren: KPD, 13; SPD, 17; Demokraten, 4; Ordnungsbund, 35; Nationalsozialistische Freiheitspartei (NSFP), eine Vorläufer-Organisation der Nazis, geführt von Willi Marschler, die in den späteren zwanziger Jahren zur NSDAP stieß, 6; ‚NSDAP', 1 (Artur Dinter). Siehe *Politischer Almanach* (Berlin 1925). Einer ‚Erklärung' der NSFP vom 12. Dezember 1924 zufolge (Mikrofilme der Fritz-Sauckel-Reihe, Teil 136479), war Dinter noch nicht Mitglied von Hitlers Partei, obwohl er sich selbst als Abgeordneter der NSDAP bezeichnete. Die acht Landbund-Abgeordneten im Ordnungsbund stimmten in der Regel mit der NSFP und mit Dinter. Zu Dinters späterem Werdegang siehe Georg L. Mosse, *The Crisis of German Ideology* (New York 1964), S. 306, Anm. 36

46 ‚Thüringer Personalwirtschaft', in: *Weima-* *rische Zeitung,* 21. Dezember 1923. Siehe auch ‚Allerlei politische Nachdenklichkeiten', 1. Januar 1924

47 Julius Elbau, ‚Die Weimarer Tagung', in: *Vossische Zeitung,* 7. April 1924, berichtet über die Untersuchung, identifiziert jedoch nicht die Urheber der Vorwürfe. *Das Volk* behauptete später, Herfurth stände hinter diesen Angriffen (‚Das Ende des Bauhauses in Weimar, IV', 13. Dezember). Herfurth vermied es allerdings sorgfältig, das Bauhaus direkt politischer Aktivitäten zu beschuldigen. Es ist daher wahrscheinlicher, daß die Beschwerden von verschiedenen Bürgern ausgingen und sich aus jener Art von Gerüchten entwickelten, die 1919 und 1920 schon einmal zu ähnlichen Angriffen geführt hatten (siehe ‚Ergebnisse').

48 Walter Gropius, ‚Beschwerdebrief vom 24. November 1923 an Generalleutnant Hasse, Militärbefehlshaber in Thüringen', Gropius-Archiv, Auszüge in Wingler, S. 89

49 Brief Arno Müllers, abgedruckt in *Deutschland,* 3. September 1923. Gropius antwortete am 6. Oktober in *Deutschland.* Der Höhepunkt von Müllers Kampagne gegen das Bauhaus war im folgenden Frühjahr erreicht; zur gleichen Zeit wurde ihm in einer vom Bauhaus veröffentlichten Erklärung vorgeworfen, aus rein ‚politischen' Motiven zu handeln. Müller war, verschiedenen Presseberichten zufolge, ‚Obermeister der Schlosserinnung Weimar', ‚Vorsitzender des Gewerbevereins Weimar', ‚1. Vorsitzender des Thüringer Handwerkerbundes', ‚Vorstandsmitglied des Hausbesitzervereins zu Weimar' und ‚Führer der Handwerkerbewegung'. Trotz all dieser beeindruckenden Titel bekleidete er offensichtlich kein Amt in der einzigen regionalen Kontrollinstanz, der Handwerkskammer.

50 *Deutschland,* 6. Februar 1924

51 Im Februar und März wurden Gerüchte über die Auflösung des Bauhauses und über die Entlassung seiner Dozenten sowohl von links- als auch von rechtsorientierten Zeitungen verbreitet. Siehe Leonhard Schrickel, ‚Bauhaus-Abbau?', in: *Weimarische Zeitung,* 19. Februar 1924, und ‚Weitere Opfer der Ordnungswut in Thüringen', in: *Das Volk,* 22. März. Diese Berichte wurden als bloße Gerüchte enttarnt, in ‚Falschmeldungen zum Beamtenabbau', in: *Deutschland,* 27. März

52 Richard Leutheusser war Richter im Thüringer Oberverwaltungsgericht und Vorsitzender der thüringischen DVP.

53 Dem ‚Kulturrat' gehörten Professoren wie Richard Engelmann und Walter Klemm an, die das Bauhaus im November 1920 aufgrund des ‚wachsenden Radikalismus' verlassen hatten und anschließend an der Kunsthochschule lehrten, sowie Professor Fleischer, ein prominenter Bauhausgegner aus den Jahren 1919 und 1920. Zur Entstehung dieser Organisation siehe ‚Ein Weimarer Kulturrat', in: *Deutsche Allgemeine Zeitung* (Berlin), 31. März 1924; zu den Mitgliedern siehe ‚Eine Mahnung des Weimarer Kulturrates', in: *Berliner Tageblatt*, 23. April. Schrickel bezichtigte das Bauhaus erneut der Ungerechtigkeit gegenüber „unseren einheimischen Künstlern", vgl. *Weimarische Zeitung* (19. Februar); später übernahm er jedoch die im folgenden aufgeführten Argumente der Extremisten. Nach Schrickels Artikel wurde die Kunsthochschule in der Pressekampagne des Jahres 1924 nur noch einmal erwähnt, in einer Erklärung der sogenannten ‚Kammer der bildenden Künstler in Thüringen, Sitz Weimar'. (‚Eine Erklärung . . .', vgl. *Eisenacher Tagespost*, 21. Mai), die sich beklagte, daß Gropius der Tradition der Weimarer Kunsthochschule jeglichen Wert abspreche. Die Akademie bestand zwar noch als unabhängige Institution, verlor jedoch seit 1921 ständig an Studenten.

54 *Das Staatliche Bauhaus Weimar und sein Leiter* (Weimar o.J.). Der Hauptautor war Hans Beyer, der aufgrund falscher Zeugnisse den Posten eines Bauhaus-Geschäftsführers erschlichen hatte und 1922 nach einer behördlichen Untersuchung ohne Abfindung entlassen worden war. Daraufhin hatte Beyer einen Prozeß gegen Gropius angestrengt, der zur Zeit der Veröffentlichung der Broschüre vor thüringischen Gerichten verhandelt wurde. Beyers Autorenschaft wurde durch Presseerklärungen von Gropius und anderen Dozenten des Bauhauses im Laufe des folgenden Monats aufgedeckt. Hans-Maria Wingler vermutet, daß Louis Häusser, ein von Nietzsche überzeugter Wanderprediger, ebenfalls an der Abfassung der Broschüre beteiligt war. Weitere Beiträge kamen von Joseph Zachmann und Karl Schlemmer, ehemaligen Lehrern der Bauhaus-Werkstätten.

55 Siehe z.B. Schrickel, ‚Kunst und Wissenschaft', in: *Mitteldeutsche Zeitung* (Erfurt), 2. April 1924, und die gleiche Spalte am 2. Mai. Der letztgenannte Beitrag wurde am 2. Mai in der *Eisenacher Zeitung* und am 7. Mai in der *Rheinisch-Westfälischen Zeitung* (Essen) nachgedruckt.

56 ‚Um das Bauhaus in Weimar', in: *Weimarische Zeitung*, 13.6.1924. Siehe auch ‚Sonntagsbrief', 24.6.1924 und ‚Bauhaus und Kunstschule', 9.11.

57 Nonns Originalartikel, ‚Das Staatliche Bauhaus in Weimar', in: *Zentralblatt der Bauverwaltung*, 6. Februar 1924, S. 42–44, wurde nachgedruckt in: *Deutschland* unter dem Titel ‚Nachklänge zur Bauhaus-Ausstellung', 2. April. Klopfer antwortete in einem Brief an *Deutschland* vom 9. April; daraufhin schrieb Nonn ‚Um das Weimarer Staatliche Bauhaus', 14. April. Zu Nonns folgenden Artikeln gehören u.a.: ‚Das Staatliche Bauhaus in Weimar', in: *Kölnische Zeitung*, 23. April; ‚Zur Propaganda für das Bauhaus in Weimar', in: *Deutsche Bauhütte*, 21. April ‚Staatliche Müllzufuhr: Das staatliche Bauhaus in Weimar', in: *Deutsche Zeitung* (Berlin), 24. April 1924 (Auszüge in Wingler, S. 90–91); und ‚Das staatliche Bauhaus in Weimar', in: *Die Hilfe*, 1. Juni, S. 182–183. Zu den Antworten des Bauhauses und seiner Befürworter gehörten u.a.: Adolf Behne, ‚Nonn-sens, eine Erwiderung . . .', in: *Kölnische Zeitung*, 13. Juni; und der Brief von Klee, Feininger, Hartwig und Muche ‚Noch einmal das Staatliche Bauhaus', in: *Die Hilfe*, 1. August, Nonn schrieb zu jedem der späteren Artikel kurze Antworten.

58 *Kölnische Zeitung*, 23. April 1924. Nonn verwechselte hier das programm von 1919 mit einem von Schlemmer verfaßten Prospekt für die Ausstellung von 1923, den Gropius schon nach Verteilung weniger Exemplare aus dem Verkehr gezogen hatte, aus Angst vor der Wirkung des Begriffs ‚Sozialismus' in der Öffentlichkeit. Siehe Oskar Schlemmer, *Die erste Bauhaus-Ausstellung in Weimar* (Weimar, etwa Februar 1923). Der Text lautete korrekt: „Das Staatliche Bauhaus, gegründet nach der Katastrophe des Kriegs, im Chaos der Revolution und zur Zeit der Hochblüte einer gefühlgeladenen explosiven Kunst, wird zunächst zum Sammelpunkt derer, die zukunftsgläubig-himmelstürmend die Kathedrale des Sozialismus bauen wollen". (Auszüge in Wingler, S. 79–80)

59 *Deutschland*, 4. April 1924; *Jenaische Zeitung*, 26. Mai; *Weimarische Zeitung*, 23. Juli

60 Dr. med. Kahle („auf Veranlassung der Vereinigung zur Pflege deutscher Kultur in Thüringen"), ‚Das staatliche Bauhaus in Weimar als Kulturinstitut', in: *Weimarische Zeitung*, 28. Mai 1924. Siehe auch Professor Sigismund, ‚Thüringische Kulturpflege', in: *Neue Tägliche Rundschau* (Berlin), 27. Februar 1925

61 ,Kundgebung gegen das Bauhaus', in: *Weimarische Zeitung*, 6. Juli 1924

62 Dem ,Thüringer Landtag', in: *Deutschland*, 16 April 1924, zufolge brachte der Abgeordnete Wünsche, NSFP, die Interpellation und die Resolution am 15. April ein. Siehe auch ,Staatliches Bauhaus und Rechtspolitik', in: *Vossische Zeitung*, 17. April; und Walter Gropius, ,Staatliches Bauhaus und Thüringer Landtag', in: *Deutschland*, 24. April, worin als Datum für die erste Interpellation der 12. April genannt wird: Wünsche sprach möglicherweise sowohl für den Abgeordneten Dinter als auch für seine eigene Partei.

63 Nach ,Der Kampf um das staatliche Bauhaus – Gegen den Ordnungsbarbaren Herfurth', in: *Das Volk*, 22. April 1924

64 Leutheussers Antwort auf die Interpellation wird wiedergegeben in ,Staatliches Material über das Staatliche Bauhaus', in: *Deutschland*, 5. Juni 1924. Zur Haltung der DVP gegenüber der ,gelben Broschüre' siehe ,Das Ende des Bauhauses in Weimar, III', in: *Das Volk*, 12. Dezember

65 ,Thüringer Landtag', in: *Weimarische Zeitung*, 21. und 24. Juni 1924 (über die Sitzungen vom 19. und 20. Juni). Zu Dinter siehe Anm. 45

66 ,Thüringer Regierung und Verwaltung', in: *Deutschland*, 24. September 1924

67 Ebenso stattete es dem Bauhaus einen Besuch ab. Siehe ,Politisches aus Thüringen', in: *Weimarische Zeitung*, 26. Oktober 1924

68 Die beste Darstellung der ganzen Debatte bietet der umfangreiche Artikel ,Das Ende des Bauhauses in Weimar', in: *Das Volk*, der in vier Teilen – am 10., 11., 12. und 13. Dezember 1924 – erschien. Siehe auch ,Das Schicksal des Staatlichen Bauhauses', in: *Thüringer Allgemeine Zeitung*, 16. November; ,Politisches aus Thüringen', in: *Deutschland*, 8. November; ,Haushaltsausschuß des Landtags', in: *Weimarische Zeitung*, 18. und 19. November, und Wingler, S. 103–105

69 Von 120000 M auf 50000 M (*Das Volk*, 13. Dezember 1924)

70 Aber in einer Erklärung vom 18. Januar 1925 (,Walter Gropius gegen Leutheusser', in: *Das Volk*), beschuldigte Gropius Leutheusser, die Abdankung Kandinsky gefördert zu haben, nur weil dieser Russe war.

71 Im Dezember gaben Gropius und seine Mitarbeiter offiziell die Auflösung des Weimarer Bauhauses bekannt und beschuldigten die Landesregierung, die Zerstörung des Bauhauses aus politischen Gründen betrieben zu haben. (,Erklärung der Auflösung des Instituts', Offener Brief an mehrere Zeitungen, 26. Dezember 1924, Wingler, S. 106. Siehe auch ,Das Ende des Weimarer Bauhauses', in: *Das Volk*, 27. Dezember 1924). Die Regierung wies den Vorwurf in einer öffentlichen Erklärung vom 31. Dezember zurück; sie gab an, daß sie nicht beabsichtige, das Bauhaus zu schließen, sondern nur aus wirtschaftlichen Erwägungen handele. (,Der Streit um das Weimarer Bauhaus: Eine Erklärung der Thüringer Regierung', in: *Leipziger Tageblatt*, 31. Dezember 1924). Zum Bauhaus in Dessau, siehe Kapitel 4

72 Siehe Kapitel 2. Bartning erhielt einen großen Teil seiner Aufträge von der protestantischen Kirche, was in Thüringen als besondere Empfehlung galt. Zu seiner Ernennung siehe ,Das Weimarer Bauhaus und Weimar', in: *Dresdner Anzeiger*, 23. April 1925, und *Deutsche Allgemeine Zeitung*, 17. Mai 1925

73 *Vorwärts*, 12. April 1924

74 *Berliner Lokal-Anzeiger*, 24. Juni 1924. Der vollständige Text ist in einer maschinenschriftlichen Abschrift enthalten unter dem Titel ,Abschrift, BDA, Schreiben an Landtag und Regierung des Thüringer Freistaates Weimar', 25. Mai 1924, ,Zeitungsarchiv 4'

75 ,Kundgebungen für das Bauhaus', in: *Deutschland*, 19. Oktober 1924, führt fünfunddreißig Petitionen und Erklärungen auf. Zu den Unterzeichnern gehörten auch Reichskunstwart Redslob, führende Bürger aus Hannover, Erfurt und Jena, der bedeutende neokonservative Verleger Eugen Diederichs und die folgenden Organisationen: ,Schutzverband Deutscher Schriftsteller, Verband Deutscher Kunstkritiker, Bundesvorstand des Allgemeinen Gewerkschaftsbundes, Afa-Bund, Deutscher Baugewerkebund, Verband sozialer Baubetriebe', von denen die vier letztgenannten Gewerkschaften waren.

76 Werner Scholz, ,Zur politischen Polemik um das Weimarer Bauhaus', in: *Königsberger Hartungsche Zeitung*, 18. Oktober 1924. Der gleiche Standpunkt wird in den im folgenden aufgeführten Artikeln führender gemäßigter und liberaler Zeitungen, die nur eine Auswahl darstellen, vertreten: Walter Curt Behrendt, ,Das Schicksal des Bauhauses', in: *Deutsche Allgemeine Zeitung*, 5. April; Alexander Dorner, ,Das Weimarer Bauhaus', in: *Hannoverscher Courier*, 14. April; Fritz Wichert, ,Das Staatliche Bauhaus in Weimar', in: *Frankfurter Zeitung*, 23. April; E. Preetorius, ,Das Bauhaus in Weimar', in: *Münchner Allge-*

meine Zeitung, 11. Mai; Werner Krug, ‚Heute in Weimar‘, in: *Hamburger Anzeiger*, 14. Mai; ‚Um das staatliche Bauhaus in Weimar. Eine Frage der Kunst oder der Politik?‘, in: *Berliner Tageblatt*, 20. Mai; Max Osborn, ‚Der Kampf um das Bauhaus‘, in: *Vossische Zeitung*, 26. Mai; ‚Walter Gropius und das Bauhaus‘, in: *Germania* (Berlin: Zentrumspartei), 14. Oktober

77 Vgl. ‚*Zeitungsarchiv 4*‘, s.a. Anm. 74.
78 ‚Die Reaktion in Thüringen‘, in: *Vorwärts*, 9. April 1924. Siehe auch *Sozialistische Monatshefte, Heft 1, 1925*
79 ‚Abbau des Weimarer Bauhauses‘, in: *Die Rote Fahne*, 5. April 1924
80 ‚Abbau der Novembergrößen‘, in: *Berliner Lokal-Anzeiger*, 22. März 1924

4 Das Neue Bauen im Dienste der Gesellschaft

1 Zur Beschreibung der Wohnungsnot und ihrer Ursachen siehe Hermann Mattutat, ‚Die Krisis im Wohnungsbau‘, in: *Sozialistische Monatshefte*, XXX (1924), S. 441–445; Peter Tremmel, ‚Die Wohnungsfrage‘, in: Georg Schrieber, Hrsg., *Politisches Jahrbuch 1927/28* (Gladbach 1928), S. 491–494; und Albert Gut, *Der Wohnungsbau in Deutschland nach dem Weltkriege* (München 1928). Die hier und auf den folgenden Seiten angegebenen Zahlen stellen Summen bzw. Durchschnittswerte von Angaben dar, die aus verschiedenen Jahrgängen des *Statistischen Jahrbuchs deutscher Städte* (Leipzig 1890) entnommen wurden.

2 Die beste Beschreibung bundesstaatlicher Wohnungspolitik bringen Rolf Spörhase, *Wohnungsunternehmen im Wandel der Zeit* (Hamburg 1947) und W. Luetge, *Wohnungswirtschaft* (München 1948).

3 Sie gaben kleinen Vorstadt-Wohnungen für einzelne Familien den Vorrang.

4 Die Regierung verabschiedete eine Reihe von Interimsmaßnahmen, darunter auch ein System direkter Subventionen, um die Preisdifferenz bei Baumaterial – verglichen mit dem Vorkriegsniveau – auszugleichen. Diesen Hilfsmaßnahmen für Wohnungsbaugesellschaften und Stadtverwaltungen war jedoch nur geringer Erfolg beschieden.

5 Es handelte sich um die Hauszinssteuer. Die Gesetzgeber hatten eine fortschreitende Verminderung des Zinssatzes und sogar die mögliche Abschaffung der Steuer selbst vorgesehen, in der Hoffnung, daß private Investitionen auf dem Baumarkt die Staatliche Wohnungsbauförderung schon bald überflüssig machen würden. Im Laufe der Jahre wurde der Steuersatz zwar gesenkt, aber nicht ganz abgeschafft, denn das Privatkapital ließ sich nicht im gewünschten Maße auf die Förderung des Kleinwohnungsbaus ein; darüber hinaus war die Steuer selbst zur willkommenen Einnahmequelle geworden (ein Teil der Einnahmen wurde nicht für Wohnungsbauzwecke verwendet). Die Steuer belastete die Hausbesitzer, und da die Höhe der Miete kontrolliert wurde, war es ihnen nicht möglich, die entstandenen Verluste durch Mieterhöhungen auszugleichen. Die SPD, die zu den Befürwortern der Steuer gehörte, rechtfertigte den bestrafenden Charakter diese Steuer mit der Begründung, daß die Hausbesitzer ja von der Wohnungsknappheit profitiert hätten. Die DNVP beschrieb die Auswirkungen der Hauszinssteuer als Enteignung ohne gesetzliche Grundlage, (Walther Rademacher, ‚Die Kalte Sozialisierung‘, *Flugschriften der DNVP* [Berlin, 1928], Nr. 251, 8).

6 Einen Überblick über diese Bewegung vermittelt *30 Jahre Wohnungsreform 1898–1928* (Berlin 1928).

7 Die DNVP war nicht grundsätzlich gegen die staatliche Beteiligung im Wohnungsbau, sondern gegen das Ausmaß, das diese in der Weimarer Republik erreicht hatte, sowie gegen die Bevorzugung städtischer Wohnanlagen gegenüber ländlicher Besiedlung. Siehe *Flugschriften der Deutschnationalen Volkspartei* (Berlin), Nr. 177 (1924), 194 (1924), 266 (1926), 273 (1926), 279 (1927), die die Reichstags-Reden von Parteimitgliedern zur Wohnungsfrage wiedergeben; und die Reden in: *Deutschnationale Mittelstandstagung in Berlin* (Berlin 1928) sowie *Reichsausschuß für den Mittelstand der DNVP*

8 Viele Stadtverwaltungen bauten selbst Wohnungen aus eigenen Mitteln oder – seltener – mit Hilfe der Hauszinssteuer.

9 Zu Otto Haeslers Arbeiten siehe Otto Haesler, *Mein Lebenswerk als Architekt* (Berlin/DDR 1957)

10 Diese Anordnung verwendete Theodor Fischer schon 1919 in seiner Siedlung ‚Alte Haide‘ bei München. In ihrer äußeren Erscheinung

blieb sie zwar konservativ, war jedoch in allen Planungsfragen äußerst progressiv. Die fingerartige Anordnung ordnete den Gebäuden größere Grünflächen zu bzw. erweckte diesen Eindruck, war damit im Charakter eher vorstädtisch als städtisch und verwirklichte in dieser Hinsicht die Ziele der Gartenstadtbewegung der Vorkriegszeit.

11 *40 Jahre Aktienbaugesellschaft für kleine Wohnungen* (Frankfurt am Main 1930), S. 5–20, und Emil Klar, ‚Die Entwicklung des Wohnungswesens von 1870–1914‘, in: *Das Wohnungswesen der Stadt Frankfurt am Main* (Frankfurt am Main 1930), S. 55–92

12 Wolfgang Bangert, *Baupolitik und Stadtgestaltung in Frankfurt am Main* (Würzburg 1937), S. 57–75

13 Hans Drüner, *Im Schatten des Weltkrieges. Zehn Jahre Frankfurter Geschichte von 1914–1924* (Frankfurt am Main 1934), S. 303

14 Ludwig Landmann, ‚Zum Geleit‘, *Das neue Frankfurt. Monatsschrift für die Probleme moderner Gestaltung I* (1926), S. 1–2

15 Bangert, S. 87–90

16 Die Aktiengesellschaft für kleine Wohnungen, deren Vorsitzender Landmann von 1923 bis 1927 war. May wurde 1925 stellvertretender Vorsitzender und 1927 Nachfolger Landmanns.

17 ‚Der neue Frankfurter Städtebauer‘, in: *Frankfurter Zeitung,* 6. Juni 1925, in Mays Privatarchiv, das Briefe und Zeitungsausschnitte zu allen Bereichen seiner Frankfurter Tätigkeit enthielt.

18 Diese Modelle verwendeten eine Schrift, die Veröffentlichungen des Bauhauses nachempfunden war.

19 ‚Der neue Frankfurter Städtebau‘

20 Mays frühere Arbeiten, schmucklose Doppelhäuser mit geneigten Dächern, sind in der Werkbund-Zeitschrift *Die Form I* (1926), S. 160, abgebildet.

21 Ernst May, ‚Das neue Frankfurt‘, in: *Das neue Frankfurt,* I (1926), S. 4

22 Ebd.

23 Abgebildet in: Gut, *Wohnungsbau,* S. 69

24 Aufgrund der großen Nachfrage nach kleinen Wohnungen besaßen diese nur wenige Räume, darüber hinaus war die Quadratmeterzahl pro Bewohner sehr gering.

25 Siehe Kapitel 5

26 Das gesamte Wohnungsbauprogramm wird in *Das Wohnungswesen der Stadt Frankfurt am Main* (Frankfurt am Main 1930) beschrieben.

27 Enthusiastische Berichte über Mays Arbeit sind u.a. ‚Das neue Frankfurter Bauwesen‘, in: *Frankfurter General-Anzeiger,* 28. Oktober 1926; ‚Die Künstlerische Formgebung des Hochbauamtes‘, in: *Frankfurter General-Anzeiger,* 5. März 1927; *Volksstimme,* 26. August 1927; ‚Das weiße Haus‘, in: *Frankfurter Nachrichten,* 27. Oktober 1928; May-Archive. Karikaturen über die neuen Wohnungen und humorvolle ‚Berichte‘ darüber, daß die Bewohner ihre Möbel auf dem Dach unterbringen, ihr Weihnachtsessen im Garten einnehmen und Klavier von draußen durch das Fenster spielen müßten, erschienen oft in den *Nachrichten,* in der *Frankfurter Rundschau* und im *General-Anzeiger.* Nur die *Frankfurter Fackel* und die *Frankfurter Post* lehnten Mays Arbeit konsequent ab, berichteten aber nur selten über sie; siehe z.B. ‚Was sagen die Mieter der May-Wohnungen‘, in: *Post,* 22. Juli 1928 und ‚Offene Anfrage betr. Stadtrat May‘, *Fackel,* o.J.

28 ‚Unter dem flachen Dach, was die Mieter sagen‘, nicht zu identifizierender Zeitungsausschnitt, Mitte 1928, May-Archiv; ‚Die Römerstadt im Fackelglanz‘, in: *Volksstimme,* 19. August 1929; ‚Objektivität, keine Interessenpolitik!‘, nicht zu identifizierender Zeitungsausschnitt, Ende 1929

29 Der *Sachsenhäuser Anzeiger,* der von vielen konservativen Angehörigen des Baugewerbes gelesen wurde, kritisierte immer wieder Mays Bauweise. Die Frankfurter Zeitschrift *Stein-Holz-Eisen* stand dem Neuen Bauen aufgeschlossener gegenüber als alle anderen Bauzeitschriften.

30 Zwei nicht näher bezeichnete Zeitungsausschnitte aus der zweiten Hälfte des Jahres 1929 im May-Archiv, ‚Diktatur auf dem Friedhof‘, und ‚Das Recht auf die Grabstätte‘, fassen die öffentliche Meinung zu dieser Frage zusammen. Der neue, stromlinienförmige Frankfurter Adler wurde in der Stadtversammlung heftig kritisiert (siehe ‚Die Vermayerung Frankfurts‘, in: *Frankfurter Post,* 8. November 1927), später jedoch angenommen.

31 Wahlkampfschriften der DVP, DNVP und der NSDAP bei den Kommunalwahlen 1929, May-Archiv. In einem SPD-Flugblatt aus der gleichen Zeit, das sich auch unter Mays Papieren befindet, wird Mays Wohnanlage als Errungenschaft der SPD bezeichnet. Das Nazi-Flugblatt sah May als einen der ‚jüdischen Beherrscher‘ Frankfurts, kommentierte seine Arbeit aber nicht näher. Einem nicht näher zu identifizierenden Artikel vom 8. November 1929 mit dem Titel ‚Die läuternde Flamme' zufolge drohte ein Nazi-Abgeordneter im Stadtrat, Mays „Affenkäfige" niederzubrennen, wenn Hitler an die Macht käme; in dem Zeitungsausschnitt wird darauf hingewiesen, daß damit auch die Wohnungen einiger seiner Parteikollegen zerstört würden.

32 Diese Zahl belegt natürlich ein insgesamt viel kleineres Neubauvolumen als in Frankfurt. Etwa 150 000 neue Gebäude wurden zwischen 1926 und 1932 in Berlin errichtet, von denen etwa 90 Prozent über öffentliche Mittel bezuschußt wurden.

33 Die besten Abbildungen moderner Berliner Gebäude sind veröffentlicht in: E.M. Hajos und L. Jahn, *Berliner Architektur der Nachkriegszeit* (Berlin 1928) sowie in Heinz Johannes, *Neues Bauen in Berlin* (Berlin 1930).

34 Zu den Berliner Wohnungsbaugesellschaften im allgemeinen siehe *Geschichte der gemeinnützigen Wohnungswirtschaft in Berlin* (Berlin 1957)

35 Unter Wagners frühesten Veröffentlichungen finden sich Arbeiten über Stadtplanung und kostengünstige Bauweisen: *Städtische Freiflächenpolitik* (Berlin 1915) und *Neue Bauwirtschaft* (Berlin 1918). 1924 gründete er die Zeitschrift *Wohnungswirtschaft*, die sich hauptsächlich mit konstruktiven Fragen des Wohnungsbaus beschäftigte, obwohl sie in den späten zwanziger Jahren auch theoretische Beiträge zur Ästhetik enthielt. Wagner war wahrscheinlich mehr als jeder andere führende moderne Architekt an praxisorientierten Überlegungen zur Konstruktion interessiert; so warf ihm Taut vor, nur über Ingenieurfragen zu reden, vgl.: *Wohnungswirtschaft*, 1. Dezember 1924, S. 170–171

36 Das in der Regel vorhandene vierte Geschoß war meistens leer und wurde zu Vorratszwecken oder zum Wäschetrocknen benutzt.

37 Die Landschaftsplanung wurde größtenteils von Leberecht Migge erstellt, einem bekannten Landschaftsarchitekten und prominenten Befürworter der Gartenstadt.

38 Wie die Frankfurter Siedlungen bestanden auch die Wohnungen der Gehag aus zwei bis dreieinhalb Räumen, die der Gehag waren jedoch etwas größer.

39 Vier Standard-Grundrisse wurden für Britz, drei für Zehlendorf entwickelt.

40 Otto Rudolf Salvisberg und Bruno Ahrends

41 Johannes, *Neues Bauen*, S. 31, 61, 70, 75, 89

42 Zu einem seiner geplanten Vororte siehe

Walter Koeppner, ‚Generalbebauungsplan Gatow-Cladow', in: *Das neue Berlin I* (1929), S. 114–116

43 *Das neue Berlin* (Berlin 1929) enthielt Beiträge zur Fotografie, Literatur, Malerei, Theater und Architektur.

44 Positive Pressekritiken zu Wagners Arbeiten enthalten die Berichte über die Ausstellungen zum Wohnungsbau von 1931 und 1932, die er organisierte bzw. an denen er teilnahm, in: *Vorwärts*, 7. Juni 1931; *Vossische Zeitung*, 14. Mai 1932; und *Acht Uhr Abendblatt*, 6. August 1932. Berichte über Wagners geplante Ausstellung zum Wohnungsbau mit Fertigteilen (*Der Tag*, 9. Dezember 1931) warnten davor, daß der „rote Stadtbaurat" das unabhängige Handwerk zerstören wolle. Am 14. Mai 1932 lobte die gleiche Zeitung die Ausstellung jedoch in den höchsten Tönen. Es ist leider unmöglich, die Berliner Tageszeitungen lückenlos zurückzuverfolgen, um so die Einstellung der Presse zum Werk Wagners zu rekonstruieren; da Wagners eigene Sammlung von Zeitungsartikeln nach seinem Tod abhanden kam, habe ich mich auf die hinsichtlich dieses Themas dürftige Auswahl im Gropius-Archiv bezogen, außerdem auf mündliche Informationen von Frau Gertrud Wagner und Senatsrat Felix Unglaube, einem ehemaligen Mitarbeiter Wagners.

45 Martin Wagner, ‚Verkehr und Tradition', in: *Das neue Berlin I* (1929), S. 129–135, enthält eine Reihe interessanter Zitate von Regierungsbeamten und Kunstkritikern.

46 *Gehag, 1924–1957* und Unglaube

47 Siehe Kapitel 5

48 Die Opposition gegen das Bauhaus in Dessau war nur von kurzer Dauer und blieb bis 1932 ohne Bedeutung. 1925 stimmten die rechts-orientierten Parteien (DNVP und DVP) im Stadtrat aus finanziellen Erwägungen gegen die Aufnahme der Schule. Sie wurden jedoch von der Demokratischen Partei und der SPD entschieden überstimmt. (‚Das Bauhaus kommt nach Dessau', in: *Anhaltische Rundschau*, 24. März 1925, Gropius-Archiv.) Im gleichen Jahr organisierte ein Dessauer Kaufmann namens Georg Büchlein einen ‚Bürger-Verein' gegen das Bauhaus und nahm die in der ‚gelben Broschüre' erhobenen Vorwürfe in einer öffentlichen Versammlung wieder auf. Kritik dieser Art wurde jedoch gleich zu Beginn durch eine von Bürgermeister Hesse angestrengte Verleumdungsklage gegen Büchlein unterbunden. (‚Die ewigen Angriffe auf Professor Gropius', in: *Magdeburgische Zeitung*, 1. Juli 1925.) Politischer Widerstand von rechts lebte 1929 und 1930 gegen das inzwischen von Hannes Meyer geleitete Bauhaus wieder auf, als die Aktivitäten einer kommunistischen Studentengruppe radikale politische Zielvorstellungen am Bauhaus vermuten ließen. Dieser Widerstand erstarb jedoch, sobald Hesse Meyer durch Mies van der Rohe ersetzte und die Zwangsexmatrikulation dieser Studenten betrieb. Erst im Januar 1932, mit der Mehrheit der Nazis im Stadtrat, erlebte das Bauhaus entschiedenen politischen Widerstand (siehe Kap. 7). Die Presse in Dessau und Anhalt stand Gropius'Arbeit insgesamt positiv gegenüber.

49 Die Loseblatt-Sammlung ,Presse 1930 I' im Gropius-Archiv besteht zum großen Teil aus Zeitungsausschnitten zum Thema Törten.

50 Mies van der Rohes Eröffnungsrede, zitiert in: *Staats-Anzeiger für Württemberg*, 23. Juli 1927

51 Die Ausstellung enthielt, neben anderen Objekten, Bilder der Frankfurter Küche sowie Mays Baumethoden (*Staats-Anzeiger für Württemberg*, 4. August 1927). Außerdem gab es eine Musterküche, in der Kochkurse abgehalten wurden (*Staats-Anzeiger . . .*, 3. August).

52 *Staats-Anzeiger für Württemberg*, 11. Oktober und 23. Juli

53 einige Pressenotizen über die Weißenhofsiedlung werden zitiert in ,Bericht über die Siedlung am Weißenhof', in: *Sonderhefte der Reichsforschungsgesellschaft* (Berlin 1929), Nr. 6.

54 Zu Ursprung, Zielsetzung, Verwaltung und Finanzierung der RFG siehe E. Weber, ,Die Reichsforschungsgesellschaft für Wirtschaftlichkeit im Bau- und Wohnungswesen e.V. ,Ihr Werden und Wollen', in: *Schlesisches Heim*, VIII (1927), S. 425 – 434

55 ,Bericht über die Versuchssiedlung in Frankfurt am Main – Praunheim'; ,Bericht über die Siedlung in Stuttgart am Weißenhof'; ,Bericht über die Versuchssiedlung in Dessau'; in: *Sonderhefte der Reichsforschungsgesellschaft* (Berlin 1929), Nr. 4, 6, 7. Siehe auch ,Berichte und Vorträge', in: *RFG Technische Tagung in Berlin* (Berlin 1929)

56 Abbildungen in: Gut, *Wohnungsbau*, S. 393 ff., 402 f., 406 f., sowie in: Bruno Taut, *Modern Architecture* London 1929), S. 121 f.

57 In Breslau die Siedlung Zimpel aus dem Jahr 1929 und eine Reihe von Ausstellungshäusern, teilweise von Scharoun und Rading geplant und 1929 vom Werkbund gebaut. In Hamburg die Bauten Karl Schneiders (Taut, S. 102) und die Arbeit von Erich Schmurje aus dem Jahr 1931. In

Düsseldorf der Wohnungsbau von Konrad Rühl (Taut, S. 120). Die bedeutende Siedlung Dammerstock, geplant von Haesler, Riphahn, Roeckle und Gropius, wurde von 1927 bis 1928 in Karlsruhe gebaut. In Stuttgart entstand 1930 die Großsiedlung Wallmer, in Leipzig zur gleichen Zeit die Wohnstadt Neu-Gohlis. Selbst in München, wo fast alle öffentlichen Bauten weiterhin in traditionellen Stilen errichtet wurden, errichtete E. Herbert von 1930 an einiges im neuen Stil. Der Wohnungsbau in Dresden, Hannover und Nürnberg blieb in seinem Äußeren konservativ.

58 B. Taut, ,Mein erstes Jahr Stadtbaurat', *Frühlicht* (Berlin 1963), S. 215 ff.; Brief K. Rühls vom 2.2.1960; Rühl war von 1922 bis 1927 in untergeordneter Funktion in der Magdeburger Bauverwaltung tätig; Brief von J. Göderitz vom 7.1. 1960 und mündliche Äußerung von Göderitz

59 Otto Haesler, Brief vom 15. Januar 1960; Brief am 9. Februar 1960 von Rühl, der von 1928 bis 1933 eine Abteilung des Staatshochbauamtes in Düsseldorf leitete; Brief vom 28. Januar 1960 von Hans Mehrtens, Stadtbaurat in Köln von 1925 bis 1935. Es gab natürlich vereinzelten Widerstand gegen das Neue Bauen aus ästhetischen Beweggründen, besonders von den verschiedenen Heimatschutz-Organisationen. Diese hatten ihren Ursprung in einer Vorkriegsbewegung zum Schutz der Landschaft und historischer Stätten vor minderwertigen Industriebauten. Als Haesler z.B. versuchte, in der Nähe von Celle eine moderne Jugendherberge zu bauen, ging die örtliche Heimatschutz-Organisation entschieden gegen ihn vor, mit der Begründung, das flache Dach passe nicht in die ländliche Umgebung (Wilhelm Lotz, ,Neue Form und Heimatschutz', in: *Die Form*, VI [1930] S. 46 – 47). Von dem Württembergischen Bund für Heimatschutz, einem der einflußreichsten in Deutschland, wurde Protest gegen die ,Wohn-Maschinen' der Weißenhof-Siedlung erhoben (,Schwäbischer Heimatschutz', in: *Deutsche Bauhütte*, 14. November 1927, S. 316). In den Städten, in denen sich das Neue Bauen im Wohnungsbau nicht durchsetzen konnte, lehnten Verwaltungsbeamte das flache Dach häufig aus ästhetischen Gründen ab. Siehe z.B. Walter Riezler, ,Der Kampf gegen das flache Dach', in: *Die Form III* (1927), S. 26 – 27, eine Abhandlung über die Vorschriften der Münchner Baupolizei gegen ein Flachdach im Jahr 1927; und ,Wieder einmal das flache Dach', in: *Die Form V* (1929), S. 272, zu einer ähnlichen Vorschrift in Nürnberg aus dem Jahr 1929.

5 Die Auseinandersetzung um das Neue Bauen

1 Walter Gropius, *Internationale Architektur* (München, 1925), und *Bauhausbauten Dessau* (München 1930); zusammen mit Laszlo Moholy-Nagy als Hrsg., *Bauhaus Bücher* (Dessau 1926–1931). Bruno Taut, *Bauen: Der neue Wohnbau* (Leipzig 1927), und *Neues Bauen in Europa und Amerika* (Leipzig 1929). Taut schrieb auch eine englische Fassung: *Modern Architecture* (London 1929).

2 Martin Wagner, Hrsg., *Wohnungswirtschaft* (Berlin 1924–1933); und *Das neue Berlin* (Berlin 1929). Ernst May und Fritz Wichert, Hrsg., *Das neue Frankfurt. Monatsschrift für die Probleme moderner Gestaltung* (Frankfurt am Main 1926–1931), von 1931–1933 fortgeführt als *Die neue Stadt*, herausgegeben von Joseph Gantner. Adolf Behne, *Der moderne Zweckbau* (München 1926); *Neues Wohnen, neues Bauen* (Leipzig 1927); und *Eine Stunde Architektur* (Stuttgart 1928). Ludwig Hilberseimer, *Großstadt Architektur* (Stuttgart 1927); und *Internationale neue Baukunst* (Stuttgart 1928)

3 Walter Riezler, Hrsg., *Die Form* (Berlin 1925–1935). Zu den Ausstellungen des Werkbunds gehörten die Stuttgarter Weißenhof-Siedlung (1927), die Gebäude in Breslau (1929) und Köln (1928; hierzu zählte auch Bartnings Stahlkirche), der deutsche Pavillon von Mies van der Rohe auf der Weltausstellung in Barcelona (1929), die von Gropius organisierte internationale Ausstellung in Paris (1930) und eine Reihe kleinerer Ausstellungen wie z.B. ,Kult und Form‘, die in Berlin Kirchenausstattungen zeigte (1930).

4 Zu den Mitgliedern und zur Gründung des Rings, siehe *Die Form II* (1926), S. 225. Die Mitglieder behaupten, der Ring symbolisiere „in sich geschlossene(n) Form, ohne Spitze", also eine ausgesprochen kooperative Organisation und eine rein geometrische Form. Zu einer der Ausstellungen dieser Gruppe, siehe Ludwig Hilberseimer, ,Die neue Küche‘, in: *Zentralblatt der Bauverwaltung*, IL (1926), S. 28–29. Von 1926 an verfügte der Ring über eine Rubrik in der *Bauwelt* und veröffentlichte ebenfalls Tauts *Bauen: Der neue Wohnbau*, das zu einem Teil aus Vergleichen zwischen modernen und historisierenden Gebäuden bestand, zum Nachteil der letztgenannten. Zu den BDA-Wahlen siehe *Hannoverscher Courier*, 13. September 1927, ,Presse 1925/27‘, Gropius-Archiv

5 Zur Gründung des CIAM, siehe *Die Form V* (1929), S. 124

6 Gustav Adolf Platz, *Die Baukunst der neuesten Zeit* (Berlin 1927). Walter Müller-Wulckow, *Deutsche Baukunst der Gegenwart* (Leipzig 1929): Bd. I, *Bauten der Arbeit und des Verkehrs;* Bd. II, *Wohnbauten und Siedlungen;* Bd. III, *Bauten der Gemeinschaft*

7 Siehe z.B. Siegfried Giedion, ,Zur Situation deutscher Architektur‘, in: *Der Cicerone*, XVIII (1926), S. 216–224; Theodor Heuss, ,Das Werden der neuen Baukunst‘, in: *Die Hilfe*, XXXV (1929), S. 397–398, und A. Ewald, ,Baustil und Staatsform‘, in: *Die Hilfe*, XXXV (1929), S. 353–354

8 Siehe z.B. ,Das neuzeitliche Heim‘, in: *Haus, Hof, Garten: Illustrierte Wochenschrift des Berliner Tageblatts*, o.J., Reihe ,Presse 1930 III‘, Gropius-Archiv; und ,Grundbegriffe der neuen Wohnlichkeit‘, in: *Frauenmode*, Juni 1929, Reihe ,Presse 1930 I‘. Das Interesse der Frauen-Magazine an ,der neuen Wohnung‘ wurde durch die Veröffentlichung von Tauts gleichnamigem Buch geweckt; siehe ,Wohnkultur‘, in: *Frau und Gegenwart*, Juni 1925, ,Zeitungsarchiv 6‘. Zur Weißenhofsiedlung siehe die Zitate aus Zeitungsartikeln in: *Bau und Wohnung: Die Bauten der Weißenhofsiedlung* (Stuttgart 1927)

9 Siehe z.B. den Bericht über Vorträge anläßlich des Magdeburger Kolloquiums zur Stadtplanung, in: *Magdeburger Generalanzeiger*, 16. Oktober 1927, Reihe ,Presse 1925/1927‘, Gropius-Archiv; und Berichte über Gropius’ Vorträge in München, Hagen, Leipzig, Frankfurt und Dortmund im Jahr 1927 in der gleichen Reihe. Die Radiosendungen wurden vom 19. bis zum 25. Januar 1930 ausgestrahlt; beteiligt waren May, Haesler, Riphahn und Gropius. Siehe ,Neues Bauen, neues Wohnen‘, in: *Mitteilungen des deutschen Werkbundes*, 15. Januar 1930

10 ,200 Worte Deutsch‘, in: *Uhu*, 1930, S. 67; und ,Nur 10 Jahre – eine andere Welt‘, in: *Münchner Illustrierte Presse*, 4. November 1928, Reihe ,Presse 1930 I‘, Gropius-Archiv

11 Jacques Mortane, Hrsg., *Das neue Deutschland* (Leipzig 1928), besonders S. 205. Das Buch mit einer Einleitung von Aristide Briand wurde zur gleichen Zeit in Paris mit dem Titel *La nouvelle Allemagne* veröffentlicht.

12 *Deutschland-Führer*, mit englischem Text (Reichsbahnzentrale für den deutschen Reiseverkehr, o.J.), Reihe ,Presse 1930 I', Gropius-Archiv. Siehe auch die Berichte zur Pariser Werkbund-Ausstellung in: *Neue Leipziger Zeitung*, 13. Juni 1930; *Berliner Tageblatt*, 31. Mai 1930; und *Stuttgarter Neues Tageblatt*, 23. Mai 1930, in der gleichen Reihe

13 Walter Gropius, ,Systematische Vorarbeit für rationellen Wohnungsbau', in: *Bauhaus*, II (1927), S. 1

14 Siehe neben ,Systematische Vorarbeit ...', ,Wie wollen wir in Zukunft bauen', in: *Wohnungswirtschaft*, I (1924), S. 152–154, zum Gebrauch industriell gefertigter Materialien und Bauteile im Wohnungsbau; ,Wohnungsbau der Zukunft', *Wohnungswirtschaft*, II (1925), S. 11–12; ,Das kreisrunde Zukunftshaus', Vortrag über Vorfertigungsmethoden, dargestellt in: *Neue Leipziger Zeitung*, 20. April 1926; diese Rede wurde bei verschiedenen Gelegenheiten wiederholt; und der oft gehaltene Vortrag, ,Flach-, Mittel- oder Hochbau', abgedruckt in: *Moderne Bauformen*, XXX (1931), S. 321–340

15 ,Das kreisrunde Zukunftshaus'

16 Wagner hielt kostengünstige Baumethoden zur Errichtung vorstädtischer Großsiedlungen für notwendig, damit „das Volk in der reinen Luft der sonnigen Gartenstadt leben und arbeiten" kann (,Englische Gartenstädte', in: *Wohnungswirtschaft*, II, 1925, S. 145–147). Daneben glaubte er, daß der Einsatz von Maschinen im Wohnungsbau eine saisonunabhängige Beschäftigung der Bauhandwerker garantieren würde und so die notwendigen Grundlagen zur Errichtung gemeinnütziger Kooperativen wie der sozialen Bauhütten schaffen könnte (,Probleme der Baukosten-Verbilligung', in: *Soziale Bauwirtschaft*, IV [1924], S. 131–132). Er sah in diesen Kooperativen Mikrokosmen einer „gemeinwirtschaftlichen" Demokratie, vergleichbar dem englischen Gildensozialismus (,Neue Wege zum Kleinwohnungsbau: Ein Programm der Selbsthilfe', in: *Soziale Bauwirtschaft*, IV [1924] S. 22–33; und ,Der Gildenstaat', in: *Soziale Bauwirtschaft*, V [1925] S. 252–256). Siehe auch ,Der rationelle Wohnungsbau', in: *Wohnungswirtschaft*, I (1924), S. 157–163; ,Jedem Deutschen eine gesunde Wohnung', in: *Wohnungswirtschaft*, II (1925), S. 169–171 und ,Rationalisierter Wohnungsbau', in: *Soziale Bauwirtschaft*, V (1925), S. 269–270

17 Ernst May, ,Rationalisierung des Bauwesens', *Frankfurter Zeitung*, 14. April 1926

18 Zu Tauts Ansichten über kostengünstige Baumethoden siehe ,Ersparnis im Wohnungsbau durch rationelle Einrichtung', in: *Wohnungswirtschaft*, I (1924), S. 2–25; und ,Die industrielle Herstellung von Wohnungen', in: *Wohnungswirtschaft*, S. 157–158. *Die Aussage zur ,wissenschaftlichen' Arbeit des Architekten stammt aus Modern Architecture*, S. 134.

19 ,Fünf Jahre Wohnungsbau in Frankfurt am Main', in: *Das neue Frankfurt*, V (1930), Nr. 2–4

20 Siehe die Berichte über Gropius' Vortrag ,Die funktionelle Stadt', in der Reihe ,Presse 1931 III'; Hilberseimer, *Großstadt Architektur*, S. 3–21; Wagner, ,Verkehr und Tradition', in: *Das neue Berlin*, I (1929), S. 129–135; und May, ,Rationalisierung des Bauwesens'

21 Gropius, ,Idee und Arbeit des Baushauses', in: *Berliner Börsen-Zeitung*, 6. März 1926; und ,Die Wurzeln der neuen Baukunst', in: *Aachener Anzeiger*, 9. November 1927, Reihe ,Presse 1925/ 1927', Gropius-Archiv. Wie Gilbert Herbert in: *The Synthetic Vision of Walter Gropius* (Johannesburg 1959) nachweist, hat Gropius jahrelang diese Überzeugung vertreten. Sowohl in *Bauen: Der neue Wohnbau* als auch in *Modern Architecture* macht Taut deutlich, daß es das Ziel des Neuen Bauens sei, Gebrauchsgegenstände mit Hilfe der Kunst zu adeln und ihnen so intellektuellen und geistigen Inhalt zu vermitteln. Siehe auch Mies van der Rohes Vortrag ,Die neue Zeit', den er anläßlich der gemeinsamen Tagung des österreichischen und deutschen Werkbunds in Wien hielt, abgedruckt in: *Die Form*, VI (1930), S. 406.

22 Zitiert in: *Welt am Montag*, 12. Juli 1926, Reihe ,Presse 1925/1927', Gropius-Archiv

23 W.C. Behrendt, ,Geleitwort', in: *Die Form*, I (1925), S. 1. Zusammen mit Behrendts einleitenden Worten (die diesem Zitat unmittelbar vorausgehen) verdeutlichen diese Aussagen das Gedankengut, das den meisten Veröffentlichungen radikaler Architekten zugrunde lag. Sie waren der Meinung, daß ,Form' in der Kunst eng verbunden sei mit Form bzw. Aufbau von Gesellschaft und Kultur und diese daher ,reflektiere'. Behrendt begann mit den Worten: „Alle gestaltende Arbeit findet ihr Ende und ihren sichtbaren Ausdruck in der Form. Form ist Ordnung. Die neue Welt der Arbeit aber, die um uns erstanden ist, hat für sich bisher noch keine Ordnung gefunden." Auf der Grundlage dieser Gedanken plante der Werkbund für 1934 eine große Ausstellung unter dem Titel ,Die neue Zeit', die die neue ,Form' für alle Aspekte des modernen Lebens darstellen sollte, von der Architektur bis zu Sport, Politik und Völkerbund. Dieses außergewöhnliche Projekt wurde von Ernst Jäckh geplant und wird von ihm erläutert in ‚Idee und Realisierung der internationalen Werkbund-Ausstellung ‚Die neue Zeit' Köln 1932', *Die Form*, V (1929), S. 401–421.

24 Emil Utitz, ‚Zweckmäßigkeit und Sachlichkeit', in: *Dekorative Kunst*, XXVI (1923), S. 194. Eine gute Untersuchung über die Herkunft des Begriffs ‚Die neue Sachlichkeit' ist Fritz Schmalenbachs Artikel in *Art Bulletin*, XXII (1940), S. 161–165, der diesen Terminus auf eine von Gustav Hartlaub, Direktor der Mannheimer Kunstgalerie, Mitte 1923 organisierte Ausstellung über postexpressionistische Malerei zurückführt. Schmalenbach erkannte jedoch nicht, daß der Begriff zur gleichen Zeit, als Hartlaub ihn auf die Malerei anwendete, bereits zur Beschreibung der Architektur verwendet wurde.

25 Ernst von Niebelschütz, ‚Moderne Baukunst', in: *Magdeburgische Zeitung*, 25. Januar 1924, ‚Zeitungsarchiv 5', Gropius-Archiv; Paul Westheim, ‚Architektur-Entwicklung', in: *Die Glocke*, X (1924), S. 181–185. Eine ähnliche Ansicht vertritt Fritz Stahl, ‚Der gebrochene Bann', in: *Berliner Tageblatt*, 10. Februar 1923, ‚Zeitungsarchiv 3'

26 Behne, *Zweckbau*, S. 33, 59, 72

27 A.a.O., S. 45

28 A.a.O., S. 40

29 Platz, *Die Baukunst der neuesten Zeit*, S. 112, 78, 91

30 Gustav Hartlaub, ‚Ethos der neuen Baukunst', in: *Die Form V* (1929), S. 101–106. Siehe auch den Brief Hartlaubs an Alfred Barr, 8. Juli 1929, zitiert in: Schmalenbach, S. 162

31 In einigen kunst- und literaturgeschichtlichen Arbeiten wird vielfach der Begriff verwendet, um das Ende des Expressionismus und der mit ihm verbundenen utopischen Hoffnungen zu bezeichnen. Siehe z.B. Bernard Myers, *The German Expressionists: A Generation in Revolt* (New York 1956) und Walter Sokel, *The Writer in Extremis: Expressionism in Twentieth-Century German Literature* (Stanford 1959)

32 Max Osborn, ‚Walter Gropius', in: *Vossische Zeitung*, 9. April 1930, Reihe ‚Presse 1930 I', Gropius-Archiv; Alexander Dorner, ‚Walter Gropius', in: *Bauwelt*, 10. April 1930, in der gleichen Reihe; und Osborn, ‚Gropius und die Seinen', in: *Vossische Zeitung*, 22. Mai 1930, in der gleichen Reihe

33 Müller-Wulckow, *Bauten der Arbeit*, S. 10, über Bauten von Mendelsohn und Luckhardt & Anker

34 Henry-Russell Hitchcocks *Painting towards Architecture* (New York 1948) zeigt, daß viele formale Merkmale des neuen Stils aus der modernen Malerei abgeleitet werden können und markiert damit einen Wendepunkt in der Architekturgeschichte. Spätere Architekturhistoriker, wie Giedion und Joedicke, haben diese formale Entwicklung der modernen Architektur unterstrichen.

35 *Bauten Schultze-Naumburgs* (Weimar 1940) und Kapitel 1. Die Aufsätze waren seine *Kulturarbeiten* (München 1907–1910), 6. Bd.

36 Paul Schultze-Naumburg, *ABC des Bauens*, 2. Aufl. (Stuttgart 1927), S. 24

37 Kurt Hager, ‚Das flache Dach', in: *Deutsche Bauzeitung*, LX (1926), S. 151; Gropius, ‚Das flache Dach: Eine Entgegnung', 188–192; Schultze-Naumburg, ‚Zur Frage des schrägen und des flachen Daches bei unserem Wohnhausbau', S. 761–766; S. 777–780

38 Konrad Nonn, ‚Zusammenfassendes über das Bauhaus', in: *Zentralblatt der Bauverwaltung*, XXXXVII (1927), S. 105. Das *Zentralblatt* veröffentlichte ebenfalls Glückwunschbriefe Schultze-Naumburgs und Emil Höggs an Nonn (S. 137, 138) und ein Schreiben des Rings als Antwort auf seine Vorwürfe (S. 762).

39 Siehe z.B. ‚Kurzlebige Moden für Wohnhausbauten?', in: *Deutsche Bauhütte*, XXXII (1928), S. 66; und ‚Kritisches zur RFG', S. 156–157.

40 H.A. Waldner, ‚Über Herstellung von Wohnhäusern in Industriebetrieb', in: *Deutsche Bauhütte*, XXVIII (1924), S. 217–218

41 *Reform-Bauweisen für Siedlungs-Verbilligung* (Hannover 1930); *Bausünden und Baugeld-Vergeudung* (Hannover etwa 1930)

42 Brief des Innungs-Verbands deutscher Baugewerksmeister, Berlin, 25.3.1927, in: *Zentralblatt, XXXXVII (1927)*, S. 153; Brief des Reichsverbands der deutschen Dachdecker, o.J., S. 152, mit dem Inhalt, Nonn habe die deutschen Bauberufe von einer langjährigen Bedrohung befreit

43 Siehe Gropius' Briefe vom 11. und 27. Oktober 1926 an den Herausgeber der *Bauwelt*, Paulsen; Reihe ‚Flaches Dach', Gropius-Archiv, die sich auf verschiedene Veröffentlichungen im *Deutschen Dachdecker-Handwerk* im Jahre 1926 beziehen. Siehe auch ‚Das deutsche Dach', in: *Deutsches Dachdecker-Handwerk*, 1926, Nr. 52, in der gleichen Reihe

44 *Dachdecker-Zeitung*, XXXVII (1930), Nr. 13 (30. März), May-Archiv

45 Im Gropius-Archiv siehe ‚Zum Abtritt Walter Gropius‘, in: *Der deutsche Zimmermeister*, 19. Juli 1928; ‚Gegen die Haesler-Bauten in Kassel‘, in: *Ziegel und Zement*, 6. Juni 1930; ‚Reform Bauweisen‘, in: *Deutsche Ziegelzeitung*, 14. Juni 1930; ‚Neues sachliches Bauen: Weitere Mißerfolge des Flachdaches!‘, in: *Ziegelwelt*, 9. Juli 1931; ‚Kritik an der RFG‘, in: *Der deutsche Steinbildhauer*, 15. Mai 1932

46 Emil Högg, ‚Wege und Ziele deutscher Baukunst‘, nachgedruckt in: *Deutsche Bauzeitung*, LX (1926), S. 653–656, 658–664. Es handelt sich nicht um den Bundeskongreß des BDA, sondern um den einer konkurrierenden Organisation.

47 Gropius’ Brief an Paulsen vom 27. Oktober 1926 zufolge (siehe Anm. 43), wurde Höggs Rede gegen Ende des Jahres 1926 in der Zeitschrift *Deutsches Dachdecker-Handwerk* nachgedruckt. J. Wienkoop lehnte sich in ‚Wandlungen der Baukunst im Lichte der deutschen Kultur‘, in: *Deutsche Bauzeitung*, LX (1926), S. 701–704, 718–720, eng an Höggs Argumentation an. Bettina Feistel-Rohmeder, *Im Terror des Kunstbolschewismus* (Karlsruhe 1938), Folge 11/12, August/September 1928, nennt weitere Wiederholungen und Veröffentlichungen von Höggs Vortrag. Martin Elsaesser, Mays Assistent in Frankfurt, versuchte Höggs und Wienkoops Ausführungen in *Deutsche Bauzeitung*, LX (1926), S. 721, zu begegnen.

48 Hans F.K. Günther, *Rasse und Stil* (München 1926). Schultze-Naumburg, ‚Zur Frage . . . des flachen Daches‘, S. 780; Albrecht Haupt, ‚Rasse und Baukunst‘, in: *Deutsche Bauhütte*, XXX (1926), S. 135. Siehe auch das Streitgespräch zwischen Gropius und Schultze-Naumburg in der Aprilausgabe des *Uhu*: ‚Wer hat Recht? Traditionelle Baukunst oder Bauen in neuen Formen‘, in: *Uhu*, VII (1926), S. 30–40; und Hugo Häring, ‚Die Tradition, Schultze-Naumburg und wir‘, in: *Die Form*, II (1926), S. 180

49 Schultze-Naumburg, *Kunst und Rasse* (München 1928); *Das Gesicht des deutschen Hauses* (München 1929)

50 Schultze-Naumburg, *Kunst und Rasse*, S. 127

50a A.a.O., S. 8

51 A.a.O., S. 106–108

52 A.a.O., S. 106–107

53 A.a.O., S. 133

54 A.a.O., S. 135, 119

55 A.a.O., S. 120, 132

56 Schultze-Naumburg, *Das Gesicht des deutschen Hauses*, S. 90

57 A.a.O., S. 9

58 A.a.O., S. 10

59 Paul Schmitthenner, ‚Vom neuen Bauen‘, in: *Schwäbischer Merkur*, 28. Februar 1930; ‚Neues Bauen und Tradition‘, in: *Schwäbischer Merkur*, 2. April 1931; *Das deutsche Wohnhaus* (Stuttgart 1931). Schmitthenners Texte waren allerdings nicht eindeutig rassistisch.

60 Schultze-Naumburg, *Kunst und Rasse*, S. 128

61 Sengers historisierende Architektur wird beschrieben in: Paul Renner, *Kulturbolschewismus?* (München und Leipzig 1932), S. 24. Renner war führendes Mitglied des Münchner Werkbundes; sein Buch war eine scharfsinnige Verteidigung des Neuen Bauens.

62 *Krisis der Architektur* (Zürich 1928): *Die Brandfackel Moskaus* (Zurzach/Schweiz 1931). Sengers Terminologie veranlaßte Konrad Nonn wahrscheinlich, seine eigene zu ändern: gegen Ende der zwanziger Jahre bezeichnete Nonn den neuen Stil ebenfalls als ‚kommunistisch‘ und ‚bolschewistisch‘ (‚Die bolschewistische Architektur‘, in: *Deutsche Zeitung*, 21. April 1929; und ‚Homunkulus Architektur‘, in: *Deutsche Bauhütte*, XXXIV [1930], S. 142)

63 Renner, S. 24–25

64 Renner zufolge in verschiedenen deutschen Zeitschriften. Ich habe die Version im *Völkischen Beobachter* (im folgenden: *VB*), 22. Oktober, 5., 7. und 21. November 1930 unter dem Titel ‚Bolschewismus im Bauwesen‘ benutzt. Senger wurde erst 1932 oder 1933 Parteimitglied der Nazis; Zur Einstellung des *Völkischen Beobachters* ihm gegenüber siehe Kapitel 6

65 *VB*, 22. Oktober 1930. S. auch *Krisis*, S. 46

66 Die Darstellungen Sengers mußten drastisch gekürzt und zuweilen neu geordnet werden, um seine Argumentation lesbar zu machen.

67 *Brandfackel*, S. 47. Senger konnte natürlich nicht beweisen, daß industrielle Fertigung die Existenz der Bauhandwerker bedrohe, denn die Entwürfe radikaler Architekten für industriell gefertigte Gebäudeeinheiten kamen zwischen den Weltkriegen kaum zur Ausführung. Senger griff auf die Anschuldigung zurück, daß die Verwendung von Beton (er nannte ihn ‚Zement‘) in den RFG-Siedlungen den Ruin zahlreicher Ziegeleien verursacht hätte (S. 69) und daß die Verwendung neuer industriell gefertigter Dämm-Materialien Maurern und Zimmerleuten

geschadet hätte (S. 31), weil sie möglicherweise gezwungen waren, dünnere Wände zu bauen.

68 A.a.O., S. 47

69 A.a.O., S. 50

70 A.a.O., S. 74

71 A.a.O., S. 38

72 *Krisis*, S. 18; *VB*, 22. Oktober 1930

73 *VB*, 22. Oktober 1930

74 Ebd.

75 Ebd.

76 *Brandfackel*, S. 35

77 A.a.O., S. 37

78 ,Kulturbolschewisten', in: *Der Ring*, II (1929), S. 611; Egon Trümpener, ,Bolschewisierung in der Architektur', in: *Neue Preußische Kreuz-Zeitung*, 1. Oktober 1929. Zur politischen Färbung des *Rings* siehe Fritz Stern, The Politics of Cultural Despair (Berkeley 1961), S. 264–265

79 Rosa Kurzweil-König, ,Deutsches Heim und moderne Baukunst', in: *Ludendorffs Volkswarte*, 16. Februar 1930

80 Hugo Hübsch, ,Berliner Kunstchronik', in: *Deutsche Tageszeitung*, 16. April 1930; Gustav Steinlein, ,Das wahre Gesicht der neuen Baukunst', in: *Münchner Zeitung*, 31. Dezember 1930; und ,Politik, Wirtschaft, Baukunst', in: *Münchner Zeitung*, 21. Januar 1931

81 Hasso Becker, ,Vom neuen Bauen', in: *Der Jungdeutsche*, 21. Juli 1932, Reihe ,Presse 1932/ 1934', Gropius-Archiv; ,Eine eingestürzte Kathedrale', in: *Berliner Lokal-Anzeiger*, 24. August 1932, in der gleichen Reihe; Reinhold Goering, ,Käfige oder Gemeinschaftsraum', in: *Der Tag*, 30. September 1932. Goering behauptete, die neuen Wohnungen mit ihren kleinen Räumen bestünden aus „Käfigen für Tiere", die sowohl physische als auch psychische Krankheiten hervorriefen und dadurch die Rasse schwächten.

82 In ihrer Einleitung zu *Im Terror des Kunstbolschewismus* behauptete Bettina Feistel-Rohmeder, die Kolumne würde teilweise von der Deutschen Kunstgesellschaft in Dresden, einer Organisation ortsansässiger Künstler und kleinerer städtischer Beamter, und teilweise von den oben erwähnten Gruppierungen finanziert, die diese Kolumne in ihren Zeitungen ebenfalls veröffentlichten. Zum Deutschbund, dem antisemitischen Nachfolger von Julius Langbehns ,germanischem Irrationalismus' siehe Stern, *The Politics of Cultural Despair*, S. 167–168. Die Ziele des Bartelsbundes werden in den Texten seines Gründers Adolf Bartels dargestellt; siehe sein Buch *Der Völkische Gedanke* (Weimar 1923). Der Deutschvölkische Schutz- und Trutzbund war eine quasi-politische Organisation. In Thüringen schloß er sich Marschlers NSFP an. S.a. Kap. 3, Anm. 44 und 45

83 *Im Terror des Kunstbolschewismus*, Folge 25, Juni 1930

84 A.a.O., Folge 11/12, August/Sept. 1928

85 A.a.O., Folge 49, Juli 1931; Folge 40/41, Oktober/November 1930; Folge 22/23, Juli/ August 1929

86 A.a.O., Folge 49, Juli 1931

87 Hermann Schluckebier, ,Unsere Stellung zum Wohnungsbau (Rede auf der Tagung des kommunalistischen Reichsausschusses der DNVP, 29. Januar 1928)', in: *Flugschriften der DNVP* (Berlin 1928), Nr. 316. In ihrem ersten Teil enthielt die Rede einen besonders gehässigen Angriff auf Wagner und die ,marxistische' Gehag sowie die ,marxistischen' sozialen Bauhütten (S. 16–21).

88 *Volk erwache! Was will die Deutschnationale Volks-Partei? Die Rede Dr. Hugenbergs im Berliner Sportpalast am 14. August 1930* (Berlin, 18. Aug. 1930)

6 Nationalsozialismus und Neues Bauen

1 Adolf Hitlers *Mein Kampf* (München 1936, Bd. 1, Kap. 10, S. 282 f.) befaßt sich vor dem Hintergrund des militärischen Zusammenbruchs mit den Ursachen des kulturellen Verfalls. Im 11. Kapitel führt Hitler seine Thesen zu Nation und Rasse aus, in Kapitel 2, Bd. 2, analysiert er die Beziehungen zwischen Kultur, Kunst, Rasse und Staat.

2 Das Programm der Nationalsozialistischen Deutschen Arbeiterpartei 1920, in: *Die deutschen Parteiprogramme*, hrsg. von F. Salomon, Leipzig 1926, Bd. III, S. 128–131; siehe auch: ,Some fundamental demands of the Party', 18. September 1922, and ,The Paradise of the Jew', 27. April 1923, in N.H. Baynes, Hrsg., *The Speeches of Adolf Hitler*, (London 1942), I, S. 66, 108

3 Rede im Hofbräuhaus am 13. August 1920 (Fotokopie des Textes in den Archiven des Instituts für Zeitgeschichte, München, Gruppe I, Stück 62), S. 5. *Mein Kampf*, Bd. I, Kap. 10. Rede vom 4. April 1929, zit, in Otto Dietrich ‚Adolf Hitler als künstlerischer Mensch‘, in: *Nationalsozialistische Monatshefte,* III (1933), S. 473.

4 Bettina Feistel-Rohmeder, *Im Terror des Kunstbolschewismus,* Folge 11/12, August/September 1928, berichtet von einem Treffen des Kampfbundes Anfang 1928 in München. Eugen Haug (nacheinander Vorsitzender des Reichshammerbundes, des Deutschvölkischen Schutz- und Trutzbundes und der NSDAP in Stuttgart) beschreibt die Gründung einer Ortsgruppe des Kampfbundes 1928 in Stuttgart in ‚Aufzeichnungen zur Vorgeschichte der Entstehung der NSDAP in Stuttgart‘ (Manuskript in den Archiven des Instituts für Zeitgeschichte, München, Gruppe VI, Stück 166), S. 9. – In *Die Kunstpolitik des Nationalsozialismus* (Hamburg 1963) zeichnet Hildegard Brenner ein genaueres Bild der Anfänge des Kampfbundes und analysiert detailliert weitere Tendenzen der Kunstpolitik der Nazis, die in diesem und in den beiden folgenden Kapiteln angesprochen werden. Da meine Darstellung sowohl in den Fakten als auch in ihrer Interpretation stark von den Ausführungen Brenners abweicht, hielt ich es nicht für notwendig, in den Anmerkungen häufig auf ihre Analyse zu verweisen.

5 ‚Die Kulturkrise der Gegenwart‘, in: *VB*, 27. Februar 1929, bezeichnet das Treffen vom Vortag als die ‚erste‘ Versammlung des Kampfbundes.

6 A.a.O., Rosenberg konzipierte bereits die Kerngedanken seines *Mythus des 20. Jahrhunderts,* der im folgenden Jahr veröffentlicht wurde. Siehe auch *VB*, 27. April

7 ‚Deutsche aller Berufe und Stände‘, in: *Kampfbund für deutsche Kultur,* Flugblatt Nr. I, o.J. Der Text läßt eine Veröffentlichung Anfang 1929 vermuten.

8 A.a.O., und *Ein Kampfbund für deutsche Kultur* (München o.J.). Der Text läßt eine Veröffentlichung im Sommer 1930 vermuten.

9 ‚Deutsche aller Berufe und Stände‘

10 Die letztgenannte wurde von Eugen Hönig geleitet, dem Professor für Baugeschichte an der Münchner Kunstakademie und späteren Präsidenten der Reichskammer der bildenden Künste. Siehe Feistel-Rohmeder, Einleitung, und Kapitel 7 dieses Buches.

11 Der Kampfbund versuchte sich zunächst als überparteiliche Organisation. So wurde keine der erwähnten Personen ausdrücklich um Unterstützung der NSDAP gebeten, anläßlich von Vorträgen auf Versammlungen des Kampfbundes wurden sie jedoch von Funktionären der Nazis vorgestellt.

12 Winifred Wagner; Eva Chamberlain; Freiherr von Wolzogen, Herausgeber der *Bayreuther Blätter;* und Ludwig Schemann, Gobineau-Übersetzer und Professor in Göttingen (*Kampfbund für deutsche Kultur*, S. 3–4)

13 Unter den zahlreichen Veröffentlichungen Mielkes waren seine Arbeiten zur Architektur des Dorfes im späten Mittelalter besonders bekannt.

14 Zu den akademisch gebildeten Mitgliedern zählten Friedrich Wilhelm Freiherr von Bissing, Professor für Ägyptologie in München, Carl Cornelius, Kunsthistoriker in München, Arthur Prüfen, Musikwissenschaftler in Leipzig, Andreas Heusler, Germanist in Basel, Adalbert Wahl, Historiker in Tübingen (*Kampfbund für deutsche Kultur*, a.a.O.). – In ihrer Einleitung beschreibt Feistel-Rohmeder den 1930 erfolgten Zusammenschluß von 17 verschiedenen kulturellen Organisationen, einschließlich des Kampfbundes, zum ‚Führerrat der Vereinigten Deutschen Kunst- und Kulturverbände‘, unter Führung ihrer eigenen Deutschen Kunstgesellschaft. In Folge 43 vom Januar 1931 erwähnt sie, daß der Kampfbund den ‚Führerrat‘ übernommen habe. Die Organisationen waren u.a.: Adler und Falken, Bund völkischer Lehrer Deutschlands, Deutscher Frauenkampfbund, Bayreuther Bund Deutscher Jugend und der Nordische Ring. Siehe auch die Erklärung des Stuttgarter Deutschen Befreiungs-Bundes (16. Juni 1930, Eugen Haug, ‚Aufzeichnungen zur Vorgeschichte‘, S. 42–43), in der er anläßlich seiner Verschmelzung mit dem Kampfbund seine Gründe erläutert.

15 Der Kampfbund hatte Ende 1930 Ortsgruppen in München, Stuttgart, Dresden, Weimar, Frankfurt und Augsburg (‚Kampfbund für deutsche Kultur‘, in: *VB*, 12. November 1930, und weitere vereinzelte Angaben in der gleichen Zeitung zwischen 1929 und 1930); 1931 kamen Ortsgruppen in Karlsruhe, Wiesbaden, Darmstadt und Kaiserslautern hinzu (‚Kampfbund für deutsche Kultur‘, in: *Nationalsozialistische Monatshefte,* I [1931], S. 64–65, und *VB*, 1931, *passim*); im Laufe des Jahres 1932 wurden in Berlin, Essen, Mannheim, Jena, Köln und achtzehn weiteren Städten Ortsgruppen bzw. entsprechende kleinere Einheiten gegründet (‚Übersicht der Organisationsleiter, Obleute und Sachreferenten des KfdK-Groß-Berlin‘, in: *Deutsche Kultur-Wacht* II,

1933, H. 5, S. 18). Der politische Kopf der Berliner Ortsgruppe war Hans Hinkel, ein weiterer frustrierter Künstler, der Propagandist für den Nationalsozialismus geworden war. Nach 1933 bekleidete er verschiedene einflußreiche Posten im Propaganda-Ministerium. Zu den für Architekturfragen zuständigen Leitern der Berliner Ortsgruppe gehörten Schultze-Naumburg und Nonn.

16 In ‚Ein Vortrag des Kampfbundes für deutsche Kultur', in: *VB*, 3. März 1929, wird von Reden, die Heuss in Weimar und München hielt, berichtet. Siehe auch *VB*, 9. März 1929

17 In ‚Der ewige Kampf zwischen Chaos und Gestalt. Eine Rede Alfred Rosenbergs über den Schicksalskampf der deutschen Kultur', in: *VB*, 27. April 1929, wird über Rosenbergs Reden in München, Berlin und Dresden berichtet.

18 Siehe z.B. den Bericht zur Rede über ‚Kulturbolschewismus' von Dr. Werner Kulz in Kaiserslautern, in ‚Kulturumsturz in Deutschland', in: *VB*, 25. Juni 1931

19 ‚Der Kampfbund für deutsche Kultur zum sächsischen Staatsliteraturpreis', in: *VB*, 1. August 1929. Die Staatsregierung akzeptierte zwar das Geld, lehnte es jedoch ab, die Preise den vom Kampfbund nominierten Personen zuzuerkennen.

20 In ‚Kampfbund für deutsche Kultur', in: *VB*, 30. Oktober 1929, werden einige dieser Darbietungen beschrieben. Siehe auch ‚Ein Rückblick auf die Pfingsttagung des Kampfbundes zum Schutze der deutschen Kultur', in: *VB*, 17. Juni 1930

21 ‚Die Kampfbund-Bühne München steht!', in: *VB*, 23./24. Oktober 1932

22 Der *Völkische Beobachter* wurde zwar von Rosenberg herausgegeben, da aber Hitler sich immer sehr interessiert an dem Blatt zeigte und Göring seit 1928 die Parteipropaganda leitete, war Rosenberg für die redaktionelle Politik nicht allein verantwortlich.

23 Siehe z.B. ‚Neue Verhöhnung der deutschen Frontsoldaten auf der Bühne', in: *VB*, 3. März 1928; Hans von Wolzogen, ‚Vergangenheit und Zukunft: Eine Betrachtung der Gegenwart', 3. November 1928; und der Leitartikel über Reinhardt am 16. April 1929.

24 Gottfried Feder, ‚Gegen die Negerkultur', in: *VB*, 31. Januar 1930

25 ‚Gegen den Kulturbolschewismus', in: *VB*, 16. Januar 1929, ein sehr umfassender Artikel, der jene Künstler und ihre Werke angriff, gegen

die auch der Kampfbund opponierte. In diesem Text findet sich die für Rosenberg typische Terminologie.

26 ‚Der Desssauer Bauhausfilm; wie bauen wir gesund und wirtschaftlich?', in: *VB*, 16./17. Juni 1927; und ‚Neues Bauen – Neues Wohnen', in: *VB*, 24. September 1927

27 ‚Neues Bauen . . .'

28 ‚Das technische Gesicht der neuen Münchner Ausstellung', in: *VB*, 4. Mai 1928. Siehe auch ‚Eröffnung der Ausstellung ‚Heim und Technik'; in: *VB*, 27. Mai 1928, ‚Ausstellung Heim und Technik München', in: *VB*, 4. Juli 1928; ‚Die moderne Technik des Haushalts', in: *VB*, 5. Oktober 1928.

29 ‚Die Großstadt ohne Straße. Ein phantastisches Zukunftsbild', in: *VB*, 20. Juni 1929. Siehe auch ‚Die Großstadt der Zukunft', in: *VB*, 19./20. Dezember 1926; ‚Berlins Stadtplan bestimmend für den Stadtorganismus', in: *VB*, 23. September 1927, ‚Wovon leben die deutschen Großstädte', in: *VB*, 26. September 1928

30 Über Darrés Karriere und seinen Einfluß gibt es keine hinreichenden Darstellungen. Die folgenden Texte geben vereinzelte Hinweise: A. Bullock, *Hitler, a Study in Tyranny*, revidierte Ausgabe (New York 1962); K. Heiden, *Der Führer* (Boston 1944); *K.D. Bracher u.a., Die nationalsozialistische Machtergreifung* (Köln und Opladen 1960); Heinz Haushofers Beitrag über Darré in: *Neue Deutsche Biographie*, Bd. III (Berlin 1957), und der Beitrag über Darré in *Wer Ist's* (Berlin 1953). Unter diesen Schriftstellern gibt es keine Einigung über Darrés Lebensweg zwischen 1926 und 1933; vor allem das Datum seines Parteieintritts ist umstritten. Alle weisen jedoch Darrés eigene Darstellung vor dem internationalen Militärgerichtshof in Nürnberg zurück, er sei der Partei erst im April 1930 beigetreten und habe vorher keinen Kontakt zu ihr gehabt.

31 *Wer Ist's*, 1935, und Heiden, S. 336–337. Haushofer, in: *Neue Deutsche Biographie*, III, S. 517, nennt das Jahr 1928. Darré wurde offensichtlich wegen seiner aggressiven Geopolitik und seiner Verbindungen zu Karl Haushofers Deutscher Akademie in München seines Amtes enthoben.

32 Bullock, S. 155

33 *Wer Ist's*, 1935. Zum Rasse- und Siedlungs-Hauptamt siehe Gerald Reitlinger, *The SS, Alibi of a Nation* (London 1956)

34 *Das Bauerntum als Lebensquell der Nordischen Rasse* (München 1929). Seitenangaben beziehen sich auf die 7. Auflage aus dem Jahr 1938. Dem Vorwort zur 1. Auflage nach stellte Darré das Manuskript im Herbst 1928 fertig. Er betonte des öfteren den großen Einfluß von Mielkes *Die Siedlungskunde des Deutschen Volkes* (München 1927) und von Günthers Arbeiten.

35 *Bauerntum*, S. 289–292

36 A.a.O., S. 227–299, besonders 292

37 A.a.O., S. 77–80; 367

38 ‚Aus der Asphaltkultur der Großstadt‘, in: *VB*, 13. Juli 1928

39 ‚Berlin, die unfruchtbarste Stadt der Welt‘, in: *VB*, 30. April 1929

40 ‚Unsere Stellung zu Damaschkes Bodenreform: Kulturpolitischer Irrtum‘, in: *VB*, 23. Juni 1931; Teil einer Serie über die Bodenreform, die *Neuadel aus Blut und Boden* als offizielles Naziprogramm betrachtet und ihm zustimmt

41 ‚Ein Rückblick auf die Pfingsttagung des ‚Kampfbunds zum Schutze der deutschen Kultur‘, in: *VB*, 17. Juni 1930

42 Die Reihenfolge der Ereignisse ist strittig. Sicher ist, daß Darré und Schultze-Naumburg im Frühjahr 1930 enge Freunde wurden, denn *Neuadel aus Blut und Boden*, im Frühjahr fertiggestellt, wurde in Schultze-Naumburgs Haus in Saaleck geschrieben (Vorwort zur 1. Aufl., München 1930). In diesem Buch drückt er mehrfach seine Dankbarkeit und Bewunderung aus. Es gibt jedoch keinen Hinweis dafür, daß diese Freundschaft bereits bestand, bevor Frick sich für Schultze-Naumburg zu interessieren begann.

43 Fritz Sauckel, *Kampf und Sieg in Thüringen* (Weimar 1934), S. 21

44 Sauckel, ‚Zeittafel‘, im Anhang des Buches, und *General-Anzeiger* (Dortmund), 14. April 1930, Reihe ‚Presse 1930 I‘, Gropius-Archiv

45 Justus Bier, ‚Zur Auflösung der Staatlichen Bauhochschule in Weimar‘, in: *Die Form*, VI (1930), S. 269–274; ‚Wider die Negerkultur‘, in: *VB*, 15. April 1930; F. Sauckel, ‚Die Rettung Thüringens‘, in: *VB*, 20., 21., 22. April 1930; ‚Die Weimarer Hochschule für Baukunst‘, in: *VB*, 11. April 1930

46 K.D. Bracher, *Die Auflösung der Weimarer Republik* (Villingen/Schwarzwald 1960), S. 360, Anm. 100; Georg Witzmann, *Thüringen von 1918–1933; Erinnerungen eines Politikers* (Meisenheim am Glan 1958), S. 153 ff.; ‚Jüdische Hetze gegen Schultze-Naumburg‘, in: *VB*, 23. August 1930; ‚Schultze-Naumburg und die zünftige Kritik‘, in: *VB*, 13. März 1931; ‚DVP sabotiert den Kulturaufbau‘, in: *VB*, 21. März 1931; ‚Was

geht in Weimar vor?‘, in: *VB*, 3. Oktober 1931; *Jahrbuch der Deutschen Sozialdemokratie für das Jahr 1931* (Berlin: Vorwärts, 1931), S. 230–232; ‚Thüringer Kulturabbau Professor Schultze-Naumburgs‘, in: *VB*, 16. Januar 1932

47 ‚Ostische Bilder‘, in: *Hannoverscher Kurier*, 29. November 1930, Reihe ‚Presse 1930 I‘, Gropius-Archiv

48 ‚Das Bauhaus in Weimar‘, *Der Nationalsozialist* (Weimar), 2. März 1930, Reihe ‚Presse 1930 I‘, Gropius-Archiv; Das Bauhaus in Weimar‘, in: *VB*, 14. März 1930; Paul Schultze-Naumburg, ‚Die Weimarer Kunsthochschule‘, *Niederdeutscher Beobachter* (Schwerin), 27. Januar 1931, Reihe ‚Presse 1931 II‘, Gropius-Archiv. ‚Neues Bauen und Tradition‘, in: *VB*, 13. Februar 1931 zufolge waren viele der neuen Dozenten, die Schultze-Naumburg einstellte, Studenten von Paul Schmitthenner in Stuttgart.

49 Mit Ausnahme einer kurzen Rezension von *Kunst und Rasse* (4. April 1928), die sich nur mit dem Kapitel über Malerei auseinandersetzte, und einer kurzen Ankündigung von *Das Gesicht des Deutschen Hauses* (19. Juni 1929)

50 ‚Was geht in Weimar vor‘, in: *VB*, 3. Oktober 1931; ‚Jüdische Hetze gegen Schultze-Naumburg‘, in: *VB*, 23. August 1930; H.F. Schmidt, ‚Moderne Baukunst‘, in: *VB*, 27. März 1930.

51 Siehe die Broschüre *Deutsche Kunst und Rasse*, nachgedruckt im *Kampfbund für Deutsche Kultur*, etwa Mitte 1930. Diese Broschüre ist anonym, zitiert jedoch direkt aus *Kunst und Rasse* und ähnelt im Wortlaut sehr einer Rede Schultze-Naumburgs anläßlich der ‚Kulturpolitischen Tagung‘ der Thüringer DNVP im April 1930 (‚Idioten und Dirnen‘, *Welt am Montag*, 14. April 1930, Reihe ‚Presse 1930 I‘, Gropius-Archiv).

52 ‚Kultur und Macht; Machtentwicklung als Voraussetzung echter Volkskultur; Alfred Rosenberg auf der Tagung des KfdK in Weimar‘, in: *VB*, 13. Juni 1930; ‚Ein Rückblick auf die Pfingsttagung des Kampfbunds zum Schutze der deutschen Kultur‘, in: *VB*, 17. Juni 1930; ‚Ansprache des Staatsministers Dr. Frick auf dem Kongreß des Kampfbundes für deutsche Kultur, Pfingsten 1930‘, in *Kampfbund für deutsche Kultur*, etwa Mitte 1930, S. 19

53 Felix Schmidt, ‚Der Kampfbund der Deutschen Architekten und Ingenieure im Kampfbund für Deutsche Kultur‘, in: *Deutsche Technik*, I (1933), S. 47–49. *Deutsche Kultur-Wacht*, II (1933), H. 5, S. 18 beschreibt die Gründung dieser Organisation in Berlin im Februar 1932 und ihre weitere Entwicklung.

54 Gottfried Feder, Hrsg., *Deutsche Technik* (Berlin 1933 ff.). Die Tagungen, die in Kapitel 7 näher beschrieben werden, fanden vom 24. bis zum 25. Juni in Weimar und am 15. Dezember in Berlin statt. Siehe ,Führertagung der deutschen Architekten und Ingenieure', in: *Deutsche Kultur-Wacht*, II (1933), H. 13, S. 8–9; und ,Wider den Kulturbolschewismus! Machtvolle Kundgebung des Kampfbundes der deutschen Architekten und Ingenieure', in: *VB*, 16. Dezember 1933

55 *Kampf umd die Kunst* (München: Eher, 1932), S. 5

56 A.a.O., S. 68

57 Dresden und München: ,Schultze-Naumburg in München im ,Kampfbund für deutsche Kultur', in: *VB*, 10. Februar 1931; ,Schultze-Naumburg und die zünftige Kritik', in: *VB*, 13. März 1931; ,Wo bleibt die gute, moderne Kunst?! ... Schultze-Naumburg, Panizza, Grassmann, und was Herr Essein dazu zu sagen hat', in: *VB*, 10. April 1931. Paul Renner gibt in seinem *Kulturbolschewismus?* (München 1932), S. 8–10 eine lebendige Beschreibung des zweiten Münchner Vortrags, bei dem die Sturmtruppen den Maler Wolf Panizza für dessen Ausruf „Wo bleibt die gute, moderne Kunst?" niederknüppelten, während Schultze-Naumburg seine Dias zeigte. Siehe auch ,Der Kampf um die Kunst', in: *VB*, 13. Februar 1931; ,Schultze-Naumburg spricht in Wiesbaden', in: *VB*, 17. März 1931; und ,Schultze-Naumburg in Darmstadt und Frankfurt', in: *VB*, 24. März 1931

58 K.J. Fischer, ,Kampf um Schultze-Naumburg', in: *VB*, 5. März 1931; ,Schultze-Naumburg und die zünftige Kritik'

59 Aus der Rede ,Neues Bauen und Tradition', die Schmitthenner im Februar 1931 zunächst in Weimar hielt (,Neues Bauen und Tradition', in: *VB*, 11. Februar 1931), und später noch häufig wiederholte. Zitiert aus der wortgetreuen Niederschrift in K.W. Straub, ,Bekenntnisse eines deutschen Baumeisters', in: *VB*, 30. März 1932, die eine der nachfolgenden Veranstaltungen in Berlin zum Thema hat. Zu anderen Versionen siehe: ,Neues Bauen und Tradition', in: *Schwäbischer Merkur*, 2. April 1931; ,Kampfbund Kundgebung in Württemberg', in: *Deutsche Kultur-Wacht*, II (1933), H. 9, S. 13–14; ,Tradition und neue Kunst', in: *Bauwelt*, XXIV (1933), S. 789; ,Tradition und neue Kunst', in: *VB*, 16./17. Juli 1933

60 ,Sachlichkeit in alter und neuer Bauweise; ein Vortragsabend des Kampfbundes für deutsche Kultur', in: *VB*, 3. März 1932

61 ,Architektur und Revolution', in: *VB*, 2. Februar 1933. Brenner irrt in der Annahme, daß Senger einer der ersten Kampfbund-Redner gewesen sei (Hildegard Brenner, *Die Kunstpolitik des Nationalsozialismus* Hamburg 1963, S. 11–13). Bis 1931 weigerte er sich, unter der Schirmherrschaft des Kampfbunds zu sprechen oder zu schreiben (Renner, *Kulturbolschewismus?*, S. 59–60).

62 Die Treffen der Ortsgruppen werden beschrieben in ,Kampfbund der deutschen Architekten und Ingenieure', in: *Deutsche Kultur-Wacht*, II (1933), H. 5, S. 18. Zu weiteren wichtigen Vorträgen Schultze-Naumburgs anläßlich von KDAI-Treffen siehe: ,Architekten und Ingenieure vor die Front! Zur Reichstagung des KDAI', in: *VB*, 6./7. November 1932; und ,Führertagung der deutschen Architekten und Ingenieure', in: *Deutsche Kultur-Wacht*, II (1933), H. 13, S. 8–9

63 ,Kampfbund der deutschen Architekten und Ingenieure', in: *VB*, 3. März 1932

64 Winfried Wendland, ,Moderne Baukunst – Junge Baukunst', in: *Bauwelt*, XXIII (1932), S. 740–741

65 ,Führertagung des Kampfbundes deutscher Architekten und Ingenieure', in: *VB*, 29. Juni 1933; und ,Wider den Kulturbolschewismus! Machtvolle Kundgebung des Kampfbundes der deutschen Architekten und Ingenieure', in: *VB*, 16. Dezember 1933

66 ,Rosenberg spricht über Kunst', *Deutsche Allgemeine Zeitung*, 8. Mai 1934; Rosenberg, ,Kampf um die Kunst', Rede vom 26. September 1934 in Berlin, abgedruckt in: *Nationalsozialistische Monatshefte*, IV (1934), S. 1095–1099; und ,Gesinnung und Kunst', Rede vom 7. Juni 1935 in Düsseldorf, Nachdruck, V (1935), S. 607. Rosenberg äußerte eine ähnliche Ansicht über die Technik wie Schultze-Naumburg und Feder in ,Kultur und Technik'. Rede vom 6. Juni 1935, abgedruckt in: *Gestaltung der Idee* (München 1939), S. 319–328.

67 Angriffe auf die neue Architektur tauchten im *Völkischen Beobachter* erstmalig im Sommer 1929 auf; die Herausgeber veröffentlichten zu dieser Zeit jedoch weiterhin Artikel von gegenteiliger Tendenz. Innerhalb der ersten Gruppe sind die Kolumnen von Friedrich Imholz erwähnenswert: ,Die Orientalisierung der deutschen

Baukunst', in: *VB*, 22. August 1929; ,Die Gefahren der Orientalisierung unserer Baukunst', in: *VB* 19. November 1929; ,Kirchenbau und ,moderner' Baustil', in: *VB*, 15. Januar 1930. Im Februar veröffentlichte der *Völkische Beobachter* eine ausführliche Gegendarstellung zu Imholz: Karl J. Fischer, ,Neuer Baustil als Ausdruck neuer Zeit', in: *VB*, 14. Februar 1930; im März eine Widerlegung von Fischers Thesen: H.F. Schmidt, ,Moderne Baukunst', in: *VB*, 27. März 1930. Noch im Juni vertraten die Herausgeber gegenüber dem neuen Stil keine klare Position – siehe den positiven Bericht über Gropius' Beitrag zur Werkbundausstellung in Paris, ,Die Wohnung für das Existenzminimum', in: *VB*, 28. Juni 1930. Am 2. Juli jedoch wurde Gropius in einem anderen Artikel zur gleichen Ausstellung beschuldigt, auf eine proletarische „Diktatur in Kunstsachen" hinzuarbeiten (,Der deutsche Werkbund in Paris'); von diesem Zeitpunkt an war jede Erwähnung der Arbeit der Ring-Architekten negativ gefärbt.

68 Es gibt viele Beispiele für diese Gleichsetzung von Neuem Bauen und moderner Kunst. Siehe vor allem ,Bolschewismus oder Deutschland', in: *VB*, 2. März 1933; ,Jetzt wird der Schlußstrich gezogen!' Wahlaufruf vom 5./6. März 1933; und einen ähnlichen Artikel in *Der Angriff:* ,Vierzehn Jahre Marxistischer Baukunst', 1. März 1933. Der Artikel ,Irrung und Entwirrung. Bildende Kunst gestern, heute und morgen', in: *VB*, 28. September 1932, stellt in Aussicht, daß sich die neue deutsche Kunst zuerst in der Architektur ausdrücken werde.

69 ,Eine Abrechnung mit dem System May, Gropius, Taut und Konsorten!', in: *VB*, 12./13. Juli 1931. Siehe auch Paul Schmitthenner, ,Gestalteter Zeitgeist. Baukunst und Stil im Jahrhundert der Technik', in: *VB*, 27. Januar 1933

70 ,Entscheidungskämpfe um die deutsche Kultur', *VB*, 11. Februar 1932, liefert eine besonders deutliche Darstellung der Zusammenhänge zwischen Neuem Bauen und ,Kulturbolschewismus'.

71 ,Berliner Bauausstellung und Wohnungsnot', in: *VB*, 6. Juni 1930; ,Der deutsche Werkbund in Paris', in: *VB*, 2. Juli 1930; ,Auch Schwe-

den lehnt sich gegen das ,Neue Bauen' auf', in: *VB*, 5. November 1930; ,Was die Berliner Bauausstellung zeigt!', in: *VB*, 8. Juli 1931; ,Nachwort zur Berliner Bauausstellung', in: *VB*, 7. August 1931; ,Leuchtende Wände – Lichtgaswände', in: *VB*, 2. März 1932; ,Sonne, Luft und Haus für alle: Berliner Sommerschau 1932', in: *VB*, 8. Juni 1932

72 Siehe z.B. ,Wider den Bolschewismus in der Baukunst', in: *VB*, 3. Dezember 1930; ,Flachdachkrach!...', in: *VB*, 3. Juli 1931; und ,Kampf um Gropius', in: *VB*, 28. Januar 1932.

73 ,Bolschewismus im Bauwesen', in: *VB*, 22. Oktober, 5. und 7. November 1932

74 ,Das Ziel unseres kulturpolitischen Kampfes', in: *VB*, 4. November 1932. Unter dieser Seitenüberschrift erscheinen drei Artikel; die zitierte Textstelle ist dem zweiten entnommen: ,Schrankenloses Bekenntnis zu einer deutschen Kunst', Die ,Kathedrale des Marxismus' – und ihre ,Gläubigen' ,Kulturelle Erneuerung aus Volks- und Rassebewußtsein'

75 ,Bauelend und Kulturverödung im heutigen Staate', in: *VB*, 19. August 1930. S.a. ,Die neue Architektur und ihre Gefahren', in: *VB*, 12. Juli 1930

76 ,Bauelend ....'. Siehe auch ,Zum Thema; Wohin unsere Steuergelder kommen?', in: *VB*, 4. Juli 1931; und ,Wo unsere Steuergelder hinkommen: Die ,R.F.G.' oder wie mit öffentlichen Mitteln eine Überorganisation genährt wurde', in: *VB*, 4. September 1931.

77 ,Eine Abrechnung ...', in: *VB*, 12./13. Juli 1931. Siehe auch alle Artikel in Anm. 71

78 ,Schultze-Naumburg und die zünftige Kritik', in: *VB*, 13. März 1931

78a ,Bauelend ...', in: *VB*, 19. August 1930

79 Ebd.

80 ,Jetzt wird der Schlußstrich gezogen!' Wahlaufruf, 5./6. März 1933

81 ,Vom deutschen Kunstreich jüdischer Nation', in: *VB*, 2. Februar 1933

82 ,Eine Abrechnung ...', in: *VB*, 12./13. Juli 1931

83 ,Das Ziel unseres kulturpolitischen Kampfes ...', in: *VB*, 4. November 1932

7 Das Nazi-Regime und seine Maßnahmen zur Kontrolle der Architektur

1 Siehe Kapitel 4, Anm. 48, und Hans-Maria Wingler, *Das Bauhaus – 1919–1933 – Weimar, Dessau, Berlin* (Bramsche 1962), S. 173–186

2 Hofmann, ,Was wird aus dem Bauhaus', in: *Anhalter Tageszeitung*, 10. Juli 1932, Reihe ,Presse, Bauhaus', Gropius-Archiv

3 A.a.O. Siehe auch ‚Kampf um Gropius‘, in: *VB*, 28. Januar 1932; und Protokolle des Dessauer Gemeinderates, 1929–1933, Stadtarchiv Dessau, Nr. 1284, Auszüge in Wingler, *Bauhaus*, S. 181–182

4 ‚Das Bauhaus bekommt ein Holzdach‘, in: *Frankfurter Zeitung*, 21. Januar 1934. P.A. Otte, ‚Vier Monate Hitler-Regime‘, in: *Berliner Tageblatt*, 29. Juli 1932 zufolge war die Schließung des Bauhauses die einzige Leistung des Nazi-Regimes in Anhalt während der ersten vier Monate seines Bestehens. Wie schon 1930 in Thüringen und wie es nach 1933 noch oft der Fall war, diente der Partei die Kulturpolitik als Ersatz für andere Formen politischer und sozialer Veränderungen.

5 ‚Haussuchung im Bauhaus Steglitz‘, in: *Berliner Lokal-Anzeiger*, 12. April 1933; ‚Razzia im ‚Bauhaus‘‘, in: *VB*, 12. April 1933

6 Geheimes Staatspolizeiamt, Berlin, Brief vom 21. Juli 1933 an Ludwig Mies van der Rohe

7 Ludwig Mies van der Rohe, Brief vom 20. Juli 1933 an Winfried Wendland, Preußisches Ministerium für Wissenschaft, Kunst und Volksbildung, Berlin und ‚Gedächtnisprotokoll einer aus Anlaß der Schließung des Bauhauses mit Alfred Rosenberg am 12. April 1933 geführten Unterredung‘, Berlin, 13. April 1933 (Mies van der Rohe-Archiv; Kopie, von Herrn Wingler zur Verfügung gestellt; kurzer Auszug in Wingler, *Bauhaus*, S. 194)

8 Ludwig Mies van der Rohe, ‚An die Studierenden des Bauhauses‘, Berlin, 10. August 1933, Mitteilung an die Studenten über die Entscheidung der Fakultät, das Bauhaus zu schließen und über die Gründe, die zu diesem Entschluß führten

9 Gleichzeitig wurden weitere Kunstkritiker und Museumsdirektoren, die moderner Kunst und Architektur positiv gegenüber standen, wie z.B. Gustav Hartlaub, Curt Glaser, Walter Riezler und Max Osborn entlassen. Siehe ‚Beurlaubte Kunstwerke, beurlaubte Künstler, beurlaubte Kunsthistoriker‘, in: *Das Werk*, XX (1933), Juli, S. XXXVIII

10 ‚Neuorganisation an den preußischen Kunstanstalten‘, in: *Münchner Zeitung*, 27. Dezember 1933

11 Schmitthenner erhielt die Stelle auf Betreiben des Kampfbundes, gab jedoch bald aufgrund von Differenzen mit Goebbels und Rust auf (nach Aussage von Herrn Schmitthenner und Briefen in der Reihe Schmitthenner zufolge, Mitgliederverzeichnis der Berliner Abteilung der Reichskammer der bildenden Künste. U.S. Documents Center, Berlin). S.a. oben Anm. 10

12 ‚Kleine Chronik‘, in: *National Zeitung* (Basel), 30. Oktober 1933; und ‚Kunstchronik‘, 30. Oktober 1934

13 Zum Beispiel Hans Mehrtens, Otto Ernst Schweitzer, Johannes Göderitz

14 ‚Fünf Stadträte beurlaubt‘, in: *Vossische Zeitung*, 14. März 1933; ‚Wieder zahlreiche Beurlaubungen‘, 19. März; ‚Weitere Beurlaubungen‘, 23. März; ‚Stadtrat Czeminski beurlaubt‘, 29. März; ‚Beurlaubungen‘, 30. März

15 Nachdem der Kampfbund ihn in *Deutsche Kultur-Wacht*, II (1933), H. 6, S. 11, angegriffen hatte

16 Johannes Göderitz, Tauts Nachfolger in Magdeburg, in einem Brief vom 7. Januar 1960 an die Verfasserin und mündlichen Informationen zufolge. Konrad Rühl, von 1922 bis 1927 Assistent bei Göderitz und anschließend Wohnungsbaudirektor der Provinzialverwaltung in Düsseldorf, wurde 1933 dieses Amtes enthoben (Brief vom 9. Februar 1960 an die Verfasserin).

17 ‚Wieder zahlreiche Beurlaubungen‘, in: *Vossische Zeitung*, 19. März 1933; und *Geschichte der gemeinnützigen Wohnungswirtschaft in Berlin* (Berlin 1957), S. 129

18 A.a.O., und *Gehag: Gemeinnützige Heimstätten-Aktiengesellschaft 1924–1957* (Berlin 1957), S. 25

19 Siehe Kapitel 8

20 ‚Neuer Vorstand des BDA‘, in: *Vossische Zeitung*, 24. März 1933

21 *Bauwelt*, 11. Mai 1933, zitiert in: ‚Deutsche Zeitungsausschnitte‘. *Das Werk*, XX (1933), Juni, S. XLV–XLVI

22 Kopien der Fragebögen, die der neue Vorstand an die Mitglieder des BDA verschickte, finden sich in fast allen Mitgliederverzeichnissen der Berliner Abteilung RDBK, U.S. Documents Center, Berlin. ‚Deutsche Zeitungsausschnitte‘, *Das Werk*, XX, kündigte die Verteilung der Fragebögen an.

23 ‚Deutsche Zeitungsausschnitte‘

24 Bericht über ein Treffen des BDA-Landesbezirks Rhein-Ruhr, in: *Kölnische Zeitung*, 7. Mai 1933, zitiert in ‚Deutsche Zeitungsausschnitte‘

25 ‚30. Deutscher Architektentag‘, in: *Deutsche Journalpost* (Rudolstadt, Thüringen), XXXXI (1933), Nr. 33; Kopie, von Hans Eckstein zur Verfügung gestellt

26 ‚DWB Mitteilungen‘, *Die Form*, IX (1933), S. 126–127

27 ‚Die neue Werkbundleitung', in: *Die Form,* IX (1933), S. 191. Zu den Vorstandsmitgliedern gehörten Haesler, Hilberseimer, Jäckh und Poelzig.

28 ‚Der neue Deutsche Werkbund', in: *Deutsche Kultur-Wacht,* II (1933), H. 18, S. 15

29 *Die Form,* IX (1933), S. 126–127; ‚Der neue Deutsche Werkbund', in: *Deutsche Kultur-Wacht;* und Winfried Wendland in einem Brief vom 21. August 1935 an Hans Hinkel, Reihe Wendland, Mitgliederverzeichnisse der Berliner Abteilung der RDBK, U.S. Documents Center, Berlin

30 Winfried Wendland, ‚Der Deutsche Werkbund im neuen Reich', in: *Die Form,* IX (1933), S. 257–258. Im Laufe des Jahres verkündete Lörcher, der DWB solle sich auf Bauernhäuser konzentrieren. Siehe ‚Tagung des deutschen Werkbundes in Würzburg', in: *Stuttgarter Neues Tageblatt,* 3. Okt. 1933.

31 ‚Die Arbeit des KDAI', in: *VB,* 10. April 1933; ‚Neuorganisation des deutschen Werkbundes', in: *Deutsche Kultur-Wacht,* II (1933), H. 22, S. 15; *Die Form,* IX (1933), S. 315–317; ‚Bund deutscher Architekten', in: *Deutsche Kultur-Wacht,* II (1933), H. 27, S. 16; Felix Schmidt, ‚Der Kampfbund der Deutschen Architekten und Ingenieure im Kampfbund für Deutsche Kultur', in: *Deutsche Technik,* I (1933), S. 47–49

32 Die Reichskulturkammer wurde durch das Reichskulturkammergesetz vom 22. September 1933 ins Leben gerufen, nahm ihre Arbeit jedoch erst am 15. November auf. Hellmut Lehmann-Haupt (Art under a Dictatorship [New York 1954], S. 68) nennt fälschlicherweise Hinkel als Präsidenten der RKK. Hinkel war Goebbels' Personalbeauftragter für die Reichskulturkammer. Siehe Hans Hinkel, *Handbuch der Reichskulturkammer* (Berlin 1937), S. 28–32; und E. Wernert, *L'art dans le IIIe Reich* (Paris 1936), S. 46–47

33 Hinkel, *Handbuch,* S. 17; und Karl-Friedrich Schreiber, ‚Das geltende Reichskulturrecht', in: *Deutsches Kulturrecht* (Hamburg 1936), S. 18

34 Hinkel, *Handbuch,* S. 28–32; Wernert, S. 46. Die Machtstrukturen in der RKK waren sehr kompliziert und werden detailliert beschrieben von Wernert und Lehmann-Haupt sowie in Schreiber, *Das Recht der Reichskulturkammer* (Berlin 1935–1937), 5 Bde. Dem Verfasser erschien dieser Aspekt nicht von besonderer Bedeutung für das Verständnis der Politik der RKK, da Goebbels seine Mitarbeiter ernannte und die meisten wichtigen Entscheidungen selbst traf oder zumindest überprüfte. Zum Beispiel wurde Goebbels jede Entscheidung über den Ausschluß eines Mitglieds oder über die Ablehnung eines Beitrittsersuchens unterbreitet (Schreiber, Bd. I, ‚Reichskammer der bildenden Künste', Abschnitt II, Teil 1).

35 Schreiber, ‚Das geltende Reichskulturrecht', S. 18

36 ‚Jedem wirklichen Künstler wird das Feld freigemacht . . .', in: *VB,* 12. April 1933; und Goebbels, ‚Die deutsche Revolution', in: *Nationalsozialistische Monatshefte,* III (1933), S. 247

37 ‚Die deutsche Kultur vor neuem Anfang', in: *VB,* 16. November 1933, abgedruckt in: *Signale der neuen Zeit* (München 1934), S. 323–336

38 ‚Wir halten der Kunst unsere hand hin!', in: *VB,* 10. Mai 1933

39 ‚Die bildende Kunst im Dritten Reich', in: *National-Zeitung* (Basel), 28. März 1934. Siehe auch ‚Nationalsozialismus und Kunst in Deutschland', in: *Neue Zürcher Zeitung,* 28. August 1933; und ‚Deutsche Jugend kämpft für die lebendige Kunst', *Das Werk,* XX (1933), Juli, S. XXXIV–XXXVII

40 In seiner Rede anläßlich der Gründung der RKK (siehe oben Anm. 37) betonte Goebbels, der neue Staat solle die künstlerische Aktivität auf deutschem Boden leiten und nicht durch Gesetze regeln. Eine der Hauptaufgaben des Nationalsozialismus müsse darin bestehen, den ausländischen Beobachter davon zu überzeugen, daß das neue Regime keine „geistige Barbarei" betreibe.

41 Wassili Luckhardt, ‚Vom preußischen Stil zur neuen Baukunst', in: *Deutsche Allgemeine Zeitung,* 26. März 1933

42 Obwohl er Max Osborns Stelle übernahm, der ein noch überzeugterer Anhänger der radikalen Architekten war; siehe *Vossische Zeitung,* 17. März 1933. Werners Artikel ‚Die Kunst im dritten Reich', in: *Deutsche Allgemeine Zeitung,* 29. März 1933, richtete sich auch an die Adresse von Hinkel und Rust. Zu diesem Zeitpunkt bekleidete Hans Hinkel ein Amt in Rusts Ministerium, er war jedoch auch über viele Jahre ein Vertrauter Goebbels' gewesen. Sein Eintritt in Rusts Ministerium wurde daher als Anzeichen einer dort einsetzenden Liberalisierung gewertet.

43 Max Cetto, ‚Briefe eines jungen deutschen Architekten an den Herrn Reichsminister für Propaganda und Volksaufklärung Dr. Goebbels', in: *Die neue Stadt,* VII (1933/1934), H. 1, S.

27–28. *Die neue Stadt* war die Nachfolgerin der Zeitschrift *Das neue Frankfurt.*

44 Robert Scholz, ,Krisis der Kunstanschauung', 20. Juni 1933

45 ,Führertagung der KDAI', in: *VB*, 29. Juni 1933

46 Otto-Andreas Schreiber, ,Bekenntnis der Jugend zur deutschen Kunst', in: *Deutsche Allgemeine Zeitung*, 12. Juli 1933. Kurz nach Ankündigung der Ausstellung verteidigte Alois Schardt, der neue Direktor der Berliner Nationalgalerie, die führenden expressionistischen Künstler in einem Vortrag. Er bezeichnete ihre Kunst als echte „deutsche" Kunst, und der Titel des Vortrags ,Was ist deutsche Kunst?' wurde zu einer der Losungen in der nachfolgenden Kontroverse. Siehe oben Anm. 39 und Scholz, ,Ist das die deutsche Kunst?', in: *VB*, 13. Juli 1933, als Antwort auf Schardts Rede. Zu Schardt und Schreiber sowie zu der offiziellen Reaktion auf ihre Meinungsäußerungen siehe auch ,Brief aus Deutschland', in: *Das Werk*, XX (1933), Juli, S. XXXVII–XXXVIII; und ,Nationale Kunstpolitik im Dritten Reich', Oktober, S. XXXVII–XXXVIII. Dem Artikel ,Deutsche Jugend . . .' (siehe oben Anm. 39) zufolge schickte Schreiber seinen Brief auch an Goebbels und Rust. Hildegard Brenner, *Die Kunstpolitik des Nationalsozialismus* (Hamburg 1963) analysiert die späteren Aktivitäten Schardts, Schreibers und Weidemanns.

47 Rosenberg, ,Revolution in der bildenden Kunst', in: *VB*, 7. Juli 1933

48 Rosenberg, ,Revolutionäre an sich!', in: *VB*, 14. Juli 1933

49 Rosenberg kam später auf dieses Thema zurück, als er Goebbels erfolgreiche Werbung um die Gunst Hitlers in der Kulturpolitik kommentierte. Er schrieb, Goebbels sei schon immer ein Revolutionär gewesen und wäre Kommunist geworden, wenn er Deutschland nicht ein wenig geliebt hätte. (E. Posselt, Hrsg. u. Übers., *Memoirs of Alfred Rosenberg* [Chicago 1949], S. 165 ff.)

50 Schmitthenners Rede ist in voller Länge abgedruckt in: Sigurd Rabe, ,Tradition und neue Kunst', in: *VB*, 16./17. Juli 1933. Siehe auch Schmitthenner, ,Tradition und neues Bauen', in: *Deutsche Kultur-Wacht*, II (1933), H. 17 (Juli), S. 11–12. Dieser Artikel schließt mit einer Bitte an Hitler, Deutschland vom ,Geist von 1918' zu säubern. Die Parabel vom ,unbekannten Steinmetz' findet sich in: Schmitthenner, *Die Baukunst im neuen Reich* (München 1934), S. 17–18.

51 Rabe, ,Tradition und neue Kunst'

52 ,Hitlers Kulturrede . . .', in: *VB*, 3./4. September 1933

53 Robert Scholz, Verfasser der Widerlegung Werners, in: ,Aufbruch der Kunst', in: *VB*, 7. September 1933. Die gleiche Interpretation findet sich in: ,Was ist deutsche Kunst?', in: *VB*, 5. Januar 1934.

54 Siehe z.B. ,Die bildende Kunst im Dritten Reich', in: *National Zeitung* (Basel), 28. März 1934

55 Rede anläßlich der Grundsteinlegung für das ,Haus der deutschen Kunst' in München am 15. Okt. 1933: ,Das junge Deutschland baut seiner Kunst ein eigen Haus', in: *VB*, 16. Oktober 1933

56 Zum Beispiel ,Neue Kunstbücher', in: *Deutsche Allgemeine Zeitung*, 29. September 1933, über den Einfluß der radikalen Architektur; I. Johannes, ,Im gläsernen Irrgarten', 3. Mai 1934, über die Schönheit industrieller Baustoffe. und Mies auf die moderne italienische Architektur; J. Johannes, ,Im gläsernen Irrgarten', 3. Mai 1934, über die Schönheit industrieller Bauteile. Siehe auch Werners letzten Versuch, die radikalen Architekten zu verteidigen: ,Wir brauchen jeden Mann! Kunst als Auslandspropaganda', in: *Deutsche Rundschau*, Oktober 1933, S. 41–43, abgedruckt in: ,Deutsche Rundschau', in: *Vossische Zeitung*, 14. Oktober 1933

57 Gropius an Hönig, den Präsidenten der Reichskammer der Bildenden Künste, 27. März 1934. Siehe auch Gropius an Lörcher, den Präsidenten des BDA innerhalb der Reichskammer der Bildenden Künste, 20. Februar 1934, beide in der Reihe ,Eigener Kampf mit Nazis', Gropius-Archive

58 Wagner an Lörcher, 8. Juni 1934, gleiche Reihe, Gropius-Archiv

59 Hugo Häring, ,Für Wiedererweckung einer deutschen Baukultur', Manuskript, Januar 1934, auf Gropius' Rat an Hönig, Lörcher, Wendland und Hans Weidemann geschickt, der zu dieser Zeit Vizepräsident der Reichskammer der Bildenden Künste war, gleiche Reihe, Gropius-Archiv

60 Siehe z.B. Lörcher an Gropius, 28. Februar 1934, gleiche Reihe, Gropius-Archiv

61 ,Wider den Kulturbolschewismus', in: *VB*, 16. Dezember 1933

62 ,Staatskommissar Hinkel über die Arbeit des KfDK', in: *VB*, 17./18. Dezember 1933. Gegen Februar 1934 wurde die Deutsche Arbeits-

front in die Reichskulturkammer ‚korporativ‘ integriert. Goebbels und Ley waren übereingekommen, daß Mitglieder der RKK nicht Mitglieder der Arbeitsfront zu werden brauchten. Das bedeutete, daß der KDK seine ideologische Kontrolle über die Kulturschaffenden verlor, die der Kulturkammer beitreten mußten und daher weder in der Arbeitsfront noch in ihrer Unterorganisation ‚Kraft durch Freude‘ mitarbeiten. Siehe ‚Der deutschen Kunst. Dr. Goebbels über den Ausbau der Kulturberufe‘, in: *VB*, 9. Februar 1934

63 ‚Das neue Lebensgefühl in der Kunst. Alfred Rosenberg vor der Westdeutschen Künstlerschaft‘, in: *VB*, 8. Mai 1934; ‚Auf dem Wege zur echten Volkskutlur‘, 27. September 1934; und Kapitel 6, Anm. 66. Siehe auch ‚Kunst aus Blut und Boden. Professor Schultze-Naumburg in Nürnberg‘, in: *VB*, 3. Juni 1934 und A. von Senger, ‚Der Baubolschewismus und seine Verkoppelungen mit Wirtschaft und Politik‘, in: *Nationalsozialistische Monatshefte*, IV (1934), S. 497–507

64 Die NSK wurde am 14. Juni 1934 gegründet, durch Zusammenlegung des KDK mit dem ‚NS Bund Deutsche Bühne‘, (‚Die NS-Kulturgemeinde gegründet‘, in: *VB*, 15. Juni 1934). Ihr neuer Vorsitzender war der Theaterkritiker Walter Stang, der seinerzeit im KDK aktiv gewesen war. Die meisten Hinweise im *Völkischen Beobachter* auf Aktivitäten der NSK zwischen 1934 und 1935 beziehen sich auf die Theateraufführungen, die diese Organisation für die Mitglieder von ‚Kraft durch Freude‘ organisierte. Gleichzeitig mit der Überführung des KDK in die NSK verlor der KDAI die Architekten als Mitglieder und wurde zum ‚NS Bund Deutscher Technik‘ umgestaltet, unter der Leitung von Fritz Todt, dem Verantwortlichen für den Autobahnbau (*Deutsche Technik*, II, 1934, S. 585).

65 Z.B. Konrad Nonns Briefe in der Reihe Peter Behrens, Mitgliederverzeichnisse der Berliner Abteilung der RDBK, U.S. Documents Center, Berlin; und Winfried Wendland am 29. Januar 1936 in einem Brief an Eugen Hönig mit dem Titel ‚Kritische Anmerkungen zur Reichskammer der bildenden Künste‘, Reihe Wendland

66 Helmut Heiber, *Joseph Goebbels* (Berlin 1962), S. 213, behauptet, Rosenberg sei über das Eingreifen Ribbentrops in die auswärtigen Angelegenheiten so erbost gewesen, daß er sich erneut der Kulturpolitik zuwandte.

67 ‚Dr. Goebbels verkündet die erste Verlei-

hung des Nationalpreises für Kunst und Wissenschaft‘, in: *VB*, 8. September 1937

68 ‚Neuregelung des Architektenberufes‘, in: *VB*, 12. Oktober 1934; und *Deutsche Technik*, II (1934), S. 585. Es gibt Belege dafür, daß der vom BDA 1933 geforderte Ausschluß von Juden nicht sofort in die Tat umgesetzt wurde und daß Goebbels’ Vorgehen in dieser Angelegenheit nach wie vor nicht dogmatisch war. In seiner Rede vor deutschen Theaterdirektoren im Mai 1933 (*VB*, 10. Mai 1933) hatte Goebbels geäußert, eine gesetzlich verankerte Diskriminierung von Juden in kulturellen Angelegenheiten sei nicht notwendig. Anfang 1934 (*VB*, 9. Februar 1934) konstatierte er, daß die RKK Juden nicht von der Mitgliedschaft ausschließe, dies aber möglicherweise ratsam sei. 1935 schließlich wurden in die Aufnahmeanträge der Berliner Abteilung der RDBK Fragen zur Herkunft des Bewerbers aufgenommen, woraufhin viele Juden ausgeschlossen wurden (siehe unten, Anm. 73). Nachforschungen in der gleichen Reihe erlauben jedoch den Schluß, daß einige Mitglieder, trotz nicht eindeutig ‚arischer‘ Herkunft, der Organisation weiterhin angehören durften.

69 ‚Die Heimstatt der Kunst‘, in: *VB*, 5. Juni 1934 (Bericht über den Nationalkongreß der RDBK in München); und ‚Im Glauben an die deutsche Kunst. Reichskulturamtsleiter Moraller über die Arbeit der Reichskulturkammer‘, in: *VB*, 5. September 1935. 1936 wurde Adolf Ziegler Nachfolger Hönigs (Hinkel, *Handbuch*, S. 71).

70 Ebd.

71 Es handelt sich um die ‚Verordnung über Baugestaltung‘ vom 10. November 1936. Nach Schreiber, *Das Recht der Reichskulturkammer*, Bd. I, ‚Reichskammer der bildenden Künste‘, Abschnitt IV, Teil 20 (S. 37–50), wurde diese Verordnung als Teil der Satzung der RDBK angenommen.

72 Aus diesem Grunde interpretieren deutsche Gerichte dieses Gesetz heute so, es nie als Mittel zur Errichtung einer ‚Diktatur des Geschmacks‘ gedacht gewesen sei. Eine gründliche Untersuchung der Anwendung dieses Gesetzes und der Prozesse, in denen es angewendet wurde, findet sich in M. Büge, *Der Rechtsschutz gegen Verunstaltung* (Düsseldorf 1952).

73 Es war nur möglich, die Mitgliederverzeichnisse der Berliner Abteilung der RDBK einzusehen, die im U.S. Documents Center in Berlin aufbewahrt werden. Diese Verzeichnisse enthalten eine Liste von ca. 300 Architekten, die aus ‚rassischen‘ Gründen aus der RDBK ausgeschlossen wurden (‚Liste der seit 1933 aus der Reichskammer der Bildenden Künste ausgeschlossenen Juden, jüdischen Mischlinge und mit Juden Verheirateten‘, an den Reichsminister für Volksaufklärung und Propaganda‘ gesandt am 8. Juni 1938), es gibt jedoch keinen Hinweis auf Ausschlüsse aus anderen Gründen. Mies van der Rohe war bis zu seiner Emigration Mitglied, trotz seines Werkes und seiner Verbindungen zum Bauhaus. Das gleiche gilt für Paul Bonatz, obwohl er kurze Zeit der SPD angehört hatte. Einige Dokumente enthalten politische Denunziationen von RDBK-Mitgliedern; diese Denunziationen hatten jedoch offensichtlich keinen Einfluß auf den Fortbestand der Mitgliedschaft. Von zwanzig Architekten, die ich in Berlin, München, Frankfurt, Hamburg, Tübingen und Braunschweig befragte, hatte keiner jemals von Ausschlüssen aus der RDBK aus anderen als ‚rassischen‘ Gründen gehört (siehe auch oben, Anm. 68). Die gesetzliche Pflicht jedes Architekten, der RDBK anzugehören, um seinen Beruf ausüben zu können, schuf also die Möglichkeit, den Baustil zu kontrollieren. Lehmann-Haupt und

Wernert irren allerdings, wenn sie behaupten, daß dieses Gesetz in dieser Form Anwendung fand. Ich vermute, daß eine intensive Untersuchung der Mitgliedsverzeichnisse anderer Kammern der RKK zu ähnlichen Ergebnissen führen würde.

74 Mündliche Auskunft von Ernst May und Max Taut. Taut reiste 1934 illegal ein, auf seinem Weg nach Japan und Istanbul, wo er 1938 verstarb.

75 Brief von Ursula Elsaesser, Stuttgart, 14. Januar 1960

76 Brief von Otto Haesler, Potsdam, 15. Januar 1960

77 Briefe von Johannes Göderitz, Braunschweig, 7. Januar 1960; Richard Döcker, Stuttgart, 4. Januar 1960; und Wassili Luckhardt, 9. Januar 1960

78 So z.B. Hans Mehrtens, der an der Technischen Hochschule Aachen unterrichtete und Otto Ernst Schweitzer, der in Karlsruhe lehrte

79 Zu ihnen gehörten Werner Hebebrand, ehemaliger Mitarbeiter Mays in Frankfurt und später städtischer Baudirektor in Hamburg, und Gustav Hassenpflug, Professor an der Technischen Hochschule in München

8 Nazi-Architektur

1 ‚Rede auf der Kulturtagung‘, in: *Reden des Führers am Parteitag der Ehre 1936* (München 1936), S. 33, 31

2 A.a.O., S. 31, 34

3 A.a.O., S. 33 und Richard Mönnig, Hrsg. und Übers., *Adolf Hitler from Speeches 1933–1938* (Berlin 1938), S. 81. Hitler bezeichnete sich natürlich selbst gern als größten Künstler und Politiker des Nazi-Staates; daher auch die vielen Verweise in der Nazi-Literatur auf ihn als ‚politischen Künstler‘ oder als ‚Baumeister des Dritten Reiches‘. Siehe z.B. Otto Dietrich, ‚Adolf Hitler als künstlerischer Mensch‘, in: *Nationalsozialistische Monatshefte*, III (1933), S. 473; Hermann Giesler widmete eines seiner Gebäude ‚Dem genialen Baumeister des dritten Reiches Adolf Hitler‘, *Die Kunst im deutschen Reich: Die Baukunst*, III (1939), S. 202; und Schmitthenners Parabel vom ‚unbekannten Steinmetz‘, Kapitel 8, Anm. 50. Goebbels nutzte die Schwäche Hitlers für derartige Anreden in vielen seiner Reden; siehe vor allem ‚Hier gilt’s der Kunst: Im Geiste des Baumeisters des Dritten Reiches‘, in: *VB*, 5. Juni

1934; und ‚Die große Kundgebung der deutschen Künstler am Samstag‘, *VB*, 18. Juli 1937

4 ‚Rede auf der Kulturtagung‘, in: *Reden des Führers am Parteitag der Arbeit 1937* (München 1937), S. 47

5 Max Domarus, Hrsg., *Hitler: Reden und Proklamationen 1932–1945*, Würzburg 1962, I, S. 778

6 ‚Rede auf der Kulturtagung‘, in: *Reden des Führers am Parteitag der Arbeit 1937*, S. 48

7 ‚Rede auf der Kulturtagung‘, in: *Reden des Führers am Parteitag der Arbeit 1937*, S. 49; Domarus, I, S. 719. Siehe auch Mönnig, S. 83

8 ‚Adolf Hitler weiht das Haus der deutschen Kunst. Der Führer zeigt den deutschen Künstlern ihren Weg‘, in: *VB*, 19. Juli 1937

9 Domarus, I, S. 709; siehe auch: die Hinweise auf den ‚Beginn eines neuen Zeitalters‘ in: ‚Die Führerrede auf der Kulturtagung der NSDAP‘, in: *VB*, 6. September 1934 sowie die Rede anläßlich der Eröffnung des Hauses der Deutschen Kunst am 18. Juli 1937, Baynes, I, S. 590

10 Rede aus Anlaß der Zweiten deutschen

Architektur- und Kunsthandwerk-Ausstellung am 10. Dezember 1938, vollständig zitiert in ‚Der Führer über die Baukunst des Dritten Reichs: Wir bauen für die Zukunft', in: *VB*, 12. Dezember 1938

11 ‚Aussprache über Kultur' auf dem Parteitag 1935, zitiert bei Mönnig, S. 87–88; sowie Adolf Hitler, *Liberty, Art, Nationhood*, Berlin 1935, S. 51

12 ‚Deutsche Kunst als stolzeste Verteidigung des deutschen Volkes', in: *VB*, 3./4. September 1933 und Adolf Hitler, *Liberty, Art, Nationhood*, Berlin 1935, S. 51

13 ‚Deutsche Kunst als stolzeste Verteidigung . . .'

14 Ebd.

15 Ebd., und *Liberty, Art, Nationhood*, S. 47–50

16 ‚Hitlers Kulturrede: Deutsch sein heißt klar sein', in: *VB*, 6. September 1934; ‚Adolf Hitler weiht das Haus der deutschen Kunst', in: *VB*, 19. Juli 1937; und Domarus, I, S. 706

17 Domarus, I, S. 569: Rede vom 25. Januar 1936 vor dem NSD-Studentenbund im Zirkus Krone, München

18 *Liberty, Art, Nationhood*, S. 51

19 ‚Rede des Führers zur Eröffnung der Zweiten deutschen Architektur- und Kunsthandwerk-Ausstellung', in: *Die Kunst im Dritten Reich: Die Baukunst*, III (1939), S. 9. Siehe auch oben Anm. 10

20 Diese Entwürfe werden detailliert beschrieben in Dr. Armand Dehlingers ‚Architektur der Superlative', einem am Institut für Zeitgeschichte in München erstellten Manuskript. Ich danke dem Institut für die Erlaubnis, die Arbeit einzusehen.

21 Rede anläßlich der Grundsteinlegung der neuen militärischen Abteilung der Berliner Technischen Hochschule am 27. November 1938; bei dieser Gelegenheit gab Hitler seine Pläne für die Neugestaltung Berlins bekannt (Domarus, I, S. 765). Siehe auch Hitlers begeisterte Schilderung der Aussichten, unzählige Menschenmassen nach Berlin zu bringen, Rede aus Anlaß der Grundsteinlegung des ‚Hauses des deutschen Fremdenverkehrs' am 14. Juni 1938 (Domarus, I, S. 873–874)

22 Als Reichssiedlungskommissar; siehe unten

23 Otto Weichen, ‚Grundsätzliches über die Gestaltung des Bauernhofes', in: *Architektur-Wettbewerbe: Bauernhöfe* (Stuttgart, o.J.), S. 5. In dem Artikel werden Teilnahmebedingungen für

einen von Darrés Ernährungs- und Landwirtschaftsministerium veranstalteten Wettbewerb für Bauernhöfe festgelegt.'

24 ‚Baustil für die Jugend', in: *Frankfurter Zeitung*, 6. März 1936

25 Wilhelm Lotz, *Schönheit der Arbeit in Deutschland* (Berlin 1940), S. 49. Das ‚Amt Schönheit der Arbeit' war eine Tochterorganisation der Arbeitsfront, die Modellkameradschaftshäuser für Mitglieder der Arbeitsfront entwarf und ein Programm zur Säuberung und Renovierung von Fabrikstätten durchführte, das hauptsächlich propagandistischen Zwecken diente. Siehe auch *Schönheit der Arbeit – Sozialismus der Tat* (Berlin 1937); Herbert Steinwarz, *Wesen, Aufgaben, Ziele des Amtes Schönheit der Arbeit* (Berlin 1937); und Anatol von Hübbenet, *Das Taschenbuch Schönheit der Arbeit* (Berlin 1938). Trotz des in jeder dieser Publikationen geäußerten Anspruchs, die Organisation wolle ‚funktionale' Architektur für Arbeiter schaffen, wurden die Kameradschaftshäuser oft in volkstümlichem Stil gebaut (siehe unten).

26 Der *Völkische Beobachter* behauptete, Hitler habe das Gebäude selbst entworfen (‚Adolf Hitlers Monumentalbaupläne für München', 22./23. April 1933), und in seiner Rede anläßlich der Eröffnung des Museums sagte Hitler, er habe schon lange vor 1933 mit der Planung dieses Baus begonnen. (13. Juli 1937: ‚Adolf Hitler weiht das Haus der Deutschen Kunst', in: *VB*, 19. Juli 1937).

27 Nach Troosts Tod wurden seine Münchner Bauten nach seinen Plänen von seiner Witwe Gerdy Troost und seinem ehemaligen Assistenten Leonhard Gall vollendet.

28 Illustrationen hierzu in *Bauten in der Stadt der Reichsparteitage Nürnberg* (Nürnberg 1942). Zu den weiteren Bauten, die Speer für Hitler entwarf, gehörten die Neue Reichskanzlei in Berlin, der deutsche Pavillon auf der Pariser Weltausstellung von 1937 und viele Pläne für die Neugestaltung Berlins.

29 Siehe zum Beispiel das Hauptquartier des Heeres in Kassel und das Staatstheater in Dessau (Gerdy Troost, *Das Bauen im neuen Reich* [Bayreuth 1943], I, S. 75, 79)

30 ‚Nach Mitteilung der Gauleiter sind Gemeinschaftshäuser bereits erbaut in . . .', Bericht vom 20. November 1940 in der Reihe ‚Reichsorganisationsleiter der NSDAP', U.S. Documents Center, Berlin, Kartei 342, Aktenordner 965

31 Das Ausbildungsprogramm in den Ordensburgen, das für ausgewählte Hitlerjugend-Mitglieder konzipiert war, enthielt u.a. Sport, Rassenkunde und deutsche Geschichte. Siehe ‚Die drei Ordensburgen der NSDAP', in: *Nationalsozialistische Monatshefte,* VI (1936), S. 566–567

32 Beide Organisationen entwarfen eine Reihe von Musterbauten, an denen sich ihre Ortsgruppen in groben Zügen orientieren sollten; darüber hinaus veranstaltete die Hitlerjugend einen allgemeinen Wettbewerb für Jugendherbergen und Jugendheime, bei dem die Teilnehmer zur Einhaltung regionaler Traditionen aufgerufen waren. Siehe Erhard Brünninghaus, *Heime der Hitler-Jugend* (Stuttgart 1940) und Herbert Steinwarz, Das Kameradschaftshaus im Betrieb (Berlin 1939)

33 Herbert Rimpls Architektenbüro, in dem Männer angestellt wurden, die früher für May gearbeitet hatten

34 Werner Rittich, *Architektur und Bauplastik der Gegenwart* (Berlin 1938), S. 45. Rittich war zusammen mit Speer Herausgeber der von der Partei finanzierten Zeitschrift *Die Kunst im deutschen Reich.*

35 Das Gesetz über Beaufsichtigung und Anerkennung gemeinnütziger Wohnungsunternehmungen vom 26. März 1934. Die früheren Wohnungsfürsorgegesellschaften der Länder und Städte und die städtischen Planungsabteilungen blieben nach der Reorganisation des Jahres 1933 bestehen, nach 1934 waren sie jedoch nur noch örtliche Ausführungsorgane einer nationalen Politik. Eine detailliertere Analyse der Wohnungsbaupolitik der Nazis bietet Rolf Spörhase, *Wohnungsunternehmen im Wandel der Zeit* (Hamburg 1947), S. 124–127; und *Geschichte der gemeinnützigen Wohnungswirtschaft in Berlin* (Berlin 1957), S. 125–131

36 Feder wurde am 20. März 1934 von Hitler in dieses Amt berufen und hatte es nur wenig mehr als ein Jahr inne. Während seiner Amtszeit bestimmte er die Wohnungsbaupolitik des Reichsheimstättenamtes, der Neuauflage einer älteren Organisation gleichen Namens, die in der Weimarer Zeit die Vergabe staatlicher Kredite für Wohnungsbaumaßnahmen in ländlichen Gebieten überwacht hatte (Gottfried Feder, ‚Das deutsche Siedlungswerk', in: *Siedlung und Wirtschaft,* XVI [1934], S. 184). Nach 1935 kontrollierte das Heimstättenamt das gesamte Wohnungsbauprogramm der Nazis mit Ausnahme der neuen Siedlungen für Bauern, die von Darrés Ministerium geplant und finanziert wurden (*Die deutsche*

Heimstätten-Siedlung, Berrlin: DAF, 1935). Auf der Grundlage des ‚Gesetzes zur Neubildung des deutschen Bauerntums' vom 14. Juli 1933 plante Darré ein umfassendes Programm neuer ländlicher Siedlungen; es wurde jedoch zu wenig davon gebaut, als daß es hier erwähnt werden müßte. Siehe Fritz Wenzel, *Der Sieg von Blut und Boden* (Berlin 1934); Wilhelm Grebe, *Gegenwarts- und Zukunftsaufgaben im ländlichen Bauwesen* (Berlin: Reichsnährstand, etwa 1936); und Kurt Kremmer, ‚Das ländliche Bauwesen im Dienst der Landfluchtbekämpfung und der Neubildung des deutschen Bauerntums', in: *Nationalsozialistische Monatshefte,* IX (1939), S. 133.

37 Feder, ‚Das deutsche Siedlungswerk', S. 183–185

38 A.a.O., S. 186

39 Dies sind die Titel der beiden Teile von *Die deutsche Heimstätten-Siedlung* (Berlin: DAF, 1935).

40 ‚Das nationalsozialistische Siedlungswerk', in: *Wege zur neuen Sozialpolitik* (Berlin: DAF, 1936), S. 215. Ähnliche Gedanken wurden in allen Veröffentlichungen des Heimstättenamtes geäußert. Siehe zum Beispiel *Ein Beispiel aus der Siedlungsplanung* (Berlin: DAF, 1934), *Städtebild und Landschaft* (Berlin: DAF, 1939); und *Die Siedlung* (Berlin: DAF, 1938)

41 Spörhase, *Wohnungsunternehmen,* S. 122

42 *Die Neuordnung der Kleinsiedlung* (Berlin 1938)

43 ‚Vorstädtische Kleinsiedlungen', *Statistisches Jahrbuch deutscher Städte* (Leipzig), XXXIV–XXXIX (1933–1938)

44 *Die deutsche Heimstätten-Siedlung,* S. 22–23

45 ‚Deutsche Wohnkultur der Zukunft. Presse besichtigt Muster-Siedlung Ramersdorf', in: *VB,* 10. März 1934; ‚Die Siedlungsausstellung München 1934', 8. Juni 1934; und Guido Harbers, ‚Sinn und Aufbau der Ausstellung', 9. Juni 1934 (Sonderausgabe zur Ausstellung)

46 Wilhelm Ludovici, ‚Nationalsozialismus und Siedlung', in: *VB,* 9. Juni 1934

47 Düsseldorf, 1937, mit zwei großen ständigen Ausstellungen sowie Frankfurt, 1938. Siehe ‚Siedlung Schlageterstadt', in: *Baukunst und Städtebau,* 1937, S. 210–212, 233–240, 353–355; ‚Wilhelm-Gustloff-Siedlung', S. 213–214; und ‚Dr. Ley eröffnete die Deutsche Bau- und Siedlungsausstellung Frankfurt am Main', in: *VB,* 5. September 1938

48 Die wichtigsten Architektur-Publikationen von Partei und Regierung waren: *Bauten im na-*

tionalsozialistischen Deutschland (München 1940); Albert Speer, *Neue deutsche Baukunst* (Prag 1943); Gerdy Troost, *Das Bauen im neuen Reich* (Bayreuth 1943), 2 Bde; Werner Rittich, *Architektur und Bauplastik der Gegenwart* (Berlin 1938); Speer und Rittich, Hrsg., *Die Kunst im deutschen Reich* (München 1937 ff.), die offizielle Kunst- und Architekturzeitschrift, die in zwei Ausgaben veröffentlicht wurde, von denen ‚Ausgabe B‘ sich mit Architektur befaßte und den Titel *Die Kunst im deutschen Reich – Die Baukunst* trug. Zusätzlich zu diesen Publikationen gab es eine große Anzahl von Spezialzeitschriften, die von verschiedenen Stellen und Ämtern, die mit der Abwicklung des Bauprogramms betraut waren, herausgegeben wurden. Fast jedem Bauprojekt waren verschiedene Bücher gewidmet; die meisten Gaue veröffentlichten Bücher und Flugblätter zu ihren Bauprogrammen.

49 ‚Ein Werk des Führers. Die Münchener Bauschöpfungen im Werden‘, in: *VB*, 29. Oktober 1934. Siehe auch ‚Tempel der neuen deutschen Kunst‘, in: *VB*, 19. Juli 1933 und Anm. 26 oben

50 Diese Zeremonie wird in einer Reihe von Artikeln unter der Überschrift ‚München wieder Hauptstadt der deutschen Kunst‘, in: *VB*, (Süddeutsche Ausgabe), 16. Oktober 1933 beschrieben. Siehe auch *Grundsteinlegung des Hauses der Deutschen Kunst* (München, o.J.), ein Flugblatt, das Modellfotos enthält und die Reden zur Grundsteinlegung wiedergibt

51 „Tag der deutschen Kunst‘ in München", in: *Das WErk*, XX (Nov. 1933), S. XXXVIII. Der Höhepunkt des Tages war eine Parade zur Illustration von ‚2000 Jahren deutscher Kunst‘, zu der auch ein Festwagen mit einer Gipsnachbildung des Bamberger Reiters gehörte, der Schultze-Naumburgs Definition von ‚deutscher‘ Kunst verkörperte.

52 Siehe zum Beispiel die Lobrede auf Troost und die Beschreibung seiner feierlichen Beerdigung, in: *VB*, 23.–27. Januar 1934; ‚Vom Haus der Deutschen Kunst‘, 9. April 1934; ‚Haus der Deutschen Kunst: Ein Meisterwerk der Gründungstechnik‘, 30. September 1934; ‚Das Haus der deutschen Kunst ein Werk der ganzen Nation!‘, 26. Januar 1935; und ‚Das Haus der Deutschen Kunst. Der jetzige Baustand und die künftige Ausgestaltung‘, 28. Juni 1935

53 Beschrieben in einer Reihe von Artikeln, in: *VB*, 19. und 20. Juli 1937. Siehe vor allem ‚Adolf Hitler weiht das Haus der deutschen Kunst‘, 19.

Juli. Die Eröffnung des Museums war auch Anlaß für die Eröffnung der berüchtigten, vom RDBK organisierten Ausstellung über ‚entartete Kunst‘. Diese Ausstellung fand in einem Gebäude in der Nähe des Hauses der Deutschen Kunst statt; sie enthielt viele Werke der modernsten deutschen Künstler, die schlecht präsentiert und oft mit spöttischen Untertiteln versehen waren. Siehe hierzu P.O. Rave, *Entartete Kunst* (Hamburg 1949); und Hildegard Brenner, *Die Kunstpolitik des Nationalsozialismus* (Hamburg 1963). Die Ausstellung enthielt keinen Hinweis auf Arbeiten radikaler Architekten. Als Nonn die Aufnahme von Beispielen des Neuen Bauens in die Ausstellung forderte, lehnte Ziegler dieses Ansinnen wortreich ab (siehe Nonns Briefe, in der Reihe Behrens, Mitgliederverzeichnisse der Berliner Abteilung der RDBK, U.S. Documents Center Berlin)

54 Siehe z.B. Hitlers Reden vom 11. Sept. 1935 (Domarus, I, S. 527) und vom 9. September 1937 (Domarus, I, S. 720).

55 ‚Der Reichspressechef begrüßt im Auftrag des Führers die Weltpresse‘, in: *VB*, 9. September 1936

56 ‚Der Führer über die Baukunst des dritten Reiches: Wir bauen für die Zukunft‘, in: *VB*, 12. Dezember 1937. Zur ersten Ausstellung vom Januar 1938 siehe Baynes, I, S. 601–602, und Domarus, I, S. 778–779. Zur dritten Ausstellung vom Juli 1939 siehe Baynes, I, S. 606–608

57 Siehe oben Anm. 48

58 Siehe vor allem Troost, *Das Bauen im neuen Reich*, und Rittich, *Architektur und Bauplastik der Gegenwart*

59 Siehe z.B. ‚Ein Kraftpostneubau in Würzburg‘, in: *VB*, 3. April 1935; und ‚Penzburgs großer Tag. Einweihung des HJ-Heimes, der Hans-Dauser-Siedlung und des Sparkassengebäudes‘, 1. September 1936

60 Als Nonns Abteilung im Preußischen Finanzministerium einen Sammelband mit Illustrationen unter dem Titel *Bauten der Bewegung* (Berlin: Zentralblatt der Bauverwaltung, 1938) herausgab, versuchte Speer dessen Verteilung unter Hinweis darauf zu verhindern, er messe dem Werk Schultze-Naumburgs zu große Bedeutung bei (vgl. Speer, Brief an Gerdy Troost vom 30. Dezember 1938, Troost-Papiere, Reihe Nr. 674, Library of Congress, Manuscript Division)

61 Bruno Zevi, *Towards an Organic Architecture* (London 1950)

Auswahl-Bibliographie

Diese Bibliographie ist im wesentlichen eine Sammlung von Titeln ohne nähere Erläuterungen, denn in den Anmerkungen wurde sehr viel Raum darauf verwendet, den Besonderheiten des Quellenmaterials Rechnung zu tragen. In die Bibliographie wurden nur die wichtigeren Primär- und Sekundärtexte, die für das Buch herangezogen wurden, aufgenommen; alle Zeitschriftenaufsätze ohne Verfasserangabe und fast alle Zeitungsartikel mit oder ohne Verfasserangabe wurden aus Gründen der Lesbarkeit ausgeklammert. In den Fällen, in denen der Wortlaut von Reden Zeitschriften entnommen wurde, wird das Kapitel angegeben, in dem die Reden zitiert werden. Material aus öffentlichen und privaten Archiven wird in der Regel nicht einzeln aufgeführt, da die Archive in einem gesonderten Teil beschrieben werden. Die Auflistungen der Zeitungen und Zeitschriften führen nicht diejenigen Blätter auf, die nur auszugsweise in privaten Sammlungen von Zeitungsausschnitten eingesehen wurden.

Hinweise auf neuere Literatur sowie Archivinformationen finden sich in den Anmerkungen zum Vorwort zur vorliegenden deutschen Ausgabe.

Primärliteratur

1 Dokumentensammlung und private Papiere

a) *Walter Gropius, Lincoln, Massachussetts:* In vollständiger Form – wie es zu Beginn der Arbeiten an diesem Buch der Fall war – war das Gropius-Archiv möglicherweise die umfassendste Quelle für eine Untersuchung der deutschen Kunst und Architektur des 20. Jahrhunderts. In seiner Funktion als Bauhausdirektor sammelte Gropius alle Prospekte, Kataloge und Veröffentlichungen dieser Institution, ebenso wie die juristischen Dokumente über ihre Beziehungen zu den Regierungen von Thüringen und Anhalt. Darüber hinaus sammelten er und seine Mitarbeiter alle Pressenotizen über die Schule (diese werden in den Anmerkungen als ‚Zeitungsarchive‘ zitiert). Das Material über das Bauhaus macht jedoch nur einen geringen Anteil des Archivs aus. Gropius' Papiere enthalten ungefähr 5000 Seiten Korrespondenz, von 1910 an, in der jeder Aspekt moderner Kunst und Architektur angesprochen wird. Darüber hinaus finden sich dort 30 Bände Pressenotizen zu Gropius' umfassendem Lebenswerk und einige Manuskriptbände. Anfang des Jahres 1961 übergab Gropius das gesamte Material über das Bauhaus dem Bauhaus-Archiv, das zu jener Zeit unter der Leitung von Hans-Mario Wingler in Darmstadt aufgebaut wurde. Die meisten Dokumente im Loncoln-Archiv beziehen sich daher auf Gropius' persönliche Karriere. Bevor die Bauhaus-Dokumente jedoch nach Deutschland geschickt wurden, wurden von der Widener-Library der Harvard University die ‚Zeitungsarchive‘ auf Mikrofilm übertragen; diese Maßnahme war Teil eines umfassenden Programms, alle Presseberichte innerhalb der Gropius-Dokumente zu kopieren. Dieses Projekt ist inzwischen abgeschlossen; die Widener-Library verfügt über Kopien sowohl der ‚Zeitungsarchive‘ als auch der anderen Dokumente.

Ich habe in den Anmerkungen lediglich die Original-Sammelmappen und -Ordner angegeben. Für die, die die Mikrofilme der Widener-Library einsehen wollen, hier eine kurze Bezeichnung der entsprechenden Filmrollen.

Mikrofilme von Zeitungsberichten im Gropius-Archiv, Widener Library:

Roll ≠ 2 – ‚Zeitungsarchiv‘ 6, zwei Ausschnittssammlungen zur Bauhaus-Ausstellung 1923, ein Ordner über die spätere Geschichte des Bauhauses unter dem Titel ‚Presse-Bauhaus 1928/34‘, und Ordner über Gropius' Arbeit unter den Titeln ‚Presse 1913/27‘ und ‚Presse 1925/27‘

Roll ≠ 3 – Ordner ‚Presse 1928‘ und weiteres Material

Roll ≠ 4 – ‚Presse 1929‘ I und II; ‚Presse 1930‘, I, II und II; und ‚Presse 1931‘, I, II und III

b) *Ernst May, Hamburg Groß-Flottbeck:* Ebenso wie Gropius sammelte May – positive wie negative – Zeitungs- und Zeitschriftenartikel über seine Arbeit in Frankfurt zwischen 1925 und 1930. Sein Archiv enthält mehrere hundert Seiten derartiger Zeitungsmeldungen, die für die Darstellung der öffentlichen Meinung über seine Arbeit in Kapitel 4 von besonderer Bedeutung waren.

c) *Hans Eckstein, München:* Hans Eckstein, später Direktor der Neuen Sammlung, des Münchner Museums für moderne Kunst, war in den zwanziger und dreißiger Jahren freiberuflicher Kunstkritiker. Er hat Kopien all seiner Artikel aufgehoben, darunter zahlreiche, die sich mit der Kunstpolitik des Nazi-Regimes auseinandersetzen. Die letztgenannten, die meistens anonym in Schweizer Zeitungen veröffentlicht wurden, waren für die Kapitel 6, 7 und 8 von besonderem Wert, da unvoreingenommene zeitgenössische Kommentare äußerst selten sind. Das Archiv enthält daneben Raritäten, wie Flugblätter des Kampfbundes für deutsche Kultur.

d) *Ludwig Mies van der Rohe-Papiere:* Ich habe Kopien jener Briefe und Manuskripte benutzt, die mit der Schließung des Bauhauses im Jahre 1933 zu tun haben. Einige von ihnen waren im Busch-Reisinger Museum in Cambridge, Massa-chussetts erfaßt, andere wurden mir von Hans-Maria Wingler zur Verfügung gestellt.

e) *Gerdy Troost-Papiere:* Die Sammlung Trosst enthält sowohl private Dokumente der Troost-Witwe als auch die Mehrzahl der Geschäftsunterlagen der Firma ihres Mannes. Sie besteht aus einer großen Zahl von Aktenordnern, die chronologisch und gelegentlich auch nach inhaltlichen Kriterien geordnet sind, im allgemeinen jedoch eine Fülle von verschiedenen Materialien aufweisen. Die vollständige Sammlung befindet sich in der Manuskript-Abteilung der Kongreßbibliothek in Washington, D.C.

f) *Mitgliederverzeichnisse der Berliner Abteilung der Reichskammer der Bildenden Künste; Documents Center, West Berlin:* Diese Materialien sind trotz ihrer Unvollständigkeit sogar in bezug auf Berlin von unschätzbarem Wert für jegliche Untersuchung der Politik der RDBK. Die Mappe über jedes Mitglied enthält neben biographischen Informationen auch Schriftwechsel mit Vertretern der RDBK, Aktennotizen dieser Funktionäre über die Eignung des Bewerbers als Mitglied und in einigen Fällen die Ergebnisse von Untersuchungen durch die Gestapo. Wissenschaftler, die die Unterlagen einsehen möchten, müssen sich an die historische Abteilung des amerikanischen Außenministeriums wenden.

2 Zeitschriften

Bauhaus, Walter Gropius und Laszlo Moholy-Nagy (Hrsg.), Dessau 1927–1931
Bauwelt, Paulsen (Hrsg.), Berlin 1910 ff.
Der Cicerone, Leipzig 1909 ff.
Die Denkmalpflege, Berlin 1899 ff., 1923–1930 unter dem Titel *Denkmalpflege und Heimatschutz;* 1930–1932 erneut als *Die Denkmalpflege;* nach 1932 als *Deutsche Kunst und Denkmalpflege.* Konrad Nonn (Hrsg.) 1921–1927 und nochmals ab 1934
Deutsche Bauhütte, Curt R. Vincenz, F. Rudolf Vogel und H.A. Waldner (Hrsg.), Hannover 1897 ff.
Deutsche Bauzeitung, Berlin 1867 ff.
Deutsche Kultur-Wacht: Blätter des Kampfbundes für deutsche Kultur, Berlin 1932–1933
Deutsche Technik, Gottfried Feder und Wolfgang Müller (Hrsg.), Berlin 1933–1934

Frühlicht: Eine Folge für die Verwirklichung des neuen Baugedankens. Bruno Taut (Hrsg.), Magdeburg 1921–1922. Die Buchfassung erschien als Bd. 8 der Bauwelt Fundamente (Berlin 1963).
Die Form, Walter Riezler (Hrsg.), Stuttgart 1925–1935
Die Kunst im Deutschen Reich, Albert Speer (Hrsg.), München 1937 ff. Erschien von 1939 an auch in einer „Ausgabe B": *Die Kunst im Deutschen Reich: Die Baukunst*
Kunst und Künstler, Karl Scheffler (Hrsg.), Berlin 1902 ff.
Das Kunstblatt, Paul Westheim (Hrsg.), Potsdam 1917 ff.
Der Kunstwart und Kulturwart, München 1886 ff., ab 1925 *Der Kunstwart*
Moderne Bauformen, Stuttgart 1902 ff.

Nationalsozialistische Monatshefte, Berlin 1931 ff.

Das neue Berlin, Martin Wagner (Hrsg.), Berlin 1929

Das neue Frankfurt: Monatsschrift für die Probleme moderner Gestaltung, Ernst May und Fritz Wichert (Hrsg.), Frankfurt am Main 1926 ff. Der Untertitel wechselte. Ab 1932 *Die neue STadt*, Joseph Gantner (Hrsg.); erschien 1933–1934 in Heidelberg und Zürich. 1934 stellte die Zeitschrift ihr Erscheinen ein.

Siedlung und Wirtschaft, Berlin 1919 ff.

Soziale Bauwirtschaft, Berlin 1921 ff.

Sozialistische Monatshefte, Berlin 1915 ff.

Stadtbaukunst alter und neuer Zeit, Cornelius Gurlitt, Bruno Möhring und Bruno Taut (Hrsg.), Berlin 1920 ff.

Wasmuths Monatshefte für Baukunst und Städtebau, Berlin 1914 ff.

Das Werk: Die schweizer Monatsschrift für Kunst, Architektur, künstlerisches Gewerbe, Zürich 1914 ff. Der Untertitel wechselte.

Wohnungswirtschaft, Martin Wagner (Hrsg.), Berlin 1924 ff.

Zentralblatt der Bauverwaltung, Berlin 1881 ff., Konrad Nonn (Hrsg.), 1921–1927 und erneut ab 1934

3 Zeitungen

Der Angriff (NSDAP), Berlin

Bayerischer Kurier, München

Deutsche Allgemeine Zeitung, Berlin

Deutsche Tageszeitung, Berlin

Frankfurter Zeitung, Frankfurt am Main

Fränkischer Kurier, Nürnberg

Germania (Zentrum), Berlin

Leipziger Illustrierte, Leipzig

Ludendorffs Volkswarte, München

München-Augsburger Abendzeitung, München

Münchener Post, München

Münchener Neueste Nachrichten, München

Die Rote Fahne (KPD), Berlin

Staats-Anzeiger für Württemberg, Stuttgart

Stuttgarter Neues Tageblatt, Stuttgart

Der Tag (DNVP), Berlin

Tägliche Rundschau, Berlin

Völkischer Beobachter (NSDAP), München. Wenn nicht anders angegeben, beziehen sich alle Angaben in den Anmerkungen auf die Münchner Ausgabe, mit Ausnahme des Jahres 1933, für das ich die Berliner Ausgabe verwendete.

Volksstimme (SPD), Frankfurt am Main

Vorwärts (SPD), Berlin

Vossische Zeitung, Berlin

4 Bücher, Zeitschriftenartikel, Flugblätter, Manuskripte

Die alte und die neue Regierung, Berlin: Reichszentrale für Heimatdienst, 1918

An alle Künstler, Berlin, Frühjahr 1919

Bausünden und Baugeldvergeudung, Hannover: Deutsche Bauhütte, ca. 1930

Behne, Adolf, „Das Bauhaus Weimar", in: *Die Weltbühne*, 20. September 1923

„Bauhausresümee", in: *Sozialistische Monatshefte*, XXIX (1923), S. 542–544

Der moderne Zweckbau, München 1926; als Bd. 10 der Bauwelt Fundamente, Berlin/Frankfurt/Wien 1964

Neues Wohnen, neues Bauen, Leipzig 1927

Ruf zum Bauen, Berlin 1920

Eine Stunde Architektur, Stuttgart, 1928

„Weimar", in: *Sozialistische Monatshefte*, XXVI (1920), S. 69

Behrendt, Walter Curt, „Geleitwort", in: *Die Form*, I (1925), S. 1

Ein Beispiel aus der Siedlungsplanung, Berlin: DAF 1934

Bestelmeyer, German, „Baukunst und Gegenwart", in: *Deutsche Technik*, II (1934), S. 393–394, 444–445

Vorträge, siehe Kap. 5 und 8

Vier, Justus, „Zur Auflösung der Staatlichen Bauhochschule in Weimar", in: *Die Form*, VI (1930), S. 269–274

Brünninghaus, Erhard, *Heime der Hitler-Jugend*; Stuttgart 1940

Cetto, Max, „Briefe eines jungen deutschen Architekten an den Herrn Reichsminister für Propaganda und Volksaufklärung Dr. Goebbels", in: *Die neue Stadt*, VII (1933/1934), S. 26–28

Darré, Richard Walther, *Das Bauerntum als Lebensquell der Nordischen Rasse*, 7. Aufl., München 1938

Erkenntnisse und Werden: Aufsätze aus der Zeit vor der Machtergreifung, 2. Aufl., Goslar 1940

Neuadel aus Blut und Boden, München 1930

„Deutsche aller Berufe und Stände", *Flugblätter des Kampfbundes für deutsche Kultur*, Nr. 1, München etwa 1929

Die deutsche Heimstätten-Siedlung, Berlin: DAF 1935

Deutsches Kulturrecht, Hamburg 1936

Dietrich, Otto, „Adolf Hitler als künstlerischer Mensch", in: *Nationalsozialistische Monatshefte*, III (1933), S. 473

Dorner, Alexander, „Walter Gropius", in: *Bauwelt*, 10. April 1930

Eberlein, Kurt Karl, *Was ist deutsch in der deutschen Kunst?*, Leipzig 1934

Feder, Gottfried, „Das deutsche Siedlungswerk", in: *Siedlung und Wirtschaft*, XVI (1934), S. 183 – 186

Feistel-Rohmeder, Bettina, *Im Terror des Kunst-Bolschewismus*, Karlsruhe 1938

Freytag-Loringhoven, Mathilde Freiin, *Das Staatliche Bauhaus und die Kunstschule im Staatshaushaltsplan für 1920*, Weimar etwa März 1920

Gerstenberg, Kurt, „Revolution in der Architektur", *Der Cicerone*, XII (1919), S. 255 – 257

Goebbels, Joseph, „Die deutsche Kultur vor neuen Aufgaben", in: *Signale der neuen Zeit* (München 1934), S. 323 – 336

„Die Deutsche Revolution", in: *Nationalsozialistische Monatshefte*, III (1933), S. 247

Vorträge, siehe Kapitel 7

Grebe, Wilhelm, *Gegenwarts- und Zukunftsaufgaben im ländlichen Bauwesen*, Berlin: Reichsnährstand, etwa 1936

Gropius, Walter, *Bauhausbauten Dessau*, München 1930

„Der Baugeist der neuen Volksgemeinde", in: *Die Glocke*, X (1924), S. 311 – 315

„Baukunst im freien Volksstaat", in: *Deutscher Revolutions-Almanach* (Hamburg und Berlin 1919), S. 134 – 136

Die bisherige und zukünftige Arbeit des Staatlichen Bauhauses in Weimar, Weimar März 1924

„Flach-, Mittel- oder Hochbau", in: *Moderne Bauformen*, XXX (1931), S. 321 – 340

„Das flache Dach; eine Entgegnung", in: *Deutsche Bauzeitung*, LX (1926), S. 188 – 192

„Idee und Aufbau des staatlichen Bauhauses", in: *Staatliches Bauhaus in Weimar* (Weimar 1923), S. 7 – 18

Internationale Architektur, München 1925

The New Architecture and the Bauhaus, New York 1937

Programm des Staatlichen Bauhauses in Weimar, Weimar, April 1919

„Systematische Vorarbeit für rationellen Wohnungsbau", in: *Bauhaus*, I (1927), S. 1 – 2

„Wie wollen wir in Zukunft bauen?", in: *Wohnungswirtschaft*, I (1924), S. 152 – 154

„Wohnungsbau der Zukunft", in: *Wohnungswirtschaft*, II (1925), S. 11 – 12

Briefe, siehe Kapitel 3, 5 und 7

Vorträge, siehe Kapitel 2, 3 und 5

Grundformen für Kleinsiedlungshäuser, Berlin: Arbeitsministerium, 1936

Grundsteinlegung des Hauses der Deutschen Kunst, München 1933

Günther, Hans F.K., *Rasse und Stil*, München 1926

Rassenkunde des deutschen Volkes, München 1923

Ritter, Tod und Teufel, München 1924

Gutkind, E., (Hrsg.), *Neues Bauen*, Berlin 1919

Hager, Kurt, „Das flache Dach", in: *Deutsche Bauzeitung*, LX (1926), S. 151

Häring, Hugo, „Nochmals Weimarer und Dessauer Bauhaus", in: *Zentralblatt der Bauverwaltung*, XXXXVII (1927), S. 171 – 172

„Die Tradition, Schultze-Naumburg und wir", in: *Die Form*, II (1926), S. 180

Hartlaub, Gustav, „Ethos der neuen Baukunst", in: *Die Form*, V (1929), S. 273 – 277

Haug, Eugen, „Aufzeichnungen zur Vorgeschichte der Entstehung der NSDAP in Stuttgart", Manuskript, Institut für Zeitgeschichte, München, Gruppe VI, Stück 166

Haupt, Albrecht, „Rasse und Baukunst", in: *Deutsche Bauhütte*, XXX (1926), S. 112, 134 f.

Herfurth, Emil, *Weimar und das Staatliche Bauhaus*, Weimar, Februar 1920

Heuss, Theodor „Phantasie und Baukunst", in: *Der Kunstwart und Kulturwart*, XXXII (1919), S. 17 – 20

Hilberseimer, Ludwig, *Großstadt Architektur*, Stuttgart 1927

Internationale Baukunst, Stuttgart 1928

Hinkel, Hans, *Einer unter 100 000*, München 1938

Handbuch der Reichskulturkammer, Berlin 1937

Hitler, Adolf, *Mein Kampf*, 2 Bde., München 1936

Hitler: Reden und Proklamationen 1932–1945, hrsg. Max Domarus, 2 Bde., Würzburg 1962

The Speeches of Adolf Hitler, hrsg. N.H. Baynes, 2 Bde., London 1942

Adolf Hitler from Speeches 1933–1938, hrsg. Richard Mönnig, Berlin 1938

Reden, in: Völkischer Beobachter, siehe Kapitel 6, 7 und 8

Reden, an anderer Stelle veröffentlicht (in chronologischer Reihenfolge): Rede im Hofbräuhaus zu München v. 13. August 1920, Kopie im Institut für Zeitgeschichte, Gruppe I, Stück 62, Bl. 1–33

Die deutsche Kunst als stolzeste Verteidigung des deutschen Volkes (September 1933), München 1934

Die Rede unseres Führers Adolf Hitler bei der Grundsteinlegung des Hauses der Deutschen Kunst in München am 15. Oktober 1933, München 1937

Liberty, Art, Nationhood; Three Adresses, Delivered at the Seventh National Socialist Congress, Nuremberg 1935, Berlin 1935

Die Reden Hitlers am Parteitag der Freiheit 1935, München 1935

Reden des Führers am Parteitag der Ehre 1936, München 1936

Reden des Führers am Parteitag der Arbeit 1937, München 1937

Reden des Führers am Parteitag Großdeutschland 1938, München 1938

Hoeber, Fritz, „Persönlichkeit und Volkstum der Baukunst der Gegenwart", in: Der Cicerone, XI (1919), S. 76–82

Högg, Emil, „Wege und Ziele deutscher Baukunst", in: Deutsche Bauzeitung, LX (1926), S. 653–656, 658–664

Hübbenet, Anatol v., Das Taschenbuch Schönheit der Arbeit, Berlin 1938

Ja! Stimmen des Arbeitsrates für Kunst in Berlin, Berlin-Charlottenburg 1919

Jäckh, Ernst, Der goldene Pflug: Lebensernte eines Weltbürgers, Stuttgart 1954

„Idee und Realisierung der internationalen Werkbund-Ausstellung ‚Die neue Zeit' Köln 1932", in: Die Form, V (1929), S. 401–421

Ein Kampfbund für deutsche Kultur, München, etwa 1930

Kampffmeyer, Hans, Friedenstadt, 2. Aufl., Jena 1918

Kandinsky, Wassily, Über das Geistige in der Kunst, insbesondere in der Malerei, München 1912

Klee, Paul, „Noch einmal das Staatliche Bauhaus", in: Die Hilfe, 1. August 1924

Klopfer, Paul, „Über Apollinisches und Dionysisches in der Baukunst", in: Stadtbaukunst alter und neuer Zeit, I (1920), s. 161–166

Kremmer, Kurt, „Das ländliche Bauwesen im Dienst der Landfluchtbekämpfung und der Neubildung deutschen Bauerntums", in: Nationalsozialistische Monatshefte, IX (1939), H. 133

Landmann, Ludwig, „Zum Geleit", in: Das neue Frankfurt, I (1926), S. 1–2

Lotz, Wilhelm, „Neue Form und Heimatschutz", in: Die Form, VI (1930), S. 46–47

Schönheit der Arbeit in Deutschland, Berlin 1940

Ludowici, „Das nationalsozialistische Siedlungswerk", in: Wege zur neuen Sozialpolitik (Berlin 1936), S. 200–224

May, Ernst, Die Frankfurter Wohnungspolitik, Frankfurt am Main 1929

„Grundlagen der Frankfurter Wohnungsbaupolitik", in: Das neue Frankfurt, III (1928), S. 113–153

„Das neue Frankfurt", in: Das neue Frankfurt, I (1926), S. 2–7

„Rationalisierung des Bauwesens", in: Frankfurter Zeitung, 14. April 1926

„Der soziale Moment in der neuen Baukunst", in: Das neue Frankfurt, III (1928), S. 77–83

Mortane, Jacques, (Hrsg.), Das neue Deutschland, Zürich und Leipzig 1928

Die Neuordnung der Kleinsiedlung, Berlin 1938

Nonn, Konrad, „Die internationale Architektur-Ausstellung in Berlin", in: Deutsche Bauhütte, XXXII (1928), S. 210

„Homunkulus-Architektur", in: Deutsche Bauhütte, XXXIV (1930), S. 142

„Kritisches zur Reichsforschungsgesellschaft", in: Deutsche Bauhütte, XXXII (1928), S. 156 f.

„Kurzlebige Moden für Wohnungsbauten?", in: Deutsche Bauhütte, XXXII (1928), S. 66

„Das staatliche Bauhaus in Weimar", in: Die Hilfe, 1. Juni 1924

„Das Staatliche Bauhaus in Weimar", in: Zentralblatt der Bauverwaltung, XXXXIV (1924), S. 42–44

„Zusammenfassendes über das Weimarer und Dessauer Bauhaus", in: Zentralblatt der Bauverwaltung, XXXXVII (1927), S. 105–110

Prinzhorn, Hans, Bildnerei der Geisteskranken, 2. Aufl., Berlin 1923

Reform-Bauweisen für Siedlungsbau-Verbilligung, Hannover: Deutsche Bauhütte, 1930

Reichsforschungsgesellschaft für Wirtschaftlichkeit im Bau- und Wohnungswesen e.V., *Sonderhefte,* 1–7, Berlin 1928–1929

Renner, Paul, *Kulturbolschewismus?,* München und Leipzig 1932

Riezler, Walter, „Der Kampf gegen das Flache Dach", in: *Die form,* III (1927), S. 26–27

Rosenberg, Alfred, „Gesinnung und Kunst", in: *Nationalsozialistische Monatshefte,* V (1935), S. 607

Gestaltung der Idee, München 1939

„Kampf um die Kunst", in: *Nationalsozialistische Monatshefte,* IV (1934), S. 1095–1099

Der Mythus des 20. Jahrhunderts, München 1930

Das politische Tagebuch Alfred Rosenbergs aus den Jahren 1934/35 und 1939/40, hrsg. Hans Günther Seraphim, Göttingen 1956

Memoirs of Alfred Rosenberg, hrsg. und übers. E. Posselt, Chicago 1949

Der Sumpf: Querschnitt durch das ‚Geistes'-Leben der November-Demokratie, München 1930

Vorträge und Zeitschriftenartikel, siehe Kapitel 6, 7 und 8

Sauckel, Fritz, *Kampf und Sieg in Thüringen,* Weimar 1934

Dokumente zur Geschichte der NSDAP und auf Thüringen begrenzter völkischer Bewegungen. *Microfilms of German War Documents,* bearbeitet durch das American Historical Association Committee for the Study of War Documents. Reihe T–81, Teile 136429–137002

Scheffler, Karl, *Die fetten und die mageren Jahre,* München 1948

Schlemmer, Oskar, *Briefe und Tagebücher,* München 1958

Schluckebier, Hermann, „Unsere Stellung zur Wohnungsnot. Rede auf der Tagung des kommunalistischen Reichsausschusses der DNVP am 29.1.1928", in: *Flugschriften der Deutschnationalen Volkspartei,* Nr. 316, Berlin 1928

Schmidt, Felix, „Der Kampfbund der Deutschen Architekten und Ingenieure im Kampfbund für Deutsche Kultur", in: *Deutsche Technik,* I (1933), S. 47–49

Schmidt-Leonhardt, Hans, „Kultur und Staat im Recht des neuen Reichs", in: *Deutsches Kulturrecht* (Hamburg 1936), S. 5–17

Schmitthenner, Paul, *Die Baukunst im neuen Reich,* München 1934

Das deutsche Wohnhaus, Stuttgart 1932

„Tradition und neues Bauen", in: *Deutsche Kultur-Wacht,* II (1933), H. 17, S. 11–12

Vorträge, siehe Kapitel 5, 6 und 7

Schönheit der Arbeit – Sozialismus der Tat, Berlin 1936

Schreiber, Karl-Friedrich, „Das geltende Reichskulturrecht", in: *Deutsches Kulturrecht* (Berlin 1936), S. 17–33

Das Recht der Reichskulturkammer, 5 Bde., Berlin 1934–1937

Schreyer, Lothar, *Erinnerungen an Sturm und Bauhaus,* München 1956

Schultze-Naumburg, Paul, *Das ABC des Bauens,* Stuttgart 1926

„Aufgaben der Architektur im neuen Reich", in: *Deutsche Technik,* I (1933), S. 105–106

„Zur Frage des schrägen und des flachen Daches bei unserem Wohnhausbau", in: *Deutsche Bauzeitung,* LX (1926), S. 761–766, 777–780

Das Gesicht des deutschen Hauses, München 1929

Kampf um die Kunst, München 1932

Kunst und Rasse, München 1928

„Müssen wir in Zukunft in asiatischen Häusern wohnen?", in: *Das neue Deutschland,* I (1931), S. 88–91

Vorträge und Zeitschriftenartikel, siehe Kapitel 5, 6 und 7

Schumacher, Fritz, *Stufen des Lebens,* Stuttgart 1949

Senger, Alexander v., „Der Baubolschewismus und seine Verkoppelung mit Wirtschaft und Politik", in: *Nationalsozialistische Monatshefte,* IV (1934), S. 497–507

„Bolschewismus im Bauwesen", in: *Völkischer Beobachter,* 22. Oktober, 5./7./21. November 1930

Die Brandfackel Moskaus, Zurzach/Schweiz 1931

Krisis der Architektur, Zürich 1928

Die Siedlung: Planungsheft der DAF, Berlin 1938

Das staatliche Bauhaus Weimar und sein Leiter, Weimar: Arno Müller o.J.

Staatliches Bauhaus in Weimar, 1919–1923, Weimar 1923

Steinwartz, Herbert, *Das Kameradschaftshaus im Betrieb,* Berlin: DAF, 1939

Wesen, Aufgaben, Ziele des Amtes Schönheit der Arbeit, Berlin: DAF 1937

Der Streit um das Staatliche Bauhaus, Weimar: Bauhaus 1920

Stürzenacker, „Die Revolution des Bauwesens", in: *Der Bauingenieur,* I (1920), S. 192–197

Taut, Bruno, *Alpine Architektur,* Hagen 1919

Ein Architekturprogramm, Berlin: Arbeitsrat für Kunst, Weihnachten 1918

Die Auflösung der Städte, Hagen 1920

Bauen. Der neue Wohnbau, Leipzig 1927

„Bauwirtschaft", in: *Wohnungswirtschaft,* I (1924), S. 170–171

„Beobachtungen über Farbenwirkung aus meiner Praxis", in: *Bauwelt,* X (1919), S. 12–13

„Ersparnis im Wohnungsbau durch rationelle Einrichtung", in: *Wohnungswirtschaft,* I (1924). S. 20–23

„Mein erstes Jahr Stadtbaurat", in: *Frühlicht* (Berlin 1963), S. 215–221

Modern Architecture, London 1929

„Neue Siedlungen", in: *Frühlicht* (Berlin 1963), S. 121–124

Die neue Wohnung: Die Frau als Schöpferin, Leipzig 1924

Neues Bauen in Europa und Amerika, Leipzig 1929

„Nieder der Seriosismus!", in: *Frühlicht* (Berlin 1963), S. 11

Stadtkrone, Jena 1919

Der Weltbaumeister: Architekturschauspiel für symphonische Musik, Hagen 1920

Ein Wohnhaus, Stuttgart 1927

Utitz, Emil, „Zweckmässigkeit und Sachlichkeit", in: *Dekorative Kunst,* XXVII (1923), S. 194–203

Die Überwindung des Expressionismus, Stuttgart 1927

Der Verkehr: Jahrbuch des Deutschen Werkbundes 1914, Jena 1914

Volk erwache! Was will die Deutschnationale Volkspartei? Die Rede Dr. Hugenbergs im Berliner Sportpalast am 14. August 1930, Berlin 1930

Wagner, Martin, *Neue Bauwirtschaft: Ein Beitrag zur Verbilligung der Baukosten im Wohnungsbau,* Berlin 1918

„Neue Wege zum Kleinwohnungsbau: Ein Programm der Selbsthilfe", in: *Soziale Bauwirtschaft,* IV (1924), S. 21–33

„Probleme der Baukosten-Verbilligung", in: *Soziale Bauwirtschaft,* IV (1924), S. 131–135

Städtische Freiflächenpolitik, Berlin 1915

Waldner, H.A., „Über Herstellung von Wohnhäusern in Industriebetrieb. Zum Vorschlag des Bauhausdirektors Gropius", in: *Deutsche Bauhütte,* XXVIII (1924), S. 217–218

Weber, E., „Die Reichsforschungsgesellschaft für Wirtschaftlichkeit im Bau- und Wohnungswesen e.V.: Ihr Werden und Wollen", in: *Schlesisches Heim,* VIII (1927), S. 425–434.

Weichen, Otto, „Grundsätzliches über die Gestaltung des Bauernhofes", in: *Architektur-Wettbewerbe: Bauernhöfe,* Stuttgart, o.J., S. 5–9

Vom Weimarer Bauhaus, Weimar, 31.12.1919

Wendland, Winfried, „Der Deutsche Werkbund im neuen Reich", in: *Die Form.* IX (1933, S. 257–258

„Moderne Baukunst – Junge Baukunst", in: *Bauwelt,* XXIII (1932), S. 740–741

„Nationalsozialistische Kulturpolitik", in: *Deutsche Kultur-Wacht,* II (1933), H. 24, S. 2

Wenzel Fritz, *Der Sieg von Blut und Boden,* Berlin 1934

Westheim, Paul, „Architektur-Entwicklung", in: *Die Glocke,* X (1924), S. 181–185

Wichert, Fritz, „Die bildende Kunst und der soziale Staat", in: *Der Geist der neuen Volksgemeinschaft,* Berlin: Reichszentrale für Heimatdienst 1919, S. 107–119

Wienkoop, J., „Wandlungen der Baukunst im Lichte der deutschen Kultur", in: *Deutsche Bauzeitung,* LX (1927), S. 701–704, 718–720

Wittmann, Konrad, „Von staatlichen Bauhaus in Weimar", in: *Deutsche Bauhütte,* XXVIII (1924), S. 49–51

Wolf, Paul, „Die Architektur im neuen Deutschland", in: *Der Cicerone,* XI (1919), S. 3–7

Sekundär-Literatur und Nachschlagewerke

1 Allgemeiner Hintergrund: Politik-, Wirtschafts- und Geistesgeschichte

Bracher, K.D. *Die Auflösung der Weimarer Republik*, 2. Aufl., Stuttgart und Düsseldorf 1957 u.a., *Die nationalsozialistische Machtergreifung*, Köln 1960

Bullock, A. *Hitler: A Study in Tyranny*, überarbeitete Ausgabe, New York 1962

Drüner, Hans, *Im Schatten des Weltkrieges; zehn Jahre Frankfurter Geschichte von 1914–1924*, Frankfurt am Main 1934

Gordon, H.J., *The Reichswehr and the German Republic 1919–1926*, Princeton 1957

Hagemann, Walter, *Publizistik im Dritten Reich*, Hamburg 1948

Heimber, Helmut, *Joseph Goebbels*, Berlin 1962

Heiden, Konrad, *Der Führer*, Boston 1944

Hellwig, L.W., *Persönlichkeiten der Gegenwart; Luftfahrt, Wissenschaft, Kunst*, Berlin 1940

Hughes, H. Stuart, *Oswald Spengler, A Critical Estimate*, New York 1952

Mosse, George, *The Crisis of German Ideology*, New York 1964

Preller, L., *Sozialpolitik in der Weimarer Republik*, Stuttgart 1949

Reitlinger, Gerald, *The SS, Alibi of a Nation*, London 1956

Sington, Derick, *The Goebbels Experiment*, New Haven 1944

Sokel, Walter H., *The Writer in Extremis: Expressionism in Twentieth-Century German Literature*, Stanford 1959

Stern, Fritz, *The Politics of Cultural Despair: A Study in the Rise of the Germanic Ideology*, Berkeley 1961

Witzmann, Georg, *Thüringen von 1918–1933: Erinnerungen eines Politikers*, Meisenheim am Glan 1958

Wunderlich, Frieda, *Farm Labor in Germany 1810–1945*, Princeton 1961

2 Kunst- und Baugeschichte in ihrer politischen Bedeutung

Bangert, Wolfgang, *Baupolitik und Stadtgestaltung in Frankfurt am Main*, Würzburg 1937

Banham, Reyner, *Theory and Design in the First Machine Age*, New York 1960

Bayer, Herbert, Walter Gropius und Ise Gropius (Hrsg.), *Bauhaus 1919–1928*, New York 1938

Behne, Adolf, *Entartete Kunst*, Berlin 1947

Behrendt, Walter Curt, *Modern Building: Its Nature, Problems and Forms*, New York 1937

Brenner, Hildegard, *Die Kunstpolitik des Nationalsozialismus*, Hamburg 1963

Büge, Max, *Der Rechtsschutz gegen Verunstaltung*, Düsseldorf 1952

Dehlinger, Armand, „Architektur und Superlative. Eine kritische Betrachtung der NS Bauprogramme von München und Nürnberg", Manuskript verfaßt mit Unterstützung des Instituts für Zeitgeschichte, München

Eckardt, Wolf v., "The Bauhaus", in: *Horizon, A Magazine of the Arts*, IV (November 1961), S. 58–77

Eckstein, Hans (Hrsg.), *50 Jahre Deutscher Werkbund*, Frankfurt am Main 1958

Grautoff, Otto, *Die neue Kunst*, Berlin 1921

Hellack, Georg „Architektur und bildende Kunst als Mittel nationalsozialistischer Propaganda", in: *Publizistik*, V (1960), S. 77 ff.

Herzog, Fritz, *Die Kunstzeitschriften der Nachkriegszeit*, Berlin-Charlottenburg 1940

Hitchcock, Henry-Russell, *Painting Toward Architecture*, New York 1948 und Philip Johnson, *The International Style*, New York 1932

Jaffé, H.L.C., *De Stijl, 1917–1931: The Dutch Contribution to Modern Art*, Amsterdam, 1956

Joedicke, Jürgen, *Geschichte der modernen Architektur*, Stuttgart 1959

Lehmann-Haupt, Hellmut, *Art under a Dictatorship*, New York 1954

Myers, Bernard S., *The German Expressionists: A Generation in Revolt*, New York 1956

Pevsner, Nikolaus, *Pioneers of Modern Design from William Morris to Walter Gropius*, 2. Aufl., New York 1949; 3. Aufl., Baltimore 1964

„Post-War Tendencies in German Art-Schools", in: *Journal of the Royal Society of Arts*, LXXXIV (1936), S. 248–261

Rassem, M. „Die Bayerische Post als Bauherr", in: *Der Zwiebelturm: Monatsschrift für das Bayerische Volk und seine Freunde*, VIII (1953), S. 345–347

Rave, Paul Ortwin, *Kunstdiktatur im dritten Reich,* Hamburg 1949

Roh, Franz, ‚*Entartete' Kunst,* Hannover 1962

Schacherl, Lillian, „Die Zeitschriften des Expressionismus", München: Dissertation 1957

Schmalenbach, Fritz, „The Term ‚Neue Sachlichkeit'", in: *Art Bulletin,* XXII (1940), S. 161–165

Sedlmayr, Hans, *Verlust der Mitte,* Salzburg 1948

Wernert, E., *L'art dans le IIIe Reich,* Paris 1936

Wingler, Hans-Maria, *Bauhaus 1919–1933 Weimar, Dessau, Berlin,* Bramsche 1962

Wulf, Joseph (Hrsg.), *Die Bildenden Künste im Dritten Reich: Eine Dokumentation,* Gütersloh 1963

Zevi, Bruno, *Towards an Organic Architecture,* London 1950

3 Wohnungsbau und Wohnungsbau-Politik

30 Jahre Wohnungsreform 1898–1928, Berlin 1928

Fünf Jahre Wohnungsbau in Frankfurt am Main, Frankfurt am Main 1930

Gehag. Gemeinnützige Heimstätten-Aktiengesellschaft 1924–1957, Berlin 1957

Geschichte der gemeinnützigen Wohnungswirtschaft in Berlin, Berlin 1957

Gut, Albert, *Der Wohnungsbau in Deutschland nach dem Weltkriege,* München 1928

Mattutat, Hermann, „Die Krisis im Wohnungsbau", in: *Sozialistische Monatshefte,* X (1924), S. 441–445

16 000 Wohnungen für Angestellte: Denkschrift, im Auftrage der GAGFAH anläßlich ihres zehnjährigen Bestehens, Berlin 1928

Spörhase, Rolf, *Wohnungsunternehmen im Wandel der Zeit,* Hamburg 1947

Tremmel, Peter, „Die Wohnungsfrage", in: Georg Schreiber (Hrsg.), *Politisches Jahrbuch 1927/28,* Gladbach 1928, S. 491–494

Wohnungsverhältnisse und Wohnungsbau in Köln, Köln 1929

Das Wohnungswesen der Stadt Frankfurt am Main, Frankfurt am Main 1930

Das Wohnungswesen der Stadt München, München 1928

Wutzky, Emil, „Wohnungswirtschaft", in: Fritz Elsas (Hrsg.), *Die deutschen Städte, ihre Arbeit von 1919 bis 1928,* Berlin 1928

4 Bildbände

Bauen im nationalsozialistischen Deutschland, München 1940

Bauten der Bewegung, Berlin 1938

Bauten in der Stadt der Reichsparteitage Nürnberg, Nürnberg 1942

Berliner Architektur der Nachkriegszeit, Berlin 1928

Bau und Wohnung: Die Bauten der Weißenhof-Siedlung, Stuttgart 1927

Deutschland baut. Die Bauten und Bauvorhaben der Partei und des Reiches, der Arbeitsfront, der Hitler-Jugend, der Luftwaffe, des Heeres und der Marine, Stuttgart 1939

Dresler, Adolf, *Das Braune Haus und die Verwaltungsgebäude der Reichsleitung der NSDAP,* 3. Aufl., München 1939

Johannes, Heinz, *Neues Bauen in Berlin,* Berlin 1931

Müller-Wulckow, Walter, *Deutsche Baukunst der Gegenwart,* Leipzig 1929

München baut auf, München etwa 1937

Neue Wohnhäuser im Gebirgsstil, München 1939

Neuere Postbauten in Bayern, München 1925

Platz, Gustav Adolf, *Die Baukunst der neuesten Zeit,* Berlin 1927

Wohnräume der Gegenwart, Berlin 1933

Raststätten an der Reichsautobahn, Berlin o.J.

Rittich, Werner, *Architektur und Bauplastik der Gegenwart,* Berlin 1938

New German Architecture, Berlin 1941

Seeger, Hermann, *Öffentliche Verwaltungsgebäude,* Leipzig 1943

Speer, Albert, *Neue deutsche Baukunst,* Prag 1943

Troost, Gerdy, *Das Bauen im neuen Reich,* 2 Bde., Bayreuth 1943

Cremens, P.J., *Peter Behrens: Sein Werk von 1909 bis zur Gegenwart,* Essen 1928

Eckardt, Wolf v., *Eric Mendelsohn,* New York 1960

Elsaesser, Martin, *Martin Elsaesser: Bauten und Entwürfe aus den Jahren 1924–1932,* Berlin 1933

Giedion, Siegfried, *Walter Gropius: Work and Teamwork,* New York 1954

Grohmann, Will, *Wassily Kandinsky,* New York 1961

Haesler, Otto, *Mein Lebenswerk als Architekt,* Berlin/DDR 1957

Herbert, Gilbert, *The Synthetic Vision of Walter Gropius,* Johannesburg 1959

Mendelsohn, Erich, *Erich Mendelsohn: Das Gesamtschaffen des Architekten,* Berlin 1930

Rühl, Konrad, „Erinnerungen an Bruno Taut", in: *Baukunst und Werkform,* XII (1959), S. 485–494

Scheffauer, Hermann George, "Bruno Taut, a Visionary in Practice", in: *Architectural Review,* London, LII (1922), S. 154–159

Schultze-Naumburg, Paul, *Bauten Schultze-Naumburgs,* Weimar 1940

Wolters, Rudolf, *Albert Speer,* Odenburg 1943

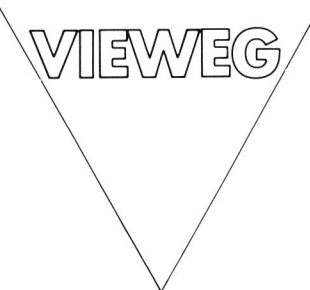

Werner Durth

Deutsche Architekten

Biographische Verflechtungen 1900–1970

Herausgegeben von Heinrich Klotz
im Auftrag des Dezernats Kultur und Freizeit der Stadt Frankfurt am Main.
1986. 448 S. 17,5 x 24,5 cm. (Schriften des Deutschen Architekturmuseums zur Architekturgeschichte und Architekturtheorie.) Gebunden

Im Wiederaufbau der Städte kamen nach
1945 Konzepte und Planungen zur Geltung,
deren Vorbereitungen sich weit in die Jahre
vor Kriegsende zurückverfolgen lassen. Die
Biographien einiger bis in die Gegenwart
maßgeblicher Architekten und Planer verdeutlichen eine erstaunliche Kontinuität
deutscher Geschichte. Diese Kontinuität
stellt das Buch in einem großen Bogen dar –
von den Strömungen und Tendenzen um
1900 über die Ausbildung junger Architekten
in den zwanziger Jahren und ihre Tätigkeiten
im ‚Dritten Reich‘ bis zu den Auswirkungen
auf das gegenwärtige Erscheinungsbild der
Städte. In der bildreichen und hochinforma-
tiven Schilderung der – lange verdrängten
und oft umgebogenen – deutschen Traditionen über die Einschnitte von 1933 und 1945
hinweg gewinnt die Kritik von Architektur
und Stadt soziale und lebensgeschichtliche
Dimensionen, die auch gegenwärtige Dis-
kussionen neu einzuschätzen erlauben.

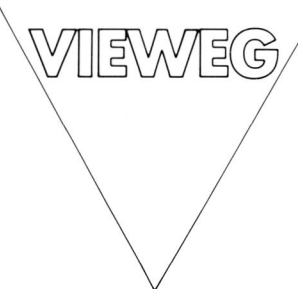

Ludovica Scarpa

Martin Wagner und Berlin

Architektur und Städtebau in der Weimarer Republik

Aus dem Italienischen von Heinz-Georg Held.
Herausgegeben von Heinrich Klotz
im Auftrag des Dezernats Kultur und Freizeit der Stadt Frankfurt am Main.
1986. 208 S. 17,5 x 24,5 cm. (Schriften des Deutschen Architekturmuseums zur Architekturgeschichte und Architekturtheorie.) Gebunden

Das widersprüchliche politische, soziale und wirtschaftliche Klima der Weimarer Republik
bildet den Hintergrund der Aktivitäten eines Mannes, dessen Bedeutung für die Stadtpla-
nungspolitik weit über Berlin hinausreicht. Sein Wirken ist bisher in Deutschland kaum ange-
messen untersucht und gewürdigt worden. Ludovica Scarpa hat die sozialpolitischen und
unternehmerischen Ideen Wagners detailliert analysiert; Wagners Weg läßt sich in ihrer Arbeit
zudem an einer großen Zahl bisher unpublizierter Quellen nachvollziehen. – Martin Wagner
war davon überzeugt, daß zwei Aufgaben – die Beseitigung der Wohnungsnot nach dem
Ersten Weltkrieg sowie die Schaffung der Weltstadt Berlin – nur zu bewältigen sein würden,
wenn der Privatbesitz an Grund und Boden beseitigt und die Bauproduktion ihrer manufak-
turellen Enge beraubt würde. Er verglich die Stadt mit einem effizient wirtschaftenden Industriebetrieb. Als er 1926 Stadtbaurat von Groß-Berlin wird, will er die Stadtverwaltung sich
gleichsam als Unternehmensleitung bewähren lassen. Am Widerspruch zwischen der Kooperation mit privatem Kapital und der politischen Unterstützung des Sozialdemokraten
Wagner durch die gemeinnützige Wohnungswirtschaft müssen seine hochfliegenden Pläne
jedoch scheitern. Wie das Buch zeigt, verwirklicht Wagner einige seiner dem Umbau der
Großstadt geltenden dynamischen Planungen. Er kann sich dabei auf den „City-Ausschuß"
stützen, ein Instrument, mit dessen Hilfe das private Kapital eigene Interessen bei wichtigen
städtischen Planungsvorhaben zur Geltung bringt. Die Weltwirtschaftskrise wird dann aber
Wagners programmatische Städtebaupolitik gegenstandslos machen. Wagner überwirft sich
mit der Sozialdemokratie und begreift seine weitere Tätigkeit als die eines politisch unabhängigen Planers, der mit seinen Vorschlägen zur Überwindung der Krise beizutragen hofft. 1933
von den Nazis aus seinem Amt entfernt, verläßt er Deutschland. Ohne Bezug zu planungs-
praktischen Aufgaben nehmen seine Erwägungen zunehmend die Gestalt metaphysischer
Phantasien an.
Ludovica Scarpas Arbeit kommt das große Verdienst zu, die stadtplanerische Anatomie einer
Zeit zu beschreiben, die bislang überwiegend in den *Werken* ihrer bedeutendsten Architekten
beleuchtet wurde. Umgekehrt lassen sich die Arbeiten einiger der wichtigsten Repräsentanten
des Neuen Bauens im Lichte der vorliegenden Darstellung anders begreifen.